전정5판

국제통상정책론

박희종 | 권영민 공저

국제통상정책은 경제정책의 하나이다. 경제정책 중 주목을 많이 받는 정책은 재정정책, 금융정책, 소득분배정책 등일 것이다. 상대적으로 국제통상정책은 관심도가 적다고 할 수 있다. 아마도 일반 국민이 피부로 느끼는 직접적인 정책의 효과가 다른 정책들에 비해 그리 크지 않기 때문으로 생각한다. 그러나 우리나라와 같이 수출과 수입 부문이 국가 경제에 차지하는 비율, 즉 무역의존도가 매우 높은 나라의 경우 국제통상정책의 중요성은 결코 간과될 수 없다.

한 나라 경제주체의 경제활동은 직·간접적으로 다른 나라와의 국제통상과 연관되어 있다. 인터넷과 정보통신의 발달로 세계화된 오늘날의 국제경제 상황에서는 더욱 그러하다. 각국의 경제정책은 자국은 물론 세계 여러 나라의 국제통상정책의 영향을 받지 않을 수 없다. 특히 WTO를 비롯한 국제경제기구, 미국, EU, 중국, 일본 등 경제 대국의 국제통상정책은 다른 나라의 경제에 적지 않은 영향을 미친다. 우리 경제가 선진국 수준으로 발전하고 우리 기업들이 세계시장에서 두각을 나타낼 수 있게 된 배경에는 우리나라 국제통상정책의 긍정적 효과를 무시할 수 없을 것이다. 경제적 국경의 의미가 퇴색하고 세계화 추세가 점차 가속화되고 있는 상황에서 국제통상정책의 역할 및 중요성은 앞으로도 더욱 커질 것이다.

국제통상정책은 무역거래를 대상으로 하지만 국내 경제주체의 경제활동에도 많은 영향을 미친다. 또한 상품무역뿐만 아니라 서비스무역, 자본이동, 노동, 투자, 지적재산권, 환경 등 다양한 문제를 다루고 있다. 이와 같은 국제통상정책의 다양성과 포괄성, 복합성은 예전에 비해 더욱 확대되었다. 따라서 이에 대한 정확한 이해와 적절한 대응이 필요하게 되었다. 정부와 기업은 물론 일반 국민도 국제통상정책의 중요성을 인식하고 국제통상환경의 변화에 대응하지 않으면 무한 글로벌 경쟁에서 낙오자가 되는 신세를 면치 못하게 될 것이다. 따라서 우리는 국제통상정책에 대한 올바른 이해를 위해 국제통상정책의 이론적 배경은 물론, 역사적 전개, 제반 정책 수단의 효과 및 한계, 국제통상환경의 변화, 경제통합의 확대 등에 대한 심도 있는 공부를 필요로 하게 되었다.

이 책은 크게 다섯 가지 주제를 다루고 있다. 첫째, 국제통상정책이해, 둘째, 국제통상정책수단, 셋째, 경제통합이론과 현황, 넷째, 국제통상환경변화, 다섯째, 국제무역과 경제발전 등이다. 첫째, 국제통상정책이해 부문에서는 먼저 국제통상정책에 관한 기본지식을 공부한다(제1, 2장). 둘째, 국제통상정책수단 부문에서는 자유무역정책과 보호무역정책의 장단점(제3, 4장)과 국제통상정책수단의 경제적 효과를 관세와 비관세무역장벽으로 분류

하여 이론적으로 분석한다.(제5, 6장)

셋째, 경제통합에 관해서는 경제통합 효과에 대한 전통적 이론과 지역별 경제통합 현황을 살펴본 다음(제7, 8장), 한국의 FTA정책에 대해서 공부한다(제9장). 현재 국제통상환경 변화의 특징 중 하나는 경제통합의 확대, 그중에서도 FTA의 활성화를 들 수 있다. 그런 면에서 경제통합에 관해서는 국제통상환경변화 부문에 포함시켜 공부할 수도 있겠으나 본서에서는 별도의 장으로 독립해서 다루었다.

넷째, 국제통상환경변화 부문에서는 WTO체제의 설립배경 및 변화과정을 살펴보면서 제2차 세계대전 이후 국제통상환경의 변화과정을 공부한다. WTO체제를 공부하기 위해서는 WTO의 근간이 되었던 GATT 체제에 대한 이해가 선행되어야 한다. 즉, GATT체제의 성과와 한계 등을 먼저 공부한 후 WTO체제에 대한 심도 있는 분석을 하는 것이 순서일 것이다.(제10, 11장)

다섯째, 국제무역과 경제발전 관계에 관한 이론과 개발도상국 경제발전 문제에 대해서 공부한다(12장). 국제무역이 경제발전에 어떠한 영향을 주었느냐 하는 것은 경제학자들 간의 중요한 논쟁거리 중의 하나였다. 대체로 긍정적 영향을 주장하는 전통적 이론이 주류를 이루었으나 비판적 이론을 제시하는 경제학자들도 많았다. 국제무역과 경제발전 관계에 관해 어떠한 견해를 갖고 있느냐 하는 것은 국제통상정책 수립에 적지 않은 영향을 준다. 끝으로 국제무역과 전자상거래에 대해 간략하게 다루었다.(제13장)

이 책은 새로운 내용을 독창적으로 밝힌 것이 아니고 그동안 저자들의 강의내용과 기존의 저서 및 연구 자료를 참고하여 작성한 것이다. 그러나 이 책의 내용에 오류와 과오가 있다면 그것은 전적으로 저자들의 잘못이다. 이 책은 대학의 국제통상정책 과목의 교재를 목표로 작성된 것이지만 국제통상정책에 대해 알고 싶어 하는 일반인들에게도 도움이 될 수 있기를 바란다. 앞으로도 부족하고 미흡한 부분과 새롭게 변화된 부분은 계속 보완해나갈 계획이다. 독자 여러분의 많은 지도와 충고를 바란다.

끝으로 이 책의 발간에 도움을 주신 많은 분들께 감사의 말씀을 드린다. 특히 도서출판 두남의 전두표 사장님과 이승구 상무님께 심심한 감사의 마음을 표한다.

2021년 봄

저자들 씀

PART 1 국제통상정책의 이해

PART 2 자유무역정책과 보호무역정책

PART 5 국제통상질서

Chapter 12. 국제무역과 경제발전 ◉ 248

Chapter 13. 국제무역과 전자상거래 ◉ 290

PART

1

국제통상정책의 이해

CHAPTER 01 국제통상정책의 이해

1 국제통상의 개념

1.1 국제통상의 의미

일반적으로 국제통상이란 "국제적인 상거래를 통하여 상업적인 이익을 추구하는 행위"라고 정의할 수 있다. 즉 국제통상은 국가 간 상품 및 서비스에 관한 무역활동으로 국제무역과 근본적으로 동일한 개념이지만 국제무역의 경우는 일반적으로 상품의 수출입과 이에 수반되는 기술 및 용역의 국제적 이동을 지칭한다. 이에 반해 국제통상은 상품의 수출입은 물론 서비스, 지적재산권, 자본, 노동 등 각종의 유형재 및 무형재를 포함하는 국가 간의 모든 무역활동을 뜻한다. 따라서 국제통상은 광의의 국제무역과 동등한 개념으로 볼 수 있다. 국제통상의 개념을 요약하면 국경을 넘어 이루어지는 상품, 서비스, 노동, 기술, 지적재산권, 자본 거래 등을 포함하는 모든 형태의 상행위와 이를 지원하는 모든 활동이라고 할 수 있다.

1.2 국제통상의 특성

1) 규범성

두 나라 사이의 국제거래는 기본적으로 매도인과 매수인 간의 계약에 의해서 이루어진다. 그러나 그 계약의 과정과 조건은 양 당사자의 뜻대로만 이루어지는 것이 아니라 거기에도 지켜야 할 엄연한 국제적 질서와 규칙이 존재한다. 왜냐하면

계약의 대상이 두 나라 사이의 국경(경제적 의미로는 관세선)을 통과하기 때문이다. 계약의 대상품목이 관세선을 통과하기 위해서는 적절한 통관절차를 거쳐야 하고 이 과정에서 정해진 관세 등을 납부해야 한다. 만약 통관절차와 관세납부 등이 수입국 마음대로 이루어지거나 또는 명확한 기준이 없다면 국제통상거래는 지연되고 국제통상물량은 줄어들 수밖에 없다. 오늘날의 WTO 협정은 기본적으로 이러한 나라 사이의 국제통상거래에 질서를 부여해 주는 국제규범이다. 즉 국제통상과정에 대한 명료한 원칙과 규칙을 제정함으로써 국제통상이 원활하게 이루어지도록 하려는 목적을 갖고 있는 것이다.

2) 통상마찰의 가능성

통상마찰이란 특정국이 국제통상에 영향을 주는 조치를 취했거나 또는 취하려고 하는 경우, 그 조치에 따라 불이익을 받거나 받을 우려가 있는 상대국과의 사이에서 발생하는 국제무역 분쟁이라고 할 수 있다. 예를 들어, 일국의 특정상품 수출의 급격한 증가로 인하여 수입국 시장에서 거래질서의 혼란과 불공정성이 야기되거나 실업증가 등이 초래될 경우, 수입국이 해당 특정상품의 수입을 억제하는 조치를 취하거나 또는 반대급부로 수출국의 수입확대 및 시장개방 등을 요구하게 되면 통상마찰이 발생할 수 있다.

이러한 통상마찰 현상은 초기에는 대부분 개별상품 중심으로 나타났으나 점점 제도·관습에 이르기까지 광범위하게 파급되고 있다. 즉 통상마찰에 대응하여 나라마다 규제조치를 취할 뿐 아니라, 규제대상도 상품거래에만 한정하지 않고 서비스·금융·직접투자 등 다양한 분야로 확대되고 있으며, 국가의 정책적 대립과 국민의 감정적 대립으로까지 전개되기도 한다.

3) 언어와 관습의 차이

세계 각국은 언어, 역사와 전통, 상관습이 서로 다르다. 따라서 어떤 나라의 시장에 진출하기 위해서는 그 나라의 언어는 물론이고 풍속·관습·법에 대한 이해가 필요하다. 그동안 세계무역기구(WTO)를 비롯하여 국제상공회의소(ICC: International Chamber of Commerce) 등에서는 국제무역거래 규칙을 제정하여 세계 각국의 서로 다른 상관습을 통일화하기 위한 노력을 기울여왔다. 따라서 이러한 국제무역규범을 습득하고 준수하는 것은 물론 영어를 비롯한 다양한 외국어 능력을 제고하는 노력이 필요하다.

2 국제통상정책의 개요

2.1 국제통상정책의 의의

광의의 국제통상정책은 일국의 국제통상에 직접 또는 간접적으로 영향을 주는 정부의 모든 정책을 말한다. 즉 국제통상정책은 관세정책과 같이 국제무역에 직접적인 영향을 주는 정책은 물론 재정 및 금융정책 등 간접적으로 영향을 주는 정책도 포함된다. 일국의 경제목표는 물가안정, 고용안정, 국제수지개선 등 여러 가지가 있고 정부는 이를 달성하기 위한 다양한 정책수단을 보유하고 있다. 그 중 대외적인 국제통상거래를 관리 및 통제하기 위하여 동원되는 모든 수단이 바로 국제통상정책이 된다.

국제통상정책은 대외경제정책이면서도 대내경제정책이다. 즉 국제통상정책은 수출입을 포함한 무역거래에 관한 정책이라는 점에서 대외경제정책이지만 국내 경제주체들의 경제활동에도 직·간접적으로 영향을 준다는 점에서 대내경제정책이기도 하다. 따라서 국제통상정책은 국내경제여건뿐만 아니라 상대국 경제와 국제경제여건을 감안하여 시행해야 한다.

한편 오늘날 국제통상 범위가 확대됨에 따라 국제통상의 개념과 국제통상정책의 범위가 넓어지고 있으며, 외교정책이나 기타의 다른 경제정책과의 경계도 점차 모호해지고 있다. 또한 상품무역뿐만 아니라 서비스무역, 자본이동, 노동, 투자, 지적재산권, 환경 등 다양한 문제를 다루고 있다.

이와 같은 국제통상정책의 다양성과 포괄성, 복합성은 예전에 비해 더욱 확대되었다. 따라서 이에 대한 정확한 이해와 적절한 대응이 필요하게 되었다. 정부와 기업은 물론 일반 국민도 국제통상정책의 중요성을 인식하고 국제통상환경의 변화에 대응하지 않으면 무한 글로벌 경쟁에서 낙오자가 되는 신세를 면치 못하게 될 것이다. 따라서 우리는 국제통상정책에 대한 올바른 이해를 위해 국제통상정책의 이론적 배경은 물론, 역사적 전개, 제반 국제통상정책수단의 효과 및 한계, 국제통상환경의 변화, 경제통합의 확대 등에 대한 심도 있는 공부를 필요로 하게 되었다.

2.2 국제통상정책의 목표

국제통상정책의 목표는 다음과 같이 정리할 수 있다.

1) 국내산업 보호

국제통상은 국내산업과 밀접한 관계를 갖고 있다. 그 이유는 국내에서 생산된 제품 및 반제품, 원자재 및 농산물 등이 외국으로 수출되기도 하고 수입도 되기 때문이다. 따라서 세계 모든 나라는 국민경제의 발전과 국민의 경제적 후생증진을 위하여 국내산업을 적극적으로 보호·육성하고 있다.

또한 갑작스런 외부충격으로부터 국내산업을 보호하기 위해 국제통상정책을 활용하기도 한다. 예를 들어 외국상품이 갑자기 저렴한 가격으로 국내시장에 수입된다면 국내산업은 급격히 생산을 감축하거나 중단하게 될 수도 있다. 국내산업의 생산이 감소하면 실업이 증가하고 국민소득도 감소하게 된다.

그러므로 세계 거의 모든 나라는 국내산업 보호를 국제통상정책의 중요한 목표로 설정하고, 국내산업을 보호하기 위하여 관세 및 비관세무역장벽 등은 물론 재정정책과 금융정책 등도 동원하고 있다.

2) 국제수지 개선

세계의 거의 모든 국가가 국제수지 개선을 중요한 국제통상정책의 목표로 설정한다. 그 이유는 국제수지가 각국의 국제통상활동의 결과로 나타나기 때문이다. 국제수지란 일정한 기간 동안 거주자와 비거주자 간에 이루어지는 모든 대외적 거래를 체계적으로 분류하여 집계한 것을 의미하는데, 이는 국민경제의 대외활동을 반영하고 한 나라의 경제적 건전성을 보여주는 중요한 지표가 된다. 국제수지의 건전성을 유지하는 것은 국제통상을 하는 국가들에게는 매우 중요한 의미를 가지는데 특히 한국과 같이 무역의존도가 큰 나라에게는 더욱 그러하다.

국제수지의 적자는 환율상승, 자국통화의 평가절하, 자본유출, 외환보유액 감소 등을 초래하게 된다. 반대로 국제수지의 흑자는 환율하락, 자국통화의 평가절상, 자본유입, 외환보유액 증가를 초래하게 된다. 이와 같은 국제수지의 불균형이 누적되면 국내경제에 부작용을 일으키고 이어서 국제통상에도 부정적 영향을 미치게 된다. 따라서 세계의 거의 모든 국가는 국제수지개선을 국제통상정책의 중요한 목표로 설정하고 있다.

3) 국내고용 증대

일반적으로 수출이 증가하고 수입이 감소하여 국내생산 활동이 활발한 경우에는 고용이 늘어나고 실업이 감소하게 되지만, 반대로 수출이 감소하고 수입이 증가하는 경우에는 국내생산 활동이 침체되고 실업도 증가하게 된다. 세계의 거의 모든 국가들이 국제통상정책을 이용하여 수출을 증가시키고 수입을 관리하는 목적은 국내산업을 보호하고 국제수지개선을 위한 목적도 있지만 한편으로는 고용을 확대하고 실업을 감소시키는데도 그 목적이 있다.

4) 국내물가 안정

국제통상은 국내물가에 큰 영향을 미친다. 국내물가의 급격한 등락은 국민경제를 불안하게 할 뿐 아니라 경제성장을 저해하고 고용에도 악영향을 미친다. 국내물가의 불안은 또한 수출과 수입에도 큰 영향을 미친다. 그러므로 국내물가의 안정은 국제통상정책의 중요한 목표가 된다. 그런데 국내물가의 불안은 국민경제의 내적요인뿐만 아니라 외적요인에 의하여 발생하는 경우가 많기 때문에 국제통상정책을 통하여 국내물가를 안정시키는 노력이 필요하게 된다. 오늘날 세계 각국은 개방경제체제하에 놓여 있어서 국내물가는 국제경제의 변화에 매우 민감하게 영향을 받는다. 따라서 외적요인에 따른 인플레이션 방지를 위해서도 국제통상정책을 활용한다.

5) 경제성장 촉진

경제성장이란 자본축적과 기술진보 등에 의하여 산업의 생산력이 증대되고, 이에 따라 국민소득이 증가되는 현상을 의미한다. 경제성장은 국민의 경제활동을 촉진시키는 동시에 국민의 복지를 향상시키기 때문에 세계 모든 나라는 경제성장을 경제정책의 중요한 목표로 설정하고 있다. 세계 각국은 경제성장을 추구하기 위하여 경제개발계획을 수립하고 이를 성공적으로 실현하기 위하여 국내경제의 여건을 정비하고 다양한 정책수단을 동원하고 있다. 따라서 일국이 경제성장을 달성하려고 할 때 재정정책 및 금융정책 등과 함께 관세 및 비관세무역장벽 등을 이용한 국제통상정책을 활용하는 것이 효과적이다.

6) 자원의 효율적 배분

협의의 자원은 자본·노동·토지 등 본원적 생산요소를 의미하지만, 광의의 자원은 본원적 생산요소뿐만 아니라 천연자원 등을 포함한다. 자원은 특화생산과 무역형태를 결정하는 중요한 요인이며 자원배분의 효율성은 국제무역을 통해 제고될 수 있다. 세계 각국이 자원의 효율적 배분을 경제정책의 중요한 목표로 설정하는 이유는 자원을 무한하게 갖고 있지 않기 때문이다. 일반적으로 선진국에서는 자본은 풍부하지만 노동력이 부족하고, 개발도상국에서는 노동력은 풍부하나 자본이 부족한 경우가 많다. 또한 개발도상국의 노동력이 풍부하더라도 그 노동력이 첨단 산업기술에 적합하지 않아서 생산의 효율성 제고에 도움이 되지 않는 경우도 있다. 국제무역은 이러한 자원의 비효율적 배분과 사용에 따른 문제를 완화하는데 도움이 된다. 그리고 국제무역을 통한 국제적 자원배분의 효율성 제고를 위해서 국제통상정책이 활용된다.

7) 경제적 후생수준 향상

모든 경제정책의 궁극적 목적은 경제성장을 통하여 국민의 경제적 후생수준을 향상시키는데 있다. 따라서 국제통상정책도 경제정책의 하나로 국민의 경제적 후생수준을 향상시키는 것을 궁극적인 목표로 삼고 있다. 국제통상정책은 자유무역정책이든 보호무역정책이든 모두 궁극적으로 경제성장을 통해 국민의 경제적 욕구를 충족시키고 국민의 복지향상에 기여하는 것을 목표로 한다.

국민의 경제적 후생수준을 향상시키기 위한 국제통상정책은 직접적인 방법과 간접적인 방법으로 나눌 수 있다. 직접적 방법은 국내에 부족한 자원이나 상품을 수입하여 수요를 충당함으로서 국민의 후생수준을 향상시키는 방법이다. 간접적인 방법은 국제통상을 통하여 국내산업의 기반을 확충하고 생산과 고용을 증대시킴으로서 국민의 후생수준을 향상시키는 방법이다. 국제통상을 통하여 국내물가 안정, 국제수지 개선, 경제성장 촉진 등을 추구함으로서 국민의 경제적 후생수준을 향상시키는 모든 정책이 간접적 방법에 해당한다.

2.3 국제통상정책의 특징

1) 복합성(complexity)

국제통상정책은 근본적으로 대외경제정책이다. 그러나 그 효과가 국내경제에도 미치기 때문에 무역상대국뿐만 아니라 국내의 경제주체간의 이해관계도 조정해야 하는 과제를 지니고 있다. 따라서 국제통상정책은 국내경제정책을 상호 보완하고

때로는 국내경제주체 간의 갈등을 조정하면서 정책의 효과를 제고해야 하는 복합적인 성격을 가진다.

2) 포괄성(comprehensiveness)

과거의 국제통상정책이 단순한 상품의 수출입에 관련된 무역정책을 의미했던 것과 달리 최근의 국제통상정책은 서비스무역, 자본의 이동, 노동 및 환경, 기술, 무역관련 투자조치, 지적재산권 등을 포함하여 그 범위가 확대되었다. 또한 오늘날 국제통상정책은 국제협상과 관련된 외교통상정책으로서의 성격도 지니는 등 매우 포괄적인 정책적 특성을 갖고 있다.

3) 상호성(reciprocality)

각국의 국제통상정책은 기본적으로 자국 법령에 의거하여 자주적으로 결정되지만, 그 효과는 무역상대국의 반응에 따라 달라진다. 따라서 국제통상정책은 무역상대국과의 이해관계 조정은 물론 상대국가의 경제적·정치적 상황을 고려해야 하는 상호성이 존재한다. 이러한 국제통상정책의 상호성은 두 국가 간의 양자간 국제통상뿐만 아니라 다수의 국가가 참여하는 다자간 국제통상에도 적용된다. 또한 선후진국간 또는 선진국 상호간의 국제통상에도 적용된다.

4) 다중성(multiplicity)

WTO체제는 통일된 무역규범 아래 다자간 무역체제를 추구하고 있으나, 현실적으로는 지역무역협정에 의한 경제통합 현상이 급속하게 확산되어 왔다. 한국도 WTO의 회원국이면서도 여러 국가와 자유무역협정(FTA)을 맺고 있다. 이러한 현상은 국제통상정책의 다중성을 의미한다. 이러한 국제통상정책의 다중성은 국제통상협상이 어떠한 기구나 협약에 의해 체결되고, 또한 어떤 국가나 지역과 협약하는가에 따라 규범의 내용과 실행 강도가 차이가 날 수 있음을 의미한다.

2.4 국제통상정책의 주체

기본적으로 국제통상정책을 수립하고 집행하는 주체는 정부이다. 그러나 국제통상정책에 따라 국제통상을 수행하는 주체는 각국의 경제체제에 따라 차이가 있다. 일반적으로 경제체제는 크게 자본주의적 시장경제와 사회주의적 계획경제로 분류

된다. 자본주의적 시장경제에서는 일반적으로 비교우위에 입각하여 무역거래가 이루어지기 때문에 기업이나 정부가 이윤동기에 의하여 수출입을 수행하지만 국제통상정책의 수립과 집행은 정부가 한다. 이때의 국제통상정책은 정부가 경제목표를 달성하기 위하여 국제무역을 직접 통제하거나 또는 간접적으로 유도하는 정책을 모두 포함한다.

사회주의적 계획경제에서는 정부가 국제통상정책을 수립하고 집행하며, 그 정책에 따라 국제통상을 정부나 공공기관이 독점적으로 수행한다. 보통 정부가 경제계획의 일환으로 대외무역계획을 수립하고 대외무역담당 기관과 그 산하의 무역단체로 하여금 이를 집행하게 한다. 즉 정부에 의해 수립되고 집행되는 국제통상정책은 국가전체의 무역규모나 구성을 직접 결정하며, 정부나 공공기관들은 이러한 국제통상정책을 실행하는 집행기관으로서의 역할을 한다.

자유주의 시장경제 기조가 강했던 시기에 국가는 가급적 시장개입을 자제하고 경제주체의 경제활동을 소극적으로 간섭하였다. 그러나 점차 경제주체로서의 국가의 역할이 강화되면서 기업이나 개인의 경제활동이 각종 경제법규에 의하여 제약받게 되었다. 그리고 이러한 경제법규는 무역상대국의 경제상황은 고려하지 않고 자국 중심으로 집행되는 경우가 많았다. 예를 들어 관세율의 결정도 자국의 관세법규에 의거하여 무역상대국의 상황을 고려하지 않고 시행되는 경우가 많았다. 국제통상규범에 최혜국대우 조항이 있음에도 불구하고 고율의 관세나 특혜 또는 차별관세를 회피할 수 없었고, 또 국제통상조약에 관세협정이 포함되지 않으면 일방적 관세율의 인상을 저지할 수 있는 방법도 없었다.

국제통상정책이란 각국 정부가 자국의 경제목표를 추구하기 위하여 국제통상거래에 개입하는 각종 정책을 의미하며 국제통상정책 수립과 집행의 주체는 각국의 정부라고 할 수 있다.

2.5 국제통상정책의 규범

GATT체제하의 국제통상정책은 주로 상품무역을 대상으로 하였다. 그러나 WTO 체제에서는 국제통상정책의 대상이 상품무역외에 농산물교역, 서비스무역, 자본 및 노동의 이동, 기술문제, 무역관련 투자, 지적재산권, 환경 등으로 대폭 확대되었다.

일반적으로 국제통상관련 규범은 두 가지로 구분된다. 하나는 국내법에 의한 규범으로서 각국이 자주적으로 채택하는 것이며, 다른 하나는 국제규범으로서 국가

간의 협정이나 조약에 의하여 그 효력을 발생한다. 제2차 세계대전 이후 국제경제질서의 확립을 위해서 필요할 경우 각국의 자주권을 제한할 수 있는 국제법규를 마련하고 주권국가의 자주적 행동을 제한할 수 있게 되었다. 국제통상정책은 항상 자주적으로 시행할 수 있는 것은 아니다. 많은 경우 국가 간의 협정을 필요로 하는 정책이다. 즉 국제통상정책은 상대국과의 협정 또는 조약을 체결함으로써 비로소 그 효력을 발생하는 경우가 많다.

CHAPTER 02

국제통상정책의 기조

1 제2차 세계대전 이전의 국제통상정책

국제통상정책의 기조는 국제무역거래에 정부가 인위적으로 개입하여 규제조치를 취하느냐의 여부에 따라 크게 자유무역주의와 보호무역주의의 두 가지 형태로 구분된다. 자유무역주의는 정부가 국제무역거래에 정책적인 개입을 가능한 한 축소하거나 폐지하여 국제무역을 자유롭게 보장하여 주고 국제분업을 통한 자원배분의 최적화와 무역이익의 극대화를 강조하는 주장이다. 보호무역주의는 정부가 국내 산업보호, 국제수지개선, 고용증대, 물가안정 등의 경제목표를 달성하기 위하여 관세 및 비관세무역장벽 등을 동원하여 국제무역을 제한하거나 통제하자는 주장이다.

이러한 자유무역주의와 보호무역주의는 시대에 따라 교차되는 추세를 보여 왔는데, GATT체제 이전의 국제통상정책 기조는 중상주의, 자유무역주의, 그리고 보호무역주의 흐름으로 이어졌다.

1.1 중상주의 통상정책

1) 중상주의의 의의

중상주의(mercantilism)란 16세기부터 18세기까지 근대국가의 건설과 근대적 산업체제의 확립을 위해 유럽 여러 나라에서 채택된 국가본위의 간섭정책 내지 이를 기초로 한 이론에 대하여 총체적으로 붙여진 이름이다. 즉 중상주의란 일반적으로 자본주의 경제발전의 초기단계에서 유럽 여러 나라들이 주로 국가의 발전과 경제적 부(wealth)를 증강시키기 위해 채택한 사상 또는 경제정책을 의미한다. 중상주의는 부(wealth)를 화폐, 즉 금·은과 동일시하고 금과 은을 축적하는 것이 국가를 부유하게 하는 방법이라고 생각했다. 즉 중상주의는 화폐 또는 금·은의 축적으로 부가 형성된다고 믿었으며 부(wealth)를 늘리기 위해서는 화폐를 획득해야 한다고 믿었다.

중상주의시대에 화폐와 금·은을 국가의 부(wealth)로 보았던 것은 당시의 경제적 환경에 기인한다. 그 때에는 봉건제도와 중세적 도시국가가 붕괴되고 중앙집권적 국가제도가 확립됨에 따라 국가의 화폐적 지출이 급진적으로 증대되었다. 이 지출은 주로 국가제도를 확립하고 유지하는데 필요한 것이었다. 즉 국가는 지불수단이 필요했던 것이다. 중상주의시대는 상업자본이 경제의 핵심적 역할을 하는 시대였으며 이 시대의 경제사상은 중세 이전과는 달리 신학적·윤리적 지배에서 벗어나 독립적으로 그 기반을 굳히기 시작했다.

2) 중상주의의 특징

중상주의 정책의 주된 목적은 부의 축적이었고 부의 획득을 위해 무역수지 흑자에 의존했기 때문에 국가와 상인들의 화합이 자연적으로 발생했다. 그 당시 상인들은 귀금속을 부(wealth)로 간주하여 그들의 자금을 원료, 생산도구, 노동력의 구입에 사용하여 상품을 생산하고 판매하여 화폐형식으로 된 자본기금(capital fund)을 축적하는 것을 목적으로 상거래를 하였다. 이러한 중상주의정책은 다음과 같은 변천 과정을 거쳤다.

① 중금주의

중금(重金)주의는 금과 은의 보유가 국가의 부를 좌우한다고 보며, 국부는 소비 또는 생산을 위한 재화의 축적보다는 귀금속의 축적으로 구성된다고 보았다. 그런데 금의 공급이 고정되어 있으므로 국부는 타국을 희생시켜 증가될 수 있다고 믿었다. 이러한 국부(國富)의 개념에 따라 무역에 대한 이론적 분석과 정책처방의 원칙이 설정되었다.

중상주의시대에 중금주의정책이 실시된 것은 중앙집권적 국가제도를 확립하는데 막대한 화폐가 필요했기 때문이다. 그리고 교통이 발달되고 신대륙 및 신항로가 발견됨에 따라 화폐의 유통이 급진적으로 확대된 데도 그 이유가 있다.

② 무역차액주의

중금주의자들과 달리 일부 중상주의자들은 정화(正貨)의 유출이 순무역수지의 순조(順調)를 달성하는 목표에 실제로 도움을 줄 수 있다고 주장하면서 모든 금 수출이 금지되어야 한다는 주장에 반대했다. 그들 중에서 토마스 먼(Thomas Mun)은 그 당시 중상주의의 이익을 대변한 영국의 가장 대표적인 학자였다. 그는 정화(주로 금)의 수출은 국가의 최상의 이익에 배치된다는 중금주의자들의 비난을 반박하기 위해, 1621년에 "동인도에 대한 영국무역에 관한 논문(A Discourse of Trade from England into the East Indies)"과 "외국무역에 의한 영국의 재화(England's Treasure by Foreign Trade)"에서 금이 재화의 구입을 발생시키므로 금을 수출하여 구입된 재화가 유리한 가격으로 재수출되면 본래 수출되었던 것보다 더 많은 금을 가져온다고 하면서 무역차액주의의 경제적 타당성을 주장하였다.

이와 같은 무역차액주의는 중금주의와 더불어 중상주의의 유력한 이론적 기초를 제공하였으며, 중금주의보다 한층 더 진보된 학설로서 중상주의 국제통상정책의 기초가 되었다.

③ 산업보호주의

중상주의는 시대적 변천에 따라 중금주의정책에서 무역차액주의정책으로 전개되었고 이어서 산업보호주의정책으로 발전되었다. 이러한 발전양상은 중상주의 체제가 절대왕정기의 중상주의에서 시민혁명에 의한 의회주의적 중상주의로 전환되었으며, 산업경제적인 측면에서도 공장제 수공업이 발달함에 따라 종전의 상업자본의 지배에 이어 대외무역에 중점을 둔 농공업의 연대적 보호정책 방향으로 중상주의 정책이 변화되었기 때문에 가능했다.

이와 같이 중상주의체제의 제3단계로서의 산업보호주의정책은 그 기본방향을 국제무역에 두고 국가가 정책적으로 국내산업을 보호하여 국내의 고용수준을 유지하면서, 이와 동시에 수출을 증가시킴으로써 무역차액의 기회를 확보하려는데 목적이 있었다. 이러한 정책은 공업에만 국한되지 않고 농업에도 적용하여 곡물가격을 일정하게 유지시키기 위하여 농산물 수입을 제한하고 수출을 장려하는 정책을 취하기도 하였다.

1.2 자유주의 통상정책

1) 자유주의의 본질

자유주의(liberalism)란 정부가 모든 경제활동에 관여하지 않고 경제주체의 이기적인 활동이 '보이지 않는 손'에 의하여 조정됨으로써, 개인에게는 이익·자유·행복이 주어지고 국가사회에는 부(富)와 번영을 가져다준다는 사상으로, 17세기 영국에서 태동된 시민계급의 자유정신과 이를 계승한 아담 스미스(Adam Smith)에 의해 주장되었다.

자유주의는 봉건제도의 잔재와 중상주의의 경제적 통제 및 간섭을 배척한 중농주의(重農主義, physiocracy)에 뿌리를 두고 있다. 즉 자유주의는 초기에 중농주의 사상에 의해 커다란 영향을 받았다. 중농주의를 제창한 프랑스의 경제학자 케네(F. Quesney)는 개인의 이익이 사회를 통합하는 가장 중요한 유대라고 강조하면서 모든 사람이 자기가 원하는 상품을 자기가 원하는 상대방과 자기가 원하는 장소에서 자유로이 매매해야 한다고 주장했다. 이러한 주장을 보면 케네는 자유무역을 처음 지지했다고 볼 수 있다.

그의 자유방임사상(laissez faire)은 무역자유화의 기초를 마련하였고 아담 스미스(A. Smith)[1]에게 계승되어 영국에서 자유무역주의를 발생시켰다. 그 후 자유주의 사상은 산업자본가들의 강력한 지지를 받았으며 세계자본주의 발전에 원동력의 역할을 수행했다.

2) 자유주의 특징

① 자유경쟁

자유경쟁은 프랑스의 중농주의 사상과 영국의 자유주의 사상에 기초하고 있다. 자유경쟁은 또한 세이(J. B. Say)의 경제사상에 잘 반영되어 있다. 세이는 보호정책이 강화될수록 국민의 의뢰심도 심화되어 자기 노력에 의한 이익추구의 정신이 박약해지고 국민경제발전도 침체된다고 주장하였다. 따라서 그는 산업발달의 기본적 조건은 모든 산업 종사자들의 자유경쟁을 통한 헌신적 노력을 강화하는 것이라고 주장하였다.

---

1) A. Smith, An Inquiry into the Nature and Causes of the Wealth of Nations, The Modern Library, 1937, Book Ⅰ, Chap. 3; Book Ⅳ, Chap. 1~3, 6~8.

자유주의자들은 자유경쟁이야말로 경제체제의 변화와 진보를 촉진하는 원동력으로 해석한다. 그들은 자유경쟁을 저해하고 자유교환을 방해하는 모든 경제정책은 악(惡)으로 생각했다. 그리고 자유주의자들은 자유경쟁에 순응하는 기업이 주도하는 경제체제, 즉 자유경쟁의 경제체제가 경제주체의 능력을 최대로 발휘하게 하여 19세기부터 위대한 세계문명을 창출해왔다고 주장한다.

② 자유무역

자유무역(free trade)이란 상품 및 서비스의 국가간 이동에 대해 정부의 인위적인 간섭·제한·보호·통제·금지 등 정책적 규제 없이 자유롭게 이루어지는 대외무역을 의미한다.

아담 스미스는 중상주의를 비판하고 자본주의 사상에 부합하는 무역이론을 내세웠다. 중상주의 사상은 한 나라의 부는 금·은으로부터 시작되며, 이와 같은 귀금속은 한 나라가 수입보다 수출을 많이 함으로써 획득할 수 있다는 두 개의 명제를 바탕으로 하고 있다. 이에 대해 아담 스미스는 대외무역에서의 관세, 장려금 등의 조치는 유해하며 특수한 사정을 제외하고는 자유무역을 해야 한다고 주장하였다.

이러한 아담 스미스의 정신을 계승한 리카도(D. Ricardo), 밀(J. S. Mill) 등 고전학파 경제학자들은 국제분업의 원리에 대한 규명, 무역이익 발생의 근거파악, 무역당사국간 무역이익의 배분원리, 국제수지조정메카니즘 분석 등 자유무역이론을 더욱 발전시켰다.

1.3 보호주의 통상정책

1) 보호주의 개념

보호주의(protectionism)란 정부가 상품 및 서비스의 국제무역을 비롯하여 국내산업 보호, 국제수지 개선, 국내고용 안정 등을 위해 인위적인 간섭조치를 취해야 한다고 주장하는 경제사상을 의미한다.

독일의 경제학자 리스트(F. List)는 자유무역주의의 이론과 그 정책의 타당성을 비판하고 경제정책에 대한 국가의 역할을 중시하면서 국민경제의 여건을 고려한 실천적 보호주의를 주장했다. 그는 '정치경제학의 국민적 체계'라는 저서[2])를 통해

---

2) F. List, Das National System der Politischen Öknonomie, Bd. I(1841)(Sammlung Sozialwissenschaftlich Meister von H. Wantig, 1928)

경제발전단계설을 주장하고 생산력을 중시하는 실천적 이론체계를 수립한 후, 이를 기초로 유치산업보호론(infant industry argument for protection)을 주장했다.

한편 미국의 초대 재무장관인 알렉산더 해밀턴(A. Hamilton)은 미국의 공업발전이 유럽 여러 나라에 비해 유치한 단계에 있으므로 공업을 보호하지 않으면 그 성장 가능성이 감소한다고 지적하면서 이에 대한 국가의 정책적 조치가 필요하다고 주장하였다.[3)]

해밀턴의 공업보호론을 산업분화론이라고도 한다. 산업분화론이란 국가의 독립을 확보하고 국민경제의 발전을 도모하기 위해서는 오직 농업에만 의존하는 것보다 공업화로 산업을 분화시키고 수요를 창출하여 안정된 시장을 확보하는 것이 필요하다는 주장이다.

2) 보호주의의 특징

① 산업보호

산업보호란 국내산업이 외국의 저렴한 상품 수입 때문에 피해를 받지 않도록 보호하는 것을 말한다. 산업보호는 외국상품 수입에 대한 각종 규제조치 또는 국내산업에 대한 생산 및 수출보조금 지급을 통해서 시행된다.

② 수출장려 및 수입규제

수출장려 및 수입규제란 정부나 공공기관이 자국상품의 대외수출을 증가시키고 외국상품의 수입을 억제하는 정책적 조치를 말한다. 수출을 장려하는 목적은 국내산업의 발달, 국내고용의 증가, 그리고 경제성장을 촉진하기 위함이다. 그리고 외화를 많이 획득해서 국제수지를 개선시키고 국내통화의 대외가치를 안정시키는 데도 그 목적이 있다. 수입을 규제하는 이유는 국내산업의 고용을 보호하고 국제수지를 방어하기 위한 것이다. 그리고 불건전하고 왜곡된 소비패턴을 억제하기 위해서도 수입을 규제하기도 한다.

③ 국제수지 개선

국제수지 개선이란 수출증대 등을 통해 외화를 많이 획득하고 수입 억제 등을 통해 외화유출을 억제함으로써 국제수지를 개선하고 자국통화의 대외가치를 안정시키기 위한 목표를 의미한다. 국제수지는 일정한 기간(보통 1년) 동안 한 나라의

3) A. Hamilton, Report on Manufactures(1791), reprinted in A Documentary History of American Economic Policy since 1789, edited by W. Letwin(1961).

대외지출과 대외수입(收入) 상황을 나타내어 그 국가의 대외경제상황을 반영한다. 따라서 시대와 국가를 막론하고 국제수지 개선은 국제통상정책의 중요한 목표가 되어 왔다.

2 제2차 세계대전 이후의 국제통상정책

2.1 자유주의 통상정책의 부활

제2차 세계대전이 끝날 무렵 미국과 영국을 위시한 선진국들은 전후 새로운 국제금융질서를 확립하기 위한 협의를 시작하였다. 그들은 제1, 2차 세계대전 사이에 경험하였던 국제금융질서의 혼란을 되풀이하지 않기 위해서 새로운 국제금융질서의 확립이 필요하다는데 인식을 같이 하였다. 1944년 서방 선진국을 비롯한 44개국 대표들이 미국의 뉴햄프셔 주에 있는 브레튼우즈(Bretton Woods)에 모여 새로운 국제금융체제를 이끌어 갈 기구로서 국제통화기금(IMF: International Monetary Fund)과 국제부흥개발은행(IBRD: International Bank for Reconstruction and Development)을 설립하기로 합의하였다. 이를 IMF-IBRD 국제금융체제라고 부른다. IMF-IBRD 체제의 주요 목적은 환율안정, 국제유동성의 원활한 공급, 외환통제철폐, 자동적 국제수지조정메커니즘 구축 등이었다.

또한 유럽제국들의 식민지 쟁탈전, 국내산업 보호를 위한 고율의 관세정책, 경쟁적 평가절하, 차별적 대외경제정책 등으로 인한 국제무역의 위축이 두 차례 세계대전의 주요 원인이었다는 점을 반성하고 새로운 국제무역체제를 확립하기로 합의하였다. 그 결과 1947년 「관세와 무역에 관한 일반협정」(GATT)체제가 출범하고 자유무역정책이 새롭게 부활하게 되었다.

IMF와 GATT가 주도하는 브레튼우즈체제하의 세계경제는 대규모의 경기침체나 불황이 없이 대체로 순탄하였고, 국제통화제도도 비교적 안정적인 환율을 유지하면서 계속 증가하는 세계의 무역량과 자본거래를 적절히 뒷받침할 수 있었다. 이러한 자유무역주의를 지향하는 국제경제질서의 구축으로 1950년대부터 1970년대 초반까지 약 20년 동안 세계경제는 역사상 유례를 찾아 볼 수 없는 최대의 호황기를 경험하였다. 이 기간 동안의 국제통상정책은 세계경기의 호황과 더불어 각국의 급속한 경제발전에 따라 급증하는 국제무역거래를 뒷받침하기 위하여 자유무역주의의 기조를 유지하였다.

2.2 신보호주의 통상정책의 대두

제2차 세계대전 후 자유무역주의를 근간으로 하는 새로운 국제경제질서가 확립되고 다자간협상을 통하여 관세인하 및 비관세장벽을 낮추는 등 자유무역의 기조가 활기를 띠었으나 1970년대 들어 이러한 기조가 퇴색하기 시작하였다. 이렇게 자유무역주의가 침체하고 신보호무역주의가 대두하게 된 배경은 다음과 같다.

첫째, 세계경기가 1970년대 초를 기점으로 하여 하강국면에 접어들게 되었다. 1970년대에 발생한 두 차례의 석유파동과 더불어 인플레이션과 경기침체가 동시에 발생하는 스태그플레이션 현상 등으로 세계경기가 침체하게 되자 각국은 이를 타개하기 위하여 자국의 산업을 보호하는 보호무역주의로 선회하게 되었다.

둘째, 세계경제의 최강국인 미국경제의 상대적 저하와 함께 나타난 세계경제의 다극화현상을 들 수 있다. IMF-GATT체제가 추구하는 자유무역주의는 정치·경제·군사·외교 면에서 강력한 우위를 점하고 있는 미국에 의하여 주도되었다. 그러나 1970년대에 들어오면서 EC, 일본 등의 성장으로 미국의 세계경제 주도권이 약화되면서 자유무역주의 기조도 약화되기 시작하였다. 또한 자유무역주의를 주도하던 미국이 만성적인 재정적자와 국제수지적자에 시달리게 되면서 자국산업을 보호하기 위해 보호주의 정책을 실시하게 됨으로써 신보호무역주의 기조가 더욱 강화되었다.

셋째, IMF체제의 국제통화제도가 고정환율제도에서 변동환율제도로 전환됨으로써 국제통화제도의 불안이 가중되었다. 변동환율제도는 환율의 불안정을 초래하였고 이는 국제무역을 위축시키는 결과를 초래하여 각국의 보호무역정책을 강화시키는 요인으로 작용하였다.

이러한 배경으로 세계 각국이 불공정무역에 대응한다는 명분으로 1970년대부터 경쟁적으로 채택한 선별적이며 차별적인 무역제한조치를 포괄하여 신보호주의 통상정책이라 부른다. 이 신보호주의는 다음과 같은 점에서 전통적 보호주의와 차이점이 있다.

첫째, 선진국이 주도하는 보호주의란 점에서 주로 후진국이 시행한 전통적 보호주의와 구별된다. 즉 유치산업을 보호하여 공업화를 이루려는 후진국 또는 개발도상국의 보호주의와 다르게 선진국의 신보호무역주의는 사양산업보호와 시장질서 교란방지를 이유로 시행되고 선진국의 산업구조조정을 지연시키는 결과를 가져온다.

둘째, 보호대상이 국제경쟁력을 잃은 사양산업이라는 점에서 유치산업보호를 목적으로 하는 전통적 보호주의와 구별된다. 선진국의 사양산업 보호는 비교우위에 입각한 산업구조조정을 통한 경제적 효율성을 저해할 뿐만 아니라 개발도상국인 수출국에 비용을 전가시키는 결과를 초래한다.

셋째, 보호수단으로 비관세무역장벽을 이용하고 있다. 비관세무역장벽은 불투명하고 성격이 애매모호한 위장된 형태를 취하고 있어 이에 대한 규제가 어렵다. 또한 그 형태도 수입할당제, 수입허가제, 자율수출규제, 시장질서협정, 최저수입가격제, 각종 과징금, 반덤핑관세, 상계관세, 각종 보조금, 위생규제 등과 같이 다양하여 규제가 쉽지 않은 문제가 있다.

2.3 선택적 개방주의의 확산

신보호무역주의의 대두 이후 점차 유명무실해져가던 GATT의 다자간 무역체제를 혁신하기 위한 일련의 노력이 전개되었으며 우루과이라운드는 그 최종단계에 있었다. 여러 차례의 무산위기를 넘기고 우루과이라운드가 타결되고 세계무역기구(WTO) 체제가 출범하는 성과를 거두었으나 우루과이라운드는 다자간 무역협상이 점점 더 어려워지는 현실을 극명히 드러내었다. GATT가 출범할 때만 해도 전후 세계경제의 재건이라는 취지에 따라 매우 긍정적이었던 국제협력 분위기가 상당히 퇴색하였으며 23개국에서 100개국 이상으로 늘어난 회원국들의 이해관계를 조정하는 것은 많은 시간과 인내를 요구하는 고통스러운 과정임을 극명하게 드러내었다. 이에 따라 최근에는 상호 이해관계가 일치하는 일부 지역 또는 국가끼리 단기간에 보다 더 적극적으로 시장개방을 추진하는 지역무역협정(Regional Trade Arrangement)이 확산되고 있다.[4] GATT 제23조의 일정한 조건을 충족시킨 경우 최혜국 대우원칙의 예외를 인정받는 지역무역협정은 초기에는 EC, EFTA 등 주로 유럽지역을 중심으로 간헐적으로 추진되었으나 1994년에 출범한 북미의 NAFTA는 세계적으로 지역무역협정의 봇물을 터뜨리는 촉매제의 역할을 하였다. 즉 그 이전까지 실제로 30여개에 지나지 않던 지역무역협정이 NAFTA 체결 이후 급속도로 증가하여

---

4) 지역무역협정에 대해서는 제4편의 경제통합정책에서 보다 더 자세히 다룬다.

현재는 정확한 숫자를 파악하기 어려울 정도로 세계 각국이 경쟁적으로 지역무역협정을 체결하여 왔다.

이러한 지역무역협정의 확산에 대한 평가는 긍정적인 측면과 부정적인 측면을 모두 가지고 있다. 우선 긍정적인 측면에서는 앞에서 지적한 바와 같이 다자간 무역협상을 통한 무역장벽의 완화가 점차 어려워지고 있는 상황에서 지역을 중심으로 한 무역자유화를 우선 추진하는 것은 차후 다자간 무역자유화의 기반으로 작용할 수 있다는 점이 지적된다. 즉 지역무역협정을 협정국 사이에만 국한하지 않고 점차 그 범위를 넓혀 가면 자유무역의 혜택을 확대할 수 있다는 개방적 지역주의(Open Regionalism) 견해가 이에 해당한다. 물론 EC가 EU로 발전하고 미국·캐나다 자유무역협정이 NAFTA로 확대되고, 이어서 FTAA(범미주자유무역협정)에 대한 논의가 진행되는 등 개방적 지역주의가 확산되는 양상이 나타나고는 있지만 이것이 실제로 범세계적인 무역자유화로 이어질 수 있을지는 미지수이다.

반면에 부정적인 시각에서 보면 기존협정의 범위확대는 경제블록화를 심화시켜 지역이기주의로 이어질 수 있으며 이와 같은 지역 이기주의의 확산은 결국 다자간 무역자유화를 더욱 어렵게 만드는 요인으로 지적된다. 특히 최근에는 지역적 인접성을 넘어 원거리에 있는 국가들 사이에도 매우 다양한 형태의 지역무역협정이 체결되면서 경제적 이해관계가 매우 복잡하게 얽히게 되는 소위 스파게티보울(Spaghetti Bowl) 효과 논란을 볼 때 지역무역협정의 확산은 범세계적인 무역자유화의 흐름에 걸림돌로 작용할 위험성을 부인할 수 없을 것이다. 그럼에도 불구하고 상호이해관계가 일치하는 상대를 모색하여 신속하고 과감한 무역자유화를 추진하여 자국의 이익을 극대화하려는 선택적 개방주의(Selective Liberalism)는 1990년대 후반 이후 또 하나의 국제통상 기조로 확산되고 있다.

PART 2

자유무역정책과 보호무역정책

CHAPTER

자유무역정책

1 자유무역정책의 이론적 근거

1.1 중농주의 자유방임론

자유무역론이란 리카도(D. Ricardo)의 비교생산비원리에 입각한 국제분업에 따라 생산된 물품을 국가의 보호·간섭·통제 없이 자유로운 국제무역을 통해 교환할 경우 모든 국가에게 이익이 된다는 이론이다. 앞에서도 언급하였듯이 이러한 자유무역사상은 중농주의에 그 기초를 두고 있으며 중농주의 사상은 자유무역론에 상당한 영향을 미쳤다. 중농주의(physiocracy)는 18세기 후반 프랑스의 경제학자 케네(F. Quesney)에 의하여 체계화된 농업 중시와 자유방임 사상을 의미한다.

케네는 개인의 이익이 사회를 통합하는 가장 중요한 유대라고 강조하면서, 개인의 이익이 보장되면 그 사회의 유대관계도 강화된다고 주장하였다. 따라서 그는 개인의 이익이 보장되어야 하며, 이와 동시에 개인의 이익향상과 사회의 진보를 위하여 자유경쟁이 성립되어야 한다고 주장하면서, 국가의 역할은 다만 개인의 생명과 재산을 안전하게 보호하는데 그쳐야 된다고 강조하였다. 그리고 그는 모든 사람이 자기가 원하는 상품을 자기가 원하는 상대방과 자기가 원하는 장소에서 자유로이 매매해야 한다고 주장하였다. 이러한 주장에 비추어 케네는 자유무역을 처음으로 지지했다고 볼 수 있다.

케네는 국가중심의 보호간섭주의를 비난하고 농업만이 부를 축적할 수 있다고 생각하여 농업을 중시하면서 곡물의 자유거래, 특히 곡물의 자유수출을 통한 곡가

인상의 필요성을 주장하였다. 그는 또한 토지에 대한 단일과세, 특권의 폐지, 자유무역 등을 주장하였으나 국부의 근원이 토지에 있다고 생각한 끝에 농업을 보호하기 위하여 곡물수입자에게 과중한 세금을 부과해야 한다고 주장함으로써 자유무역 정신에 어긋나는 주장을 하기도 하였다. 그러나 그가 주장한 자유방임 사상은 아담 스미스(A. Smith)에 의하여 계승되어 영국에서 자유무역주의가 발전하는 계기를 제공하였다.

1.2 아담 스미스의 자유무역론

중농주의의 자유방임사상은 아담 스미스(A. Smith)가 『국부론』에서 이론적 기초를 다진 후 영국의 자유무역정책으로 꽃을 피우게 된다. 근대경제학의 시조인 스미스는 중농주의와 마찬가지로 자연법을 그 철학적 기조로 받아들였으나 과도한 농업편중주의를 배척하면서 상공업의 중요성을 강조하고 이를 발전시키기 위하여 자유무역론을 역설하였다.

스미스의 자유무역론은 당시 선진국인 영국의 경제발전을 배경으로 전개되었다. 산업혁명을 일찍이 경험한 영국은 당시 '세계의 공장'의 역할을 담당하였으며 자국 공산품의 자유로운 판로를 확보하기 위한 시장의 확대가 필요하였다. 이러한 필요성에 따라 중상주의의 비판으로부터 출발한 스미스의 자유무역론은 ① 국제분업론, ② 자유경쟁론, ③ 소비자이익론으로 집약될 수 있다.

1) 국제분업론

스미스의 자유무역론의 논거는 국제분업의 이익에 두고 있다. 외국과의 무역을 자유경쟁의 원리에 따라 운영하면 국제분업이 이루어지고 이에 따라 모든 나라가 유리하게 된다는 것이다. 다시 말하면 자유무역을 통하여 자국상품보다 생산비가 절대적으로 싼 외국상품은 수입하고, 외국상품보다 생산비가 절대적으로 싼 자국상품은 국내에서 특화 생산하여 상호교환하면 두 나라 모두에게 이익이 된다는 주장이다. 그러나 스미스는 예외적인 조치로서 군수·해운 등 국방상 필요한 산업은 국가의 보호를 받아야 한다고 주장하였다.

2) 자유경쟁론

자유경쟁론은 국내에서 생산기술의 혁신이나 경영방식의 개선 등 산업발달에 유익한 결과를 가져오며 외국과의 무역에서도 자유경쟁을 하면 희소한 자원을 효율적으로 사용하게 되어 상호간에 유익하다는 주장이다. 그러나 이러한 주장은 당시 기술적으로 앞선 선진국인 영국의 입장만을 고려하고 개발도상국들에게 불리한 자유경쟁의 단점을 고려하지 않았다는 비판을 받기도 하였다.

3) 소비자이익론

이는 모든 생산의 궁극적인 목적이 소비이므로 소비자이익이 우선되어야 한다는 주장이다. 따라서 보호관세제도를 실시하여 외국상품의 수입을 억제하고 품질이나 가격 면에서 뒤진 자국상품을 소비하도록 강요하는 조치는 바람직하지 않다는 주장이다. 마찬가지로 수출장려금을 생산자에게 지급하여 수출을 확대하는 조치는 국내물가를 인상시키고 조세부담을 가중시켜 이중부담을 소비자에게 전가하기 때문에 군사상의 문제 등 특수한 경우를 제외하고는 철폐할 것을 주장한다.

1.3 고전학파의 자유무역론

아담 스미스는 국내분업의 원리를 국가간에 적용하여 국제분업이론을 체계화하고 스코틀랜드의 포도주 생산의 예를 들어 두 나라 사이에 절대생산비차가 존재하는 경우의 무역이익을 설명하였다. 그 후 역시 영국의 고전학파 경제학자 리카도(D. Ricardo)는 스미스의 이론을 더욱 발전시켜 비교생산비차가 존재하는 경우의 무역발생 원리와 무역이익을 설명하였다.[1)]

그러나 스미스나 리카도는 그러한 무역이익이 교역당사국에 얼마만큼 배분되는가에 대해서는 설명하지 않았다. 그 후 밀(J. S. Mill)[2)]이 리카도가 규명하지 못한 교역당사국에 대한 무역이익의 배분비율과 교역상품의 국제교환비율(교역조건)을 규명하였다. 밀의 이론은 상호수요균등의 법칙(law of equation of reciprocal demand)과 국제가치론(theory of international value)을 기초로 이루어졌다.

밀은 교역상품의 국제교환비율, 즉 교역조건이 비교생산비의 상한과 하한 내의 어느 점에서 결정되는가를 설명하면서 교역조건은 결국 자국상품에 대한 외국의

---

1) David.. Ricardo, The Principles of Political Economy and Taxation(London: J. Murray. 1821)

2) J. S. Mill, Principles of Political Economy(New York: Appleton, 1902)

수요와 외국상품에 대한 자국의 수요가 상호 일치되는 점에서 결정된다고 주장하였다. 그리고 이 교역조건에 의하여 교역당사국에 대한 무역이익의 배분비율이 결정된다고 주장하였다.

이상과 같이 밀은 상대국 상품에 대한 양국의 수요의 규모가 교역조건을 결정한다는 명제를 제시하였고 이외에도 수요의 탄력성이 교역조건을 결정한다고 주장했다. 즉 상대국상품에 대한 자국의 수요의 탄력성이 크면 교역조건은 자국에 불리하고 반대의 경우 교역조건은 자국에 유리하다는 점을 밝혔다. 요약하면 교역당사국의 상호수요의 규모와 수요의 탄력성에 의하여 교역조건이 결정된다는 것이다.

이상과 같이 고전학파의 무역이론은 다음의 네 가지 관점을 중심으로 구성되어 있다. 즉 ① 국제분업의 원리에 대한 규명, ② 무역이익의 발생에 대한 근거 파악, ③ 교역당사국간 무역이익의 배분이치 설명, ④ 국제수지균형메카니즘에 대한 설명 등이다.

스미스의 자유무역론, 리카도의 비교생산비의 원리, 밀의 상호수요균등의 법칙 등 고전학파의 자유무역이론은 그 후 여러 학자들에 의해 수정·보완되면서 체계적인 근대이론으로 발전되었다. 이 이론은 무역은 비교생산비 차이에서 발생되지만 무역이익은 무역당사국의 수요의 차이에 의해 분배된다는 점을 설명하였고, 이후 일반적인 비교우위이론(theory of comparative advantage)으로 발전되었다.

2 자유무역의 이익

자유무역론에 의하면 자유무역을 통해 자국은 물론 세계의 자원이 최적 배분되고 경제적 후생이 극대화된다고 한다. 자유무역의 이익을 설명하는 방법은 여러 가지가 있겠지만, 기본적으로 비교우위에 입각하여 무역의 이익을 설명하는 국제무역이론은 모두 자유무역의 이익을 강조하는 것으로 보아도 무방할 것이다. 여기서는 간단한 그래프를 이용하여 비교우위에 입각한 자유무역의 이익을 설명해보고자 한다.

[그림 3-1]은 자유무역에 의하여 발생되는 무역이익을 부분균형분석방법으로 설명한 그래프이다. 이 그래프의 오른편에는 Y재에 대한 수요와 공급조건이 표시되어 있고 왼편에는 X재에 대한 수요와 공급조건이 표시되어 있다. 그리고 세로축에는 가격이 표시되어 있는데 이 가격은 절대가격이 아니라 상대가격(두 재화의 가

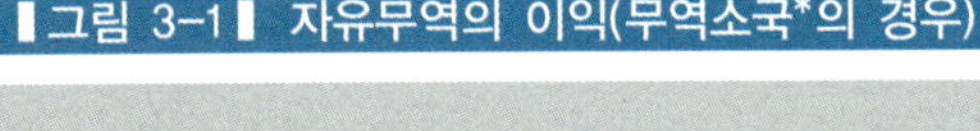

▌그림 3-1▌ 자유무역의 이익(무역소국*의 경우)

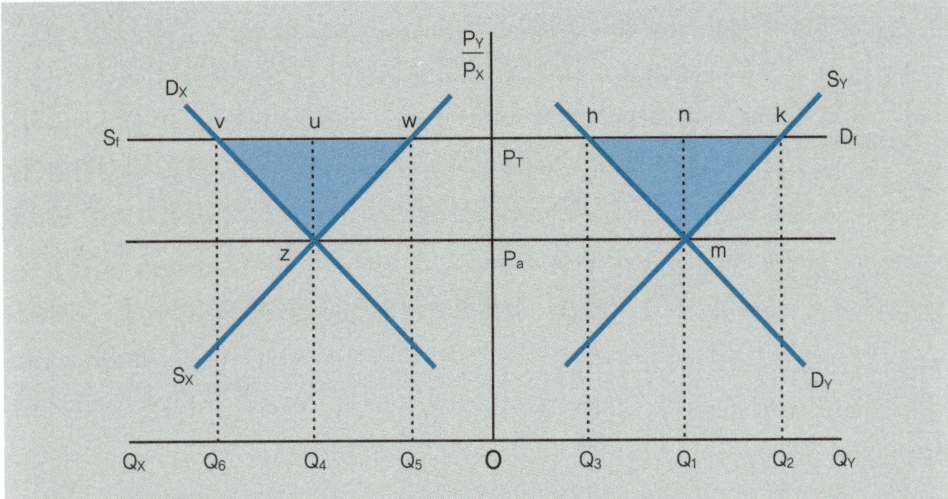

* 무역소국이란 이 나라의 X재와 Y재의 교역량이 세계시장에서 차지하는 비중이 작아 국제가격에 영향을 주지 않는 경우를 말한다. 즉 가격순응자(price taker)의 경우를 말한다.

격 비율)이다. 다시 말하면 그 가격은 X재 가격에 대한 Y재 가격의 상대적 비율을 나타낸다. 왼편에 표시된 X재의 수요곡선 Dx는 正(+)의 경사, 그 공급곡선 Sx는 負(−)의 경사인 것에 주의를 기울일 필요가 있다.

무역이 전혀 이루어지지 않는 폐쇄경제체제하에서 X재에 대한 Y재의 가격비율(P_Y/P_X)은 P_a로 표시되어 있는데, 이 가격비율(P_a)에서 X재와 Y재에 대한 수요와 공급이 균형되는 것을 나타내고 있다. 그러나 자유무역을 할 경우 국제가격(상대가격)이 P_T라고 하면 이 나라는 Y재 생산에 특화하여 그 Y재의 공급량을 OQ_1에서 OQ_2로 증가시킬 수 있다. 그리고 국제가격(상대가격)이 P_T로 상승됨에 따라 Y재에 대한 국내수요는 OQ_1에서 OQ_3으로 감소한다. 따라서 국내공급량과 수요량의 차이, 즉 Q_2Q_3이 수출된다. 그런데 이 나라가 완전고용상태에 있다고 가정하면, 수출부문인 Y재 부문의 생산량의 증대는 수입경쟁부문인 X재 부문의 생산량의 감소에 의하여 달성될 수밖에 없다. 한편 Y재의 상대가격이 상승되고 이에 따라 X재의 상대가격이 하락하면, X재의 공급량은 OQ_4에서 OQ_5로 감소되고 그 수요량은 OQ_4에서 OQ_6으로 증대된다. 따라서 국내공급량과 수요량의 차이, 즉 Q_5Q_6이 수입된다.

이와 같이 X재 및 Y재 부문에서 상대가격이 변동되어 양 부문에서 수요와 공급이 변동되고 수출량과 수입량이 각각 결정된다면, 생산자잉여와 소비자잉여도 각각

변동한다. 그리고 상대가격의 변동에 의한 생산자잉여와 소비자잉여의 변동을 통하여 자유무역의 이익을 규명할 수 있다.

우선 X재 부문부터 살펴보자. 무역에 의하여 X재에 대한 Y재의 상대가격비율이 P_a에서 P_T로 상승된다면 이는 Y재에 대한 X재의 상대가격비율이 그만큼 하락되는 것을 의미하는데, 이러한 경우 소비자잉여는 $P_a$zvP_T만큼 증대되고 생산자잉여는 $P_a$zwP_T만큼 감소된다. 따라서 소비자잉여의 증가분 $P_a$zvP_T에서 생산자잉여 감소분 $P_a$zwP_T를 공제한 부분 zvw가 무역의 순이익이 된다. 이 순이익 zvw도 교환이익과 특화이익으로 나누어지는데, zvu는 교환이익이고 zuw는 특화이익이다. 교환이익 zvu는 무역에 의하여 시장이 확대됨에 따라 발생되는 이익이며, 특화이익 zuw는 비특화(despecialization)에 의하여 발생되는 이익이다. 이러한 이익은 상대적으로 비효율적인 국내생산이 효율적인 해외생산으로 대체됨으로써 발생된다. 그리고 그 이익은 소비자에게 돌아간다.

한편 Y재 부문에서 X재에 대한 Y재의 상대가격비율이 P_a에서 P_T로 상승함에 따라 생산자잉여는 $P_a$mkP_T만큼 증가하고, 소비자잉여는 $P_a$mhP_T만큼 감소한다. 따라서 생산자잉여 증가분 $P_a$mkP_T에서 소비자잉여 감소분 $P_a$mhP_T를 빼어낸 부분 mkh가 무역의 순이익이 된다. 순이익 mkh도 교환이익과 특화이익으로 나누어지는데 mnh는 교환이익을 나타내고, 그 나머지 mnk는 특화이익을 나타낸다. 따라서 이 나라가 국제가격(P_T)하에서 자유무역을 함으로서 얻게 되는 총 이익은 zvw와 mkh의 합으로 나타난다.

3 자유무역정책에 대한 비판

자유무역정책은 생산자원의 효율적 이용을 촉진하고 소비자의 효용수준을 향상시키는 효과가 있기 때문에 국제통상정책의 중요한 기조로서 인정을 받아 왔다. 그러나 자유무역정책의 타당성은 고전학파 경제학자들이 주장하는 것처럼 보편적이지 못하였고 자유무역정책에 대한 여러 가지 비판이 제기되었다.

이러한 비판은 오래 전부터 여러 학자들이 제기하였는데. 특히 독일의 경제학자 리스트(F. List)는 자유무역주의의 이론과 그 정책의 타당성을 비판하고 경제정책에 대한 국가의 역할을 중시하였다. 그는 국민경제수준에 입각한 실천적 이론인 유치산업보호론을 제창하였다. 리스트의 이론에 대해서는 다음 장에서 자세히 다루기로 하고 여기서는 자유무역론의 결함에 대해 간단히 설명하고자 한다.

3.1 전제조건의 결여

자유무역에 의하여 무역이익이 발생하기 위해서는 산업간 생산요소의 자유로운 이동이 가능해야 하는데, 현실적으로는 상품시장과 생산요소시장의 왜곡현상이 존재하기 때문에 자유무역의 이익이 발생하지 않는 경우도 있다. 특히 개발도상국에서는 노동의 자유로운 이동이 여러 가지 요인으로 인하여 많은 제약을 받고 있으므로 산업간에 생산성 및 임금의 격차가 존재하며, 이에 따라 생산자원의 최적배분이 실현되지 않고 생산 및 소비의 최적상태가 실현되지 않을 수 있다. 이러한 경우에는 이론적인 자유무역의 이익은 실현되지 않을 수도 있다. 따라서 이러한 경우 국내산업과 국제무역에 대한 보호정책이 필요할 수도 있는 것이다.

3.2 산업구조와 무역패턴의 고착화

자유무역정책에 따라 특화생산을 하다보면 각국의 산업구조 및 무역패턴이 고착화됨에 따라 개발도상국은 공업화의 기회를 얻지 못하고 장기간 1차산업의 특화현상에서 벗어나기 어려울 수도 있다. 즉 자유무역하에서는 각국은 외국에 비하여 유리한 산업부문에 특화를 하게 되는데, 이러한 특화생산이 장기간 계속되면 각국의 산업구조와 무역패턴이 고착화될 수도 있는 것이다. 자유무역정책의 논거인 비교우위론에 의하면 선진공업국은 자본집약적인 제조업부문에 특화하는 것이 유리하고, 개발도상국은 농업과 같은 1차산업에 특화할 수밖에 없는 경우가 있다. 이러한 경우 선진공업국은 개발도상국에 공산품을 수출하고 1차상품을 수입할 것이며 개발도상국은 선진공업국에 1차상품을 수출하고 공산품을 수입하게 될 것이다. 이러한 무역패턴은 제2차 세계대전 이후 국제무역에서 두드러지게 나타났으며 선진공업국과 개발도상국간 소득의 격차를 심화시킨 주요한 원인으로 비판되어 왔다.

3.3 장기적 교역조건 악화

자유무역정책의 비판론자들은 자유무역에 의하여 공산품을 수출하는 선진공업국의 교역조건은 개선되지만 1차상품을 수출하는 개발도상국의 교역조건은 악화되는 경향이 있다고 주장한다. 즉 선진공업국의 수출품인 공산품의 국제가격의 상승률은 높은데 비하여 개발도상국의 특화 수출품인 1차상품의 국제가격은 정체되거나 상승률이 낮아 장기적으로 선진공업국의 교역조건은 향상되지만 개발도상국의 교역조건은 점차 악화되어 공평한 무역이익의 배분이 어렵게 된다고 주장한다. 따라서 개발도상국의 1차상품의 수출이 증가하더라도 교역조건악화에 의하여 실질소득이 감소되는 경향이 발생하는데 이러한 현상을 궁핍화성장(immiserizing growth)[3]이라고 한다. 자유무역이 개발도상국의 장기적 교역조건을 악화시키고, 무역이익의 배분을 왜곡시키며, 실질소득을 감소시킨다는 이와 같은 주장에 대해서는 제12장에서 자세히 다룰 것이다.

---

3) J. Bhagwati, "Immiserizing Growth: A Geometrical Note", Review of Economic Studies, June 1958, pp.201~205, reprinted in R. E. Caves and H. G. Johnson, Readings in International Economics(1968), pp.300~305.

CHAPTER 04 보호무역정책

1 보호무역정책의 경제적 근거

이론적으로 가장 바람직한 무역은 완전한 자유무역이라고 할 수 있다. 그러나 현실적으로 완전한 자유무역이 이루어지기는 불가능하거나 어려울 수 있다. 역사적으로 수입시장을 완전히 개방한 국가는 사실상 없으며 거의 모든 국가가 방법과 정도의 차이는 있어도 다양한 형태의 보호무역조치를 취하고 있는 것이 현실이다. 따라서 국제통상정책이라고 하면 어느 정도 보호무역정책을 의미하는 것으로 보아도 무방할 것이다.

이론적으로 자유무역의 경제적 이익이 증명되고 있지만 보호무역의 이익을 주장하는 학자들의 주장에도 경제적 타당성이 있는 것이 많다. 여기에서는 보호무역의 경제적 타당성을 주장하는 경제학자들의 주장에 대해서 알아보고자 한다.

1.1 시장왜곡과 보호무역정책

이론적으로 자유무역이 세계경제 또는 일국의 경제적 후생을 극대화하기 위해서는 몇 가지 중요한 전제조건이 충족되어야 한다. 그 중 가장 중요한 전제조건은 완전한 경쟁시장의 존재이다. 그런데 시장이 완전한 경쟁적 시장이 아니면 생산의 사적비용(private cost)과 사회적비용(social cost)간의 괴리가 발생한다. 이렇게 사회적 비용과 사적비용 간의 괴리가 발생할 때 시장의 왜곡(market distortion)현상이 존재한다고 하는데 시장의 왜곡현상은 여러 가지 형태로 나타난다. 즉 시장의 왜곡현상은 시장에 독점적 요소가 있을 때, 외부경제 또는 외부불경제 등 시장의 실패(market failure)가 존재하는 경우, 또는 불완전한 시장정보나 제도의 경직성이 존재하는 경우, 불완전한 노동시장에서 임금격차가 발생하는 경우에 발생한다. 이러한 경우에는 보호무역정책이 경제적 후생을 증가시키고 자유무역정책보다 더 바람직한 국제통상정책이 될 수 있다고 주장한다. 이제 보호무역정책의 논거로 거론되는 시장왜곡 현상을 좀 더 설명해보자.

1) 생산물시장의 왜곡

생산물시장에 외부효과나 독점이 존재하여 시장왜곡현상이 발생할 경우 보호무역정책이 자유무역정책보다 시장왜곡현상을 시정하는데 더 효과적일 수 있다. 이를 시정하기 위한 수단으로는 관세(tariff)나 조세·보조금정책(tax-subsidy policy)을 들 수 있다. 관세는 비합리적으로 이루어진 자원의 배분을 개선시키고 후생수준을 향상시킬 수 있으나 일반적으로 무역상대국의 소득을 감소시키고 무역보복을 초래할 수 있다. 따라서 일반적으로 과세·보조금정책이 관세정책보다 더 효과적이라고 평가된다.

2) 요소시장의 왜곡

요소시장의 왜곡이란 산업부문 간에 생산요소가격의 격차가 존재하는 경우를 의미한다. 농업부문과 공업부문 간에 임금의 격차가 존재하거나 대기업과 중소기업 간에 임금의 격차가 존재한다면 가격기구(price mechanism)에 결함이 생겨 요소시장의 왜곡현상이 발생한다. 요소시장의 왜곡은 경제발전 단계가 낮은 나라일수록 그 정도가 심하다. 즉 개발도상국에서는 제조업부문의 임금이 농업부문보다 높고 대기업의 임금이 중소기업보다 높은 것이 일반적이다.

한편 산업부문 간에 임금의 격차가 존재하여 요소시장이 왜곡되는 경우에는 산업의 생산능력이 저하될 뿐 아니라 자원이 효율적으로 배분되지 않고 효용수준도 극대화되지 않는다. 따라서 이를 시정할 필요가 있으며 이를 시정하기 위한 정책수단으로 관세나 과세·보조금이 사용된다.

3) 시장의 실패

외부경제와 외부불경제 같은 시장의 실패(market failure)가 존재하는 경우에 자유무역은 경제적 후생의 손실을 가져올 수 있다. 예를 들어 외부경제효과가 있는 경우 어떤 산업이 사회적 생산비에서는 비교우위에 있으나, 외부경제효과를 제외한 사적 생산비에서는 비교열위에 놓일 경우가 있다. 이 경우 사적 생산비에 근거하여 자유무역을 하면 외부경제효과를 포기하는 결과를 초래하기 때문에 경제적 후생의 손실을 보게 된다. 외부불경제의 경우도 마찬가지인데, 예를 들어, 어떤 산업이 공해와 같은 외부불경제를 일으키는 경우, 정부는 시장에 개입하여 해당 산업으로 하여금 손실을 보상하도록 하든가, 또는 적절한 과세를 함으로서 생산을 축소시키는 조치를 취해야 할 것이다.

외부불경제의 대표적인 예로 공해를 들 수 있다. 비록 비교우위산업이라 하더라도 공해를 발생하면 그 산업에 특화하는 것은 경제적으로 바람직하지 않다. 이와 같이 외부경제나 외부불경제 등의 외부효과가 존재하는 경우에도 시장왜곡의 경우와 마찬가지로 관세나 과세·보조금 정책을 이용하여 그 폐해를 줄이는 조치를 취해야 한다.

1.2 유치산업보호론

유치산업(infant industry)이란 현재는 비교열위에 있으나 장래에 비교우위산업으로 전환될 수 있는 가능성을 지니고 있는 산업을 말한다. 즉 현재는 생산측면에서 국제경쟁력이 없지만 정부가 일정기간 보호해주면 가격경쟁력을 갖출 수 있는 산업을 의미한다. 이러한 유치산업은 자유무역정책보다 보호무역정책을 채택하여 정부가 일정기간동안 보호해주는 것이 장기적인 경제발전에 도움이 될 수 있다.

이러한 유치산업보호론에 대해서는 보호무역에 반대하는 자유무역론자들도 그 경제적 타당성을 인정한다. 그 이유는 기본적으로 유치산업보호론이 자유무역정책을 부정하는 이론이 아니기 때문이다. 유치산업보호론은 일국의 특정산업이 현재는 국제경쟁력이 없지만 정부가 일정기간동안 보호해주면 경쟁력이 생길 수 있는 산업을 의미하는데 국제경쟁력이 생긴 이후에는 자유무역으로 전환하는 것을 전제로 한다. 따라서 유치산업보호론은 원칙적으로 자유무역을 부정하는 이론이 아니고, 어떤 산업을 유치산업으로 선정하고 어떻게 보호하느냐 하는 문제가 중요하다.

1) 리스트의 유치산업보호론

유치산업보호론은 주로 공업화를 지향하는 개발도상국에서 강하게 제시되었다. 역사적으로 유치산업보호론은 미국 독립직후 초대 재무장관이었던 해밀턴(A. Hamilton)에 의해 처음으로 제창된 것으로 알려져 있다. 그는 1791년 미국의회에 제출한 '제조업에 관한 보고서(Report on Manufactures)[4)]'에서 당시의 선진국이었던 유럽제국에 비해 후진국이었던 미국의 유치산업을 보호하기 위해 보호무역의 필요성을 강조했다. 그러나 유치산업보호론을 학문적으로 체계 있게 처음 주장한 사람은 독일의 경제학자 리스트(F. List)[5)]였다.

리스트는 당시에 후진국이었던 독일이 비교우위산업인 농업에 특화하여 선진국인 영국과 자유무역을 하기보다는 유치산업으로서 제조업을 보호·육성하는 수입대체공업화 전략을 채택하고 그 정책수단으로 수입관세를 부과할 것을 주장하였다. 그는 또한 유치산업이 대외경쟁력을 갖춘 후에 자유무역을 하는 것이 독일은 물론 세계경제 전체에 유익하다고 주장하였다.

리스트는 1841년에 발간한 '정치경제학의 국민적 체계(Das Nations System der Politischen Ökonomie)'에서 자유무역정책을 반대하고 경제정책에 대한 국가의 역할을 중시하면서 각국의 경제발전단계에 맞는 경제정책을 채택해야 한다고 주장하였다. 그는 경제발전단계를 다섯 단계로 나누었는데 제1단계를 야생상태, 제2단계를 목축상태, 제3단계를 농업상태, 제4단계를 농·공 상태, 제5단계를 농·공·상 상태로 구분하고, 각 발전단계에 맞는 경제정책을 제시하였다. 그는 야생상태에서 농업상태로 이행하는 단계에 있는 국가는 선진국과 자유무역을 하고 필요한 상품을 외국으로부터 자유롭게 수입하는 것이 유리하지만 농·공 상태에 머물고 있는 국가는 국내의 유치산업을 보호하기 위하여 보호무역정책을 실시해야 한다고 주장하였다.

따라서 리스트는 당시 농·공 상태에 있는 독일과 미국은 보호무역정책을 채택하고 영국과 같이 농·공·상 상태에 도달한 나라는 자유무역정책을 채택하는 것이 바람직하다고 보았다. 즉 농·공 상태에서 농·공·상 상태로 이행하는 나라는 선진국과의 경쟁으로부터 국내의 유치산업을 보호해야 한다는 것이었다. 일반적으로 리스트의 이론은 보호무역론과 결부시켜 고찰되고 있으나 리스트의 이론에 의하면 궁극적으로는 각국이 자유무역을 추진해야 한다는 것이다. 그는 농업상태에서는 자유무역정책을 채택하여 농산물을 자유롭게 수출하고 대신 공업제품을 수입하여 농업을 발전시킴과 동시에 공업화의 기초를 만들어야 한다고 주장하였다. 아울러 농·공·상

---

4) A. Hamilton, Report on Manufactures(1791), reprinted in A Documentary History of American Economic Policy since 1789, edited by W. Letwin(1961).

5) F. List, Das National System der Politischen Öknonomie, Bd. I(1841)(Sammlung Sozialwissenschaftlich Meister von H. Wantig, 1928)

상태에 도달하면 외국과의 경쟁에 견딜 수 있을 만큼 성장했기 때문에 자유무역의 이익을 향유할 수 있다고 보았다. 그는 유치산업을 위한 보호무역정책은 단지 농·공 상태에서 농·공·상 상태로 이행하는 단계에서만 채택되어야 한다고 주장하였다. 이러한 주장이 바로 리스트의 합리적인 유치산업보호론의 특징이라고 할 수 있다.

2) 유치산업 선정기준

유치산업보호론의 이론적 타당성에도 불구하고 이것을 정책적으로 실행하는 데는 여러 가지 어려움이 있다. 그 중 가장 어려운 문제는 잠재적인 유치산업을 사전적으로(ex ante) 올바르게 선정하는 것이다. 만약 유치산업의 선정이 잘못되면 그로 인해 발생하는 사회적 비용이 막대하기 때문이다. 예를 들어 보호기간이 끝난 후 생산비가 하락하지 않으면 보호의 철폐가 어렵게 되며 소비자들은 계속 높은 가격을 지불할 수밖에 없을 것이다. 또한 기대했던 자원의 효율적인 배분도 나타나지 않을 것이다. 그리고 잘못 선정된 유치산업에 종사하는 사람들은 정부의 보호철폐를 반대할 것이고, 이에 따라 보호기간은 연장되면서 보호비용은 계속 쌓여갈 것이다. 따라서 유치산업의 선정은 사전에 면밀하게 검토한 후에 선정되어야 한다.

유치산업 선정기준에 대해서는 많은 이론이 있지만 여기서는 대표적으로 밀(J. S. Mill)과 바스테이블(C. F. Bastable), 그리고 켐프(M. C. Kemp)의 주장을 소개한다.

① 밀의 선정기준

리스트 이후 유치산업의 보호육성을 주장한 사람은 영국의 밀(J. S. Mill)[6]이었다. 밀의 유치산업 선정기준은 다음과 같다. 즉 어떤 산업이 현재는 기술적인 경험부족 때문에 생산성이 낮아 국제적 수준에 도달하지 못했지만 일정기간 보호해준다면 미래에는 기술을 습득하고 생산성이 향상됨으로서 이윤을 올릴 수 있는 산업이라야만 한다는 것이다.

요약하면 한 산업이 유치산업으로 선정되기 위해서는 일정한 보호기간 후 보호가 철폐되었을 때 비교우위산업이 될 수 있어야 한다는 것이다. 그리고 보호기간은 외국산업의 기술과 경험을 습득하는 학습과정(learning process)에 한정되어야 한다고 주장한다. 그리고 학습과정기간 동안에 발생하는 위험과 손실을 민간 기업이 자체적으로 부담하기는 어려울 것이므로 정부가 보호관세와 같은 정책수단으로

---

6) J. S. Mill, Principles of Political Economy, with Some of their Applications to Social Philosophy, 2 vols.(1848), W. J. Ashley's edition(1909), pp.584~585.

보호해주는 정책을 강구해야 한다고 주장하였다.

② 바스테이블의 선정기준

바스테이블(Bastable)[7]은 밀의 기준을 더욱 엄밀히 하여 장차 비교우위가 현재화된다는 것만으로 보호를 정당화할 수는 없다고 보았다. 그는 유치산업은 일정기간의 보호에 의해 자립할(비교우위에 놓일) 수 있게 될 뿐만 아니라 장차 보호철폐(자립)후에 생길 미래이익의 현재가치가 보호기간 중에 지불한 사회적 비용을 보전하고도 남을 수 있는 산업이라야 한다고 했다. 바스테이블은 이와 같이 유치산업의 선정기준에 있어 밀의 기준에 또 하나의 조건, 즉 자립후의 이익이 보호기간 중의 비용 및 손실을 보상하고도 남음이 있어야 한다는 조건을 추가했다. 이것을 밀의 기준과 합해 유치산업선정에 관한 밀과 바스테이블의 기준(Mill-Bastable's Test)이라고 부른다.

밀과 바스테이블의 선정기준은 [그림 4-1][8]을 이용해 좀 더 자세히 설명할 수 있다. [그림 4-1]은 시간의 경과에 따라 평균생산비가 체감하는 것을 나타내고 있다. 만약 국제가격이 P_w에서 일정하다면 기간 t_1까지는 이 산업은 국제경쟁력이 없어 외국산업과의 경쟁을 이겨낼 수 없음을 보여준다. 그러나 정부가 이 산업을 유치산업으로 선정하여 보호해 줄 경우 기간 t_1이 지나면 국제경쟁력이 생기게 된다.

▌그림 4-1▌ 밀과 바스테이블의 유치산업 선정기준

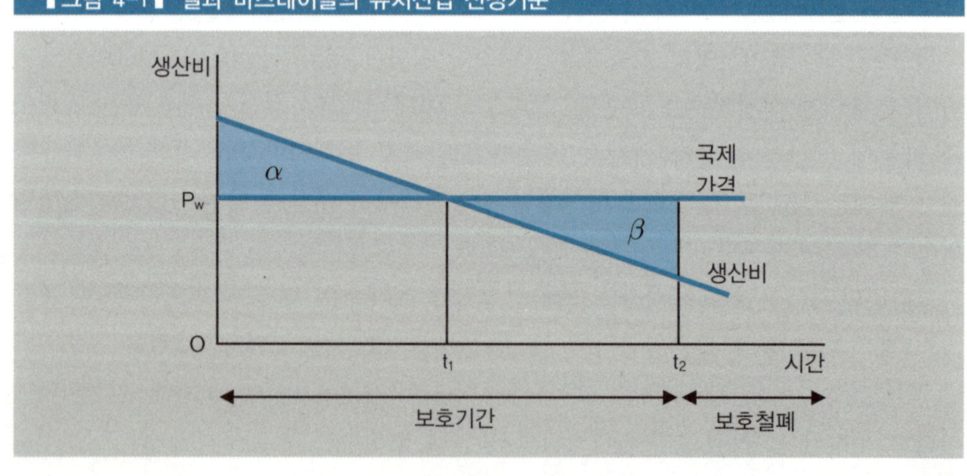

---

7) C. F. Bastable, The Theory of International Trade, 4th ed.(1887), pp.140~143.

8) [그림 4-1]은 정도영, 신판 「국제경제」 2000, 3. p.220 [그림 11-2]를 참조한 것임.

이 경우 밀의 선정기준에 의하면 이 산업은 유치산업으로 선정될 수가 있고 보호기간은 t_1까지가 적절하다고 볼 수 있다. 그러나 바스테이블의 선정기준에 의하면 보호기간은 t_2까지 연장되어야 한다. 즉 α(사회적 손실)와 β(사회적 이익)가 같다면 보호기간 동안의 사회적 손실(α)이 보호철폐 후의 사회적 이익(β)과 같아지는 기간 t_2까지 보호를 연장해 줄 필요성이 있고 이 산업은 바스테이블의 선정기준에도 적합한 것이다. 결과적으로 사회적 이익(β)이 사회적 손실(α)보다도 크다면 그 산업은 유치산업으로서 보호받을 가치가 있는 것이다.

③ 켐프의 선정기준

켐프(M. C. Kemp)[9]는 밀과 바스테이블 기준을 충족시키는 산업일지라도 그것만으로는 충분하지 못하며 유치산업으로 선정되기 위해서는 외부경제(external economies) 효과를 발생시키는 산업이어야 한다고 주장한다. 즉 밀과 바스테이블의 기준이 충족된다고 하더라도 그 산업에 속한 기업이 습득한 경험과 기술 등이 다른 기업에 이용되지 않고 외부경제를 유발하지 못한다면 보호할 필요가 없다는 것이다.

외부경제를 일으키는 산업은 다른 관련 산업의 평균생산비를 감소시키는 효과를 줌으로써 사회적 수익(social returns)을 증대시키게 된다. 그런데 이러한 산업이 만일 자유무역 하에 방치되면 이들의 생산과정에서 사용되는 기술과 경험 등의 생산성 향상 요인들이 활용되지 못하고 그 산업의 경쟁력 배양이 불가능하게 된다. 이러한 경우 이 산업내의 기업들의 투자의욕이 저하될 수밖에 없으므로 이들로 하여금 투자를 촉진시키고, 이로 인해 경쟁력이 배양되고 자립성장을 할 수 있도록 관세에 의한 보호조치가 필요하다는 것이다. 다시 말해서 켐프의 유치산업선정기준은 해당산업의 성장이 관련 산업에 외부경제효과를 발휘해야 한다는 것이다. 유치산업의 보호는 이러한 경우에만 한정되어야 한다는 것이 켐프의 결론이다. 이와 같은 유치산업보호의 기준을 켐프의 기준(Kemp's Test)이라 한다.

3) 유치산업 보호론의 문제점

이상 살펴본 유치산업 보호론의 주장은 주로 유치산업의 선정기준을 어떻게 설정하느냐에 대해 논의가 이루어졌으나 현실적으로 선정기준을 확정하기는 쉬운 일이 아니다. 그리고 설사 유치산업 선정에 관한 문제가 해결되어 어떤 산업의 보호

---

9) M. C. Kemp, "The Mill-Bastable Infant-Industry Dogma", Journal of Political Economy, vol. 68(1960), p.65~67.

육성이 결정되었다고 하더라도 몇 가지 문제점을 고려해야 한다. 즉 보호의 수단, 보호의 정도, 보호기간의 결정 등이 그것이다. 예를 들어 ① 어떠한 방법으로 보호하는 것이 효율적인가(보호의 수단), ② 관세를 부과할 경우 관세율은 어느 정도로 책정해야 할 것인가(보호의 정도), ③ 보호기간은 어느 정도로 해야 하는가 하는 문제 등을 결정해야 한다.

① 보호의 수단

먼저 보호의 수단으로 관세와 보조금 중 어느 것을 선택하느냐 하는 문제는 다음과 같은 점을 고려할 필요가 있다. 첫째, 관세는 재정상의 수입을 발생시키는데 반해 보조금은 지출을 유발시킨다. 둘째, 관세의 효과는 간접적으로 나타나는데 반해 보조금의 효과는 직접적으로 나타난다. 셋째, 관세는 국내가격을 인상시키는데 반해 보조금은 국내가격을 인하하는 방향으로 보호효과를 발휘한다. 즉 관세의 보호효과는 국내가격의 인상을 통해 간접적으로 나타나는데 비해 보조금은 국내가격을 인하시키고 그 효과가 직접적으로 나타나는 것으로 요약할 수 있다. 이러한 점을 고려해 볼 때 일반적으로 보조금을 이용하는 방법이 관세보다 더 합리적으로 평가된다. 그러나 보조금의 경우(특히 경제발전단계가 낮은 국가의 경우) 재정상의 지출을 어떻게 감당하느냐하는 문제를 해결해야 한다.

② 보호의 정도

보호의 정도에 관해서는 관세율을 예를 들어 설명할 수 있다. 즉 고율의 관세에 의한 과도한 보호는 자원낭비를 가져올 우려가 있지만 너무 저율의 관세는 충분한 보호효과를 가져오지 못할 우려가 있다. 따라서 적정한 수준의 관세를 채택하는 것이 필요하지만 그것도 그리 쉬운 일은 아니다. 물론 고율의 관세로 산업이 발전한 예도 있다. 그러나 과도한 보호는 보호받는 산업의 확장을 유도하여 자원낭비를 가져오고 그만큼 국고의 부담이 커질 수 있다. 리스트조차도 관세율의 책정에 있어 20~30%를 하나의 기준으로 생각했으며 고율관세부과에는 신중한 주의가 필요하다고 주장했다.

③ 보호의 기간

적정한 보호기간의 설정에 관해서는 일률적으로 말할 수 없고 산업에 따라 달라질 것이다. 보호기간 역시 지나치게 오랜 기간을 설정하다보면 과도한 보호가 이루어져 자원의 낭비현상이 나타나게 되고, 반대로 너무 짧은 기간을 설정하면 보호의 효과가 충분하지 못할 우려가 있다. 따라서 일정기준, 이를테면 10년 내지 20

년의 보호기간을 설정해놓고 보호기간이 지나면 그 효과를 종합적으로 평가해서 보호받는 산업이 과연 국제경쟁력을 갖추게 되었나를 점검할 필요가 있다.

2 보호무역정책의 비경제적 근거

2.1 국가안보

한 나라의 국방을 위해 특정 산업을 보호할 필요성이 있는 경우가 있다. 이러한 산업은 국가안보(national security)를 위해서 마땅히 보호해야 한다는 주장인데 이에 대해서는 많은 경제학자들도 수긍하고 있다. 그러나 과연 어떤 산업이 국가안보상 중요한 산업인가에 대해 논란이 있을 수 있으므로 합리적인 판단이 필요하다. 또한 국가안보의 목적으로 특정한 산업을 보호하는 경우에도 경제적 효율성을 고려해야 한다. 경제적 효율성을 논의할 때 고려해야 할 점은 국가안보를 위해 국내 생산하려는 물품의 저장가능성과 소모성 등이다.

만약 국가안보에 긴요한 물품의 저장이 가능하다면 비싼 비용으로 국내생산을 하는 것보다는 평상시에 외국에서 싸게 수입하여 보관하였다가 필요시에 사용하는 것이 더 좋을 것이다. 좋은 예로 영국이 무역을 통해 축적한 자금으로 네덜란드로부터 싸고 견고한 전함을 구입하였다가 양국이 나중에 전쟁을 치루었을 때 네덜란드에서 구입한 전함을 이용해 전쟁을 치른 경우를 들 수 있다.

또한 이러한 물품이 원유와 같이 국내자원을 고갈시키는 성격의 것이라면 국가안보를 이유로 한 보호는 더욱 그 타당성을 잃게 된다. 국가안보를 목적으로 하는 보호의 진정한 의미는 지나친 대외의존을 줄임으로서 국방에 필요한 산업에 있어서 항상 자급자족할 수 있는 체제를 갖추어 비상시에 대비하는데 있는 것으로 보아야 한다.

2.2 국가에 대한 자부심

국가에 대한 자부심(national pride)을 내세워 보호를 정당화하는 경우도 있다. 어느 특정 산업의 발전이 국민들의 국가에 대한 자부심을 고취시키어 국가발전에 도움이 된다면 그 산업은 보호해줄만한 가치가 있다는 주장이다. 예를 들어 자국

국적의 국제 항공사를 보유하는 것이 국민들의 국가에 대한 자부심을 고취할 수 있다면 경제적 측면에서의 타당성이 없더라도 그 산업을 보호해주는 것이 필요하다는 주장이다. 문화적·사회적 가치를 내세워 보호를 정당화하는 경우도 있다.

예를 들어 무분별한 해외문물의 유입으로부터 전통문화나 가치관을 지키기 위한 경우는 적절히 수입을 규제하는 것이 당연하다는 주장이다. 심지어 어떤 나라들은 국가적으로 큰 손실을 감수하면서도 특정상품을 수입하지 않는 경우도 있다. 그 이유는 자기네 나라도 그 정도의 상품은 국내에서 자급자족할 수 있다는 것을 대내외에 과시하고 국민들의 국가에 대한 자부심을 고취시키는데 도움이 되기 때문이다. 세계 여러 나라가 돈이 생기지도 않는 올림픽 메달경쟁에 적극적으로 나서는 것도 다 국가에 대한 자부심과 연관되어 있다고 볼 수 있다. 그러나 글로벌 경쟁이 심화되고 국경을 넘어선 다국적기업의 활동이 활발해지고 있는 현대사회에서 국가와 국민의 이익이 어느 정도 동일시될 수 있는지 생각해볼 필요도 있다.

2.3 중요물자의 자급

식량 및 에너지 등 국민생활에 필수불가결한 물자의 경우 항시 국내에 필요한 만큼의 공급능력을 갖추는 것이 바람직하다고 한다. 이러한 논의는 앞에서 설명한 국가안보의 논리와 유사하지만 다음과 같은 경우에 대체로 지지를 받는다. ① 국제시장의 생산 및 공급이 불확실한 경우, ② 자유무역 하에서 국내공급이 어려운 경우, ③ 보호무역 하에서 최소필요량의 국내공급이 가능한 경우이다.

예를 들어 ①의 경우 비산유국은 석유를 비축하고, ②의 경우 국내의 석탄 산업을 보호하며, ③의 경우 식량의 자급률을 높이는 노력을 하는 것을 들 수 있다. 그러나 이러한 비경제적 논의에서도 경제적 판단이 배제될 수는 없다. 가령 석유 비축의 최적수준을 결정하고 국내공급량을 늘리기 위한 효과적 수단을 선택하는데 있어 경제적 합리성이 고려되어야 한다. 결국 보호무역의 비경제적 논의에서도 경제적 후생의 극대화를 위한 노력을 도외시 할 수는 없는 것이다.

2.4 국민건강과 위생

경제가 발전하고 생활수준이 점차 향상되어가면서 최근에는 국민의 건강과 위생에 대한 관심이 증대되고 있으며 그러한 이유를 들어 외국과의 무역을 제한해야 한다는 주장이 종종 제기되고 있다. 즉 안전이 보장되지 않은 외국산 식품의 수입을 통해 국민의 건강과 생명이 위협받을 가능성이 있는 경우 이를 금지시켜야 한다는 주장이다. 물론 WTO협정 등에는 동식물의 위생·검역과 관련된 규정이 있어 그런 경우에 대비하고 있다. 그러나 유전자 조작 등 새로운 기술이나 광우병과 같은 새로운 질병에 대한 안정성 검증이 완벽하게 이루어지지 않은 상태이기 때문에 이들 문제가 과학적으로 완전히 규명되기 전까지는 무역이 제한되어야 한다는 주장은 상당한 설득력을 가진다.

3 보호무역정책에 대한 비판

보호무역은 관세 등의 정책수단을 이용하여 국제수지 개선, 고용증대, 소득증대 등 여러 가지 경제적 이익을 가져올 수 있기 때문에 많은 나라가 시행해 왔다. 그리고 앞에서 설명한 바와 같이 경제적·비경제적 근거를 갖고 있는 것도 사실이다. 그러나 이에 못지않게 폐단도 크기 때문에 많은 비판을 받고 있는 것도 사실이다. 여기서는 보호무역의 대표적인 폐단에 대해서 간략하게 설명하기로 한다.

3.1 자원의 비효율적 배분

보호무역은 생산자원을 효율적으로 배분하지 못하고 산업의 생산능률을 감소시켜 국민경제 전체의 후생을 감소시킨다. 즉 보호에 의하여 생산요소가 효율적 부문에서 비효율적 부문으로 이동함으로서 자원의 낭비를 가져오고 생산능률을 저하시켜 국내생산을 감소시키며 나아가 세계경제 전체의 후생도 감소시킨다. 따라서 자유무역론자들은 보호무역은 생산자원을 그릇된 산업부문으로 유도시켜 국내산업의 생산량을 감소시킬 뿐 아니라 세계전체의 생산량도 감소시키고 귀중한 자원을 낭비시키기 때문에 보호무역은 폐지되어야 한다고 주장한다.

3.2 국제경쟁력 약화

보호조치의 혜택을 받는 산업은 폐쇄적·비능률적·안일한 경영방식에서 벗어나지 못하고 보호의 긍정적 효과를 발휘하지 못하는 경우도 있다. 즉 생산설비의 효율화 또는 생산규모의 확대가 지연되고 기술개발과 원가절감 노력이 충분히 이루어지지 않기 때문에 제품의 국제경쟁력이 취약해진다. 또한 이러한 산업이 많아질수록 국가전체의 산업구조가 취약해지고 따라서 국가전체의 전반적인 국제경쟁력도 약화될 수 있다.

3.3 소비자 효용감소

보호무역은 수입을 감소시키고 국내가격을 상승시킴으로서 소비자의 효용을 감소시킨다. 소비자 효용은 제품을 값싸게 많이 구입함으로서 증가되는데 보호무역은 기본적으로 제품의 국내가격을 인상시킴으로서 소비자들의 구매의욕을 떨어뜨리고 효용을 감소시키는 역할을 한다. 보호무역에 의한 소비자효용의 감소는 제품가격의 인상뿐만 아니라 소비자들이 다양한 상품에 접할 기회를 차단함으로서도 발생한다.

3.4 무역상대국의 보복

보호무역은 무역상대국의 수출을 감소시킴에 따라 보복을 초래할 수 있다. 기본적으로 보호무역은 무역상대국의 경제적 후생을 감소시키는 부정적 효과를 나타낸다. 보호무역은 자국의 경제적 이익은 증가시키지만 무역상대국의 경제적 손실을 수반하기 때문에 과도한 보호무역을 실시하게 되면 무역당사국 모두 어려움에 처할 수 있다. 즉 과도한 보호무역조치는 무역상대국의 보복을 초래하여 양국은 물론 세계경제 전체의 이익을 감소시키는 결과를 초래한다.

PART

3

관세와 비관세 무역장벽

CHAPTER

05

관세장벽

1 관세의 개념과 분류

1.1 관세의 개념과 특성

일반적으로 관세(tarriff, custom duty)란 산업보호 및 재정수입을 목적으로 일국의 법정 관세영역을 통과하는 수출입상품에 대해 반대급부 없이 일방적으로 법률이나 조약에 근거하여 국가가 부과하는 일종의 조세로 정의한다. 이러한 정의에 기초하여 관세의 특성을 다음과 같이 정리해 볼 수 있다.

첫째, 관세는 일국의 법정 관세영역을 통과하는 수출입상품에 부과되는데 이때 일국의 법정 관세영역은 개별국가의 독자적인 국경과 반드시 일치하는 것은 아니다. 예를 들어 외국과의 무역에 관세가 부과되지 않는 자유무역항을 설치하는 경우 그 자유무역항은 지리적으로는 일국의 국경 내에 위치하고 있으나 그 자유무역항과 동일국경 내 여타지역을 통과하는 수출입물품에 대해서는 관세가 부과되는데, 이는 관세영역과 국경의 범위가 다를 수 있음을 의미한다. 더욱 분명한 예로는 관세동맹의 경우를 들 수 있는데 관세동맹의 회원국들은 각기 독자적인 국경을 지니고 있으면서 공동의 단일관세영역을 설정하여 회원국을 통과하는 수출입상품에 대해서는 무관세를 적용한다.

둘째, 관세는 주로 일국의 산업보호 및 재정수입을 목적으로 부과된다. 처음 관세를 부과하던 때에는 주로 국가재정수입 확보를 목적으로 관세가 부과되었으나 점차 재정수입보다는 산업보호의 동기의 목적으로 관세가 부과되었다. 그러나 관세는 여전히 일국의 재정수입의 중요한 원천으로 인식되고 있다.

셋째, 관세는 반대급부 없이 법률 및 조약에 의해 한 국가가 강제적으로 부과한다. 모든 국가는 조세징수를 법적근거에 의해 실행하는 조세법률주의를 채택하고 있는데 관세징수 역시 법적 근거에 의해 국가가 주체가 되어 반대급부 없이 강제적으로 조세를 부과하는 조세법률주의를 채택하고 있다. 한편 국가간의 국제조약 혹은 협정에 의해서 관세가 부과되기도 하는데 조약은 일국의 국내법률과 동일한 효력을 갖는 것으로서 조세법률주의와 상치되는 것은 아니다. 이 경우 일반적으로 국내법에 의해 부과되는 관세보다 저율의 관세를 적용하며 일국의 관세법보다 조약이 우선하는 것으로 관세법에 반영되고 있다.

넷째, 관세는 대물세(對物稅)이며 수시세(隨時稅)의 성격을 지닌다. 관세는 수출입상품을 대상으로 부과되는 대물세로서 수출입상품의 수량 혹은 가격을 기준으로 부과되며 납세자의 담세능력을 고려하지 않는다. 또한 관세는 상품이 수출입될 때마다 수시로 부과되는 수시세의 성격을 갖고 있다. 따라서 관세는 납세자의 담세능력을 고려하여 정기적으로 부과되는 소득세나 재산세와 구별된다.

다섯째, 관세는 납세자(納稅者)와 담세자(擔稅者)가 서로 다른 간접세의 성격을 지니며 수요자에게 전가된다.[1] 수입상품에 관세가 부과되면 그 관세액은 수입업자와 도소매업자 그리고 최종소비자에 이르기까지의 시장유통과정에서 상품가격에 추가되어 소비자에게 전가됨으로써 결국 소비자 후생을 감소시킨다.

여섯째, 관세는 가격기능을 통하여 국내산업을 보호하지만 자유무역을 저해하는 부작용을 초래한다. 일국은 관세부과에 의해 자국산업을 보호하는 효과를 달성할 수 있지만 관세는 무역장벽의 수단으로 작용하여 세계무역의 확대를 저해하는 요인이 되기도 한다.

1.2 관세의 분류

관세는 부과하는 목적과 형태가 다양하기 때문에 여러 가지 기준에 의해서 분류해 볼 수 있는데, [표 5-1]과 같이 과세목적, 과세방법, 과세방향, 과세율수, 과세입법, 과세차별 등의 기준에 따라 분류할 수 있다.

---

1) 직접세(direct tax)는 세금을 납부하는 납세자와 실제로 부담하는 담세자가 같고 간접세(indirect tax)는 납세자와 담세자가 다른 조세를 말한다. 전자에는 소득세, 법인세, 상속세, 증여세가 포함되고 후자에는 부가가치세, 특별소비세, 주세, 관세 등이 포함된다.

▮표 5-1▮ 관세의 분류기준과 종류

분류기준	관세의 종류
과세목적	보호관세, 재정관세
과세방법	종가세, 종량세, 선택관세, 복합관세
과세방향	수출관세, 수입관세, 통과관세
과세율수	단일관세, 복수관세
과세입법	국정관세, 협정관세
과세차별	보복관세, 반덤핑관세, 긴급관세, 조정관세, 상계관세, 탄력관세, 수입할당관세, 차별관세, 특혜관세, 공통관세, 계절관세, 편익관세

1) 과세목적에 의한 분류

① 보호관세(protective tariff)

보호관세는 자국산업의 보호를 위해 수입상품에 대해 부과하는 관세로서 관세부과 → 수입상품 가격인상 → 수입억제 → 국내생산증가의 과정을 통해 국내산업을 보호·육성하려는 목적을 가지고 있다.

일반적으로 공업화가 먼저 진행된 선진국에서는 보호관세 대상품목이 적은 반면 개발도상국이나 후진국에서는 보호관세 대상품목이 많은 편이었다. 역사적으로 볼 때 19세기 영국이 제일 먼저 공업화를 이룩하여 자유무역을 주창할 당시 공업후진국이었던 독일이나 미국은 자국의 유치산업을 보호·육성하기 위해 보호무역정책을 추진하였고 현대에 이르러서도 개발도상국들은 자국의 산업기반 구축을 위해 높은 보호관세 장벽을 쌓아 왔다.

보호관세는 이와 같이 국내산업보호라는 목적으로 부과되지만 만약 관세가 부과되더라도 수입이 억제되지 않을 경우 국내산업보호라는 목적을 달성하지 못하게 되어 이때의 관세부과는 보호관세가 아닌 재정관세의 성격을 띠게 된다. 재정관세는 관세가 부과되더라도 해당 상품의 수입이 별로 감소되지 않는다는 점에서 보호관세와 구별되는데, 실제로는 한 가지 종류의 관세로 재정수입효과와 산업보호효과를 동시에 달성할 수도 있다.

그런데 관세에 의해 자국산업을 지나치게 보호하는 경우에는 해당산업의 국내경쟁 환경이 약화되어 독점이 형성되고 산업의 국제경쟁력이 약화되는 부작용을 초래할 수 있는데, 바로 이 점 때문에 자유무역론자들은 보호관세의 폐지를 주장하며 자유무역을 옹호한다.

보호관세는 그 목적을 다시 세분하여 국내유치산업을 보호하기 위한 육성관세, 외국상품 수입을 강력하게 억제하기 위한 금지관세, 외국산업으로부터 국내산업의 피해를 방지하기 위한 방지관세 등으로 구분하기도 한다.

② 재정관세(revenue tariff)

역사적으로 보면 최초에 관세가 부과된 목적은 국가재정확충을 위한 것이었다. 이 경우 일국의 정부가 재정수입을 극대화하기 위해 수출입상품에 대해 관세를 부과한다는 점에서 수입(收入)관세 혹은 세입(歲入)관세라고도 부른다. 관세의 재정관세적 성격은 특히 관세부과에도 불구하고 수입량이 감소되지 않는 제품에 있어 강하게 나타나는데, 자국내 생산이 불가능하거나 매우 적어 수입이 불가피한 제품, 소비를 권장할 가치가 없으면서도 구태여 수입을 억제할 필요가 없는 제품, 자국내 산업이 매우 강한 경쟁력을 확보하여 더 이상 보호할 필요가 없는 제품, 수요의 가격탄력성이 작은 제품, 커피·차·담배·향료와 같이 습관적으로 소비되는 기호제품 등의 수입에 대해 부과되는 관세 등은 재정관세로서의 성격이 강하다고 할 수 있다.

2) 과세방법에 의한 분류

① 종가관세(ad valorem tariff)

종가관세란 수출입제품의 가격을 과세기준으로 하여 부과되는 관세로서 다음과 같은 공식에 의해 산출된다.

관세액 = 실거래가격 × 종가관세율 × 환율

종가관세의 장점은 ① 가격에 따라 부과되므로 가격이 비싸면 관세가 많이 부과되고 가격이 싸면 적게 부과되어 균등하고 공평성 있는 과세부담이 이루어진다. ② 제품가격이 등락하더라도 관세율의 변경 없이 과세부담의 균형을 유지할 수 있고, 따라서 ③ 비교적 안정적으로 조세수입을 확보할 수 있다는 점을 들 수 있다. 종가관세의 경우, 그 과세기준 가격에 변동이 있으면 관세액도 달라지기 때문에 국내외 가격이 동일하게 변동하는 경우 물가변동에 충분히 대처할 수 있다. 즉 인플레가 발생한 경우에도 세율의 변경 없이 관세수입을 올릴 수 있다. 단점은 ① 제품의 가격은 시간과 시장에 따라 다르게 형성될 수 있으므로 관세율을 적용할 적정거래가격의 결정이 어려우며, 적정가격에 대한 분쟁의 소지가 많고 복잡한 절차와 비용이 소요된다. ② 동일한 제품임에도 불구하고 교역대상국에 따라 거래가격이 상이하여 과세액의 차이가 발생한다는 점을 들 수 있다. 우리나라의 경우 종가관세 산정 시 수입상품의 거래가격은 일반적으로 CIF가격[2])을 기준으로 한다.

② 종량관세(specific tariff)

종량관세란 수출입제품의 수량(중량, 부피, 개수, 치수 등)을 과세기준으로 하여 부과되는 관세로서 다음과 같은 공식에 의해 산출된다.

$$관세액 = 단위수량당\ 관세액 \times 수량$$

종량관세의 장점은 ① 관세를 간단하고 쉽게 산출하여 부과할 수 있기 때문에 복잡한 절차와 비용을 줄일 수 있어 행정업무상 효율적이다. ② 관세액 적정성에 관한 분쟁을 회피할 수 있다. 단점은 ① 가격이 저렴한 제품이든 비싼 제품이든 동일한 과세표준이 적용되므로 불공평한 과세의 소지가 있다. 즉 단위 수량 당 가격이 높은 정밀제품보다 단위 수량 당 가격이 싼 제품이 더 비싼 관세를 부담하게 되는 경우가 발생할 수 있다. ② 가격변동이 관세에 반영되지 않으므로 가격 급등 시에는 관세부담이 상대적으로 가볍고 가격급락 시에는 관세부담이 상대적으로 무거워져 재정수입이 불안정해질 수 있다. ③ 제품의 수량을 측정할 때 어떤 계량단위를 적용할 것인가의 문제가 있을 수 있는데, 예를 들어, 중량의 경우 총중량(gross weight), 또는 순중량(net weight)을 과세표준으로 할 것인가의 문제가 따를 수 있다.

③ 선택관세(alternative tariff)

선택관세란 관세를 종가세 기준과 종량세 기준 두 가지로 정해놓고 시장의 수급 및 가격동향 혹은 정부의 재정상태 등을 고려하여 두 가지 중 한 가지 세율을 선택하여 부과하는 관세제도를 의미한다.

예를 들어 관세율을 종가관세를 적용하는 경우에는 수입상품가격의 20%, 종량세를 적용하는 경우에는 1kg당 5,000원이라는 식으로 규정해 놓고 이 두 가지 중 하나의 관세를 적용하는 방법이다.

일반적으로 수입을 억제하려는 경우에는 더 높은 관세를 적용하며 반대로 수입을 완화하려는 경우에는 더 낮은 관세를 적용한다. 이와 같이 선택관세는 한 가지

---

2) 무역거래조건의 하나로 수출입상품의 운임·보험료를 포함한 가격을 말한다.

제품에 대해 관세부담을 상황에 따라 높게 혹은 낮게 조절할 수 있는 장점이 있는 반면, 상황에 따라 과세기준을 자주 변경해야 하는 행정상의 불편함과 일관성 부족이라는 단점을 갖고 있다.

④ 복합관세(compound tariff)

복합관세는 선택관세의 경우와 같이 관세를 종가관세 기준과 종량관세 기준 두 가지로 정해 놓고 두 가지 과세기준을 동시에 복합 적용하여 관세액을 산출하는 방법이다. 예를 들어 종가관세는 수입상품가격의 20%이고 종량관세는 1kg당 10,000원이라고 정해진 경우, 수입상품가격×20%+1kg당 10,000원으로 관세액이 산출된다.

이러한 복합관세는 종가관세와 종량관세의 단점을 보완하고 장점을 살리기 위한 과세방법으로 종가관세에 종량관세를 가산함으로써 관세부담의 경중을 조절하려는 데 그 목적이 있다.

3) 과세방향에 의한 분류

① 수출관세(export tariff)

수출관세란 용어 그대로 자국에서 수출되는 제품에 대해 부과되는 관세를 의미한다. 보통 관세라고 하면 수입제품에 대해 부과되는 경우가 대부분이지만 수출국 정부가 자국의 수출제품에 대해 관세를 부과하고자 하는 특수한 상황이 있을 수 있다. 가령 자국내 시장에서 특정 제품에 대한 초과수요압력은 가중되는데 반해 공급증대가 불가능하고 가격급등이 우려되는 경우, 해당제품의 해외유출을 방지하려는 경우, 전략물자 및 자국공업에 필요한 원료를 국내에서 확보하려는 경우 등에 수출관세가 부과되기도 한다. 수출관세는 재정수입효과는 있으나 관세부과만큼 수출가격을 상승시켜 대외경쟁력 약화를 초래하기 때문에 오늘날에는 수출관세가 부과되는 경우를 거의 찾아볼 수 없다. 단지 세계시장에서 매우 높은 독점력을 갖는 일부 품목에 대해서 간헐적으로 부과되었을 뿐인데 브라질의 커피, 이탈리아의 유황, 쿠바의 담배 등을 그 예로 들 수 있다. 최근에 중국정부는 희토류 등 중국내 비철금속 수요에 대한 원활한 공급과 에너지, 자원, 공해 등의 문제들을 고려하고 산업의 효율성을 높이기 위해 수출관세를 부과한 바 있으며, 수출증가 억제를 통해 미국, 유럽 등 선진국과의 통상마찰의 회피와 에너지 절약 및 보전을 위해 자국 제품에 대해 수출관세를 부과한 사례도 있다.

② 수입관세(import tariff)

수입관세란 용어 그대로 자국으로 수입되는 제품에 대해 부과되는 관세를 의미한다. 일반적으로 관세를 언급할 때 거의 모든 경우가 수입관세에 해당된다고 할 수 있는데 관세이론 및 관세정책과 관련한 연구분석은 거의 대부분 수입관세를 중심으로 전개된다. 본 장에서 설명하는 관세이론도 수입관세의 경제적 효과를 중심으로 분석할 것이다.

③ 통과관세(transit tariff)

통과관세란 수출입상품이 무역상대국으로 운송되는 과정에서 특정국가의 관세영역을 통과하는 경우 그 국가가 부과하는 관세를 의미한다. 이 관세는 과거 관세제도가 형성된 19세기에 유럽에서 실시했던 관세형태로 외국상품의 자국통과를 억제함으로써 자국의 반사적 수출증가를 유도하려는 목적에서 실시되었다.

그러나 이 관세제도는 국제무역을 방해하는 부정적 효과를 지니고 있어 1921년 바르셀로나(Barcelona)에서 체결된 통과무역의 자유에 관한 국제협정에 의하여 폐지되었고 GATT규정에도 면제조항이 설치되었었다. 또한 통과관세 부과국 입장에서도 자국의 해운산업 발전을 유도할 목적으로 통과무역의 자유화 조치를 취하는 추세를 보임에 따라 통과관세는 거의 자취를 감추었다.

4) 과세율 수에 의한 분류

① 단일관세(single tariff)

단일관세란 동일한 제품에 대해서 단일의 관세율을 적용하는 관세를 의미한다. 즉 동일한 제품에 대해서는 그 제품의 원산지에 상관없이 단일한 관세율이 적용되는 관세제도로서 이러한 단일관세는 단일국정관세와 단일협정관세로 구분된다.

② 복수관세(multiple tariff)

복수관세란 동일한 제품에 대해 2종류 이상의 관세율을 정해놓고 그 제품의 원산지에 따라 상이한 관세율이 적용되는 관세를 의미한다. 즉, 자국제품에 대해 저율의 관세율을 적용하는 국가에 대해서는 자국도 저율의 관세율을 적용하는 반면, 고율의 관세율을 적용하는 국가에 대해서는 자국도 고율의 관세율을 적용하는 것이다.

복수관세는 차별관세의 성격을 지니게 되는데, 이는 다시 두 가지 형태로 구분할 수 있다. 즉 자국과 관세협정을 맺은 국가에 대해서는 협정관세율을 적용하고,

비협정 국가에 대해서는 국정관세율을 적용하는 국정협정 관세제도와, 관세협정을 체결한 국가에 대해서는 최저관세율을 적용하고 비협정 국가에 대해서는 최고관세율을 적용하는 최고최저관세제도로 구분할 수 있다.

5) 과세입법에 의한 분류

① 국정관세(national tariff)

국정관세란 해당국가가 국가주권 차원에서 관세자주권(tariff autonomy)을 가지고 국내법에 의하여 제정한 관세로서 자주관세(autonomous tariff) 또는 일반관세(general tariff)라고도 부르는데 이는 국가의 관세체계상 기본이 되는 관세이다.

이러한 국정관세는 기본관세뿐만 아니라 보복관세나 반덤핑관세와 같이 특수한 상황에 대처하기 위해 부과되는 관세도 포함한다.

② 협정관세(conventional tariff)

협정관세란 국가 간에 관세협정 또는 통상협정을 체결하여 적용하는 관세를 의미한다. 이 협정관세는 협정당사국 간의 상호주의 원칙을 바탕으로 적용되기 때문에 일단 관세협정이 체결되면 약속한 협정기간 동안에는 관세율을 협정당사국 일방이 임의로 변경할 수 없다.

한편 협정관세는 두 국가간에 쌍무적 협정에 의해 부과되는 경우가 있는가 하면 다수국간에 다자간 협정에 의해 부과되는 경우도 있는데, 이런 경우 협정에 참여한 모든 국가는 동등한 관세대우를 받아야 한다는 최혜국 대우(MFN: Most Favoured Nations)[3] 조항을 설정하여 실시하고 있다. 일반적으로 협정관세는 국정관세보다 관세율이 낮으며 협정관세가 국정관세에 우선하여 적용된다.

6) 과세차별에 의한 분류

① 차별관세(differential tariff)

차별관세란 자국의 특수한 동기나 상황에 따라 특정국가로부터 수입되는 제품에 대해 다른 국가들의 수입제품보다 높은 관세율(할증관세율 : additional tariff)을 적용하거나 낮은 관세율(할인관세율 : discount tariff)을 적용하는 관세를 의미한다.

---

3) 최혜국대우조항이란 GATT의 무차별 원칙을 구체화한 것으로 만약 A국과 B국이 통상조약을 체결한 후 A국과 C국이 통상조약을 체결하는 경우 A국이 B국보다 유리한 조건을 C국에게 제시하였다면 A국은 B국에게도 동일한 조건을 제시할 의무를 지니는 것을 의미한다.

차별관세는 과거 중상주의시대 및 제2차 세계대전 이전시기에는 보호무역수단으로 자주 활용되었으나 상호주의 및 무차별주의원칙 그리고 최혜국조항 등을 채택한 GATT와 현재의 WTO 체제하에서는 자주 채택되지는 않았다. 차별관세의 성격을 내포한 관세로는 특혜관세, 보복관세, 반덤핑관세, 상계관세, 공통관세 등을 들 수 있다.

② 특혜관세(preferential tariff)

특혜관세란 특별한 관계를 맺고 있는 무역상대국으로부터 수입되는 제품에 한해서 저율의 관세를 부과하는 일종의 할인관세를 의미하는데, 국제특혜관세와 식민지특혜관세, 그리고 일반특혜관세 등이 있다.

국제특혜관세는 정치·외교적 혹은 경제적으로 밀접한 관계를 갖고 있는 국가 간에 적용되는 저율의 관세를 의미하는데, 스칸디나비아 국가 간에 적용된 사례와 스페인과 포르투갈 간에 적용된 사례가 있다. 또한 관세동맹, 자유무역협정과 같이 최근 급속히 확산되고 있는 지역무역협정에 따른 회원국에 대한 상대적으로 낮은 관세의 적용도 특혜관세의 일종이라 할 수 있다.

식민지특혜관세는 지배국과 피지배국 간에 경제적 결속을 강화하기 위하여 제3국으로부터 수입되는 제품보다 저율의 관세를 상호 적용하는 관세를 의미하는데, 1932년 영연방국가간에 체결된 영연방특혜관세가 전형적인 사례이고, 그 외에도 프랑스연방특혜관세와 미국과 필리핀간의 특혜관세를 예로 들 수 있다. 그러나 특혜관세는 차별관세의 성격을 지니고 있어 자유무역을 저해하고 세계경제의 블록화를 초래하는바 GATT와 WTO에서는 특혜관세제도의 확대나 신설을 엄격히 규제하여 왔다.

한편 일반특혜관세제도(Generalized System of Preference : GSP)는 남북문제 해결을 위한 한 방안으로 개발도상국의 수출증대 및 공업화 촉진 등을 지원하기 위해 선진국이 개발도상국으로부터 수입하는 공산품 및 반공산품에 대해 반대급부 없이 일방적인 관세철폐나 저율의 특혜관세를 부여하는 제도를 의미한다. 일반특혜관세제도는 1963년부터 UNCTAD와 GATT 등에서 논의가 시작된 후 1970년 UNCTAD에서 합의되어 1971년 7월부터 시행되었으나 현재는 그 규모나 수혜국가의 수가 많이 줄어든 상태이다.

한편 특혜관세는 무역당사국 쌍방이 서로 관세특혜를 제공하는 호혜특혜관세와 한 나라가 일방적으로 관세특혜를 제공하는 일방적 특혜관세로 구분되기도 한다.

③ 공통관세(common tariff)

관세동맹(customs union) 회원국 간에는 관세철폐 혹은 낮은 관세율의 관세특혜를 제공하고 비회원국들에 대해서는 회원국 공통의 고율의 차별관세를 부과하는데 이를 공통관세라 한다.

이러한 공통관세제도는 관세동맹 회원국 간의 자유로운 상품이동을 통한 역내 무역확대를 목적으로 실시되는 제도지만 비회원국에 대해서는 배타적이고 차별적인 대우를 하는 차별관세의 성격을 갖는다. 공통관세제도는 과거 베네룩스 관세동맹과 오늘날의 EU와 같은 경제통합에서 그 예를 볼 수 있다. 그러나 자유무역협정(FTA) 같은 지역무역협정의 경우에는 무역확대를 위해 회원국 간에는 관세철폐 및 저율관세 조치를 취하면서도 비회원국들에 대해서는 각 회원국들이 독자적인 관세율을 적용하고 공통관세는 채택하지 않는다.

④ 탄력관세(flexible tariff)

관세는 각국의 입법부가 자주적으로 관세율을 제정하는 권한을 갖는 것이 일반적이다. 그러나 입법절차를 거쳐 관세율을 조정하고 실행하기까지는 오랜 시간이 걸린다. 그런데 급변하는 국내외 통상환경에 신속히 대응해야 하는 상황에서 오랜 시간이 걸리는 입법절차를 거쳐 관세율을 조정하는 것은 정책 실기의 위험이 따르게 된다. 이러한 위험을 방지하기 위해서 입법부가 관세율을 특정하지 않고 일정한 범위를 정하면 정부가 그 범위 안에서 관세율을 탄력적으로 운용할 수 있도록 하는 관세가 바로 탄력관세이다. 탄력관세는 무역상대국에 따라 다른 관세율을 부과할 수 있는 차별적인 성격을 내포하고 있어서 과세차별에 따른 관세의 종류에 포함한다.

⑤ 보복관세(retaliatory tariff)

보복관세란 자국상품에 대한 차별적 불이익 조치에 대하여 보복수단으로 부과되는 관세를 말한다. 즉 자국의 수출품에 대해 불리한 조치를 취하거나 차별대우를 하는 나라의 수출품에 대해 보복조치로 부과하는 차별관세를 의미한다. 보복관세는 대체로 고율의 할증관세의 형태로 나타난다. 보복관세의 성격을 확대 적용하면 수출보조금에 대응하는 상계관세, 덤핑에 대응하는 반덤핑관세 등도 보복관세의 성격을 갖고 있다고 볼 수 있다. 보복관세는 상대국의 보복조치를 다시 유발할 수 있어서 그 시행에 주의를 기울여야 한다.

⑥ 반덤핑관세(anti-dumping duty)

국제무역이론에서 덤핑이란 자국 상품의 국내시장 판매가격과 외국시장 판매가격을 차별하는 행위를 말한다. 즉 동일한 상품을 국내시장에서는 비싸게 팔고 외국시장에서는 싸게 팔아 전체 판매수입을 극대화하려는 행위를 말한다. 이러한 가격차별 행위는 국내시장과 외국시장의 공급과 수요의 차이가 있기 때문에 발생하는데 이러한 가격차별의 정도가 심해서 상대국 시장질서를 교란하고 산업피해를 유발할 경우 덤핑으로 판정되어 반덤핑관세 부과대상이 된다. 덤핑의 판정 기준을 좀 더 세분하면 다음과 같다.

- 수출국 국내시장가격 또는 제조원가보다 싸게 수입국 국내시장에서 판매하는 경우
- 국제가격보다 싸게 수입국 국내시장에서 판매하는 경우

이 두 가지 기준 중에서 첫 번째 기준, 즉 수출국의 국내시장가격을 기준으로 삼아 덤핑을 판정하는 것이 일반적이다. 과거 GATT의 '덤핑방지규약(Anti-Dumping Code)'에서도 수출국의 국내시장가격을 덤핑판정기준으로 규정하였고 WTO 체제에서는 반덤핑 협정(GATT 1994 제6조의 이행에 관한 협정)을 통해 덤핑의 정의와 판정 절차, 반덤핑관세 부과절차 등에 관한 규정을 더욱 명확하게 하였다. 수출국의 덤핑행위에 대해서 수입국은 반덤핑관세를 부과할 수 있는데 반덤핑관세란 수출국의 덤핑행위로 인해서 수입국의 경쟁산업이 실질적인 피해를 받거나 받을 우려가 있을 때 부과하는 관세를 말한다. 수입국은 시장조사를 하여 덤핑의 존재를 밝혀낸 후 수출국 국내시장가격과 덤핑가격의 차액 범위 내에서 반덤핑관세를 부과할 수 있다.

사실 덤핑은 수입국 소비자에게는 긍정적 효과를 줄 수 있다. 즉 수입국 소비자에게는 수입상품을 싸게 구입함으로써 소비자 효용증가와 실질소득 증가의 혜택을 줄 수 있다. 그러나 수입국 산업에는 생산감소와 실업증가 등의 피해를 줄 수 있기 때문에 이를 방지하기 위해 반덤핑관세를 부과하는 것이다. 반덤핑관세율은 덤핑마진(수출국 국내가격과 덤핑가격 차이) 내에서 결정되는데 덤핑의 판정과 반덤핑관세율 결정의 근거를 두고 수출국과 수입국 사이에 분쟁이 자주 발생된다.

⑦ 상계관세(countervailing tariff)

상계관세는 수출보조금에 대항하는 수입억제 수단이다. 수출보조금을 받은 외

국상품이 낮은 가격으로 지나치게 많이 수입되면 수입국의 경쟁산업은 피해를 받거나 피해를 받을 가능성이 커진다. 이러한 경우 수입을 억제하고 자국산업을 보호하기 위해서 수입국은 상계관세를 부과하여 수출보조금의 가격인하 효과를 상쇄시킬 수 있다. 상계관세는 다른 관세와 마찬가지로 관세수입이 발생하지만 수출보조금이라는 불공정 무역거래에 대항하는 수단으로 사용되는 것이기 때문에 비관세무역장벽으로 분류된다. 수출보조금의 정의와 상계관세 부과절차 등에 관해서는 WTO의 상계관세협정(Agreement on Subsidies and Countervailing Measures)에 자세히 규정되어 있다. 상계관세에 대해서는 제6장 비관세무역장벽에서 자세히 다룰 예정이다.

⑧ 긴급관세(emergency tariff)

긴급관세란 특정상품의 수입이 급격히 증가하여 국내산업에 피해를 주거나 피해를 줄 위험이 있는 경우 그 제품의 수입을 긴급히 억제하기 위해 부과되는 관세를 의미한다. 긴급관세는 기존의 관세에 추가하여 부과될 수 있는데 직접적인 수입억제수단이 아니고 관세의 추가부과를 이용한 간접적 수입억제수단이다. 긴급관세에 대해서는 GATT 규정을 확대 보완하여 체결한 WTO의 '긴급관세에 관한 협정(Agreement on Safeguards)'에 규정되어 있다.

⑨ 편익관세(convenient or beneficial tariff)

편익관세란 정치적 혹은 경제적으로 긴밀한 관계가 있는 국가에서 수입되는 상품에 대해 추가로 특혜를 주는 할인관세를 말한다. 편익관세는 한 나라가 일방적으로 특정국가에 최혜국대우의 범위 내에서 관세특혜를 제공하는 것으로 제3국이 최혜국대우를 근거로 동일한 관세특혜를 요구할 수 없다.

⑩ 수입할당관세(import quota tariff)

수입할당관세는 특정상품의 수입량 또는 수입금액에 할당(quota)을 설정해 놓고 그 할당분이 소진될 때까지의 수입에 대해서는 기본관세율보다 낮은 할인관세를 적용하고 할당분을 초과하는 수입에 대해서는 기본관세율보다 높은 할증관세를 적용하는 관세를 말한다. 수입할당관세는 특정상품의 수입을 억제하여 국내산업을 보호하려는 목적과 국내소비자의 이익을 함께 고려하여 부과되는 관세이다.

⑪ 조정관세(adjustment tariff)

조정관세란 산업구조의 변동 등으로 관세율 구조의 불균형이 커지는 것을 방지하기 위해 부과되는 할증관세를 말한다. 특히 일부 품목의 수입이 급증하여 국내산업에 피해를 주거나 국내시장을 교란시킬 경우에 이러한 피해를 제거하기 위하여 관세율을 상향조정하여 부과되는 관세를 말한다.

⑫ 계절관세(seasonal tariff)

계절관세란 특정상품의 가격이 계절에 따라 크게 차이가 나는 경우 또는 동종상품·유사상품, 대체상품의 수입으로 국내시장이 교란되거나 생산기반이 붕괴될 우려가 있는 경우에 계절에 따라 기본관세율에다 일정한 범위 내에서 세율을 가감하여 부과하는 관세를 말한다. 일반적으로 농산물을 비롯한 1차상품은 출하기, 성수기, 비수기 등에 따라 가격의 변동 폭이 크기 때문에 국내물가에 미치는 영향을 완화시켜 국내의 생산자와 소비자의 이익을 함께 보호하기 위해 계절관세를 이용한다.

⑬ 농림축산물에 대한 특별긴급관세(safeguard tariff)

농림축산물에 대한 특별긴급관세란 우루과이라운드 농림축산물 관세협상 결과를 수용한 것으로서 우루과이라운드에서 양허한 농림축산물의 수입이 급증하거나 국제가격이 하락하는 경우에는 당초 양허한 세율을 초과하여 관세를 부과할 수 있도록 함으로써 저가(低價) 농림축산물의 일시적 수입급증으로 인한 국내농가의 피해를 예방하기 위한 관세이다.

2 관세의 경제적 효과

2.1 부분균형분석에 의한 효과분석

1) 부분균형분석방법의 의미

일국의 국민경제는 여러 시장이 서로 영향을 주고받으면서 유기적으로 움직인다. 즉 어떤 시장에 변화가 생기면 다른 시장에 영향을 주고, 그 효과는 다시 원래 시장에 영향을 미치는 형태로 시장 간의 연관효과가 일어나는데 이러한 현상을 피드백(feed back) 현상이라고 한다.

그러나 어떤 시장의 변화가 다른 시장에 미치는 영향이 아주 미미하면 이러한 피드백 현상은 무시할 수도 있다. 이런 경우에는 어떤 시장의 변화를 분석할 때 피드백 효과는 무시하고 그 시장의 변화에만 초점을 맞추어 경제적 분석을 해도 무방할 것이다. 즉 '다른 조건은 동일함(other things being equal)'이라는 가정 하에 한 시장의 변화만 분석해도 그 분석의 결론에 큰 문제는 없을 것이다. 이러한 분석방법을 부분균형분석(partial equilibrium analysis) 방법이라 하는데 분석과정을 단순화할 수 있는 장점을 지닌다.

이제 이와 같은 부분균형분석 방법을 이용해서 수입관세의 경제적 효과를 분석해보려고 한다. 즉 다른 조건은 동일하다는 가정 하에 수입관세의 경제적 효과를 해당 수입시장의 변화에만 초점을 두고 분석해보려고 한다.

2) 경제소국의 경우

경제소국이란 세계시장 전체로 볼 때 특정재화에 대한 수요와 공급의 규모가 크지 않고 시장점유율이나 가격결정력이 미미하여 국제가격 변동에 순응하면서 수요와 공급을 하는 국가, 즉 가격순응자(price taker)의 입장에 있는 국가를 말한다.

이러한 경제소국이 외국으로부터 수입하는 특정재화에 대해 관세를 부과하는 경우에 발생할 수 있는 여러 가지 효과를 [그림 5-1]을 이용해 분석해본다.

▌그림 5-1▌ 관세의 경제적 효과(경제소국의 경우)

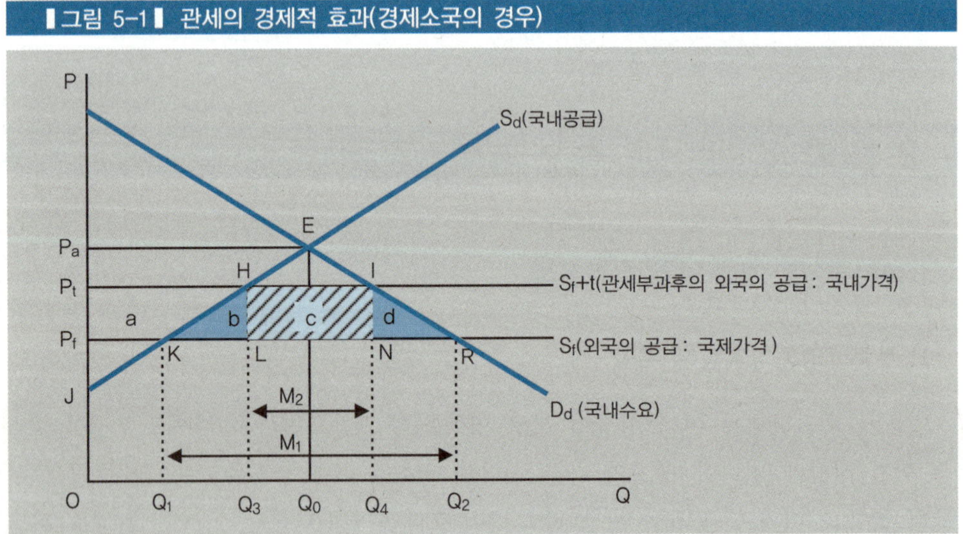

① 무역이전의 경우(자급자족·폐쇄경제)

우선 이 소국이 특정재화를 외국과 교역하지 않고 국내의 공급에만 의존하여 수요를 충족하는 자급자족경제(autarky)로부터 설명을 시작하자. [그림 5-1]에서와 같이 자급자족(폐쇄)경제하에서 이 상품의 국내공급은 공급곡선 S_d, 국내수요는 수요곡선 D_d의 형태로 나타나고, D_d와 S_d곡선이 교차하는 점 E에서 국내공급과 수요가 균형을 이루게 되어 국내수급량과 국내가격은 각각 Q_0와 P_a가 된다.

② 자유무역의 경우(관세부과 이전)

그런데 이 상품의 국제가격(P_f)이 국내가격(P_a)보다 낮은 경우, 소비자의 구매욕구나 수입업자들의 수입욕구, 정부의 시장개방 등이 현실화되어 이 상품의 수입을 허용하는 자유무역을 실시하게 된다고 하자.

자유무역에 의해 이 상품이 국제가격(P_f)으로 수입되면 이 상품의 공급곡선이 Sf(외국의 공급)로 주어져 국내가격은 P_f로 하락하게 될 것이다. 그리고 자유무역하의 국내가격 P_f에서 국내수요는 OQ_0에서 OQ_2로 증가하고, 국내공급은 OQ_0에서 OQ_1으로 감소하게 될 것이다.

결과적으로 자유무역으로 인해 국내소비자들은 자급자족(폐쇄)경제의 가격(P_a)보다 낮은 가격(P_f)으로 더 많은 소비를 할 수 있어 소비자의 경제적 후생은 증가하는 반면, 국내공급자(생산자)들은 무역이전보다 더 낮은 가격으로 공급해야 하기 때문에 국내공급(생산)을 줄이게 되어 국내 공급자의 경제적 후생은 감소하게 된다.

③ 보호무역의 경우(관세부과 이후)

앞에서 언급한대로 자유무역을 실시하면 소비자후생은 증가하나 국내공급자는 생산을 감소시켜야 하며, 이러한 생산감소는 고용의 감소와 함께 해당산업과 경제발전을 저해할 우려가 있다. 따라서 정부는 수입억제수단을 사용하여 자국산업을 보호하려 할 것이다. 여기서는 국내산업을 보호하기 위해 수입관세를 부과하는 경우에 관세부과로 인해 발생하는 여러 가지 경제적 효과에 대해 설명하려고 한다. 이때의 관세는 종가관세로서 수입품 한 단위당 t만큼의 관세율이 부과된다고 가정하자.

소비효과(consumption effect)

소비자들은 t만큼의 관세가 부과된 후에는 국제가격은 불변임에도 불구하고 그보다 높은 가격, 즉 P_t 수준에서 소비해야 한다. 이때 국내수요량은 OQ_2에서 OQ_4로 감소되고 Q_2Q_4만큼 수요가 감소되는데 이를 소비효과라 하며, 관세가 시장의 가격인상을 통하여 수요를 감소시킨다는 측면에서 가격효과라고도 한다. 이러한 관세의 소비효과는 수요의 가격탄력성이 클수록(국내수요곡선의 기울기가 완만할수록) 그리고 관세율이 높을수록 크게 나타난다. 단, 여기서는 이 국가가 경제소국이고 경제소국의 관세부과는 국제가격에는 전혀 변화를 주지 않는다는 가정이 전제되어 있다는 점을 다시 한 번 강조한다.

생산효과(production effect)

국내생산자는 관세가 부과된 후에 P_t(관세부과 후의 국내가격)가격으로 이 재화를 공급할 수 있게 된다. 이때 국내공급량은 OQ_1에서 OQ_3로 Q_1Q_3만큼 증가되는데 이를 생산효과라 하며, 관세가 국내시장에서 수입품에 대한 국내제품의 가격경쟁력을 강화시켜 주어 국내산업을 보호하는 효과가 있다는 측면에서 보호효과(protection effect) 혹은 수입대체효과라고도 한다. 이러한 관세의 생산효과는 국내공급의 가격탄력성이 클수록(국내공급곡선의 기울기가 완만할수록) 그리고 관세율이 높을수록 크게 나타난다.

재정수입효과(revenue effect)

수입품에 관세를 부과하면 정부의 재정수입(관세수입)이 발생하게 되는데 이를 재정수입효과 혹은 관세수입효과라고 한다. [그림 5-1]에서 재정수입효과는 빗금친 사각형 c의 면적으로 나타난다. 관세의 재정수입효과는 관세율(액)이 클수록 그리고 수입량이 적게 감소할수록 크게 나타난다. 그러나 고율의 관세는 수입량을 크게 감소시킬 수 있기 때문에 오히려 관세수입이 감소되는 결과를 초래할 수 있다. 관세수입의 크기는 국내수요와 공급곡선의 가격탄력성에 의해 결정되는데 동일한 조건이면 국내수요와 공급곡선의 가격탄력성이 클수록 수입량 감소효과가 크게 나타나고 그만큼 관세수입은 작아지게 된다.

국제수지효과(balance of payment effect)

관세를 부과하면 국내시장가격이 상승하면서 소비는 감소하고 국내공급은 증가함에 따라 수입량은 종전의 Q_1Q_2에서 Q_3Q_4로, 즉 $Q_1Q_3+Q_4Q_2$만큼 감소하는데, 이를 국제수지효과 혹은 무역효과라고 한다. 그림에서 무역량이 감소하는 효과는 (M_1-M_2)로 표시할 수 있다.

소득재분배 효과(income redistribution effect)

소득재분배효과는 두 가지 측면에서 설명할 수 있는데 하나는 국내소비자와 생산자간의 소득재분배효과를 말하고, 다른 하나는 생산요소(노동과 자본)간의 소득재분배효과를 말한다. 국내소비자와 생산자간의 소득재분배효과는 소비자잉여[4]와 생산자잉여[5]의 개념을 사용하여 설명할 수 있고, 생산요소간의 소득재분배효과는 '스톨퍼·사무엘슨 정리'를 이용해 설명할 수 있다. 스톨퍼·사뮤엘슨 정리에 대해서는 경제대국의 수입관세효과를 다룰 때 설명하기로 하고 여기서는 국내소비자와 생산자간의 소득재분배효과를 설명하려고 한다.

[그림 5-1]에서 본 바와 같이 수입관세는 국내소비자와 생산자의 소득을 변화시키는 효과를 가져 온다. 수입관세가 부과되면 생산자잉여는 사다리꼴 면적 (a)만큼 증가하고 소비자잉여는 (a+b+c+d)만큼 감소한다. 즉 국내생산자는 이익을, 소비자는 손실을 보게 된다. 그러나 소비자잉여의 감소분(a+b+c+d) 가운데 (a)는 생산자잉여의 증가로, (c)는 정부의 관세수입으로 전환된다. 결국 수입관세는 국내소비자의 소득을 감소시키는데 그 중 일부분을 국내생산자와 정부의 소득증가로 재분배하는 결과를 가져온다.

한편 소비자잉여의 감소분(a+b+c+d) 가운데 정부의 관세수입(c)과 국내생산자의 생산잉여의 증가(a)로 전환되지 않는 (b)와 (d)는 사회전체의 순손실이 된다. 이 손실을 '사중적 손실(deadweight loss)'이라 한다. 즉 사중적 손실이란 수입관세로 인해 소비자가 부담하는 손실 중에서 정부와 생산자의 이익으로 전환되지 않는 국민경제의 순손실을 말한다. 사중적 손실(b+d)중 (b)부분은 생산의 비효율성으로 인한 사회적 손실이며 (d)부분은 소비의 비효율성으로 인한 사회적 손실을 의미한다.

경쟁효과(competition effect)

수입관세를 부과해서 국내산업을 보호하고 국제경쟁력을 제고시킬 수 있다면 적절한 수준의 수입억제를 통한 국내산업보호는 용인될 수 있을 것이다. 이렇게 수입관세가 국내산업의 국제경쟁력을 제고시키는 효과를 수입관세의 경쟁효과라고 부른다.

---

4) 소비자잉여(comsumer's surplus)란 소비자가 높은 가격을 지불하고라도 얻고 싶은 재화를 낮은 가격으로 구매한 경우에 그것으로부터 얻은 복리 또는 잉여만족(surplus satisfaction)을 의미한다.

5) 생산자 잉여(producer's surplus)란 생산자가 낮은 가격을 받고라도 판매하고 싶은 재화를 높은 가격으로 판매한 경우에 그것으로부터 얻은 복지 또는 잉여만족(surplus satisfaction)을 의미한다. 생산자 잉여는 기업의 총수입으로부터 총비용을 차감한 액수로 나타낸다.

그런데 수입관세의 경쟁효과는 역으로 나타날 수도 있다. 즉 정부의 보호정책을 이용해서 국내시장을 독점하고 국제경쟁력 제고 노력을 소홀히 하면 긍정적 경쟁효과는 나타나지 않고 오히려 역효과가 나타날 수도 있다. 이러한 수입관세의 역효과는 보호무역정책의 비판 논거로도 이용된다.

교역조건효과(terms of trade effect)

수입관세의 교역조건(개선)효과는 경제대국(large country)의 경우에만 가능하다. 경제소국(small country)의 경우에는 수입관세 부과로 인해 자국의 교역조건(수출가격/수입가격)이 개선되지 않지만 경제대국의 경우에는 교역조건이 개선될 수 있다. 그 이유는 경제소국은 수입규모가 작아서 수입관세부과로 인해 수입가격이 하락하지 않는데 반해서 경제대국은 수입규모가 커서 수입관세로 인해 수입가격이 하락할 수 있기 때문이다. 그리고 수입가격이 하락하면 수입국의 교역조건도 개선될 수 있다. 다시 말해 경제대국은 수입가격을 하락시킬 수 있는 가격설정자(price maker)로서 교역조건을 개선시킬 수 있는 반면에 경제소국은 가격순응자(price taker)로서 수입가격과 교역조건을 하락시키지 못한다.

요약하면 경제대국의 경우에도 수입관세를 부과하면 제품의 국내가격이 상승하고 소비는 감소하며, 국내생산(공급)은 증가하고 수입은 감소하는 효과가 발생한다. 다른 점은 수입가격이 하락하고 교역조건이 개선될 수 있다는 점이다. 이렇게 교역조건이 개선되는 효과를 수입관세의 교역조건효과이라고 한다.

3) 경제대국의 경우

경제대국의 경우에 수입관세의 경제적 효과를 [그림 5-2]를 이용해 설명해보자. 그림에서 D_d와 S_d는 각각 수입국의 국내수요곡선과 국내공급곡선을 나타내고 S_f는 외국공급곡선을 나타난다. 여기서 외국공급곡선(S_f)의 모양이 경제소국과는 달리 수평선이 아니고 국내공급곡선(Sd)과 같이 우상향하는 곡선의 모양을 갖는 점에 주목하자. 외국공급곡선의 기울기가 우상향하는 것은 외국공급의 가격탄력성이 무한탄력적이 아니라는 점을 의미하는데, 그 이유는 경제소국의 경우와는 다르게 외국의 공급자가 수출상품을 특정가격에서 무한적으로 공급(수출)하지 않고 가격의 변화에 따라 공급량을 변화시키려는 의도를 갖고 있기 때문이다.

▌그림 5-2▐ 관세의 경제적 효과(경제대국의 경우)

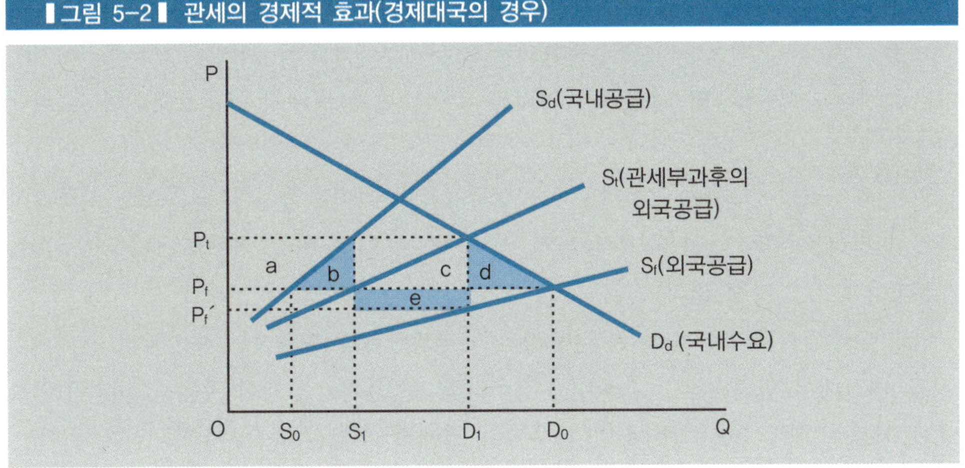

이제 경제대국의 수입관세의 경제적 효과를 자세히 설명해보자. 먼저 수입관세부과 이전에는 국제가격 P_f하에서 국내생산량은 OS_0 국내소비량은 OD_0이므로 초과수요량 S_0D_0만큼 수입으로 충당하고 있다. 그런데 수입관세를 부과하게 되면 외국의 공급곡선은 S_f에서 S_t로 상향 이동하고 국내가격은 P_t로 상승하게 된다. 이에 따라 국내생산은 S_0S_1만큼 증가하게 되고 소비는 D_0D_1만큼 감소되어 수입도 S_1D_1으로 감소하게 된다.

이러한 변화에 따른 경제적 후생효과를 살펴보면 다음과 같다. 먼저 소비자는 더 비싼 가격으로 적게 소비함에 따라 소비자잉여가 (a+b+c+d)만큼 감소하고 소비자의 경제적 후생은 그만큼 감소(손실)하게 된다. 반면에 국내생산자는 더 높은 가격에 더 많이 공급함에 따라 생산자잉여는 (a)만큼 늘어나고 그만큼 경제적 후생의 증가(이익)를 보게 된다. 그리고 정부는 (c+e)만큼 관세수입을 올리게 되어 그만큼 경제적 후생의 증가(이익)를 보게 된다.

그런데 경제소국의 경우와 마찬가지로 소비자잉여의 감소분(a+b+c+d) 중에서 (a)부분은 국내생산자잉여의 증가로, (c)부분은 정부의 재정(관세)수입으로 전환되고 나머지 (b+d)부분은 사중적(死重的) 손실(deadweight loss)로 남게 된다. 사중적 손실 중 (b)부분은 외국의 효율적 생산이 국내의 비효율적 생산으로 대체됨에 따라 발생하는 생산측면의 손실이며 (d)부분은 소비자가 더 비싸고 더 적게 소비함에 따라 발생하는 소비측면의 손실이다.

한편 정부의 재정(관세)수입 (c+e)부분 중 (c)부분은 국내수입업자가 부담하고 나머지 (e)부분은 외국생산업자(수출업자)가 부담한다. 이것은 외국생산업자의 소득이 (e)만큼 수입국의 재정수입으로 전환되는 소득재분배효과의 의미를 갖는다. 이것이 바로 경제소국의 경우와 다르게 나타나는 수입관세의 경제적 후생효과이다. 그런데 외국의 생산업자로부터 수입국 정부로 전환되는 소득재분배효과의 크기는 외국공급의 가격탄력성에 의해 결정된다. 즉 외국공급의 가격탄력성이 작을수록 외국생산자가 부담하는 관세액(e)은 커지고 외국생산자로부터 수입국 정부로 전환되는 소득재분배효과도 커지게 된다.

따라서 수입관세의 사중적 손실(b+d)과 외국생산자가 부담하는 수입국의 관세수입(e)을 비교해서 만약 (e) > (b+d)인 경우라면 수입국은 경제적 후생증가(순이익)를 얻게 되고 반대로 (e) < (b+d)인 경우에는 경제적 후생감소(순손실)를 얻게 된다.

2.2 일반균형분석에 의한 효과분석

1) 일반균형분석방법의 의미

앞에서 수입관세의 경제적 효과에 대해 부분균형분석방법을 이용해서 분석했다. 그런데 부분균형분석방법은 그 결론의 현실적 타당성이 떨어진다는 비판을 받는다. 즉 부분균형분석방법은 국민경제의 여러 시장간 상호의존적이고 유기적인 관계를 고려하지 않고 다른 조건은 일정하다는 가정 하에 특정시장만 분석을 하는 내생적 한계가 있다는 것이다.

이러한 부분균형분석방법의 한계를 보완하고 여러 시장간 상호의존적이고 유기적인 관계를 고려하여 분석하는 방법이 일반균형분석(general equilibrium analysis) 방법이다. 앞에서 설명한 수입관세의 경제적 효과분석은 부분균형분석방법을 이용해서 다른 시장은 동일한 조건에 있다는 가정 하에 특정시장의 변화만을 분석하고 다른 시장의 변화는 고려하지 않았다. 예를 들어 A국이 자국의 X재 산업을 보호하기 위해 X재수입에 대해 관세를 부과하면 X재의 국내생산은 증가하지만 다른 산업에 투입되던 생산자원이 X재생산에 전환 투입됨으로써 다른 산업의 생산은 감소할 수 있다. 또한 A국의 X재수입이 감소함으로써 X재를 A국에 수출하던 무역상대국의 수출은 감소하게 된다. 일반균형분석방법은 바로 이러한 연관효과를 모두 고려하여 수입관세의 경제적 효과를 분석하는 방법이다.

2) 경제소국의 경우

여기서는 국제무역이론에서 다루는 체증비용구조를 가진 개방경제하의 무역균형 모형을 이용하여 관세의 경제적 효과를 분석하기로 한다.

먼저 경제소국의 경우 국제가격비율 또는 국제교환비율로 표시되는 교역조건은 불변이라고 가정한다.

[그림 5-3]에서 이 경제소국은 X재생산에 비교우위가 있고 Y재생산에 비교열위가 있다고 가정한다. 수입관세부과 이전의 자유무역 상태에서는 국내교역조건과 국제교역조건(가격선)은 모두 직선 Pw로 표시된다. 그리고 Pw선과 생산가능곡선 AB와 접하는 P점에서 두 재화를 생산하게 되는데 그 중에서 X재는 PT만큼 수출하는 대신 Y재는 CT만큼 수입하면 소비는 동일한 교역조건선(Pw)과 사회무차별곡선 I와 접하는 C점에서 달성되어 최상의 경제적 후생수준에 도달한다.

그러나 이 소국이 자국의 Y재 산업이 위축되는 것을 막기 위해 외국으로부터 수입되는 Y재에 대해 관세를 부과하게 되면 소국의 국내시장에서 Y재의 가격이 상승하여 두 재화간의 가격비율이 변동하게 되며, 이는 국내교역조건선을 국제교역조건선 Pw보다 기울기가 완만한 직선 GH로 변경시켜 새로운 균형생산은 직선 GH가 생산가능곡선 AB와 접하는 P′점에서 이루어지게 된다. 이는 Y재의 국내시

▌그림 5-3▐ 경제소국의 관세의 경제적 효과(일반균형분석)

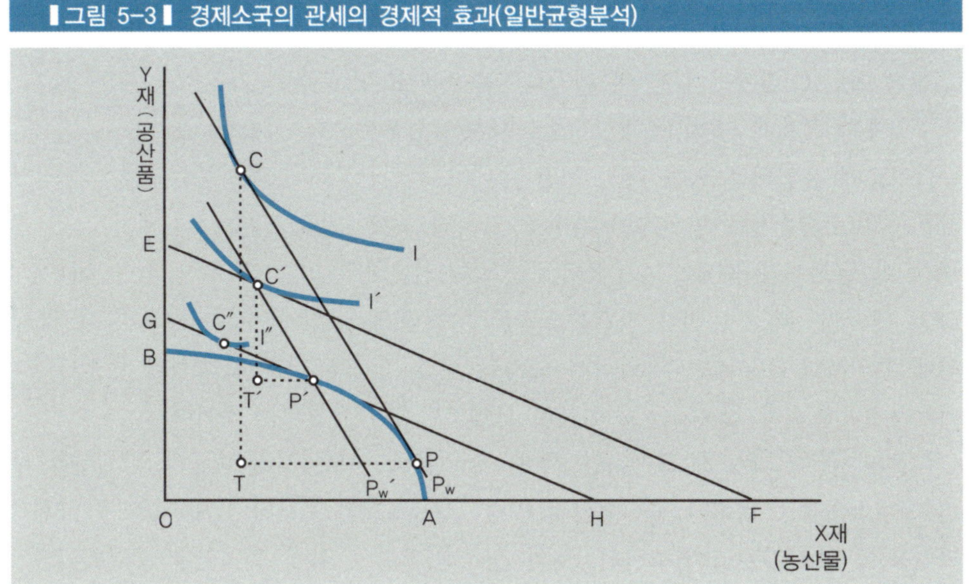

장가격이 국제가격보다 상대적으로 높다는 것을 의미한다. 결과적으로 관세부과는 가격비율의 변화를 발생시키고 이는 곧 국내교역조건과 국제교역조건 간에 괴리를 발생시키게 된다. 이러한 관세부과에 따른 가격비율변동이 X재와 Y재 시장에 어떤 효과를 미치는가를 생산, 소비, 무역, 소득재분배 효과 등으로 구분하여 설명하면 다음과 같다.

① 생산효과

수입관세부과에 따라 수입재화(Y재) 가격이 상승하여 이 소국의 국내공급자들은 Y재생산을 증대시키고 X재생산을 감소시키려 할 것이며, 이는 국내생산점을 종전의 P점에서 P′점으로 이동시켜 두 재화의 국내생산조합을 변동시킨다.

② 소비효과

수입재화(Y재)에 관세를 부과함으로써 국내교역조건(국내가격비율)에는 변화가 발생하지만 소국이기 때문에 Y재의 국제교역조건(국제교환비율)에는 전혀 영향을 미치지 못한다. 따라서 국제교역조건은 일정불변이라는 전제가 여전히 유효하다. 그러나 이전의 자유무역하에서는 국내교역조건이 국제교역조건과 동일한 P_W선으로 나타나 사회무차별곡선 I와 접하는 C점에서 소비균형이 이루어져 최상의 후생수준을 달성할 수 있었으나 관세부과 이후에는 국내교역조건선이 GH선으로 변경되면서 소비균형은 종전의 사회무차별곡선 I보다 상당히 낮은 I″와 접하는 C″점에서 이루어지게 되어 소비자 후생수준이 하락하게 된다. 그러나 현실적으로 소비균형은 C″점이 아닌 C′점에서 실현되는데 그 이유는 다음과 같다.

수입재화 Y재에 대해 부과한 관세수입은 정부부문의 지출을 통하여 국민소득 순환경로에 유입되고 이는 다시 어떤 형태로든 민간부분의 가처분소득증가와 그에 따른 소비수준증가로 이어지는 과정을 거치게 된다. 이를 [그림 5-3]에서 보면 정부가 이 관세수입(EG)을 모두 민간부문으로 지출하면 민간 가처분소득은 GH에서 EF로 증가하는데, 이 민간 가처분소득을 모두 X재 구입에 투입하면 OF, Y재 구입에 투입하면 OE가 된다. 따라서 증가된 민간 가처분 소득 EF(GH와 평행)와 소비무차별곡선 I′가 접촉되는 C′점에서 균형소비점이 결정되는 것이다.

아울러 무역은 P_W'가 표시하는 국제교환비율로 이루어지기 때문에 관세부과 후의 균형소비점 C′점이나 균형생산점 P′점 모두 X재와 Y재의 국제교환비율(국제가격비율)을 표시하는 교역조건선 P_W와 평행한 P_W'선 상에 위치한다. P_W'와 P_W가 평행한다는 것은 이 국가가 소국이기 때문에 관세가 부과되더라도 교역조건선만은

변동이 없기 때문이다.

한편 새로운 균형생산점은 국내가격선 GH, 국제교역조건선 Pw′가 생산가능곡선 AB와 접촉하거나 교차되는 P′점에서 결정된다.

이와 같이 관세가 부과됨에 따라 새로운 생산점과 소비점이 결정되면 무역삼각형은 C′T′P′로 축소되는데, 이는 X재의 수출량은 P′T′로 감소(국내생산도 감소)되고 Y재의 수입량은 C′T′로 감소(국내생산은 증가)되어 무역량 역시 감소되기 때문이다. 따라서 소비자효용 수준도 자유무역 하의 I에서 I′로 저하된다. 결국 수입관세는 자유무역에 비해 국민의 효용수준을 감소시키는 결과를 초래한다.

③ 소득재분배 효과

앞서 부분균형분석에서는 소비자, 생산자, 정부 간의 소득재분배효과를 설명하였는데 여기서는 스톨퍼·사무엘슨 정리[6]를 이용하여 생산요소(노동과 자본) 간의 소득재분배효과를 설명하려고 한다. 스톨퍼와 사무엘슨은 헥셔-올린[7] 정리를 이용하여 수입관세부과가 국내생산부문의 소득재분배를 가져오는 효과를 분석하였는데 헥셔-올린 정리를 먼저 설명하면 다음과 같다.

헥셔-올린 정리는 국내부존자원과 비교우위의 관계를 설명한 이론으로 한 나라는 자국에 상대적으로 풍부하게 부존된 자원을 집약적으로 투입하여 생산하는 상품에 비교우위를 가지고 그 상품을 수출하게 된다는 것이다. 예컨대 어떤 나라는 노동이 상대적으로 풍부하고 다른 나라는 자본이 상대적으로 풍부하다면, 노동이 풍부한 나라는 노동집약적인 상품에 비교우위를 가지고 그 상품을 수출하게 되며 자본이 풍부한 나라는 자본집약적인 상품에 비교우위를 가지고 그 상품을 수출하게 된다는 것이다. 그 이유는 풍부한 생산요소의 가격이 상대적으로 저렴하기 때문이다. 즉 노동이 풍부한 나라는 노동의 가격이 상대적으로 저렴하기 때문에 노동집약적인 상품에 비교우위를 가지며 자본이 풍부한 나라는 자본의 가격이 상대적으로 저렴하기 때문에 자본집약적인 상품에 비교우위를 갖는다.

---

6) Stolper, W. F. and P.A. Samuelson, "Protection and Real Wages", Review of Economic Studies, Vol. IX, Nov., 1941, reprinted in Readings in the Theory of International Trade (1949).

7) Heckscher, E. "The Effect of Foreign Trade on the Distribution of Income", Econosmisk Tidskrift, 21 (1919) 497-512, retranslated in H. Flam and M. J. Flanders, eds.s Hescher-Ohlin Trade Theory, MIT Press (1999).
Ohlin, B. Interregional and International Trade, Harvard University Press(1933).

그런데 헥셔·올린 정리에 의하면 무역을 하면 자국 내에서는 물론 양국 간에도 생산요소의 가격차이가 줄어드는 요소가격균등화 현상이 나타난다고 한다. 그 이유는 노동이 풍부한 나라는 노동집약적인 상품을 더 많이 생산하게 되어 노동을 더 많이 수요(투입)하게 되고, 마찬가지로 자본이 풍부한 나라는 자본집약적인 상품을 더 많이 생산하게 되어 자본을 더 많이 수요(투입)하게 된다. 따라서 노동이 풍부한 나라의 노동가격은 인상되고 자본의 가격은 하락하며, 자본이 풍부한 나라의 자본가격은 인상되고 노동의 가격은 하락하여 자국은 물론 양국 간의 노동과 자본의 가격 차이가 줄어들고 서로 균등한 수준으로 접근하게 된다고 한다.

그런데 이러한 헥셔·올린의 요소가격 균등화 명제를 반대로 설명한 것이 스톨퍼·사무엘슨 정리이다. 이미 설명한 바와 같이 관세는 수입상품의 국내가격을 인상시킨다. 따라서 수입상품과 경쟁하는 국내상품의 가격도 상승하게 되어 국내생산도 늘어나게 된다. 이것은 국내생산에 집약적으로 사용되는 희소생산요소의 가격을 올리게 된다. 즉, 수입관세는 희소생산요소를 집약적으로 사용하여 생산되는 수입품과 국내상품의 가격을 인상시켜 국내생산도 증가시키게 된다. 따라서 희소생산요소의 수요와 가격도 인상된다. 예컨대 노동이 희소한 나라가 노동집약적 상품의 수입에 관세를 부과하면 노동집약적 상품인 수입품과 국내상품의 가격이 상승하고, 따라서 국내생산이 증가하고 노동의 수요가 증가하여, 노동의 가격인 임금도 상승하게 된다는 것이 스톨퍼·사무엘슨 정리(Stolper-Samuelson Theorm)의 설명이다.

여기서 스톨퍼·사무엘슨 정리의 내용을 예를 들어 설명하면 다음과 같다. 먼저 A, B 두 나라에 자본, 노동 두 가지 생산요소가 있고 상품은 강철과 섬유 두 가지가 있다고 가정하자. 그리고 A국은 자본풍부국이고 B국은 노동풍부국이며, 강철은 자본집약적 상품, 섬유는 노동집약적 상품이라 가정하자. 즉 A국은 노동의 가격(임금)은 상대적으로 비싸고 자본의 가격(이자율)은 상대적으로 싸며 B국은 노동의 가격이 상대적으로 싸고 자본의 가격은 상대적으로 비싸다고 가정하자. 헥셔-올린 정리에 의하면 A국과 B국이 비교우위에 입각하여 자유무역을 하면 A국은 강철생산에, B국은 섬유생산에 각각 특화하게 된다. 이 결과 A국에서는 강철생산은 증가하고 섬유생산은 감소하게 된다. 따라서 자본의 수요와 가격은 상승하며 노동의 수요와 가격은 하락한다. 반대로 B국에서는 섬유생산은 증가하고 강철생산은 감소하게 된다. 따라서 노동의 수요와 가격은 증가하고 자본의 수요와 가격은 하락한다. 즉 A국은 자본(풍부생산요소)소득은 증가하고 노동(희소생산요소)소득은 감소하며 B국은 노동(풍부생산요소)소득은 증가하고 자본(희소생산요소)소득은 감소하게 된다. 이러한 결과는 비교우위에 입각한 자유무역을 하면 희소한 생산요소의 소득이 풍부한 생산요소의 소득으로 재분배되는 효과를 얻게 된다는 결론을 의미한다.

그런데 스톨퍼·사뮤엘슨 정리는 자유무역을 하지 않고 수입관세를 부과하여 수입을 억제하면 정반대로 생산요소간의 소득재분배가 이루어진다고 설명한다. 즉 수입관세는 생산요소간의 소득분배를 헥셔-올린 정리와는 반대로 풍부한 생산요소의 소득을 희소한 생산요소의 소득으로 재분배하는 결과를 가져온다고 설명한다. 이러한 스톨퍼·사뮤엘슨 정리는 수입관세를 부과하여 섬유산업에 종사하는 노동자의 고용과 소득을 보호해야 한다는 미국 섬유산업 노조의 논거로 사용되기도 하였다.

3) 경제대국의 경우

경제대국의 수입관세의 경제적 효과분석도 체증비용구조를 가진 개방경제하의 무역균형모형을 이용하여 접근할 수 있다. 그러나 수입관세가 상품의 시장가격 및 국제교역조건 등에 미치는 효과가 경제소국의 경우와는 다르게 나타난다.

우선 [그림 5-4]에서 보면 자유무역하에서 생산균형점은 P점, 국제교역조건선은 직선 Pw, 수출재화인 X재의 수출량은 PT, 수입재화인 Y재 수입량은 CT로 표시되어 있고 이 나라의 경제적 후생수준은 교역조건선 Pw와 사회무차별곡선 I와 접하는 C점에서 달성된다.

▌그림 5-4▌ 경제대국의 관세의 경제적 효과(일반균형분석)

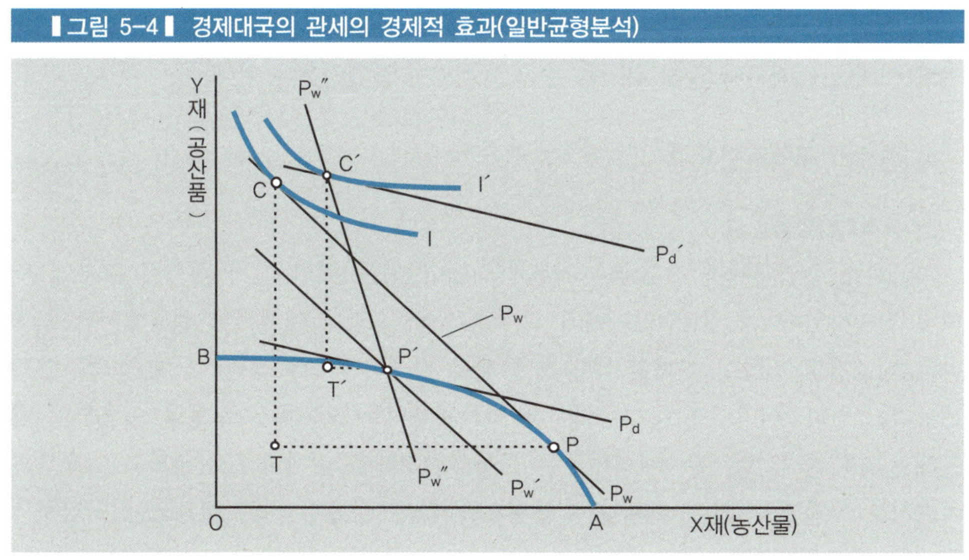

그런데 경제대국인 이 국가가 자국의 Y재 산업을 보호하기 위해 Y재수입에 관세를 부과하면 Y재의 가격은 상승하고 두 재화의 가격비율인 국내가격선(국내교역조건)은 직선 P_d로 나타난다. 따라서 국내가격비율 P_d가 생산가능곡선 AB와 접하는 P′점에서 두 재화의 균형생산이 이루어지고, 관세부과 후의 국내가격선 P_d와 평행하는 P_d'가 사회무차별곡선 I′와 접하는 C′점에서 균형소비가 이루어진다. 이러한 새로운 생산 및 소비균형점에서 국제교역조건은 생산점 P′점과 소비점 C′점을 잇는 직선 P_W''로 나타나고 관세부과 후 X재 수출량은 P′T′선으로, Y재 수입량은 C′T′선으로 그려져 관세부과 이전보다 두 재화 모두 무역량이 감소된다.

여기서 중요한 사실은 경제대국의 경우 수입관세를 부과하면 국제교역조건선(P_W'')이 관세부과 이전(P_w)보다 더 가파른 기울기를 띠게 된다는 점인데, 이는 관세가 부과된 수입재(Y재)의 국제가격은 하락하는 반면 수출재(X재)의 국제가격은 상승함으로써 국제교역조건이 개선되고, 소비자의 실질소득 증가에 따른 소비의 증가로 이어져 전체 국민의 후생수준을 증대시키는 효과가 발생한다는 것을 의미한다. 이는 관세부과 후 균형소비가 C점에서 C′점으로 이동된다는 점을 통해서도 알 수 있다.

결론적으로 경제대국은 수입관세를 부과하여 교역조건을 개선함으로서 경제적 후생을 증대시킬 수 있다는 것을 의미한다. 그러나 이러한 효과가 반드시 일어나는 것은 아니며, 관세부과에 따른 국제가격비율의 변화정도, 그리고 자국 및 외국의 수요와 공급의 탄력성에 의해 결정된다. 따라서 수입관세부과 이후 무역량 감소와 자원의 비효율적 배분으로 인한 사중적 손실(deadweight loss)이 교역조건개선의 이익을 초과하지 않게 관세율 수준을 적정하게 결정해야 한다.

4) 관세의 교역조건효과

① 교역조건변동과정

지금까지 수입관세가 수입국(관세부과국)에 미치는 여러 가지 경제적 효과에 대해서 설명하였다. 그 중 수입관세의 교역조건개선효과에 대해서도 설명했지만 그러한 교역조건의 변동이 어떠한 과정을 통해서 발생하는가를 좀 더 구체적으로 설명해보려고 한다. 여기서는 순수무역이론에서 사용하는 오퍼곡선 모형을 이용하여 접근해보고자 한다. 단, 순수무역이론은 물물교환경제를 상정하고 전개되고 있으므로 여기서도 수출과 수입은 화폐라는 결제수단 없이 실물에 의해 결제되는 구상무역

(求償貿易, barter trade)[8]을 전제로 하여 설명한다. 즉 여기서 말하는 수출량은 수입량의 반대급부로 상대국에 제공하는 양이고 수입량은 수출량의 반대급부로 상대국으로부터 받는 양을 말하는 것이다.

오퍼곡선(offer curve)은 일국이 의도하는 비교우위 재화의 수출량과 비교열위 재화의 수입량 간의 여러 가지 조합의 궤적을 의미하는 것으로 [그림 5-5]에서 보자면 OA는 A국의 오퍼곡선, OB는 B국의 오퍼곡선을 나타내고 있다.

우선 자유무역하에서는 이 두 국가의 오퍼곡선이 교차하는 P점에서 두 국가 상호간의 수출량과 수입량이 일치(A국의 X재 수출량 = B국의 X재 수입량 = Ox, B국의 Y재 수출량 = A국의 Y재 수입량 = Oy)하여 균형교역조건이 달성되고 이점과 원점을 연결하는 직선 α가 국제교역조건선이 된다. 그러나 A국이 자국의 Y재 산업을 보호하기 위해 B국으로부터 수입되는 Y재에 대해 종가세 기준으로 100%의 관세를 부과하였다고 하자. 그러면 A국은 기존에 수출하고자 하는 X재에 대해서 Y재는 관세율만큼 더 수입하려고 할 것인데 이를 [그림 5-5]에서 보도록 하자.

▌그림 5-5▐ 관세의 교역조건효과(일반균형분석)

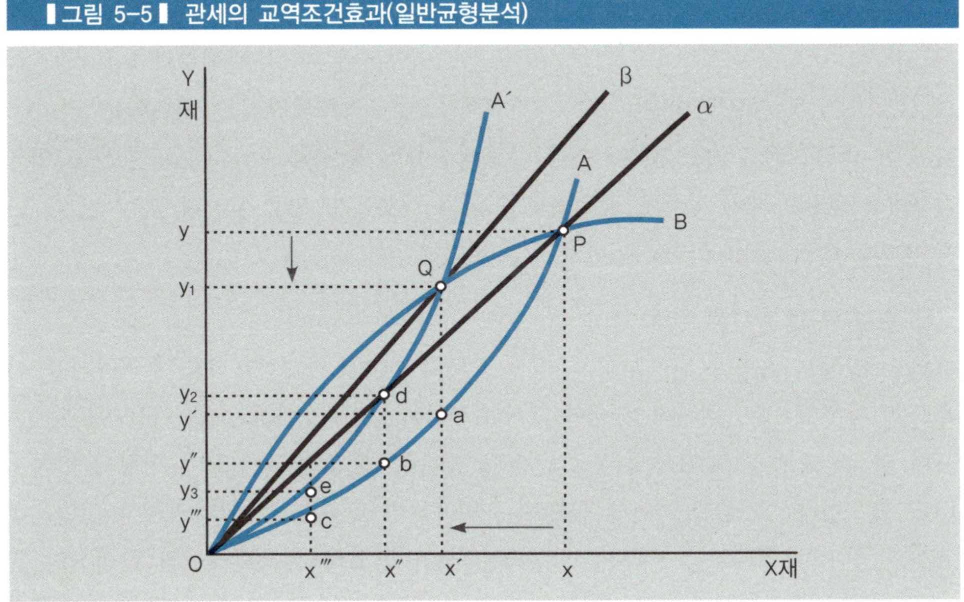

---

8) 구상무역이란 물자의 수출과 수입을 하나의 교환방법으로 상호 결합시키는 무역방식을 의미한다.

종래 자유무역하에서 오퍼곡선상 A국은 a점에서는 X재를 Ox′만큼 수출, Y재는 Oy′만큼 수입, b점에서는 X재를 Ox″만큼 수출, Y재는 Oy″만큼 수입, C점에서는 X재를 Ox‴만큼 수출, Y재를 Oy‴만큼 수입하려 한다. 그러다가 100%의 관세를 부과하면 A국은 자유무역하에서 a점은 Q점으로, b점은 d점으로, c점은 e점으로 각각 이동하여 새로운 오퍼곡선 OA′가 도출되는데, 이는 A국이 의도하는 X재 수출량에 대응하는 Y재의 수입량이 관세율만큼 증가하기 때문이다. 이와 같이 수입재에 대해 관세가 부과되면 관세부과국은 종래의 각 수출량 수준에 대해 관세율만큼 수입량을 증가시키게 된다.

따라서 Y재수입에 대해 종가세 100%를 부과한 후 A국의 오퍼곡선이 좌상방으로 회전하여 OA′가 되면 OA′와 B국의 오퍼곡선 OB가 교차하는 Q점에서 새로운 균형무역이 이루어지고 Q점과 원점을 연결하는 직선 β가 새로운 교역조건선이 된다. 그런데 관세부과후 새로운 균형무역 Q점은 자유무역하에서의 균형무역 P점에 비해서 X재와 Y재의 교역량이 감소한 수준에 위치하는데, 이는 관세부과에 따라 X재의 교역량은 xx′만큼, Y재의 교역량은 yy_1만큼 감소되기 때문이다.

또한 관세부과 후 새로운 교역조건선 β는 자유무역하에서의 교역조건선에 비해서 좌상방 이동하여 더 가파른 기울기를 띠고 있는데, 이는 관세부과에 따라 A국의 교역조건은 개선된 반면에 B국의 교역조건은 악화되었음을 의미하는 것이다. 나아가 A국의 관세율이 100% 이상으로 상승하면 할수록 A국의 오퍼곡선은 더욱 좌상방으로 이동하여 A국의 교역조건은 더욱 개선되는 반면 B국의 교역조건은 더욱 악화되고 양국의 교역량은 더욱 감소될 것이다.

② 오퍼곡선의 탄력성 문제

바로 앞에서 A국의 관세부과에 의한 A국의 교역조건개선효과를 오퍼곡선을 이용하여 설명하였다. 그런데 관세의 교역조건개선효과의 정도와 지속가능 여부는 A국의 관세부과에 대해 B국(수출국)의 Y재 수출량 및 X재 수입량이 어떻게 변하느냐에 달려있다. 즉 B국(교역상대국)의 오퍼곡선의 탄력성에 따라 A국의 교역조건개선의 정도와 지속가능 여부가 결정되는 것이다. B국의 오퍼곡선의 탄력성이 클수록 A국의 교역조건개선의 크기는 작아지고, 극단적으로 완전탄력적일 경우(B국의 오퍼곡선이 직선이 경우)에는 A국의 교역조건은 전혀 개선되지 않는다. 반대로 B국의 오퍼곡선의 탄력성이 작을수록 A국의 교역조건은 더욱 개선된다.

이러한 관계를 [그림 5-6]을 이용해서 더 설명해보기로 하자. 수입관세부과 이전의 A국의 오퍼곡선은 OA이고, B국의 오퍼곡선은 4가지(탄력성크기 순서에 따라 OB, OB′, OB″, OB‴)의 경우를 상정했는데, B국의 4가지 오퍼곡선 모두 A국의 오퍼곡선 OA와의 교차점이 동일하여 P점에서 균형무역이 달성되고 교역조건선 역시 모두 동일한 기울기의 α선으로 그려져 있다.

그러나 A국이 만약 B국에서 생산된 Y재수입에 대해 관세를 부과하면 A국의 오퍼곡선은 OA′로 이동하게 되고 B국의 4가지 오퍼곡선과 OA′가 교차하는 점(Q, R, S, T)은 제각기 다르게 되고 교역조건선 역시 상이한 기울기(α, β, γ, δ)로 그려질 것이다. 이러한 4가지 교역조건 중에서 A국에 유리한 교역조건은 δ, γ, β, α의 순서로 나타난다. 먼저 교역조건선 δ의 경우는 B국의 오퍼곡선(OB‴)이 가장 비탄력적이어서 수입관세부과 후 A국의 교역조건이 가장 유리하게 개선되는 상황을 나타낸다. 반면에 교역조건선 α의 경우는 B국의 오퍼곡선(OB)이 완전 탄력적이어서 관세부과 후 A국의 교역조건은 전혀 변하지 않고(즉 점 Q와 점 P가 동일한 교역조건선상에 있음) 오직 무역량만 감소되는 결과를 가져올 뿐이다.

이와 같이 B국의 오퍼곡선이 OB선처럼 직선으로 나타나고, 완전 탄력적인 경우에는 A국이 아무리 고율의 관세를 부과하고 자국의 오퍼곡선을 좌상방으로 이동시키더라도 OB선의 기울기는 변하지 않기 때문에 양국의 오퍼곡선이 교차하는 점은 동일한 OB선상에 있게 되고 교역조건 역시 변하지 않게 된다.

▌그림 5-6▐ 오퍼곡선의 탄력성과 교역조건의 관계

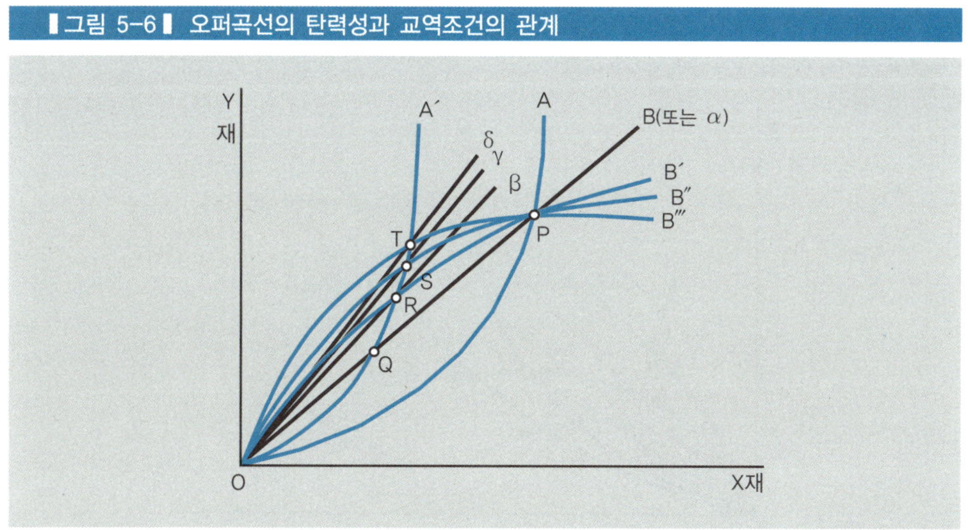

③ 보복관세와 역효과

앞에서 우리는 일국(A국)이 수입재화(Y재)에 대해 관세를 부과할 때 교역상대국(B국)의 오퍼곡선이 완전탄력적이 아닌 이상 자국(A국)의 교역조건이 개선될 수 있음을 파악하였다. 그러나 비록 교역조건이 개선되더라도 관세부과 후 무역량 감소와 자원의 비효율적 배분으로 인해 발생하는 손실이 교역조건 개선에 따른 이익을 초과하지 않아야 관세부과에 따른 경제적 순이익이 실현된다. 그런데 여기서 중요한 사실은 이러한 경제적 순이익(후생증대)도 교역상대국의 희생을 수반하여 실현된다는 점이다. 앞의 예에서처럼 A국이 B국으로부터 수입되는 Y재에 대해 관세를 부과하여 자국의 경제적 후생을 증대시키고 B국의 견제적 후생을 감소시킨다면, B국은 이에 대항하여 A국으로부터 수입되는 재화(X재)에 대해 보복관세를 부과할 것이다.

만약 B국이 보복관세를 부과할 경우 양국의 교역조건과 교역량에는 어떠한 영향을 미치는지 [그림 5-7]을 이용해 알아보자.

[그림 5-7]에서 보면 A국이 Y재수입에 대해 관세를 부과하면 A국의 오퍼곡선은 OA′로 이동하여 Q점에서 균형무역이 이루어지고(무역량은 감소) 양국의 교역조건선은 β선으로 변화해서 A국의 교역조건은 개선되고 B국의 교역조건은 악화된다. 그러나 B국이 A국으로부터 수입되는 X재에 대해 보복관세(retaliatory tariff)를 부

▌그림 5-7▐ 보복관세와 교역조건 변화

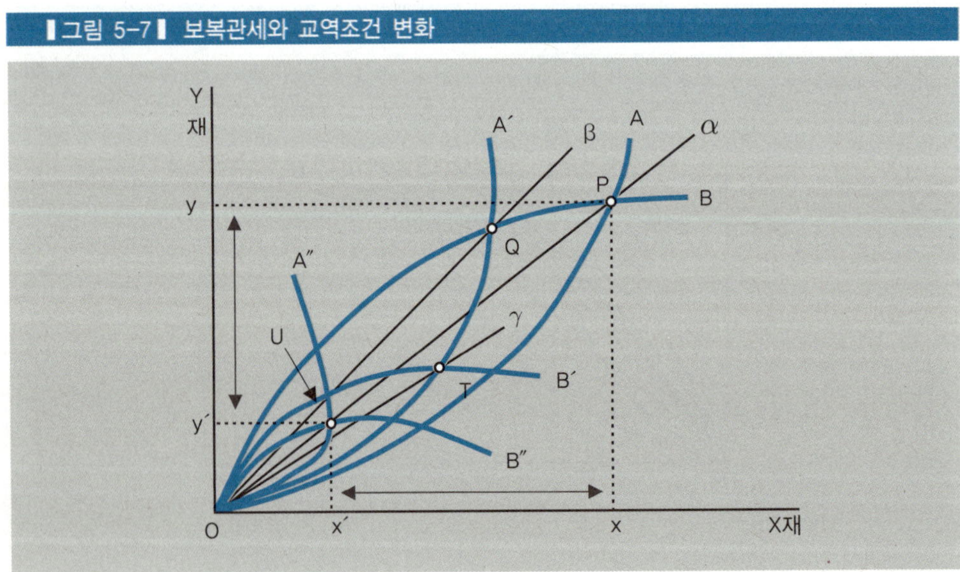

과하면 B국의 오퍼곡선도 OB′로 이동하여 T점에서 새로운 균형무역이 이루어지는데 교역량은 더욱 감소되고, 양국의 교역조건선은 γ선으로 또 변화해서 이제 B국의 교역조건은 크게 개선되는 반면 A국의 교역조건은 오히려 악화된다.

이렇게 되면 처음에 관세를 부과하여 교역조건을 개선하고 경제적 순이익을 얻고자 했던 A국의 목적은 실패하고 오히려 교역조건 악화와 교역량 감소에 따른 경제적 순손실을 보게 된다. 그래서 A국이 상황을 개선하기 위해 B국으로부터 수입되는 Y재에 대해 다시 더 높은 관세를 부과하면 A국의 오퍼곡선은 OA″로 이동한다. 그리고 B국 역시 이에 대항하여 다시 관세율을 인상하면 오퍼곡선이 OB″로 이동하고 새로운 균형무역은 U점에서 이루어지고 양국의 교역조건은 α선으로 나타난다. 그런데 이 교역조건선 α는 관세부과 이전 자유무역하에서의 양국의 교역조건선과 일치하게 된다.

이는 결국 관세보복 이후의 무역균형점 U점에서의 양국의 교역조건은 관세부과 이전의 무역균형점 P점에서의 교역조건과 동일하면서 교역량만 크게 감소되었음을 의미한다. 이러한 교역량 감소는 양국의 수출재화의 생산량 감소, 고용감소, 국민실질소득 감소 등을 유발한다. 또한 수입관세의 경쟁적 인상으로 인한 수입재화의 국내가격 상승은 소비감소를 초래하여 교역당사국 모두 경제적 후생의 감소를 경험하게 된다. 이를 역으로 생각하면 교역당사국은 경쟁적 관세보복보다는 상호 관세 인하를 통해서 양국의 교역조건개선과 교역량증대의 효과를 달성할 수 있음을 의미한다.

3 최적관세율

3.1 최적관세율의 개념

국내산업보호와 재정수입증대, 그리고 국제수지와 교역조건개선 등의 수입관세의 효과는 상황에 따라 긍정적인 효과를 초래하지만 종합적으로는 경제적 후생의 순손실 또는 순이익을 가져올 수 있다는 점을 앞에서 설명하였다. 즉 수입관세는 무역량을 감소시키고 생산과 소비의 비효율성, 자원배분의 비효율성 등을 초래하는 부정적 효과가 있지만 교역조건을 개선하는 긍정적 효과도 있음을 공부하였다. 수입관세의 부정적 효과는 일국의 경제적 후생을 감소시키고 긍정적 효과는 경제적 후생을 증가시킨다. 따라서 수입관세는 교역량 감소에 따른 부정적 효과를 최소화하면서 교역조건개선에 따른 긍정적 효과는 최대화해서 경제적 순이익을 극대화하는 방향으로 부과하는 것이 바람직 할 것이다. 이와 같이 수입관세의 교역량 감소에 따른 손실을 최소화하고 교역조건 개선에 따른 이익은 최대화해서 순이익을 극대화할 수 있는 관세를 최적관세(optimum tariff)라고 한다.

3.2 최적관세율의 도출

최적관세율을 도출하기 위해서 오퍼곡선을 이용하여 어떤 관세율이 무역이익을 극대화할 수 있는가를 설명해보려고 한다.

[그림 5-8]에서 곡선 OA와 OB는 각각 A국과 B국의 오퍼곡선이며 I_t, I_{t1}, I_{t2}는 A국의 무역무차별곡선(동일한 수준의 효용을 주는 수출량과 수입량 조합의 궤적으로 위쪽에 위치할수록 높은 효용수준을 의미함)이다. 먼저 관세부과 이전 자유무역하의 무역균형점은 양국의 오퍼곡선 OA와 OB가 교차하는 P점에서 성립되고, 그 때의 교역조건선은 P점을 통과하는 α선이 되고 효용수준은 P점에서 α선에 접하는 무역무차별곡선 I_t가 된다. 여기서 관세보복(tariff retaliation)은 없다고 가정하자.

▌그림 5-8▐ 최적관세의 결정

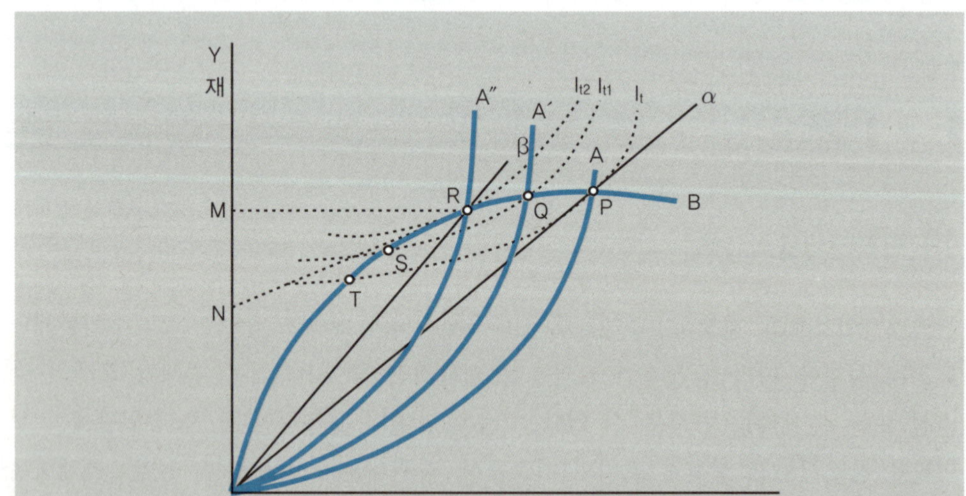

이제 A국이 B국으로부터 수입하는 Y재에 대하여 관세를 부과하면 A국의 오퍼곡선은 B국의 오퍼곡선을 따라 A′ 혹은 A″로 변경되고 두 나라의 오퍼곡선이 교차되는 점 Q 혹은 R에서 새로운 무역균형이 이루어지고 무역무차별곡선도 I_{t1} 혹은 I_{t2}로 변경될 것이다. 예를 들어 A국이 관세를 부과하여 A국의 오퍼곡선이 OA′로 이동된다면 새로운 무역균형점은 OA′가 OB와 교차하는 Q점에서 달성되고, 그때의 효용수준은 I_{t1}가 된다. 하지만 이 Q점에서는 자국의 무역무차별곡선 I_{t1}의 기울기와 상대국의 오퍼곡선 OB의 기울기가 같지 않기 때문에 무역무차별곡선 I_{t1}은 관세부과로 도달할 수 있는 최상의 효용수준은 아니다.

바로 여기서 A국은 여러 가지 무역균형점 중에서도 자국의 무역무차별곡선과 상대국(B국)의 오퍼곡선의 기울기가 같아지는 무역균형점을 찾아 그 점에서 수출과 수입의 조합이 이루어지도록 관세율을 결정해야 최상의 무역이익을 실현할 수 있다.

따라서 만약 A국의 오퍼곡선이 자국의 무역무차별곡선 I_{t2}와 B국의 오퍼곡선 OB가 동일한 기울기로 접하는 R점(무역균형점)까지 이동할 수 있도록 관세를 부과한다면 A국은 가장 높은 효용수준에 도달할 수 있는데, 바로 이때의 관세가 최적관세가 되는 것이다. 그러나 A국이 그보다 더 높은 관세를 부과하여 만약 A국의 오퍼곡선이 S점 혹은 T점까지 이동한다면 A국의 효용수준은 오히려 하향하게 되는데, 그 이유는 S점은 I_{t2}보다 낮은 I_{t1}상에 있고, T점은 I_{t1}보다 낮은 I_t상에 놓이기 때문이다.

이와 같이 그래프를 이용해 최적관세율을 도출하는 과정을 설명했는데 이제 수식을 이용해 최적관세율의 공식을 도출해 보자. 먼저 무역무차별곡선은 생산가능곡선과 소비무차별곡선에서 도출된다는 점을 기억하자. 그리고 무역균형점에서 무역무차별곡선의 기울기와 이에 대응하는 생산가능곡선과 소비무차별곡선의 기울기가 같고 이는 또한 국내가격비율과 같다. A국의 국내가격비율(p_a)은 RN의 기울기인 RM/MN으로 표시할 수 있고 국제가격비율(p_i)은 교역조건선 β(OR)의 기울기인 RM/ OM으로 표시할 수 있다.

따라서 국제가격비율 p_i에 관세율 t를 반영하면 이는 국내가격비율 p_a와 같아지기 때문에 $p_a=p_i(1+t)$으로 표시되며, 다시 이를 [그림 5-8]상의 기호를 적용하면

$$\frac{RM}{MN}=\frac{RM}{OM}(1+t)$$

으로 표시할 수 있다.

그 다음 관세율 t에 관하여 아래와 같이 풀어서 표시하면 최적관세율 t를 간단하게 도출할 수 있다.

$$
\begin{aligned}
1+t &= \frac{OM}{MN} \\
t &= \frac{OM}{MN}-1=\frac{OM}{MN}-\frac{MN}{MN}=\frac{ON}{MN} \\
&= \frac{ON}{OM-ON}=\frac{1}{\frac{OM}{ON}-1}=\frac{1}{\epsilon-1}
\end{aligned}
$$

위의 공식 중 최종적으로 구한 1/(ε−1)이 최적관세율의 공식인데, 이 공식에서 유일한 변수 ε은 A국의 교역상대국인 B국의 오퍼곡선의 탄력성 즉 OM/ON을 의미한다. 이는 A국이 최고의 효용수준에 도달하기 위해 관세를 어느 정도로 부과할 것인가 하는 것은 결국 교역상대국인 B국의 오퍼곡선의 탄력성에 따라 결정된다는 것을 의미하는 것이다. 그런데 이는 앞에서 설명한 바와 같이 수입관세부과국의 교역조건개선 여부는 교역상대국의 오퍼곡선의 탄력성에 의존한다는 의미와 같은 맥락에서 이해할 수 있다.

간단히 위의 공식에 수치를 개입하여 계산 최적관세율을 계산해보자. 만약 B국의 오퍼곡선의 탄력성 값이 2일 때 최적관세율 공식에 대입하면 t값은 1/(2−1)=1이 되고 최적관세율은 100%가 된다. 즉 A국이 100%의 수입관세를 부과할 때 자국의 경제적 후생수준이 가장 높게 나타나는 무역이 이루어지는 것이다.

이제 최적관세율 공식이 갖는 의미를 정리하면 다음과 같다.

① 교역상대국의 오퍼곡선의 탄력성이 1(단위탄력적, ε=1)인 경우 최적관세율은 무한대(t=∞)에 가깝다. 이는 관세부과국은 이론적으로 거의 무한대에 가까운 관세율을 부과할 수 있음을 뜻한다. 교역상대국(B국)의 오퍼곡선의 탄력성이 1이라고 하는 것은 이 나라(B국)가 외국(A국)으로부터의 수입량에 관계없이 일정량의 상품을 수출할 의도가 있음을 의미한다. 따라서 관세부과국(A국)은 무한대의 높은 관세를 부과하더라도 교역상대국(B국)의 수출량은 조금도 감소되지 않으므로 고율의 관세를 부과할 수 있다.

② 교역상대국의 오퍼곡선의 탄력성이 무한대에 가까운 경우에는 최적관세율은 제

로에 가깝다. 이 경우를 [그림 5-8]에서 찾는다면 B국의 오퍼곡선이 곡선형태가 아니라 OP처럼 원점을 지나는 직선 형태인 경우를 말한다. 이런 경우에는 A국이 아무리 높은 관세를 부과해도 교역조건변동은 없고 무역량만 감소될 뿐이다. 이 경우는 관세부과국이 경제소국인 경우를 말한다. 이와 같은 경우에는 수입관세를 부과하지 않고 자유무역을 행하는 것이 최선의 정책이 될 것이다.

③ 교역상대국의 오퍼곡선의 탄력성이 1보다 작을 경우에는 최적관세율 t의 값은 마이너스의 값을 갖는다. 이것은 교역상대국의 오퍼곡선이 비탄력적인 경우를 의미하는데, B국의 오퍼곡선이 횡축으로 굴절하는 구간에 있을 때를 말하는 것으로 관세부과국(A국)의 무역무차별곡선과 B국의 오퍼곡선이 접하지 않는 경우인데 이때는 최적관세가 존재하지 않는다는 의미가 된다.

3.3 최적관세의 정책적 의의

최적관세는 관세부과국의 경제적 후생수준이 향상될 수 있는 가능성을 제시하였는데 최적관세의 정책적 의의는 다음과 같이 정리해볼 수 있다.

① 최적관세는 관세부과국의 경제적 후생의 향상 가능성을 제시함으로서 자유무역뿐만 아니라 관세를 이용한 적절한 보호무역정책도 필요하다는 주장의 이론적 근거를 제공해준다.

② 자유무역만이 무역당사국이나 세계경제 전체의 경제적 후생을 극대화시킬 수 있다는 자유무역무역 옹호론에 대한 반론의 근거를 제공해준다.

③ 경제대국은 관세부과로 수입재화의 국제가격 하락과 수출재화의 국제가격 상승을 유도하여 자국의 무역이익을 증대시킬 수 있으나, 그에 따른 생산 및 소비부문에서의 비효율성에 의한 손실도 고려하여 최적관세를 활용해야 한다.

④ 최적관세의 효과는 무역상대국의 보복조치가 없을 때에 가능함으로 무역상대국의 반응을 고려하여 보복조치 등의 마찰이 발생하지 않게 부과해야 한다.

3.4 최적관세의 한계성

최적관세는 교역조건을 개선시키고 경제적 후생을 향상시킬 수 있는 가능성을 제시하지만 다음과 같은 한계점을 내포하고 있다.

첫째, 최적관세는 관세부과국 입장에서 최적관세라는 점이다. 비록 최적관세라도 무역상대국에게는 무역량을 감소시키고 교역조건을 악화시켜 경제적 손실을 주는 무리한 정책이 될 수 있다. 즉 관세부과국 입장에서 최적관세라도 무역상대국을 감안하면 최적관세가 될 수 없다는 점이다. 더욱이 무역상대국이 보복조치를 취할 경우 무역량은 더욱 감소하고 무역당사국 모두 경제적 손실을 입게 될 수 있다.

둘째, 최적관세는 기본적으로 수입국이 경제대국을 전제로 제시된 이론이며 대부분의 국가가 경제적 소국임을 감안하면 최적관세이론을 현실적으로 적용하는 데에는 한계가 있다.

셋째, 정확한 최적관세율을 계산하고 실제로 적용하는데 어려움이 따른다. 따라서 최적관세는 개념적 표현에 불과할 수도 있다.

4 관세의 실효보호율

지금까지 수입관세의 경제적 효과분석은 수입완제품에 대한 명목관세를 전제로 한 것이다. 그런데 수입관세의 국내산업 보호효과는 수입완제품에 부과되는 명목관세만으로는 정확히 설명할 수 없다. 수입관세의 산업보호정도를 정확히 분석하기 위해서는 완제품에 대한 명목관세율보다는 관세의 실효보호율 개념을 사용해야 된다. 이제 관세의 실효보호율(effective rate of protection)에 대해서 설명해보기로 한다.

최종재화(완제품)의 생산에는 생산요소와 원자재, 그리고 중간재(반제품) 등이 투입된다. 그런데 수입관세는 완제품뿐만 아니라 원자재나 중간재에도 부과될 수 있다. 이런 경우 관세부과에 의해 나타나는 국내산업의 보호의 정도를 정확히 측정하기 위해서는 수입완제품에 대한 명목관세뿐만 아니라 국내생산에 투입되는 수입원자재와 중간재에 대한 명목관세도 포함시켜 측정해야 한다. 이러한 방법으로 구한 실질적인 국내산업 보호율을 관세의 실효보호율(effective rate of protection) 혹은 실효보호관세율(effective tariff rate of protection)이라고 한다.

4.1 관세의 실효보호율 도출

관세의 실효보호율은 국내산업이 수입관세부과 이후에 창출한 부가가치(value added)와 수입관세부과 이전에 창출한 부가가치를 비교하여 다음과 같은 공식으로 계산할 수 있다. 여기서 부가가치란 국내산업이 생산한 완제품의 가치에서 생산에 투입한 원자재(중간재 포함)의 가치를 뺀 개념인데 쉽게 완제품의 시장가격에서 원자재의 시장가격을 제외해서 계산할 수 있다.

$$\text{실효보호관세율}(g) = \frac{\text{관세부과후의 부가가치} - \text{관세부과전의 부가가치}}{\text{관세부과전의 부가가치}} \times 100(\%)$$

위의 공식을 예를 들어 설명해보자. 만약 수입관세부과 이전에 운동화 한 켤레의 국내가격은 30달러이고 수입원자재의 가격은 18달러라고 하면 운동화 한 켤레를 생산함으로서 창출되는 부가가치는 12달러(30달러－18달러)가 된다. 그런데 외국으로부터 수입되는 운동화에 대해 종가세 20%의 명목관세를 부과하고 수입원자재에 대해서는 관세를 부과하지 않는다고 가정하자. 그러면 운동화의 국내가격은 36달러(30달러+6달러)가 되고 국내 운동화 제조기업이 창출하는 부가가치는 18달러(36달러－18달러)가 된다. 따라서 운동화 산업에 대한 관세의 실효보호율은 다음과 같이 계산된다.

$$g = \frac{\text{18달러} - \text{12달러}}{\text{12달러}} \times 100 = 50\%$$

이제 가정을 변경하여 운동화 수입에 대한 관세는 20% 그대로이고, 수입원자재에 대한 관세가 10%라고 하자. 그러면 이때의 부가가치는 16.2달러(국내운동화가격 36달러－관세 10%가 포함된 수입원자재 가격 19.8달러)가 되어 관세의 실효보호율은 35%[(16.2달러－12달러)/12달러]가 된다. 이렇게 수입원자재에도 관세를 부과하면 국내산업의 실효보호율도 약해지기 때문에 국내생산자들은 수입최종재화(완제품)에 대한 관세부과는 찬성하지만 수입원자재에 대한 관세부과는 반대하게 된다.

이러한 관세의 실효보호율의 공식을 수입원자재를 모두 포함시켜 도출하면 다음과 같은 세분화된 식으로 표시할 수 있다.

$$g_j = \frac{t_j - \sum a_{ij} \cdot t_i}{1 - \sum a_{ij}} \times 100(\%)$$

g_j : j 재산업의 실효보호관세율
t_j : j 재산업의 명목관세율
t_i : j 재산업에 투입되는 i재(수입원자재)산업의 명목관세율
a_{ij} : 자유무역하에서의 j재산업에 대한 i재산업의 투입비율

앞에서 다룬 예를 위 공식을 이용해서 관세의 실효보호율을 다시 계산해보면 동일한 수치의 실효보호율을 구할 수 있다.

즉 완제품 운동화 수입에 대한 명목관세율(tj)은 20%, 수입원자재에 대한 명목관세율(ti)은 10%, 관세부과 이전(자유무역)의 운동화생산에 차지하는 수입원자재의 비중(aij)은 0.6(18달러/30달러)이 된다. 이 수치를 위 공식에 대입하면 관세의 실효보호율은 35%로 앞에서 계산한 수치와 동일한 수치가 나온다.

$$g_j = \frac{0.2 - 0.6(0.1)}{1 - 0.6} \times 100 = \frac{0.14}{0.4} \times 100 = 35\%$$

여기서 위의 공식이 갖는 의미에 대하여 다음과 같이 정리해 볼 수 있다.

- $a_{ij} = 0$이면 $g_j = t_j$이다.
- a_{ij}와 t_i의 값이 일정하면 t_j가 상승할수록 g_j도 상승한다.
- t_j와 t_i의 값이 일정하면 a_{ij}가 상승할수록 g_j도 상승한다.
- $t_i > t_j$이면 $g_j < t_j$이다.
  $t_i = t_j$이면 $g_j = t_j$이다.
  $t_i < t_j$이면 $g_j > t_j$이다.
- $a_{ij} \cdot t_i > t_j$이면 g_j은 負(−)의 값을 갖는다.

4.2 관세율구조의 경사화

앞의 예에서와 같이 수입완제품에 대한 명목관세율은 20%, 수입원자재에 대한 명목관세율은 30%, 완제품에 대한 수입원자재 비율은 60%라고 가정하자. 그리고 이 수치들을 실효보호율 공식에 대입하면 관세의 실효보호율은 [(0.2−0.6×0.3)/(1−0.6)]×100＝5, 즉 5%로 나타난다. 이는 관세의 실효보호율이 수입완제품에 대한 명목관세율 20%보다 훨씬 낮은 수준임을 보여준다. 만약 수입원자재에 대한 명목관세율이 40%로 더욱 증가하면 실효보호율은 위의 식에서 [(0.2−06 ×0.4)/(1−0.6)]×100＝-10, 즉 -10%가 되어 마이너스(−)의 값을 갖게 된다. 이는 수입관세가 국내산업의 보호효과는 하나도 없고 오히려 손실만 초래한다는 의미를 나타낸다.

이와 같이 수입원자재에 대해 지나치게 높은 명목관세율을 부과하면 관세의 실효보호율이 완제품에 대한 명목관세율보다 낮아지거나 마이너스로 나타날 수 있다. 이러한 위험을 방지하기 위해 각국은 수입원자재에 대한 명목관세율을 제품의 가공도에 따라 차별화하는 방식을 채택한다. 즉 가공도가 낮은 원자재(원료·자재·연료 등)에 대해서는 무관세 또는 저관세율을 적용하고 가공도가 조금 높은 중간투입재(반제품)에 대해서는 조금 더 높은 명목관세율을, 가공도가 제일 높은 완제품에 대해서는 제일 높은 명목관세율을 적용함으로써 관세의 실효보호율이 수입완제품에 대한 명목관세율보다 높아지도록 유도하는 정책을 시행한다. 이와 같이 제품의 가공도가 낮아질수록 관세율도 낮아지는 구조를 관세(율)의 경사구조(escalated tariff structure) 혹은 경사적 관세(율)구조라고 부른다. 대부분의 국가들은 이러한 관세의 경사구조를 갖고 있다.

이러한 관세의 경사구조는 국내산업 보호정책의 결과로 나타나는데 개발도상국에는 부정적 효과를 초래할 수도 있다. 예를 들어 선진국이 개발도상국의 원자재나 중간재 수입에는 저율의 관세를 부과하고, 공산품 등 최종재화의 수입에는 고율의 관세를 부과하면 개발도상국의 원자재수출은 증가하겠지만 공업화를 위한 공산품 수출증가에는 도움이 되지 않는다.

4.3 관세의 실효보호율의 정책적 의의

관세의 실효보호율은 한 나라의 특정산업에 대한 실질적 보호정도를 보여주는 지표로서 국제통상정책이나 산업정책에 다음과 같은 정책적 의의를 제공한다.

첫째, 관세의 실효보호율은 특정산업의 보호정도를 분석하는데 도움을 줄 뿐만 아니라 다른 산업에 미치는 부정적 영향과 자원배분효과를 간접적으로 평가하는데도 유용한 지표로 이용될 수 있다.

둘째, 국내생산에 필요한 수입원자재와 중간재에 고율의 관세를 부과할수록 국내생산의 부가가치는 더욱 감소하기 때문에 수입대체산업을 육성하려는 정부의 목적달성을 어렵게 할 것이다. 따라서 수입대체산업 육성을 위해서는 수입완제품과 원자재 및 중간재 등의 관세율에 대한 면밀한 분석과 사전검증을 거쳐 시행해야 할 것이다.

셋째, 관세의 실효보호율은 관세환급제도 또는 수출지원제도의 이론적 근거로 사용된다. 여기서 관세환급제도의 예를 들어 보자. 국내 휴대폰 생산에 투입되는 수입원자재(중간재포함) 비율이 40%이고 휴대폰의 국제가격은 2만원이라고 하면, 수입원자재 투입비용은 8,000원이고 국내생산의 부가가치는 12,000원이 된다. 그런데 수입원자재에 20%의 관세를 부과하면 수입원자재비용은 9,600원으로 1,600원(8,000×20%)이 인상되고 국내생산의 부가가치는 10,400원으로 감소하여 관세의 실효보호율은 −13.3%[(10,400−12,000)÷12,000)]로 나타난다. 이러한 마이너스 실효보호효과를 방지하기 위해서 국내생산자에게 원자재에 대한 관세액 1,600원을 환급해주는 제도가 관세환급제도이다.

넷째, 관세의 실효보호율은 국내산업보호의 정도를 나타내는 지표이면서 생산에 투입된 생산요소에 대한 보호의 정도를 나타내는 지표라고 할 수 있다. 생산요소에 대한 보호의 정도는 생산요소의 소득의 증가로 평가될 수 있다.

4.4 관세의 실효보호율의 한계성

관세의 실효보호율은 수입관세에 의한 국내산업 보호효과를 분석하는데 유용한 지표로 사용되지만 다음과 같은 한계가 있다.

첫째, 관세의 실효보호율 산출에 이용되는 각국의 산업연관표 등 정확한 통계자료의 습득이 어렵고, 그 내용상에도 오류와 왜곡 등의 문제가 있다.

둘째, 관세의 실효보호율 공식에서 최종재(완제품)생산에 투입되는 원자재(중간재)비율이 관세부과 이후에도 변하지 않는다는 가정을 하고 있다. 그러나 관세는 최종재나 원자재의 상대가격을 변화시킬 수 있고 원자재비율도 변화시킬 수 있다. 그러나 관세의 실효보호율 공식에서는 이러한 변화가능성을 반영하지 않고 있다.

셋째, 관세의 실효보호율은 국내산업간 상대적 보호정도를 비교하는데 의미가 있지만 국가간 특정산업의 보호정도를 비교하는 데에는 유용하지 않다.

CHAPTER
06
비관세무역장벽

1 비관세무역장벽의 개념과 분류

1.1 비관세무역장벽의 개념

제5장에서는 전통적 국제통상정책수단인 관세에 관하여 공부하였다. 그러나 국제통상정책수단에는 관세 외에도 많은 종류의 수단이 존재하는데 이를 비관세무역장벽이라 한다.

일반적으로 비관세무역장벽(NTB: non-tariff trade barriers)이란 관세 이외의 모든 형태의 무역제한조치라고 정의한다. 그러나 이러한 정의는 비관세무역장벽에 관한 가장 간단한 정의라고 할 수 있다. 따라서 비관세무역장벽의 종류나 효과의 다양성을 감안해서 그 정의를 좀 더 구체화할 필요가 있다. 어떤 경제학자는 비관세무역장벽을 '국제무역의 양과 방향을 왜곡시키고 교역제품의 패턴을 왜곡시키는 관세를 제외한 모든 정책과 관행'이라고 정의하였고, 또 다른 경제학자는 '세계의 자유무역을 저해하거나 교란시키는 관세 이외의 수단으로서 정부가 자국제품과 외국제품을 차별하는 직·간접적인 선별적 규제조치'라고 정의하였다.

이러한 정의를 종합해 보면 비관세무역장벽은 '수입을 양적으로 제한하여 수입량을 억제하거나 혹은 수출국의 수출업자와 수입국의 수입업자에게 비용이나 위험부담을 증가시켜 수입량을 억제하는 관세 이외의 모든 무역장벽조치'라고 정의할 수 있다.

1.2 비관세무역장벽의 활성화 배경

관세와는 그 내용과 형태가 다른 비관세무역장벽을 무역당사국들이 점차 빈번하게 사용하게 된 배경을 다음과 같이 정리할 수 있다.

첫째, 제2차 세계대전 이후 GATT 체제하에서 총 8차례의 관세인하협상을 거치면서 세계 각국의 평균관세율은 현격히 낮은 수준으로 하향화되었고, 그만큼 관세정책의 보호무역효과도 약화되었다. 따라서 세계 각국은 관세이외의 다양한 보호무역수단을 적극적으로 강구하기 시작하였다.

둘째, 세계 각국은 수입관세보다는 비관세적 수입억제수단이 수입억제나 국내산업보호 목표달성에 더 유리하고 강력한 효과가 있음을 인식하게 되었다. 특히 자율수출규제와 같이 모호한 성격의 회색지대조치(gray area measure)[9]를 적극적으로 활용하였다.

셋째, 비관세무역장벽은 그 성격과 형태가 다양하고 모호해서 무역상대국의 반발이나 제재 등을 관세보다 쉽게 회피할 수 있는 이점을 가지고 있다. 따라서 무역상대국의 반발이나 WTO의 제재 등을 회피하여 수입억제정책 등을 시행할 수 있었다.

넷째, 비관세무역장벽은 관세보다는 비교적 용이하게 시행할 수 있고 정책시행에 따른 비용이나 손실이 상대적으로 작은 이점이 있다.

1.3 비관세무역장벽의 특성

비관세무역장벽은 다음과 같은 특성을 가지고 있다.

① 유형의 다양성과 제도의 복합성

비관세무역장벽은 유형의 다양성과 복합적인 제도의 특성을 갖고 있다. 즉 수출입 물량을 직접 규제하는 수량규제, 수출입 가격변화를 통한 간접규제, 수출입 관련 행정절차나 품질표준제도의 복잡성과 엄격한 운영방식, 정부의 직접개입 방식 등 매우 다양한 유형이 있다.

---

9) 회색지대조치란 WTO의 규정과 무역확대원칙에 어긋나지만 규제의 성격이 모호하여 WTO의 제재를 피해서 특정국의 특정제품수입을 규제하는 보호무역조치를 의미한다.

② 운영상의 가변성과 그에 따른 위험성

비관세무역장벽은 갑작스런 제도변경이나 새로운 조치의 추가 등 제도상의 가변성이 높은 특성을 갖고 있다. 이러한 특성은 무역상대국 수출업자에게 교역의 불확실성과 위험성을 증가시키는 요인으로 작용하게 된다. 예를 들어 수입할당제의 경우 수입국 정부가 수입할당량을 자주 변경하면 상대국 수출업자는 수출상품의 생산과 수출계획을 확실하게 세우지 못하고 수출 위험은 그만큼 커지게 된다.

③ 운용상의 차별성

WTO체제 하에서는 관세는 물론이고 비관세무역장벽의 경우에도 최혜국대우 조항에 의한 무차별대우 원칙을 준수하여야 한다. 그러나 특정국의 특정제품수입에 대해 선별적으로 적용하는 비관세무역장벽은 이러한 원칙을 지키지 않아서 통상마찰을 일으키는 경우가 많았다. 과거 GATT는 관세인하에 대해서는 큰 성과를 냈지만 비관세무역장벽 제재에는 제대로 기능하지 못하여 WTO체제로 대체되었다.

④ 완화 및 철폐상의 경직성

과거 GATT의 케네디라운드와 도쿄라운드에서 비관세무역장벽을 완화하려는 노력을 하였으나 비관세무역장벽은 지속적으로 강화되는 경향을 보였다. 그 이유는 관세에 비해 비관세무역장벽의 수입억제효과가 크다는 점을 알고 각국이 비관세무역장벽의 완화노력에 소극적이었기 때문이다.

⑤ 수입억제효과의 비계량성

비관세무역장벽의 수입억제효과는 실제로 측량하기가 쉽지 않다. 그 이유는 비관세무역장벽의 유형이 다양하고 복합적이라 그 효과도 복합적으로 나타나기 때문이다. 또한 수입억제를 위해 관세와 비관세무역장벽을 혼합하여 사용하는 경우가 많은데 이런 경우 관세와 비관세무역장벽의 수입억제효과를 분리하여 산출하는 것은 매우 어려운 일이다.

1.4 비관세무역장벽의 분류

비관세무역장벽은 유형이 다양해서 그 종류를 체계적으로 분류하는 방법도 몇 가지가 있다. 여기서는 국제경제기구에서 사용한 비관세무역장벽의 분류체계와 수출입 규제대상에 따른 분류방법에 대해 설명한다.

1) 국제경제기구에 의한 분류

과거 GATT는 수입규제방법에 기준하여 정부관여, 관세 및 행정상의 수입절차, 제품표준에 관한 기준, 수출 및 수입에 관한 특정제한, 가격메커니즘에 의한 수출입규제, 기타 가격 이외의 기준에 의한 규제 등 6가지로 분류하였다.([표 6-1] 참조)

▌표 6-1▌ GATT의 비관세무역장벽 분류

분류	내용
1. 정부관여	① 정부원조 ② 국가무역 ③ 정부조달 ④ 정부독점업무
2. 관세 및 행정상의 수입절차	① 상계관세 ② 덤핑 방지관세 ③ 관세평가 ④ 관세분류 및 주석상의 통일 ⑤ 영사수속 ⑥ 원산지증명 ⑦ 자의적 관세품목 분류 ⑧ 견본요구 ⑨ 재수입 및 재수출에 대한 관세환급 ⑩ 구비서류 요구
3. 제품표준에 관한 기준	① 제조기준 ② 보건 및 안전규정 ③ 계량표준에 따른 규정 ④ 제약기준에 따른 규정 ⑤ 함량규정 ⑥ 상품 및 용기규정 ⑦ 가공규정 ⑧ 원산지표시에 관한 규정 ⑨ 포장에 관한 규정
4. 수입 및 수출에 관한 특정제한	① 수량제한 ② 수입금지 ③ 수입허가제도 ④ 외환관리제도 ⑤ 양국간 협정에 의한 차별규제 ⑥ 반출지에 따른 규정 ⑦ 수출규제 ⑧ 최저가격규제 ⑨ 관세할당제 ⑩ 최저·최고가격규제
5. 가격메커니즘에 의한 수출입규제	① 수입담보 ② 과징금·항만세 등 ③ 차별적 내국소비세, 정규규제를 받는 보험료율, 사용세 ④ 차별적 차관규제 ⑤ 영사수수료 ⑥ 인지세 ⑦ 가변과징금 ⑧ 국경세조정
6. 기타 가격 이외의 기준에 의한 규제	① 광고선전 및 운송규제 ② 상영시간규제 ③ 지방관세에 의한 함량규제 ④ 제한적 영업관행

한편 UNCTAD는 국제통상정책 목표를 달성하기 위한 정책수단으로서의 중요도에 근거하여 3가지 형태로 대분류하고 각 형태를 다시 기능별로 2종류의 그룹으로 소분류하였다. ([표 6-2] 참조)

▌표 6-2▌ UNCTAD의 비관세무역장벽 분류

〈종류 Ⅰ〉

그 룹 A		그 룹 B	
종류기호	비관세무역장벽	종류기호	비관세무역장벽
ⅠA1	• 수입쿼터 : 다각적	ⅠB1	• 가변과징금·수입부가금(최저수입 가격제도·관세할당 포함)
ⅠA2	• 수입쿼터 : 쌍무적		
ⅠA3	• 수입허가제도 : 임의적·제한적	ⅠB2	• 수입예치금제도
ⅠA4	• 수입허가제도 : 자동적	ⅠB3	• 덤핑방지관세·상계관세
ⅠA5	• 수출자율규제 : 쌍무적·다자간	ⅠB4	• 금융대출제한
ⅠA6	• 수입금지·수입정지	ⅠB5	• 수입경쟁산업에의 조세감면
ⅠA7	• 수입금지 : 원산지별	ⅠB6	• 수입경쟁산업에의 보조금(직접·간접)
ⅠA8	• 국영무역	ⅠB7	• 국내운송운임
ⅠA9	• 공공기관에 의한 국산품 우선구매		
ⅠA10	• 국산화비율에 관한 규정		
ⅠA11	• 수출제한		

〈종류 Ⅱ〉

그 룹 A		그 룹 B	
종류기호	비관세무역장벽	종류기호	비관세무역장벽
ⅡA1	• 통신수단에 의한 광고활동 제한	ⅡB1	• 포장 및 상표규정
ⅡA2	• 수량적 마케팅 규제	ⅡB2	• 보건 및 위생규정, 품질표준
		ⅡB3	• 안전 및 공업표준
		ⅡB4	• 국경세조정
		ⅡB5	• 물품세·간접세
		ⅡB6	• 통관절차 및 관행
		ⅡB7	• 관세평가 절차 및 관행
		ⅡB8	• 관세분류 절차 및 관행

〈종류 Ⅲ〉

Ⅲ 1	• 정부독점(제조·판매·배급)
Ⅲ 2	• 개발정책(구조적·지연적)
Ⅲ 3	• 국제수지정책
Ⅲ 4	• 내국세제도
Ⅲ 5	• 사회보험제도
Ⅲ 6	• 감가상각제도
Ⅲ 7	• 정부에 의한 연구·개발
Ⅲ 8	• 정부구매
Ⅲ 9	• 도량형표준제도
Ⅲ 10	• 역외운송비

2) 수입과 수출에 의한 분류

비관세무역장벽은 수입규제적 비관세무역장벽과 수출촉진적 비관세무역장벽 그리고 양자의 복합적 비관세무역장벽으로 구분하기도 하는데, 이는 다음과 같이 정리할 수 있다.

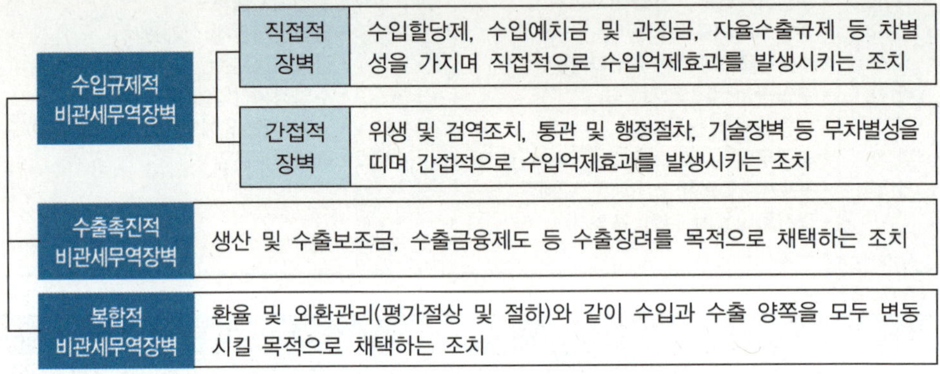

3) 규제대상에 의한 분류

비관세무역장벽이 초점을 두는 규제의 대상이 무엇이냐에 따라 다음과 같이 분류할 수도 있다.

수량규제	수입할당제, 자율수출규제, 시장질서 협정, 다자간 섬유협정
가격규제	수입과징금, 수입예치금, 최저수입가격제, 반덤핑관세, 상계관세
행정절차	수입허가제, 통과절차, 영사수속, 원산지증명
품질표준	위생 및 검역조치, 포장 및 용기규정, 생산공정 및 규격표준화 등의 기술장벽
정부개입	정부조달, 국가무역, 각종 보조금 지원

2 비관세무역장벽 수단

본 절에서는 무역제한 효과가 직접적으로 나타나는 비관세무역장벽을 먼저 설명하고 간접적 비관세무역장벽을 나중에 다루는 순서로 설명한다.

2.1 수입할당제

1) 수입할당제의 개념

수입할당제(import quota)란 일정기간 동안 특정제품의 수입규모(수량 및 금액)의 일정한도를 할당하여 시행하는 조치를 말하며 일명 수입쿼터제라고도 한다. 다시 말해서 일정한 수입할당량(액)까지는 자유무역상태에서 무역이 이루어지고 할당량(액)이 소진되면 수입이 금지되는 제도이다. 이 제도는 수입가능규모 자체를 정부가 통제하기 때문에 수입억제효과가 직접적이고 강력하게 나타나는데 오늘날까지 보호무역정책의 주요 수단으로 널리 이용되어 왔다.

또한 이 제도는 일방적 할당제(unilateral quota)와 협상에 의한 할당제로 나누는데 협상할당제는 수입국이 무역상대국과 사전 협상을 거쳐 수입할당조치를 취하는 경우를 말한다. 협상에 의한 할당제는 다시 양자간 또는 다자간 할당제(bilateral or multilateral quota)로 구분하며 다자간 할당제는 다시 총량할당제(global quota)와 배정할당제(allocated quota)로 구분한다. 총량할당제는 수입국이 수입할당량을 설정하되 수입할당량을 수출국별로 따로 배정하지 않는 경우이고, 배정할당제는 수입할당량을 수출국별로 일정기준에 따라 배정하는 경우를 말한다. 그런데 일방적 할당제는 무역상대국의 보복조치를 유발할 수 있기 때문에 대부분의 경우 협상을 거쳐 양자간 또는 다자간 할당제를 실시하고 있다.

이 제도는 제2차 세계대전 이후 유럽 국가들이 적극적으로 도입하기 시작하면서 광범위하게 사용되었는데, 선진국은 주로 자국의 농업보호를 목적으로 하였는데 반해 개발도상국은 주로 자국의 수입대체산업 육성을 목적으로 사용하였다.

2) 수입할당제의 경제적 효과

① 시장상황의 변화

수입할당제의 경제적 효과를 경제소국을 가정하고 부분균형분석방법을 이용하여 분석해본다.

[그림 6-1]에서 이 경제소국의 특정상품에 대한 국내수요곡선과 국내공급곡선은 각각 D와 S로, 그리고 외국공급곡선은 S_f로 나타내고 있다. 먼저 무역을 하지 않는 경우에는 이 상품의 수요와 공급량은 OQ_1이 되고 전량을 국내생산으로 공급하게 된다. 그런데 자유무역을 하게 되면 국내시장에서 이 상품의 공급 상황은 다음과 같이 변화하게 된다. 즉 상품의 국내가격(Pd)이 국제가격(P_f)보다 저렴한 경우에는 국내수요는 모두 국내공급으로 충당되고 수입수요는 없게 된다. 이를 [그림 6-1]에서 설명하면 OQ_1에 해당하는 수요량은 모두 국내생산에 의해 공급되며 이 영역에서의 공급곡선은 국내공급곡선(S선)을 따라 이동(movement)[10]하여 S점과 F점을 연결하는 SF선으로 나타난다.

그런데 상품의 국내가격이 국제가격을 초과하면 국내상품에 대한 수요는 없어지고 대신 국제가격으로 싸게 수입상품을 구매하려는 수요가 생기게 된다. 이를 그

▌그림 6-1▐ 수입할당제의 경제적 효과

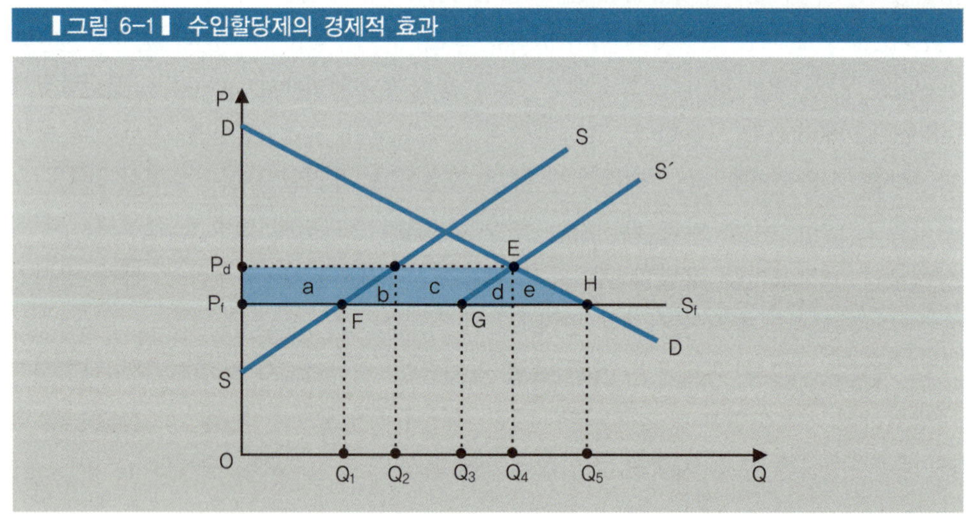

10) 동일곡선 상에서 좌표의 이동은 영어로 movement라 하고 곡선자체가 이동하는 경우는 shift라 한다.

림에서 보면 Q_1Q_5에 해당하는 수요량은 P_f수준의 국제가격에서 수입품으로 충당되고 이 영역의 공급곡선은 외국공급곡선(S_f선)상의 F점과 H점을 연결하는 FH(수평)선으로 나타난다. 외국공급곡선(Sf)이 수평선으로 무한대의 가격탄력성을 보이는 것은 수입국이 경제소국으로 특정상품의 국제시장에서 가격순응자(price taker)의 입장에 있기 때문이다.

이를 종합해서 설명하면 수요량 OQ_5에 대응하는 공급곡선은 네개의 점(S, F, G, H)을 연결하는 SFGH선이 되고 국내공급량은 OQ_1, 수입량은 Q_1Q_5가 된다. 그런데 수입국 정부가 국내생산자를 보호하기 위해 수입할당제를 실시하여 Q_1Q_3만큼 수입할당량을 설정하였다고 하자.

그러면 수입국의 공급곡선은 국내가격이 국제가격(P_f)보다 낮은 수준에서는 SF선으로 나타나고, 국내가격이 국제가격을 초과하면 수입할당량(Q_1Q_3)이 소진될 때까지 외국공급곡선(S_f선)상에서 이동하여 FG선(수평선)으로 나타난다. 그리고 여전히 충족되지 못한 국내수요량(Q_3Q_5)은 어쩔 수 없이 다시 국내공급으로 충당할 수밖에 없게 된다. 즉 이때부터는 국내수요는 국내공급으로 충족할 수밖에 없어서 공급곡선은 다시 새로운 국내공급곡선(S'선)으로 나타나게 된다. 즉 수입할당제를 시행하면 해당상품의 전체공급곡선은 국내공급곡선(S)과 외국공급곡선(S_f), 그리고 새로운 국내공급곡선(S')을 연결한 SFGS'선으로 나타난다.

새로운 전체공급곡선(SFGS'선)은 OQ_1 거래량까지는 원래의 국내공급곡선(S)으로 표시되고 수입할당량(Q_1Q_3)은 외국공급(S_f)으로 충족되고, 그 후의 Q3Q4 거래량은 국내공급곡선(S)이 우측으로 평행 이동한 국내공급곡선(S′)으로 표시된다. 새로운 국내공급곡선(S')이 원래의 우상향하는 공급곡선의 형태를 갖는 것은 수입할당량이 소진되고 더 이상 수입이 허용되지 않을 때에 국내공급량은 가격이 상승하면 증가하고, 하락하면 감소한다는 일반적 공급곡선의 의미를 나타낸다. 또한 국내수요량은 가격이 상승하면 감소하고, 하락하면 증가하는데 이는 일반적 수요곡선의 의미와 같다.

이제 수입할당제 이후에 해당상품의 국내가격과 거래량의 변화를 알아보자.

위 그림에서 수입할당제를 시행하면 국내수요곡선(D)은 그대로이고 새로운 공급곡선은 SFGS'로 변해서 균형점은 E점으로 이동하게 된다. 새로운 균형점(E점)에서 국내가격은 Pd로 상승하고 거래량은 OQ_4로 감소한다. 그리고 국내생산량은 OQ_1에서 $OQ_1+Q_3Q_4$로 증가하고, 국내수요량은 OQ_5에서 OQ_4로 Q_4Q_5만큼 감소하며, 수입량은 수입할당량(Q_1Q_3) 그 자체가 된다. 그런데 증가된 국내생산량$OQ_1+Q_3Q_4$은

OQ_2로 표시할 수 있는데 그 이유는 국내공급곡선 S와 S′의 기울기가 동일하므로 $Q_3Q_4 = Q_1Q_2$가 되어 $OQ_1+Q_3Q_4 = OQ_2$로 표시할 수 있기 때문이다.

② 경제주체별 후생효과의 변화

앞에서 본 바와 같이 수입할당제의 경제적 효과는 수입억제와 국내가격상승, 국내수요 감소와 국내생산 증가 등으로 수입관세의 효과와 동일하다고 볼 수 있다.

그러면 경제적 후생효과는 경제주체별로 어떻게 나타나는지 살펴보자.

우선 수입할당제로 해당상품의 국내가격이 P_f에서 P_d로 상승하게 되면 소비자잉여는 (a+b+c+d+e)만큼 감소하는데, 이 중 (a)는 국내생산자 잉여로, (c+d)는 수입업자 이익으로 전환되고 나머지 (b+e)는 후생의 순손실(사중적 손실)로 나타난다.

여기서 후생의 순손실(b+e)는 (d+e)로 표시할 수 있다. 그 이유는 (b)와 (d)가 같은 면적이기 때문이다. 그리고 수입업자 이익 (c+d)는 (b+c)와 같다. 그 이유는 (b)와 (d)가 같은 면적이기 때문이다. 수입업자에게 (c+d)의 이익이 귀속되는 이유는 수입할당제에 의해 국내가격이 P_d로 상승하여 수입업자는 국제가격 P_f로 수입한 상품을 국내가격 P_d로 국내에서 판매하여 초과이윤을 획득하기 때문이다.

이를 수입할당지대(quota rent)라고 한다. 수입할당으로 (d+e)만큼 순손실이 발생하는 이유는 첫째, 정부가 인위적으로 해당상품의 국내생산을 증가시키는 과정에서 생산부문에서의 자원의 비효율적 배분에 따른 순손실(d)이 발생하고 둘째, 정부가 인위적으로 해당상품의 국내수요를 감소시키는 과정에서 소비부문에서의 비효율성에 따른 순손실(e)이 발생하기 때문이다.

3) 수입할당제와 수입관세의 비교

① 공통점

우선 두 정책의 기본 목적인 수입억제효과 및 국내산업보호효과는 수입할당제나 수입관세 모두 공통적으로 나타난다. 즉 수입할당제 혹은 수입관세부과 → 국내가격상승 및 수입억제 → 국내생산증가 및 국내소비감소 → 국내산업 보호·육성 등의 경제적 효과는 수입할당제나 수입관세 모두 공통적으로 나타난다. 또한 소비자의 손실이 생산자의 이익으로 전환되는 소득재분배 효과와 생산 및 소비의 왜곡에 따른 후생의 순손실(사중적 손실) 역시 수입할당제나 수입관세 모두 공통적으로 나타난다.

② 차이점

수입할당제와 수입관세의 경제적 효과가 동일하게 나타나기 위해서는 시장의 완전경쟁성이 전제되어야 하며 불완전경쟁 상태 하에서는 그 효과는 다르게 나타난다.11)

수입할당제와 수입관세의 경제적 효과의 차이점은 [그림 6-2]를 참조하여 [표 6-3]과 같이 정리해 볼 수 있다. 두 제도의 차이점 중에서 수요변화(D → D′)에 의한 반응의 경우, 수입할당제는 가격조정과 수량조정이 동시에 일어나지만 관세부과의 경우에는 수량조정만 발생한다는 점과 수량조정도 수입할당제는 국내생산증가로, 관세부과는 수입증가로 이루어진다는 점을 이해하기 바란다.

▌그림 6-2▐ 관세와 수입할당제의 효과비교

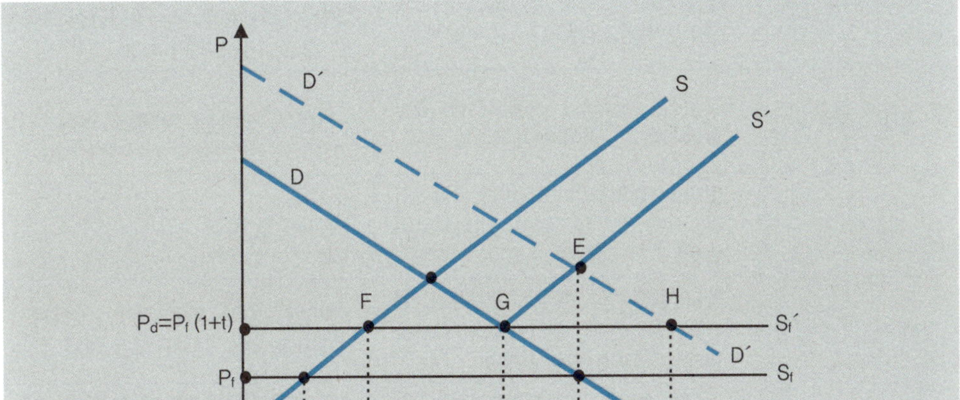

11) 완전경쟁시장과 불완전경쟁시장(독과점시장)에 관한 이론적 차이점에 대해서는 미시경제학 교과서를 참고하기 바란다.

▌표 6-3▌ 수입할당제와 수입관세의 비교

구 분	수입할당제	수입관세
가격기능	수입수량제한 → 가격인상 불안정적	가격인상으로 수입제한 → 안정적 가격인상
공급곡선변화	• 수입할당량 소비이전 : 국내공급곡선(S)상에서 이동 • 수입할당량 소비기간 : 인상된 국내가격(P_d)에서 외국공급곡선(S'_f)상에서 이동 • 수입할당량 소비이후 : 새로운 국내공급곡선(S')상에서 이동 → 국내생산증가	• 관세부과전 : 국내공급곡선(S)과 외국공급곡선(S'_f)상에서 이동 • 관세부과후 : 국내공급곡선(S)과 관세포함된 국내가격(P_d)에서 외국공급곡선(S'_f)상에서 이동하고 수입감소 → 국내생산증가
수요증가에 대한 반응 (수요곡선의 우측 이동시: D → D′)	동일가격수준(P_d)에서 초과수요발생 → 가격상승 → 수급균형 E점(국내생산증가) ⇒ 결국 가격조정(P_d상회 수준)과 수량조정(Q_3Q_4) 동시발생	동일가격수준(P_d)에서 초과 수요발생 → 가격불변 → 소비증가분(Q_3Q_5)전량은 수입증가분(Q_3Q_5)으로 충당(국내생산증가 전무) → 수급균형 H점 ⇒ 결국 수량조정만 발생
수입억제효과	• 직접적, 고강도 : 관세보다는 수입할당제를 더 많이 사용하려는 이유	• 간접적, 상대적으로 강도 약함
재정효과	• 없다.(수입업자의 초과이윤으로 귀속, 수입허가를 위한 대정부로비 발생)	• 관세수입 발생
정책수행상 신축성	• 높다.(행정부의 행정조치사항) : 정부의 할당권과 수입업자의 로비로 인해 부정부패 발생 소지	• 낮다.(입법부 의결사항) : 행정부 재량에 의한 탄력관세는 예외
시장독점도	• 강함(독점공급자의 가격결정력이 강함 : 초과이윤 획득가능)	• 약함(특정 공급자의 가격결정력 약함 : 초과이윤 획득불가능)

2.2 자율수출규제

1) 자율수출규제의 개념과 특징

자율수출규제(VER: voluntary export restraints)란 급격한 수입증가에 의한 수입국의 산업피해와 시장교란을 방지하기 위해 수출국이 자율적으로 특정상품의 수출을 제한하는 무역제한조치를 의미한다. 이 제도는 1960년대 시작된 다자간섬유협정(MFA: multilateral fiber arrangement)에서 미국과 한국을 포함한 주요 섬유수출국 간의 합의로 처음 도입되었다. 이 후에도 미국은 40여 국가와 쌍무협정을 체결하며 이 제도를 확대시켜 나갔으며 자율수출규제 대상 품목도 확대되어 1977년 일본, 한국, 대만의 대미 컬러TV 자율수출규제와 1980년대 일본의 대미 자동차 자율수출규제가 시행되기도 하였다.

자율수출규제는 수출국과 수입국간의 쌍무협정 혹은 다자간협정에 의해 수출국이 자율적으로 시행하는 제도인데 다음과 같은 특징을 지닌다.

① 수입제한조치는 대부분 수입국이 시행하지만 자율수출규제는 협정에 의해 수출국이 자율적으로 수출을 제한하기 때문에 수입국 입장에서는 수입억제효과가 크게 나타나는 장점이 있다.

② '자율수출규제'라는 용어는 수출국이 자율적으로 시행하는 제도같이 보이게 하지만 실제로는 수입국의 강력한 요청에 의해 시행되는 제도로서 수출국 입장에서는 타율적 규제의 성격을 내포하고 있다. 즉 자율수출규제는 수입국이 수입억제를 위해 수출국을 강력히 설득하고 압박하면서 수출국이 자율적으로 수출규제를 하도록 하는 과정을 거친다.

③ 자율수출규제는 원칙적으로 수입국과 수출국간의 쌍무협정에 의해 실행되지만 다자간협정에 의해 시행할 수도 있다. 그런데 다자간 자율수출규제는 국제카르텔의 성격을 나타낼 수 있다. 예를 들면 1977년 미국이 일본과 컬러TV 자율수출규제 협정을 맺었으나 한국과 대만의 컬러TV 대미수출이 증가하자 미국은 한국과 대만과도 자율수출규제를 체결하였는데 이러한 일본, 한국, 대만 3개국의 대미 컬러TV 자율수출규제는 국제카르텔 형태를 보여준 것으로 평가되었다.

④ 자율수출규제는 수입국의 국내시장을 교란시키고 산업피해를 초래하는 특정 수출국의 특정상품을 겨냥하여 실시하는 정책으로서 조준정책(rifle approach) 또는 겨냥정책이라고도 한다.

⑤ 자율수출규제는 일종의 시장질서협정(OMA: orderly marketing arrangement)이라 할 수 있다. 시장질서협정이란 용어는 자율수출규제보다 더 온화한 외교적 표현으로 1974년 미국의 통상개혁법(Trade Reform Act of 1974)[12]에

12) 미국의 통상법규에 관해서는 신현종, 세계통상정책론, 2008, 제10장을 참고하기 바람.

서 처음으로 사용되었다. 자율수출규제와 같이 시장질서협정도 수입국의 국내시장 교란을 방지하기 위해 수출국이 스스로 수출량을 제한하는 조치를 말한다.

2) 자율수출규제의 장단점

자율수출규제는 수출국이 자율적으로 시행한다는 점에서 다른 비관세무역장벽과 다른데 그 장점과 단점을 정리해보면 다음과 같다.

① 장 점

- **자유무역 기조유지의 합리화가 가능하고 수출국의 반발을 희석시킬 수 있다.**

  자유무역주의를 주장하는 선진국 입장에서는 수입억제를 위해 관세와 같은 수입억제 수단을 도입하는 경우 개발도상국으로부터 자유무역을 훼손한다는 비난을 피할 수 없게 된다. 그러나 이 제도는 비록 선진국의 압력에 의해 개발도상국이 시행하는 정책이라고 해도 형식상으로는 협정에 의해 개발도상국이 자율적으로 시행하는 제도이고, 보호무역정책의 인상을 주지 않아서 자유무역주의를 훼손하지 않는다는 명분을 유지할 수 있다.

- **수입억제효과가 크다.**

  수입관세나 수입과징금 등의 가격메커니즘을 이용한 수입억제수단과는 달리 수량자체를 제한하는 것이므로 수입억제효과가 크다. 특히 선진국들은 개발도상국들의 낮은 노동임금을 이용한 저가제품의 수출을 규제하는 목적으로 자주 사용한다.

- **통상 보복조치를 사전에 예방할 수 있다.**

  수입국 입장에서는 관세나 기타 비관세무역장벽의 경우 상대국(수출국)의 보복행위에 직면할 가능성이 높지만 자율수출규제는 수출국의 자발적 조치이므로 보복가능성이 적다.

- **적기에 제도를 시행하기가 쉽다.**

  입법절차 없이 행정부의 통상부서가 직접 수출국과의 협정에 의해 실시하는 것으로 수입국 정부는 자국의 해당산업의 시장상황에 따라 적기에 이 제도를 시행할 수 있다.

- **국내 이해집단의 저항을 회피할 수 있다.**

  수입관세 및 수입할당제 등은 가격상승과 소비자 후생손실을 초래하여 소비자단체, 자유무역론자, 정치적 반대세력 등으로부터 반발을 유발할 수 있으나 자율수출규제는 수출국으로 하여금 자율적으로 시행하게 하여 수입량을 조절하기 때문에 국내 이해집단의 저항을 회피할 수 있다.

- **선별적이고 차별적인 적용이 가능하다.**

  자율수출규제는 수입국 특히 선진국이 일부 상품을 대상으로 협정에 의해 시행하게 하는 것이므로 그 대상이 된 수출국은 자율적인 수출량 조절이 불가피하지만 협정의 대상이 아닌 수출국은 수출량 조절의무가 없다. 이는 곧 수입국의 차별적 조치임을 의미하는데, 특히 선진국은 이 제도가 GATT의 최혜국대우 조항의 제재 대상이 아니라는 점을 이용하여 자국에 대해 수출증가 속도가 높은 국가들을 선별하여 이 제도의 시행을 강요하는 경향이 있다.

② 단 점

앞에서 자율수출규제는 무역당사국에 대해 여러 가지 효과를 미치고 있음을 고찰하였다. 그러나 이 제도는 어디까지나 수출국의 자발적 조치이므로 수입국 입장에서는 그 효과의 불확실성 및 기타 부작용이 발생할 수가 있다. 자율수출규제의 단점은 다음 몇 가지로 요약해 볼 수 있다.

- 수출국이 협정내용을 어길 가능성이 존재한다.
- 수출국이 자율수출규제 대상이 아닌 상품의 수출증대 전략을 구사하는 경우 수입국의 다른 산업에 피해를 줄 가능성이 있다.
- 품질향상 등 가격이외의 요인을 이용해 수입국의 수요증대를 유도한 후 수출한도의 재협상을 요구하면 수입국에 불리하다.
- 추가수출을 목적으로 제3국을 통한 우회수출 또는 대체수출을 시도할 가능성이 있다.

3) 자율수출규제의 경제적 효과

① 경제소국의 경우

여기서는 수입품과 동질 상품의 국내생산이 없다는 가정 하에 경제소국인 수입국의 자율수출규제의 경제적 효과를 설명하려고 한다.

▌그림 6-3▌ 자율수출규제의 경제적 효과(경제소국의 경우)

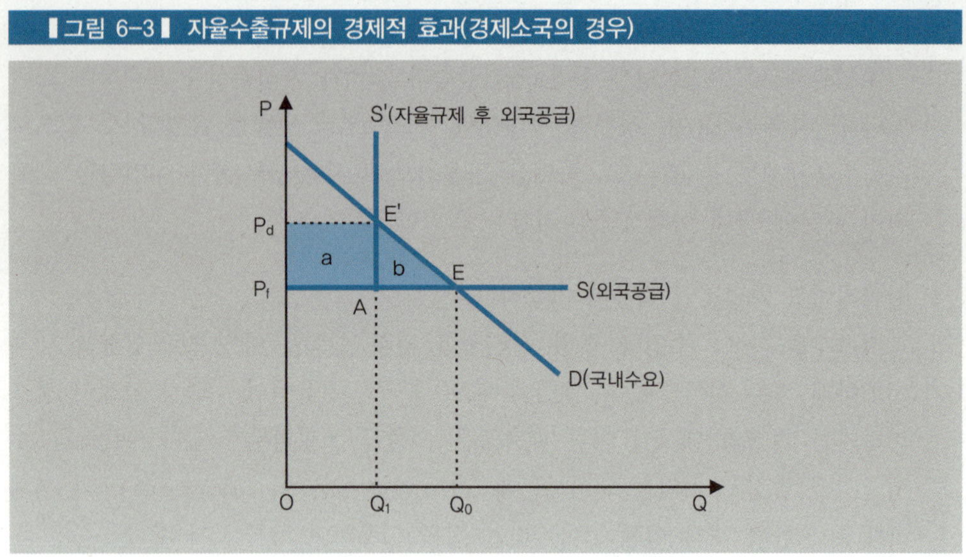

[그림 6-3]에서 보면 우선 자유무역하에서 해당상품의 수입가격이 P_f(국제가격)이면 외국의 공급곡선은 P_f가격수준에서 수평으로 그은 선 S가 되고(가격순응자 입장이므로), 국내의 수요곡선은 우하향 형태의 D로 나타난다.

그러면 수요와 공급의 균형은 E점에서 결정되고 균형가격은 P_f, 균형거래량은 OQ_0이 되며 이는 전량 모두 수입으로 충당된다(편의상 수입국의 국내생산은 없는 것으로 가정한다). 그런데 수입국이 수입을 억제하고자 무역상대국인 수출국에 대해 자율수출규제를 실시해 줄 것을 요구하고 수출국이 이를 수용하여 수출량을 OQ_1으로 제한하기로 합의하였다고 가정하자. 그렇게 되면 해당상품의 외국공급곡선은 P_fAS'로 변하고 새로운 균형점 E'에서 국내가격은 P_d로 상승하면서 경제적 후생에 변동이 발생하는데, 이를 다음과 같이 정리할 수 있다.

자율수출규제 실시 → 국내판매가격상승 → 수입국소비자잉여 감소 → ┌ 외국수출기업 이윤증가(a) / └ 수입국의 VER실시비용(b)
(수입량OQ_0 → OQ_1) (P_f → P_d) (a + b) (소비부문의 비효율)

② 경제대국의 경우

이제 수입국이 경제대국인 경우 수출국이 자율수출규제를 실시하는 경우를 [그림 6-4]를 통해 분석해 본다.

▮그림 6-4▮ 자율수출규제의 경제적 효과(경제대국의 경우)

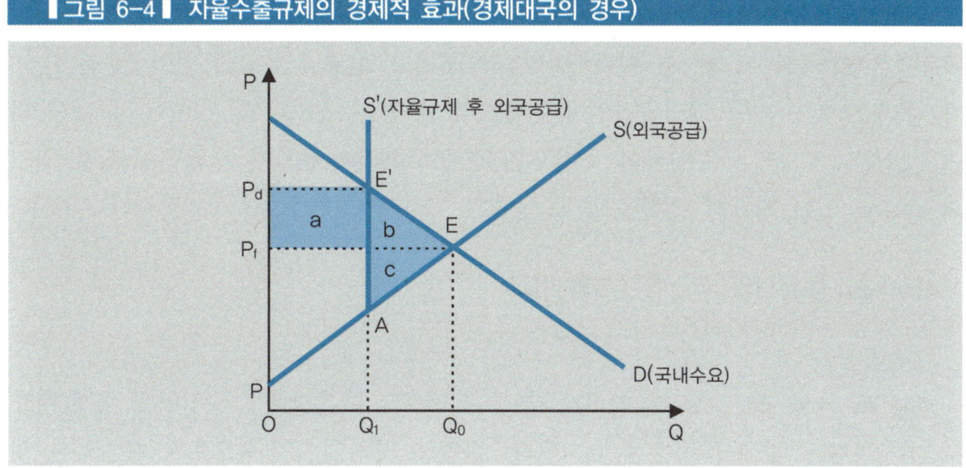

[그림 6-4]에서 보면 자유무역하에서 해당상품의 국제시장가격 결정에 영향력을 갖는 수입국에 대한 외국의 공급곡선은 경제소국과는 달리 우상향의 S, 국내수요곡선은 우하향의 D로 나타나고 수급균형은 E점에서 결정되고 균형가격은 P_f, 균형거래량은 OQ_0가 되며 이는 전량 수입으로 충당된다(수입국의 국내생산은 역시 없는 것으로 가정한다).

그런데 만약 경제대국인 수입국이 자율수출규제를 실시해 줄 것을 요구하여 수출국이 수출량을 OQ_1으로 축소하기로 합의하였다고 가정하자. 그러면 외국의 공급곡선은 PAS'로 변하고 새로운 균형점은 E'로 이동하고 국내가격은 P_d로 상승하면서 경제적 후생에 변동을 가져오는데, 이를 정리하면 다음과 같이 나타낼 수 있다.

자율수출규제 실시 → 국내판매가격상승 → 수입국소비자잉여 감소 →
(수입량OQ_0 → OQ_1) (P_f → P_d) (a + b)
외국수출기업 잉여감소(c)

외국수출기업 이윤증가(a)
수입국의 VER실시비용(b)
(소비부문의 비효율)
수출국의 VER실시비용(c)
(생산부문의 비효율)

그런데 자율수출규제 실시에 따른 경제적 후생효과에 있어서 경제대국의 경우와 경제소국의 경우에 차이점을 발견할 수 있다. 즉 소국의 경우에는 수출국의 생산부문에서의 잉여손실은 발생하지 않았으나 대국의 경우에는 수출국의 생산부문에서도 비효율적 자원배분을 통한 잉여손실이 발생한다. 이는 수출국의 수출감소가 생산감소로 이어지면서 생산자원의 배분에 왜곡이 발생하기 때문이다. 결국 수출입국 전체의 입장에서 본 자율수출규제 실시비용은 (b+c)이고 외국수출기업의 잉여변동분은 (a−c)라고 할 수 있다. 만약 외국수출기업(공급업자)의 잉여변동분(a−c)가 플러스(+)가 되면 외국공급업자의 경제적 후생은 증가하고, 마이너스(−)가 되면 감소한다. 그러나 수입국의 소비자는 경제소국이나 경제대국 모두 소비자 잉여의 감소로 인한 경제적 손실을 보게 된다.

4) 자율수출규제와 수입할당제의 비교

① 공통점

먼저 두 가지 제도 모두 수입억제효과를 목적으로 특정상품의 수입량을 일정 한도로 제한한다는 점에서 공통점을 지닌다. 수입량 자체를 규제함으로써 수입억제 및 국내생산과 소비에 대한 효과가 직접적이면서 강도 높게 나타날 수 있다는 점도 공통점으로 관세와 구별되는 특징이라 할 수 있다. 또한 양자 공히 공급제한을 통한 가격인상으로 초과이윤을 발생시킬 수 있다.

② 차이점

수입량을 제한하는 공통점을 지니고 있으나 수입할당제의 시행주체는 수입국인 반면 자율수출규제의 시행주체는 수출국이라는 근본적 차이점으로 인해 시장에 미치는 영향 역시 상이하게 나타날 수 있다. 이를 정리해보면 [표 6-4]와 같다.

▌표 6-4▌ 자율수출규제와 수입할당제의 비교

구 분	자율수출규제	수입할당제
규제의 조정	행정부가 외국과의 협상에 의한 탄력적 조정 가능 → 신축적, 탄력적 → 수입억제효과가 수입할당제보다 불확실	수입국 자의에 의해 실행 → 경직적, 고정적 → 수입억제효과 확실
초과이윤의 귀속	외국의 수출업자에 귀속 → 수입국 입장에서 수출국의 VER 도입 설득용이 → 자율수출규제에 대한 수출국 저항 약함	수입업자에 귀속 → 수출국의 보복 및 저항 강함
감시기능	협정수출량 초과시 자동감시장치로 적발	수출업자의 위법적 초과수출규제 어려움
무역기구의 규제 여부	규제에 포함되지 않는다.	규제대상이다.

구 분	자율수출규제	수입할당제
선진국의 선호도	무역자유화 저해비난 회피하며 수입 억제 가능 → 선진국 선호도 높다	무역자유화 저해에 대한 개발도상국 반발 초래 → 선진국 선호도는 상대적으로 낮다
교역조건효과 및 국제수지효과	고정된 수출량 한도 내에서 수출금액 증대를 위해 수출국들 간에 국제카르텔(가격담합)형성 가능성 → 수입단가 상승 → 수입국의 교역조건 악화 → 국제수지악화 가능성 큼	수입단가 상승속도 상대적 느림 → 수입국의 교역조건 악화정도 약함 → 국제수지악화 가능성 작음

2.3 생산보조금

1) 생산보조금의 개념

생산보조금(production subsidy)이란 수입상품에 대한 국내생산품(수입경쟁상품)의 경쟁력을 강화하기 위해 수입국 정부가 국내생산자에게 부여하는 금융 및 재정적 지원을 말한다.

이 제도는 국내생산자에게 보조금을 지원함으로써 국내생산자의 가격경쟁력을 제고하고 수입상품의 경쟁력을 약화시켜 수입억제 효과를 강화하려는 목적에서 실시되는 것으로, 보조금 지급을 통하여 수입억제 효과가 간접적으로 나타나는 비관세무역장벽이라 할 수 있다.

이 제도는 독립적으로 채택되기보다는 관세부과와 병행하여 채택되는 보완적 수입억제수단의 성격이 강하다. 즉 수입국 정부는 자국 산업보호를 위해 외국상품에 수입관세를 부과하면 관세수입을 얻게 되는데, 이 관세수입을 다시 해당산업의 국내생산자들에게 생산보조금 명목으로 지원하는 방식을 취하는 경우가 많다.

이렇게 관세와 보조금을 연계시켜 정책을 구사하게 되면 국내산업은 이중적 보호효과를 누리게 된다. 관세율이 많이 하락해 있는 오늘날 개발도상국뿐만 아니라 미국 등 선진국들도 이 생산보조금 제도를 교묘히 사용하여 자국산업을 보호하고 있어 심각한 무역마찰의 요인이 되고 있다.

2) 생산보조금의 경제적 효과

생산보조금이 수입국의 특정상품시장에 어떠한 효과를 미치는가를 [그림 6-5]를 통해 설명해보자.

▌그림 6-5▐ 생산보조금의 경제적 효과

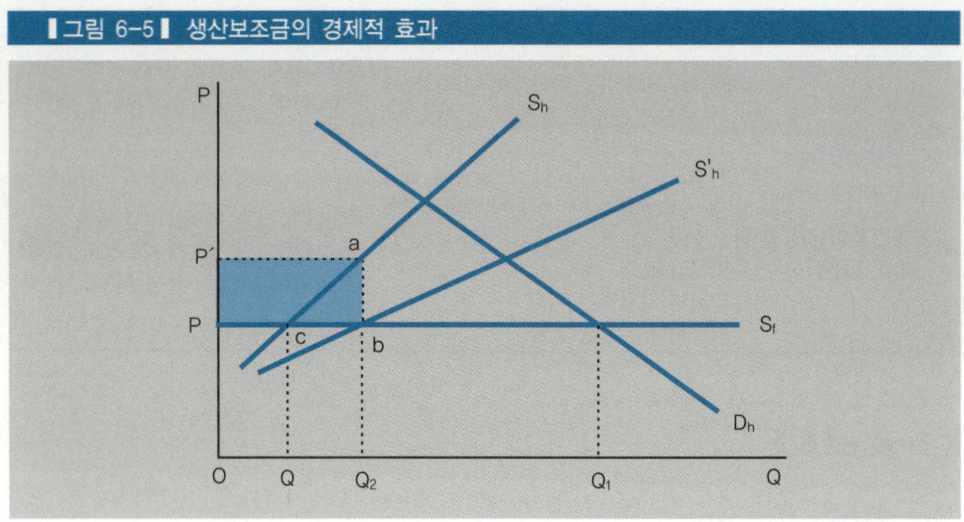

우선 이 국가의 국내수요곡선과 국내공급곡선은 각각 D_h와 S_h로 나타나고 자유무역상태에서 외국의 공급곡선은 S_f처럼 수평선으로 나타난다. 자유무역하에서 국제가격 P에서 이 상품의 국내수요 OQ만큼은 국내공급으로 충당되고 나머지 수요(QQ_1)는 모두 외국생산자의 공급(수입)으로 충당된다.

그런데 정부가 국내생산자의 생산증대와 시장경쟁력을 키워주기 위해 국내생산자에게 생산보조금을 지급한다고 하자. 그렇게 되면 국내생산자는 생산보조금만큼 상품 한 단위당 시장공급가격을 인하시킬 수 있는 여지가 생기고 생산량 증대 여건을 갖추게 된다.

생산보조금을 받은 국내생산자의 새로운 국내공급곡선은 S'_h로 이동(shift)하여 종전의 국내공급곡선 S_h보다 아래에 위치하게 된다. 이는 종전에는 P의 가격수준에서 OQ만큼만 국내생산했는데 생산보조금이 지급된 후에는 국제가격 P의 가격수준에서 OQ_2만큼의 국내생산이 가능해짐으로써 QQ_2(cb구간)만큼의 국내생산 증가효과를 가져다준다. 따라서 수입량은 QQ_2만큼 줄어든 Q_2Q_1이 되고 국제가격 P에 대응하는 국내소비 OQ_1은 국내생산 OQ_2와 수입량 Q_2Q_1에 의해 충당된다.

여기서 중요한 사실은 생산보조금이 지급됨으로써 국내생산자는 OQ_2만큼의 생산량을 소비자가 지불하는 P수준의 가격으로 판매하지만 여기에 이미 지급받은 생산보조금을 반영하면 실제 단위당 생산비용은 소비자 지불가격 P에다 단위당 생산보조금 ab(=PP′)를 더한 P′수준이 된다. 이는 원래의 공급곡선 S_h선상에서의 공급량에 대응하는 가격수준으로 결국 생산자는 생산보조금(총액: 사각형 PP′ab) 덕분에 국내시장에서의 경쟁력을 유지·강화할 수 있게 된 것이다.

그러나 이러한 생산보조금 지급은 인위적으로 국내생산자에게 시장가격보다 높은 공급가격을 확보토록 함에 따라 생산왜곡이 초래되어 삼각형 abc만큼의 순손실이 발생한다. 그 이유는 실제 생산보조금 총액은 사각형 PP′ab인데 생산자 잉여로 환원되는 금액은 사다리꼴 PP′ac이며 나머지 삼각형 abc 만큼의 차액은 순손실로 남기 때문이다. 그러나 소비측면에서는 원래 가격 P수준에서 OQ_1만큼의 소비를 함으로서 손실발생은 없다.

3) 생산보조금과 관세의 효과비교

① 공통점

생산보조금 지급이나 수입관세 부과 공히 국내산업의 생산증대와 외국상품의 수입억제를 통해 국내공급 증가 및 경쟁력을 유지·강화시킬 수 있다.

② 차이점

생산보조금과 수입관세 효과의 차이점은 우선 생산보조금의 경우 재정지출이 수반되는 반면 수입관세는 재정수입이 발생한다는 점이다. 또한 생산보조금의 경우 생산왜곡만 발생하여 소비자 후생에는 변화가 없지만 수입관세의 경우 생산과 소비왜곡이 동시 발생하고 소비자 후생이 악화된다는 차이점이 있다. 이상의 차이점을 비롯하여 [표 6-5]에 생산보조금과 수입관세의 효과가 비교 정리되어 있다.

▌표 6-5▐ 생산보조금과 관세의 효과 비교

구 분	생산보조금	관 세
공급구조변화	국내공급곡선 아래로 이동(shift) (생산보조금이 負(−)의 조세 negative tax로 작용)	국제공급곡선 위로 이동 (수입관세가 正(+)의 조세 positive tax로 작용)
수입억제효과	국내생산량 증대를 통해 수입 축소	국내생산량 증대와 국내소비량 감소를 통해 수입 축소
귀속경로	재정지출 : 정부재정(국고) → 국내생산자 (실제부담자 : 일반국민)	재정수입 : 국내소비자에 전가 → 재정수입(국고), 국내생산자 이익(실제부담자 : 국내소비자)
시장왜곡	생산왜곡만 발생 (소비자후생 불변)	생산왜곡과 소비왜곡 동시 발생 (소비자후생 악화)

2.4 수출보조금

1) 수출보조금의 개념

수출보조금(export subsidy)이란 자국 상품의 수출증대와 국제경쟁력 강화를 목적으로 수출기업에게 제공하는 모든 금융 및 재정적 지원을 의미한다. 또한 수출보조금제도는 단순한 자국 상품의 수출장려뿐만 아니라 외국상품의 수입을 억제하기 위한 목적으로 실시되기도 한다. 이와 같이 수출보조금 제도는 수출증대, 국내생산 증가, 수입억제 등의 효과를 겨냥해서 많은 국가들이 수출촉진정책수단으로 시행해 왔다.

그런데 수출보조금은 수출국 기업의 가격경쟁력을 제고하여 수출을 증대시킬 수 있지만 무역상대국(수입국)에게는 시장교란과 산업피해를 주는 불공정무역이라는 비난을 받게 된다. 따라서 무역상대국(수입국) 정부는 수출보조금의 피해를 방지하기 위해 상계관세를 부과하게 된다. 수출보조금의 지급은 인위적으로 수출을 증대시킬 수 있지만 장기적으로는 수출국의 정부재정부담 증가와 산업경쟁력 약화, 그리고 자원배분의 비효율성을 심화시키는 부작용을 가져올 수 있다.

2) 수출보조금의 경제적 효과

수출보조금의 지원이 시장구조와 경제주체별 후생에 미치는 효과를 나타낸 [그림 6-6]에서 국내 수요와 공급곡선은 각각 D_h와 S_h로 그려지며 폐쇄경제의 경우 점 E에서 수급균형이 이루어진다. 이 점에서의 가격은 자유무역 하에서의 국제가격 P보다 아래에 위치하기 때문에 이 국가는 해당상품의 비교우위를 통해 수출을 하게 된다.

그렇게 되면 국내시장가격도 국제시장가격 P와 동일해질 수밖에 없으며 따라서 P라는 가격수준에 대응하는 국내소비량은 이 국가의 수요곡선 D_h와의 교차점 f에 대응하는 OQ_1이 된다. 국내생산량은 이 국가의 공급곡선 S_h와 외국의 수요곡선 D_f와의 교차점 g에 대응하는 OQ_2가 되는데 이로 말미암아 초과공급 Q_1Q_2가 발생하고 이는 이 국가의 수출량이 된다.

그런데 이제 이 국가의 정부가 이러한 Q_1Q_2정도의 수출에 만족하지 못하고 수출량 증가를 통해 국내 해당산업의 생산량 증가 및 국제경쟁력 강화를 목적으로 수출보조금을 지급하기로 결정한 상황을 상정해 보자.

만약 수출보조금 지급율이 제품 한 단위당 S%인 경우, 우선 새로운 국내 공급곡선은 생산보조금의 경우와 마찬가지로 생산비 하락으로 인해 S_h에서 S_h'로 이동(shift)하게 된다. 그렇게 되면 수출상품의 생산량은 자유무역하의 국내외 공통 공급가격 P수준에서 Q_2Q_4만큼 증가한 OQ_4가 된다.

이 때 만약 국내가격이 국제가격 P수준에서 유지된다면 Q_2Q_4는 모두 수출대상물량으로 소화되어 전체 수출량은 Q_1Q_4로 증가하게 된다. 즉 수출보조금의 지급은 국제시장에서 자국 상품의 경쟁력을 강화시켜 수출증가 효과로 연결된다.

▌그림 6-6▌ 수출보조금의 경제적 효과

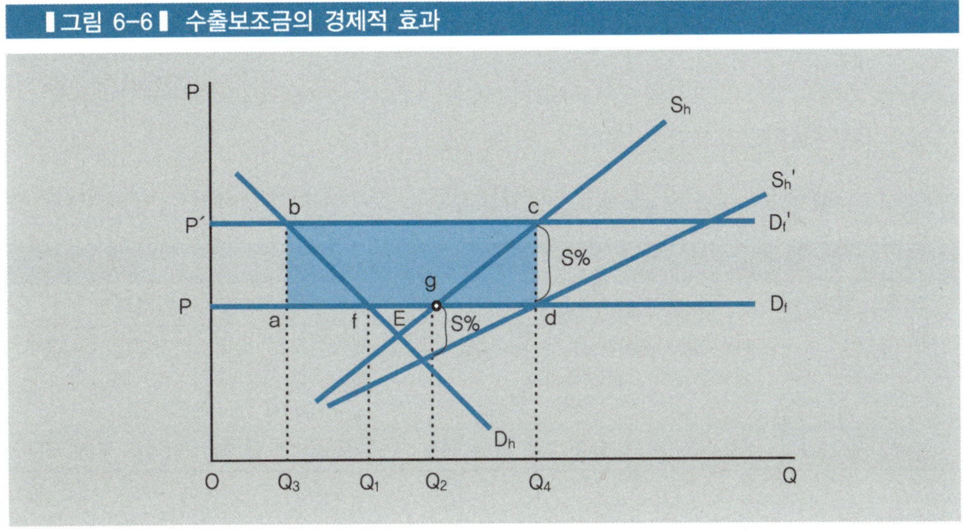

하지만 해외시장에 국제가격 P에 수출하지만 S%에 해당하는 보조금을 지원받기 때문에 실제로는 P'의 가격에 판매하는 셈인 생산자 입장에서는 국내가격 역시 그와 같도록 할 것이다. 따라서 국내소비량은 OQ_1에서 OQ_3로 축소되고 수출로 소화시켜야 할 수량은 Q_1Q_4에서 Q_3Q_4로 확대되는 결과를 가져온다.

결국 이는 국제시장에서 P수준의 가격으로 가능한 많은 수량을 수출하기 위해 국내가격 P′와의 가격차를 정부가 보조금으로 메꾸어 주는 꼴이 된다. 따라서 S%의 수출보조금 지급에 따라 □abcd만큼의 정부재정(국고)이 상실되는 결과를 낳는다.

그런데 정부의 보조금 지급으로 인해 소비자잉여는 PP'bf 만큼 감소하고 생산자잉여는 PP'cg만큼 증가하기 때문에 그 차이와 앞서 정부의 재정손실 □abcd를 비교하면 소비 비효율 △abf와 생산비효율 △cdg를 합친 경제적 사중손실이 발생하는 것을 알 수 있다. 즉, 생산왜곡만 발생하는 앞서의 생산보조금과 달리 수출보조금은 생산과 더불어 소비 왜곡까지 불러온다.

한편 수출보조금 지급이 최대한 큰 수출증대 효과로 연결되기 위해서는 수출보조금 지급 대상 제품의 선정이 중요한데, 특히 시장가격차의 변동에 수출량이 민감하게 반응하는 제품, 즉 수출 공급의 가격탄력성이 높은 제품이나 국제시장에서 시장점유 경쟁이 아주 치열한 제품일수록 수출보조금 지급에 의한 수출증대 효과가 높게 나타난다.

3) 수출보조금과 수입관세의 차이점

수출보조금과 수입관세 모두 국내산업보호와 국제수지개선 등의 목적을 갖고 있다. 두 정책 모두 국내산업을 보호하고 가격경쟁력을 강화시켜 국내생산을 증가시키려는 목적을 갖고 있지만 몇 가지 차이점이 있다. 수출보조금과 수입관세의 차이점은 [표 6-6]에 정리되어 있다.

▌표 6-6▐ 수출보조금과 수입관세의 효과비교

구 분	수출보조금	수입관세
적용대상품목	수출가능재(수출장려상품)	수입대체재(수입경쟁재)
귀속경로	재정지출 : 정부재정 → 국내수출기업 (실제부담자 : 일반국민)	재정수입 : 국내소비자부담 → 정부재정수입, 국내수입경쟁기업이익 (실제부담자 : 국내소비자)
국제수지개선효과	수출증가(국내생산증가)를 통해 개선	수입억제와 국내생산증가를 통해 개선

2.5 반덤핑관세

1) 덤핑의 발생 과정

여기서는 우선 기업이 자국시장 뿐만 아니라 해외시장에서도 어느 정도 시장지배력(독점력)을 가지는 경우, 그 독점기업이 이윤극대화를 위해 어떻게 가격전략을 구사하는가를 설명함으로써 덤핑(dumping)의 발생과정을 설명하고자 한다.

독점기업 입장에서는 자국시장과 해외시장에서 동일한 가격으로 판매해야 한다는 법적 제약이 없는 한 각 시장상황에 따라 차별화된 가격을 적용할 것이다. 이 경우 두 시장간 가격차별화 전략이 실행되기 위해서는 두 가지 조건이 성립되어야 하는데, 이를 독점시장의 가격차별화(price discrimination) 이론에 근거하여 다음과 같이 정리할 수 있다.

첫째, 두 시장의 수요의 가격탄력성이 달라야 한다. 만약 동일한 가격변화에 대해 두 시장의 수요의 민감도가 동일하게 나타난다면 시장별로 상이한 가격을 적용할 여지가 없기 때문이다. 일반적으로 해외시장은 국내시장보다 유사제품을 공급하는 경쟁기업들의 수가 더 많고 대체재 역시 국내시장보다 다양하기 때문에 해외시장의 수요의 가격탄력성이 국내시장보다 크게 나타난다.

둘째, 두 시장은 서로 격리되어 있어 차익거래(arbitrage)가 발생하지 않아야 한다. 만약 차익거래가 쉽게 일어날 수 있다면 동일 제품을 해외시장에서 싸게 구입해서 국내시장에서 비싸게 판매하여 차익을 얻을 수 있게 되고, 결국 두 시장의 가격은 동등해지고 기업의 가격차별화 전략은 불가능해질 것이다. 그러나 제품을 타국으로 이동시킬 때 발생하는 수송비용 등 부대비용이 존재한다면 차익거래는 쉽게 이루어질 수 없게 되며, 이로 인해 해당 독점기업이 생산한 제품에 대한 두 시장의 수요곡선은 각각 다르게 나타날 것이다. 즉 국내시장에서는 수요곡선이 일반적인 우하향 곡선의 모양으로 나타나는 반면 해외시장에서는 수요곡선이 수평선에 가까운 모양으로 나타날 것이다.

다시 말해서 이 기업이 독점력을 갖고 있다면 국내시장에서는 가격결정자(price maker)의 역할을 할 수 있으나 해외시장에서는 여러 국가의 기업들과 경쟁하기 때문에 혼자 가격을 결정하기가 어려워진다. 즉 해외시장은 완전경쟁상태 하에 있기 때문에 이 기업은 시장가격에 순응하여 판매하는 가격순응자(price taker)의 역할을 하게 된다. 그리고 완전경쟁하의 해외시장의 수요곡선은 수평선으로 나타난다.

해외경쟁기업이 많다고 해서 해외시장의 수요곡선이 반드시 수평선 형태를 띠는 것은 아니다. 그렇지만 해외시장의 수요곡선이 국내시장의 수요곡선과 다르면 가격차별화전략은 어느 정도 시도가 가능하다. 다만 여기서는 설명을 쉽게 하기 위해 국내시장과 해외시장의 수요곡선이 극명하게 상이한 경우를 상정한 것이다.

그러면 이제 수출기업(독점기업)이 국내시장과 해외시장의 가격차별화 전략을 통하여 어떻게 덤핑판매를 실행하는가를 독점기업의 이윤극대화 모형을 이용하여 설명해 보자.

[그림 6-7]에서 보면 곡선 D_d와 MR_d는 각각 한 수출기업이 직면하는 국내시장의 수요곡선과 국내시장에서 얻을 수 있는 한계수입곡선을 나타낸다. 한계수입곡선 MR_d는 종축(가격축)과 수요곡선 사이의 수평거리를 이등분하면서 우하향하고 있다. 그 이유는 이 수출기업이 국내시장에서는 독점의 위치, 즉 우하향의 수요곡선에 직면해 있으므로 가격을 인하시켜 판매량을 증가시킬 수는 있으나 판매단위를 증가시킬수록 시장에서 받을 수 있는 가격은 하락하여 나중에 판매되는 단위일수록 한계수입은 감소할 수밖에 없기 때문이다.

▌그림 6-7▌ 국내외시장의 가격차별화 전략

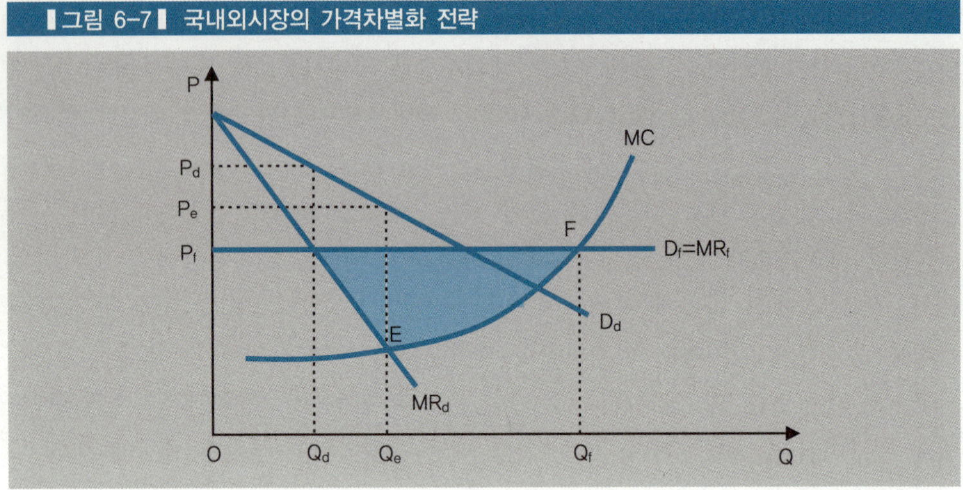

그리고 선 MR_f가 D_f와 동일한 수평선으로 겹치는 이유는 이 수출기업이 해외시장(완전경쟁시장)에서는 가격결정력이 없고 단지 가격순응자 입장에서 시장에서 형성된 가격에 판매할 수밖에 없기 때문에 판매량을 증가시켜도 추가판매단위로부터 얻을 수 있는 한계수입도 일정할 수밖에 없고, 결국 일정한 가격 그 자체가 한계수입이 되기 때문이다.

그런데 독점기업의 이윤극대화 조건은 한계수입과 한계비용이 일치하는 수준(MR=MC)에서 생산량을 결정하는 것이다. 이 조건을 기준으로 이 독점기업은 국내시장과 해외시장의 생산균형점을 찾아야 하는데, 이를 무역이전과 무역이후로 구분하여 설명한다.

① 무역 이전

만약 이 독점기업이 국내시장만을 상대로 판매하는 경우 이윤을 극대화시키기 위해서는 국내한계수입곡선 MR_d와 이 기업의 한계비용곡선 MC가 교차하는 점 E를 찾고, 그 점과 동일위치에 있는 생산량과 가격을 국내시장 수요곡선 D_d선에서 수직선 및 수평선을 그어서 찾으면 생산량 OQ_e와 가격 P_e를 발견하게 된다. 이러한 D_d선상의 특정좌표가 곧 이 독점기업이 무역 이전 상태에서 국내시장에서 실현할 수 있는 이윤극대화점이다.

② 무역 이후

무역이 개시되면 이 기업은 무역이전의 생산량 Q_e수준에서 얻을 수 있는 한계수입이 국내시장보다는 해외시장이 더 높다(MR_f > MR_d)는 것을 알게 된다. 따라서 이 기업은 해외시장에서 판매하기 위해 생산량을 증가시킬 뿐만 아니라 국내시장 판매분 중 일부를 해외시장 판매로 전환하려 할 것이다.

즉 이윤극대화를 위해 해외한계수입곡선 MR_f와 이 기업의 한계비용곡선 MC가 교차하는 점 F를 찾고, 그 점과 동일위치에 있는 생산량과 가격을 해외시장 수요곡선 $D_f(=MR_f)$선에서 수직선 및 수평선을 그어서 찾으면 생산량 OQ_f와 가격 P_f를 발견하게 된다.

그런데 이 기업은 이윤극대화를 위해서는 $MR_f > MR_d$의 영역에 해당하는 생산량을 모두 해외시장에서 판매해야 하므로 추가생산량 Q_eQ_f뿐만 아니라 무역이전에는 국내시장에서 판매하던 Q_dQ_e만큼을 해외시장 판매로 전환하려 할 것이다. 따라서 무역 이후 이 기업은 $MR_f > MR_d$의 영역에 해당하는 Q_dQ_f만큼의 생산량은 Pf의 가격으로 해외시장에서 판매하고 $MR_f < MR_d$의 영역에 해당하는 OQ_d만큼의 생산량만을 Pd의 가격으로 국내시장에서 판매하면 총이윤을 극대화시킬 수 있다.

만약 Q_dQ_f를 초과하여 해외시장에 판매하면 $MC > MR_f$가 되어 오히려 손실을 보게 된다. 결국 이 기업 입장에서의 이윤극대화 조건은 다음과 같이 정리할 수 있다.

- 국내시장(독점시장)의 이윤극대화조건 : $P = P_d > MR_d > MC$
- 해외시장(완전경쟁시장)의 이윤극대화조건 : $P = P_f = MR_f = MC$

그리고 이 기업이 해외시장 판매로부터 얻을 수 있는 순이익은 그림에서 빗금 친 부분인데 이는 두 가지로 분류할 수 있다. 국내판매분을 해외판매로 전환한 생산량 Q_dQ_e로부터는 $MR_f > MR_d > MC$가 성립하는 삼각형 부분이고, 순수해외판매를 위해 추가 생산한 생산량 Q_eQ_f로부터는 $MR_f > MC$가 성립하는 부분의 면적이다.

한편 국내시장 판매가격(P_d)이 해외시장 판매가격(P_f)보다 높은 이유는 가격차별화를 가능케 하는 본질적 요인인 수요의 가격탄력성에 의해 설명할 수 있다. 즉 상대적으로 탄력성이 작은 국내시장에서는 상대적으로 높은 가격으로, 상대적으로 탄력성이 큰 해외시장에서는 상대적으로 낮은 가격으로 판매하는 것이 전체이윤을 극대화 할 수 있기 때문이다.

이상과 같이 독점기업이 전체이윤을 극대화하기 위해 실행하는 국내시장과 해외시장에 대한 가격차별화전략 이론이 국제무역에서 덤핑의 이론적 근거가 된다.

2) 덤핑의 개념과 판정

덤핑이란 수출기업이 자국시장에서 통상적으로 거래되는 정상가격(normal price)

보다 낮은 가격으로 해외시장에서 판매하는 행위를 의미하며 국내시장과 해외시장에 대한 가격차별화전략의 하나로 볼 수 있다. 덤핑이 성립되기 위해서는 수출국내에서 통상적으로 거래되는 해당제품의 정상가격이 수입국으로의 수출가격보다 높아야 하며 그 차액(정상가격－수출가격)은 덤핑마진으로 간주된다. 즉 덤핑은 수출기업의 판매단위당 순수입이 자국시장에서 판매할 때보다 해외시장에서 판매할 때 더 적게 나타나는 경우를 말한다.

덤핑마진은 정상가격과 수출가격을 각각 가중평균하거나 혹은 거래별로 비교하여 산정하는 것을 원칙으로 하는데, 수출가격이 판매자나 지역 또는 시기에 따라 상당한 차이가 있어 가중평균 수출가격에 의한 비교가 어렵다는 점이 입증될 경우에는 가중평균 정상가격과 거래별 수출가격간의 비교로 산정할 수 있다.

3) 덤핑의 동기와 형태

덤핑수출의 동기는 여러 가지가 있다. 우선 국내재고를 처분하기 위하여 덤핑을 하는 경우가 있으며, 또한 최소한의 이윤이 확보되는 수준으로 덤핑수출을 하여 단기적인 기업이윤을 극대화 하려는 경우가 있다. 이외에 수입국내 경쟁기업을 축출하여 수입국 시장에서 점유율을 높이고 위상을 확고히 하기 위해서도 덤핑수출을 한다. 이와 같이 덤핑은 수출기업의 특수상황과 수출국과 수입국 시장의 복합적인 요인이 어우러져 발생한다.

덤핑은 그 동기에 따라 지속적 덤핑, 약탈적 덤핑, 일시적 덤핑, 시장확장적 덤핑 등 네 가지 형태로 구분한다.

첫째, 지속적 덤핑(persistent dumping)은 전형적인 가격차별화 전략에 의한 해외덤핑으로, 국내시장과 해외시장 간에 존재하는 관세 및 수송비 등 무역장벽이 높고 수요의 가격탄력성이 다른 경우 이윤극대화를 목적으로 지속적으로 판매가격을 차별화하는 형태를 말한다.

둘째, 약탈적 덤핑(predatory dumping)은 해외시장에서 경쟁기업을 몰아내고 더욱 강력한 독점위치를 구축하기 위해 일시적으로 행하는 덤핑형태를 말하는데 경쟁기업을 축출한 다음에는 판매가격을 인상하여 독점이윤을 얻으려고 한다. 이러한 덤핑행위를 시장독점형 덤핑이라고도 한다.

셋째, 일시적 덤핑(sporadic dumping)은 계절적 요인에 따른 수요의 감소, 경기침체 및 과잉생산 상황을 타개하기 위해 일시적으로 실시하는 덤핑형태를 말한다.

넷째, 시장확장적 덤핑(market expansion dumping)은 새로운 시장을 개척하거나 기존

시장을 확대하기 위해 가격을 인하하여 해외시장에 진출하는 형태의 덤핑을 말한다.

4) 반덤핑관세의 개념 및 특징

덤핑은 덤핑을 하는 수출국 기업에게는 이윤을 극대화하는 효과를 주지만 수입국에게는 산업피해와 시장교란을 초래하고 자원의 효율적 배분을 왜곡시키는 등의 부정적 영향을 끼치기도 한다.

따라서 GATT와 WTO에서는 덤핑행위를 불공정무역으로 간주하고 그 대응조치로서 반덤핑관세 부과를 허용하였다. 즉 수출국 기업이 특정제품을 덤핑 수출함으로써 수입국의 동종 산업에 실질적 피해(material injury)를 주거나 줄 우려가 있는 경우 수입국은 덤핑제품의 수입에 대해 관세를 부과할 수 있는데, 이를 반덤핑관세(anti-dumping duty)라 한다. 1967년 6월에 타결된 케네디라운드에서는 GATT 제6조의 실행에 관한 협정(덤핑방지규약, anti-dumping code)을 체결하고 반덤핑관세에 관한 법적근거를 마련하였다. 또한 도쿄라운드(Tokyo Round)에서도 반덤핑에 관한 국제규범을 보완하여 새로운 반덤핑협정을 체결하였는데 도쿄라운드의 반덤핑협정은 개발도상국에 대한 특별대우, 덤핑과 수입국의 산업피해 간의 인과관계 등에 관한 규정을 보완하여 적용하였다. 그리고 1986년 시작된 우루과이라운드에서는 다른 비관세장벽들과 함께 검토되어 WTO규정의 일부로서 반덤핑협정(GATT 1994 제6조의 이행에 관한 협정)이 채택되어 1995년 1월 1일부터 발효되었다.

WTO 반덤핑협정에서도 수출국의 덤핑이 수입국의 국내산업에 실질적인 피해를 유발하거나 그럴 위험성이 있는 경우에 수입국이 반덤핑관세를 부과할 수 있도록 허용하고 있다. 그러나 수출국 국내정상가격과 해외수출가격을 비교하여 덤핑마진을 산정하는 과정에서 수출국과 수입국의 입장 차이로 인해 자주 분쟁이 발생하기도 한다. 그래서 반덤핑관세는 수입국이 자의적으로 적용할 경우 무역마찰을 일으키는 부작용을 일으킬 수 있다. 즉 반덤핑관세는 잘못 적용하면 국제무역거래를 위축시키고 시장기능을 저해하는 효과(chilling effect)를 초래하는 비관세장벽으로 간주되기도 한다. 반덤핑관세와 일반관세의 차이점은 [표 6-7]에 요약되어 있다.

▌표 6-7▌ 반덤핑관세와 일반관세의 비교

구분	반덤핑관세	일반관세
발생원인	수출기업의 불공정한 덤핑 행위	WTO 및 국제협정 및 국내법규
적용대상	특정 수출국의 특정제품(선별적, 보복적)	해당국가로부터 수입되는 해당제품

5) 반덤핑관세의 편의성

반덤핑관세는 다음과 같은 편의성이 있다.

① 수입억제와 자국산업보호

반덤핑관세는 덤핑의 최종판정에 관계없이 WTO에 덤핑을 제소하는 것만으로도 수입을 억제하는 효과가 있다. 더욱이 수입국 피해기업들의 연합단체나 노동조합이 덤핑제소를 추진하고 수입국 정부가 행정적으로 지원하는 양상으로 덤핑문제가 진행되는 경우, 덤핑 여부 및 덤핑마진율에 대한 최종판정에 관계없이 해당 상품의 수입은 감소될 가능성이 크다.

② 차별적·선별적 적용 가능

수입국은 특정국의 특정상품이 불공정한 가격으로 수입되어 자국의 산업이 피해를 받거나 받을 우려가 있다고 판단되는 경우, 그 특정국의 특정상품만 선별하여 반덤핑관세를 부과할 수 있다. 따라서 수입국 입장에서는 여타 수입억제수단보다 채택하기가 용이함은 물론 수입억제효과 또한 선별적으로 크게 나타날 수 있다.

③ 책임전가 및 상대국의 보복조치 회피

자유무역주의를 표방해온 미국과 같은 경제대국이 자국의 경제사정을 이유로 수입관세나 수입할당제 등 보호무역수단을 사용하여 외국상품의 수입을 억제하려는 경우 세계적인 비난과 보복조치를 유발할 가능성이 있다. 따라서 경제대국은 이와 같은 상황을 회피하고 수입억제효과도 달성할 수 있는 무역정책수단으로 반덤핑관세를 자주 사용해왔다. 특히 덤핑판정과정의 복잡성을 이용하여 그 원인을 수출국에 돌리고 책임을 전가함으로써 반덤핑관세의 부과를 정당화할 수 있는 이점이 있다. 이러한 이유로 반덤핑관세가 남용되어 국제통상마찰의 주요문제의 하나로 대두되었다.

6) 반덤핑관세의 부과요건

이미 설명한대로 반덤핑관세는 수입국이 덤핑의 피해를 방지하기 위해 수출국내 정상가격과 덤핑가격의 차액인 덤핑마진범위 내에서 부과하는 관세이다.

그런데 수출국내 정상가격보다 저가로 수출을 하였다고 하더라도 반드시 반덤핑관세가 부과되는 것은 아니고 반덤핑관세를 부과할 수 있는 요건이 충족되어야 반덤핑관세를 부과할 수 있다. WTO 반덤핑협정은 반덤핑관세 부과요건으로 다음의 세 가지를 명문화하고 있다.

첫째, 덤핑수출의 존재가 입증되어야 한다. 이미 언급한 것처럼 덤핑이란 수출국 내 정상가격보다 싼 가격으로 수출하는 행위를 말하며 정상가격이란 일반적으로 수출국 국내에서 판매되는 가격을 말한다. 정상가격이 존재하지 않거나 신뢰할 수 없을 경우 구성가격을 수출가격과 비교하게 된다. 구성가격이란 실제 거래가격은 아니지만 실제가격으로 추정할 만한 가격으로써 생산원가에 일반관리비, 이윤 등을 합산하여 적당히 재구성한 가격을 말한다.

둘째, 덤핑으로 인해 수입국 국내산업이 피해를 입어야 한다. 수입국 국내산업이란 덤핑 수출된 상품과 동종물품을 생산하는 생산자 집단이고 피해는 국내생산의 감소, 가격하락, 이윤감소 등 실질적인 피해가 있거나 실질적 피해의 위협(threat of material injury)이 있음을 의미한다. 또한 동종의 국내산업이 아직 확립되지 않은 경우 이러한 산업의 확립을 실질적으로 지연하는 경우도 피해로 간주한다.

셋째, 위에서 말한 피해가 있더라 하더라도 이러한 피해가 덤핑수출품의 수입이 그 원인이 되어야 한다. 즉 덤핑과 산업피해의 인과관계가 증명되어야 한다. 즉 덤핑수출로 인한 피해와 기타 다른 요인으로 인한 피해는 구별되어야 한다. 따라서 경기둔화나 소비자의 수요패턴 변화 등으로 국내산업의 감소, 가격하락 등의 피해가 발생할 경우 반덤핑관세는 부과되지 않는다. 그러나 이러한 판정과정에 수입국의 자의적인 판단이 개재될 가능성이 높다.

한편 이외에 절차적 요건도 충족하여한다. WTO 반덤핑협정은 덤핑 및 피해판정에 있어 절차의 투명성을 강조하고 있다. 그러나 동 협정은 제소에서 조사, 판정, 반덤핑관세부과 및 사법적 구제 등에 관한 기본절차만을 규정하고 있을 뿐이다. 이를 기본으로 각국은 보다 상세한 절차적 규정[13]을 마련하고 있으나 이러한 규정이 각국마다 다르고 WTO 반덤핑협정 조항의 해석도 자의적으로 이루어지는 경우가 많다.

7) 반덤핑조사방법

① 조사개시요건

반덤핑조사는 동종제품을 생산하는 수입국내 생산자 전체 혹은 그를 대신하는 서면신청에 의해 제소하는 경우에 개시할 수 있고 또는 생산량의 합계가 그 제품의 국내총생산량의 상당부분(major proportion)을 차지하는 국내생산자 혹은 그를 대신하는 서면신청에 의해 제소하는 경우에 개시할 수 있다. 아울러 국내동종제품

13) 이하에서는 한국무역위원회(Korean Trade Commission)의 무역구제제도 규정에 근거하여 반덤핑, 상계관세, 긴급수입제한조치의 자세한 절차를 알아본다.

생산량의 50% 이상을 생산하는 국내생산자가 해당제소를 지지해야 한다. 또한 반덤핑조사를 신청한 국내 생산자들의 생산량 합계가 동종물품 전체 생산량의 25% 미만일 경우에는 반덤핑조사를 개시할 수 없도록 함으로써 조사남용을 방지하고 있다. 나아가 조사당국은 조사개시가 정당화될 수 있는 충분한 증거의 존재 여부를 결정하기 위해 제소 시 제출된 증거의 정확성 및 적합성을 검토해야 한다.

② 조사기간

반덤핑조사는 특별한 경우를 제외하고는 개시 후 1년 이내에 종결되어야 하며 어떠한 경우에도 18개월을 초과할 수 없다. 한편 덤핑마진이 아주 경미(2% 미만)하거나 수출국으로부터의 덤핑수입이 수입국에서의 동일한 상품수입의 3% 미만인 경우, 덤핑수입량 혹은 그로 인한 피해가 실제적이든 잠재적이든 무시할만한 수준인 경우(총덤핑수입량이 총수입량의 7%이하)에는 조사가 즉시 종결되어야 한다. 단 개별적으로 3% 미만인 모든 국가로부터의 덤핑수입이 수입국에서의 동일한 상품수입의 7%보다 클 경우 반덤핑조사는 계속된다.

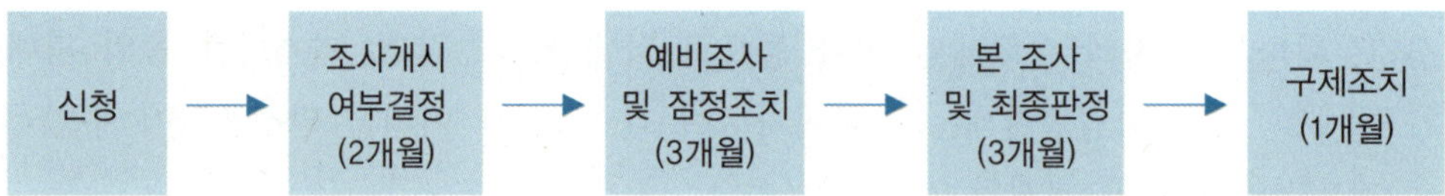

국내의 경우, 조사신청을 하고자 하는 자는 소정양식의 조사신청서와 덤핑수입으로 인한 실질적인 피해 등의 사실에 관한 증빙자료를 무역위원회에 제출해야 한다. 무역위원회는 신청서 접수 후 2개월 이내에 덤핑사실과 실질적인 피해 등의 사실에 관한 조사의 개시여부를 결정해야 한다. 예비조사는 외국의 수출자와 국내의 생산자, 수입자, 수용자, 유통업자를 대상으로 질문서를 송부하고 그에 따라 접수된 답변서에 대한 분석으로 이루어진다. 본 조사 단계에서는 이해관계인을 대상으로 현지실사 검증, 공청회 등을 실시하여 무역위원회의 최종판정 결과 산업피해가 증명되면 기획재정부에 반덤핑관세의 부과를 요청한다. 수출자가 가격인상약속을 제의해 오면 검토한 후 기획재정부에 수락을 요청할 수 있다.

③ 이해관계자의 의견 제시

모든 이해관계자(수출자, 생산자, 수입자, 해당산업의 연합단체, 정부, 소비자단체)에게는 반덤핑조사 과정에서 자신의 이익을 방어할 수 있는 기회가 주어져야 한다. 특히 조사당국은 조사개시 직후 반덤핑제소 관련 서류 및 조사 관련 질의서를 수출자 및 수출국정부에 제공해야 하며, 생산자 및 수출자는 접수일로부터 30일 이내에 질의서에 대해 답신을 보내야 한다.

④ 조사대상 선정

원칙적으로는 조사대상인 모든 수출자 혹은 생산자별로 덤핑마진을 산정해야 하지만 해당제품 수출자와 생산자 그리고 수입자 등 이해관계자의 수가 많고 동일제품이라도 그 형태가 다양하여 개별적 산정이 어려울 경우에는 일부의 이해관계자 및 제품만을 대상으로 하는 표본조사(sampling) 방법을 택한다. 표본대상은 수출자와 협의하여 결정하며 조사과정에서 자료를 제출한 수출자에 대해서는 개별적인 덤핑마진이 부과될 수 있다.

⑤ 자동소멸조항

가격인상 약속을 포함한 반덤핑조치는 5년 이내에 종료되어야 한다. 다만, 일몰재심(sunset review)[14]을 통하여 피해를 야기시키는 덤핑이 지속되거나 또는 덤핑행위가 재발될 우려가 있다고 판단될 경우 반덤핑조치는 연장될 수 있다. 반덤핑조치 이후 5년 후에 동 재심이 없게 되면 자동적으로 반덤핑조치는 실효된다. 재심은 통상적으로 12개월 이내에 완료되어야 한다.

2.6 상계관세

1) 상계관세의 개념

세계 여러 나라들은 자국기업의 수출경쟁력을 강화시켜 수출증대를 꾀하고자 국내산업 및 기업활동에 대한 수출보조금 지원정책을 실시한다. 그러나 교역상대국인 수입국 입장에서는 보조금 지급으로 말미암아 수입이 증가하여 자국의 동종산업 특히 수입경쟁산업이 피해를 받는 경우가 발생한다. 이와 같이 제품의 제조, 생산 또는 수출에 직간접적으로 제공한 수출보조금으로 인해 수입국 산업에 피해가 발생하는 경우 이를 상쇄할 목적으로 부과되는 특별관세를 상계관세(countervailing duty)라고 한다.

---

14) 반덤핑 규제가 5년 이상 지속될 경우 수입 국가는 5년을 넘지 않는 기간 이내에 반드시 규제의 타당성 여부를 종합적으로 재검토해야 한다는 세계무역기구(WTO)의 규정으로 이는 회원국 의무준수사항이다.

수출보조금 지원이 국제적인 규제의 대상이 되어야 하는 이유는 수출보조금이 자국산업이나 기업의 경쟁력 구조를 인위적으로 변화시키고 이는 다시 자원의 효율적 배분을 왜곡시키고 상대국의 경쟁산업이나 기업에게 피해를 주기 때문이다. 이러한 상계관세는 해당 수출보조금에 상당하는 금액만큼 부과된다. 상계관세는 GATT체제의 도쿄라운드에서 처음 타결되었으며 우루과이라운드를 통해 WTO체제에서 강화된 보조금 및 상계관세협약(subsidiaries-countervailing duty code)에 법적근거를 두고 있다. 그러나 앞서의 반덤핑관세와 마찬가지로 상계관세를 판정하고 부과하는 기준에 각국의 자의적인 부분이 상존하고 있어 상계관세조치 역시 대표적인 비관세장벽조치로 간주되기도 한다. 한편 우리나라에서는 현행 관세법 제13조에 "상계관세부과근거 및 절차에 관한 규정"을 두고 있다. 한국의 상계관세제도는 수출보조금이나 장려금에 관한 사항을 제외하고는 기본적으로 반덤핑제도의 조사기관, 신청자격, 조사절차, 판정 및 구제조치, 재심사와 시효 등과 유사하다.

2) 상계관세 발동요건

수입국이 상계관세를 부과하기 위해서는 다음과 같은 요건이 충족되어야 한다.

첫째, 해당제품의 제조, 생산 또는 수출에 직간접으로 보조금이나 장려금이 지급되었을 경우

둘째, 보조금이나 장려금을 지원받은 외국의 제품이 수입됨으로써 수입국의 기존산업에 실질적인 피해를 입히거나 입힐 우려가 있는 경우, 또는 새로운 국내산업의 확립을 실질적으로 지연시키는 경우

셋째, 설사 보조금이나 장려금을 지원받은 외국의 제품의 수입으로 수입당사국의 국내산업은 피해를 입지 않더라도 이 수입국에 수출하던 제 3의 수출국 산업이 실질적인 피해를 입거나 피해를 입을 우려가 있는 경우

여기서 실질적 피해에 대한 판정은 명백한 증거에 기초하여야 하는데 여러 가지 요건들, 즉 보조금을 지급받은 제품의 수입규모 및 수입증가율, 보조금이 수입국내 가격변동에 미친 영향, 국내소비량에서 차지하는 수입량의 비중, 보조금을 지급받은 수출업자의 생산능력 변화, 해당제품의 재고수준 등을 고려하여 판정한다.

3) 보조금의 범위

GATT에서는 정부나 공공기관에 의한 재정지원을 보조금으로 정의하였으며 다음과 같은 각종 지원수단들을 포괄한다.[15]

- 생산 및 수출에 대한 무상지원, 대출, 지분참여와 같은 직접적 자금이전 또는 대출보증과 같은 채무부담
- 각종 세금의 면제, 유예, 공제, 환불 등의 조세혜택 및 환율상의 특혜
- 정부에 의한 일반 사회간접자본 이외의 재화와 용역의 제공 및 재화의 구매
- 정부가 자금공여기관 또는 민간기관으로 하여금 앞의 ①~③의 역할을 대행토록 하여 실행되는 지원

한편 위에서 정의한 보조금을 더욱 구체적으로 성격에 따라 세 가지로 분류하였는데 그 내용은 [표 6-8]과 같다.

▌표 6-8▌ 성격에 따른 보조금의 구분

상계관세 보조금	보조금 및 상계관세협약에 의거 타국의 산업에 심각한 피해를 입히거나 타국이 향유하는 혜택을 무효화시키는 등 타국에 불리한 효과를 미치는 경우 수입국이 상계관세 부과로 상쇄시킬 수 있는 대상이 되는 보조금 항목을 의미함. - 보조금지급이 상품가액의 5%를 초과하는 경우 - 해당산업에서 발생하는 영업손실을 보전하기 위한 보조금 - 기업에 대한 정부보유채권의 면제 및 기업의 채무상환을 위한 무상지원 등 직접적 채무감면
금지 보조금	원칙적으로 제공하거나 유지할 수 없는 보조금 항목을 의미함. - 법률상 또는 사실상 수출성과에 따라 공여되는 보조금으로서 수출보조금 예시목록에 게재된 보조금 - 수입품 대신 국내생산품을 사용한 대가로 공여되는 보조금
허용 보조금	지원이 허용되는 것으로 간주되는 보조금 항목들로서 시행 전에 보조금 및 상계관세위원회에 통고해야 함 - 기업이나 기업과 계약을 맺고 있는 고등교육기관 또는 연구소에서 행해지는 연구활동에 대한 보조금으로서 산업연구의 경우에는 소요비용의 75%, 기초개발활동의 경우에는 50%까지 지원할 수 있는 보조금(연구개발지원보조금) - 일국의 낙후지역을 개발하기 위해 지원되는 보조금(지역개발지원 보조금) (예 : 1인당 GDP가 전국 평균의 85% 이하인 지역) - 오염 및 공해감소를 위해 법으로 규정한 환경조건에 맞게 기존설비를 적용시킬 수 있도록 하기 위해 지원하는 보조금(환경보조금)

4) 보조금 조사방법

① 조사개시 요건

상계관세 부과를 위한 조사는 피해를 입은 산업이 서면요청을 함으로써 개시되는데, 조사요청에는 보조금의 존재 및 규모, 그로 인한 수입국산업의 피해, 보조금

15) 대외경제정책연구원, 「WTO출범과 신교역질서」, 1994, pp.254~259.

지급제품의 수입과 피해발생간의 인과관계 등에 대한 충분한 증거가 포함되어야 한다. 아울러 국내 동종제품의 총생산량의 50% 이상을 생산하는 국내생산자들의 지지가 있어야 이들을 국내산업의 대표로 간주할 수 있으며, 명백한 지지도가 25% 이상이어야만 조사요청에 대한 지지가 존재한다고 볼 수 있다.

② 조사기간

조사는 원칙적으로 1년 이내에 종결되어야 하며 조사진행기간 중 해당제품의 통관절차를 방해할 수 없다. 만약 보조금의 규모가 소액(상품가액의 1% 미만)이거나 보조금 지급 물품의 수입물량 또는 피해정도가 무시할 수준이면 조사는 즉각 종결되어야 한다.

③ 이해관계자의 의견 제시

조사개시 요구가 접수되면 조사개시 이전에 가능한 한 조속히 정확한 상황을 파악하고 쌍방간 합의에 의한 해결책을 모색하기 위해 이해당사국간 협의가 이루어져야하며 조사기간 중에도 협의를 지속할 수 있는 합리적 기회가 부여되어야 한다. 또한 조사당국은 조사개시 직후 수출국에 보낸 질문서에 대한 수출국의 답변서는 최소 30일 이상의 기간을 갖고 준비하도록 해야 하며 최종판정이 나오기 전에 서면요구서 등 판정의 기초가 되는 핵심적 사실을 이해당사자에게 통보해야 한다.

④ 보조금의 산정

보조금의 규모는 수혜자 입장에서 수익으로 간주될 수 있느냐 하는 수혜자수익 개념에 의거하여 계산되는데 다음과 같은 지침에 준한다.

첫째, 정부로부터 대부를 받는 경우 그 대부의 대가로 수혜기업이 정부에 지불한 금액과 시장에서 조달할 수 있는 비교가능한 상업적 차입을 위해 지불한 금액을 비교하여 그 차액만큼을 혜택으로 간주한다. 아울러 대부를 보증하는 경우에도 동일한 비교방법에 의해 판단한다.

둘째, 정부가 수혜기업에 대해 지분참여를 하는 경우 민간투자자의 통상적 투자관행에 비추어 볼 때 부적절하다고 판단되지 않고서는 혜택으로 볼 수 없다.

셋째, 정부구매나 정부조달의 경우 가격 등 수혜기업에 제공되는 보상조건이 적절하게 이루어지지 않는 한 혜택으로 간주한다.

5) 개발도상국 우대조치

보조금이란 비관세무역장벽이 불공정무역의 원인이 되기는 하지만 경제발전이 뒤져있는 국가들 입장에서는 낙후된 자국산업을 육성·보호하는데 매우 중요한 수단이 될 수밖에 없다. 따라서 WTO(GATT)에서는 극빈 개발도상국 혹은 1인당 소득수준이 1,000불 미만인 개발도상국들에 대해서는 수출보조금의 금지를 적용하지 않기로 하고 그 이외의 일반 개발도상국에 대해서는 본 협약체결이후 8년간의 유예기간을 두기로 하였다. 그런데 일반 개발도상국의 경우 점진적으로 수출보조금을 폐지해 나가되 강화조치는 취할 수 없으며 수출경쟁력을 갖춘 제품(세계시장 점유율이 2년간 3.25%를 초과하는 제품)에 대해서는 수출보조금을 폐지해야 한다. 한편 상계가능 보조금에 있어서도 개발도상국은 공여받은 보조금 수준이 상품가액의 2% 이하이거나 보조금이 지급된 제품의 수입량이 수입국내 해당제품시장의 4% 이하인 경우에는 보조금 지급에 대해 상대국이 상계조치하지 않는 것으로 간주한다.

6) 상계관세의 편의성

수입국 입장에서 상계관세 조치를 채택하는 이유는 다음과 같은 편의성을 목적으로 하기 때문이다.

① 수입억제와 자국산업보호

여타 무역장벽수단과 같이 상계관세도 외국제품의 수입을 억제하고 자국의 수입경쟁산업을 보호하려는 목적에서 채택된다. 수출국이 자국 수출산업의 대외경쟁력을 강화시키기 위해 보조금을 지급함으로써 그만큼 수출국 수출산업의 경쟁력은 향상되는데 반해 수입국의 동종제품 생산자는 경쟁력이 상실되므로 수입국은 상계관세 부과를 통해 이를 상쇄시켜 자국 생산자의 경쟁력을 방어할 수 있다.

② 수출국의 보호효과 무효화

우선 수입국의 수입경쟁산업이 관세수단에 의해 보호를 받고 있는 경우 수출국이 해당수출업자에 대해 보조금을 지급하면 그 만큼 인하된 가격으로 수출되므로 수입국의 관세에 의한 자국산업보호 효과는 희석될 수밖에 없다. 따라서 수입국은 다시 수출국의 보조금지급에 의한 수출업자 보호효과를 상쇄시키기 위해 상계관세를 부과하여 종전의 관세효과를 유지하려 할 것이다.

예를 들어 우선 미국이 자국의 철강산업을 보호하기 위해 외국산 철강재 수입에 대해 20%의 수입관세를 부과하는 경우, 한국정부가 자국의 철강제조기업에 대해 20%의 수출보조금을 지원한다면 미국시장에 대한 한국철강재의 수출은 무관세가격(자유무역하의 가격)으로 수출되는 셈이 된다. 이때 미국정부는 자국 철강산업의 경쟁력을 종전대로 유지하기 위해 외국산 철강재 수입에 대해 기존의 수입관세 20%+상계관세 20%(특별관세)에 해당하는 관세를 부과한다. 이로써 수출국의 수출보조금 20%의 보호효과는 상쇄된다.

③ 수입국의 이중보호효과 수단화

앞의 예에서 만약 미국정부가 수출국의 수출보조금 20%를 상쇄시키기 위해 부과한 상계관세 20%를 미국 철강기업들에게 지급하는 경우 미국 철강산업은 상계관세 자체에 의해 보호받는 것 이외에 그 관세를 수령함으로써 이중으로 보호효과를 누리게 된다. 이러한 보호조치는 국제통상의 갈등요인이 될 수 있다.

2.7 긴급수입제한조치

1) 긴급수입제한조치의 개념

앞서의 반덤핑이나 상계관세는 덤핑이나 수출보조금 등 수출국의 저가수출에 의해 수입국 국내산업에 심각한 피해가 발생하거나 발생할 우려가 있을 경우 이에 대응하여 발동하는 조치라고 할 수 있다. 그러나 긴급수입제한조치는 그와 같은 상대국 수출자의 부당한 행위가 없는 경우라도 수입국 국내산업의 심각한 피해가 발생하거나 우려가 예상될 경우 수입국이 사전적으로 수입을 일시적으로 제한하는 조치를 가리킨다. 이는 GATT규정 제19조와 WTO 세이프가드 협정에 근거하여 발동할 수 있는 조치로 특정물품의 일정기간 동안 수입량이 절대적으로 증가하거나 국내생산과 비교하여 상대적으로 증가하여 동종의 국내산업에 심각한 피해가 발생하거나 피해발생의 우려가 있을 경우 일정한 절차를 걸쳐 시행할 수 있다. 그러나 앞서의 반덤핑관세나 상계관세조치와 같이 각국이 GATT와 WTO 협정의 기본절차에 따라 제도를 시행하고 있으나 각국마다 판정기준이 자의적인 부분이 있어 긴급수입제한조치는 반덤핑과 상계관세와 더불어 선진국들의 보호무역주의 수단으로 악용되는 경우가 많으며 따라서 WTO 통상 분쟁의 주요 대상이 되고 있다.

2) 긴급수입제한조치의 신청

긴급수입제한조치를 신청하기 위해서는 특정물품의 일정기간 수입량이 절대적으로 증가하거나 국내생산과 비교하여 상대적으로 증가하여 동종 또는 직접경쟁 물품을 생산하는 국내산업에 심각한 피해나 피해 우려가 있고 또한 수입증가와 국내산업 피해 간에 인과관계가 있어야만 한다. 또한 긴급수입제한조치의 신청자격으로는 당해 국내산업에 이해관계가 있는 자 및 당해 국내산업을 관장하는 관계 중앙행정기관의 장 또는 당해 산업에서 차지하는 생산량 또는 업체수의 비중이 20% 이상인 생산자(또는 생산자집단), 농림수산업인 경우는 5인 이상의 생산자집단, 산업별 노동조합 또는 당해산업을 관장하는 중앙행정기관장이 설립허가한 당해물품의 국내생산자 단체(협회·조합)으로 규정되어 있다.

▮표 6-9▮ 반덤핑/상계관세와 긴급수입제한조치의 비교

구 분	반덤핑 / 상계관세	긴급수입제한조치
발생원인	수출자의 불공정한 행위 (덤핑, 수출보조금)	수출자의 불공정행위가 없어도 수입국내 산업피해 증가하는 경우
적용대상	특정 수출국의 특정 제품 (선별적, 응징적)	모든 국가로부터 수입되는 해당제품

3) 조사방법

① 조사개시결정(무역위원회)

긴급수입제한조치의 조사신청을 받은 때에는 관계 중앙행정기관장의 의견을 들어 신청일로부터 30일 이내에 조사개시 여부를 결정한다.

② 피해조사 및 긴급수입제한조치 요청(무역위원회)

조사개시일로부터 4개월 이내에 산업피해 유무를 판정하되 긍정판정시 1개월 이내에 관계 중앙행정기관장에게 긴급수입제한조치를 요청한다. 구제조치가 지연되면 회복하기 어려운 손상이 초래될 수 있는 긴급 상황 하에서, 수입증가가 심각한 피해를 야기했거나 야기할 우려가 있다는 명백한 증거가 인정되는 경우 무역위원회는 신청인의 요청에 의거하여 잠정조치를 관계 중앙행정기관장에게 요청한다.

③ 긴급수입제한조치 확정 및 시행 (관계 중앙행정기관장)

무역위원회 요청 후 1개월 이내에 긴급수입제한조치내용을 확정하여 시행하며 구제조치는 관세율 인상, 수입수량 제한, 국내산업 구조조정 지원(기술생산성 향상 등 지원) 등을 포함한다.

④ 긴급수입제한조치기간

긴급수입제한조치의 기간은 통상 4년 이내로 하며 최장 8년을 넘을 수 없다. 또한 긴급수입제한조치는 원산지에 관계없이 수입되는 모든 물품에 대하여 동일하게 취해지는 무차별원칙을 적용한다. [표 6-9]는 반덤핑/상계관세와 긴급 수입제한조치의 차이점을 보여준다.

2.8 기타 비관세무역장벽

1) 최저수입가격제

최저수입가격제(TPM: trigger- price mechanism)란 자국으로 수입되는 특정제품의 최저수입가격을 정해놓고 최저수입가격보다 싸게 수입되는 제품에는 반덤핑관세나 상계관세의 부과대상 여부를 조사하는 제도를 말한다. 이 제도 역시 가격조정을 통한 수입억제 수단으로서 1970년대 주로 미국이 채택한 비관세무역장벽이다.

1970년대 미국은 철강 산업의 가격경쟁력 하락으로 일본을 비롯한 외국으로부터의 철강제품 수입이 급증하였다. 이에 대해 미국은 철강제품의 수입에 최저수입가격제를 채택하여 철강수입을 억제하고 자국의 철강 산업을 보호하려 하였다. 그러나 최저수입가격제 시행에도 불구하고 수입감소 효과가 나타나지 않자 미국정부는 자국 철강기업들의 요청에 따라 최저수입가격을 상향조정하였다. 그러나 최저수입가격제가 기대만큼 수입억제효과를 발휘하지 못하자 결국 최저수입가격제를 포기하고 일본 등 대미 철강수출국들과 자율수출규제(VER)를 체결하는 방법으로 수입억제정책을 전환하였다.

2) 정부조달 규제

정부조달(Government Procurement)이란 일국의 정부, 지방자치단체, 공기업 등이 공공적 사업 및 행정추진을 위해 필요한 재화 및 서비스를 정부예산을 사용하여 구입하는 행위를 의미한다. 그런데 일국의 정부가 조달하는 재화의 공급자를 선정할 때 자국기업에 유리하게 특혜를 준다면 이는 외국기업을 차별하는 불공정거래가 되어 무역을 저해하는 비관세무역장벽이 될 수 있다. 이러한 정부조달상의 규제행위는 정부가 국내공급자에게 유리한 조건을 설정하거나 국내공급자와 수의계약(隨意契約)을 체결하고 외국기업은 배제하는 방법 등으로 나타난다.

이와 같이 일국의 정부조달 과정을 규제하는 이유는 자국제품을 우선 구입·사용함으로써 자국산업의 경쟁력을 유지·강화시키려는 목적 때문이다. 그러나 정부조달규제는 세계무역의 확대를 저해하는 결과를 초래하는데 이는 세계전체의 정부조달 시장규모가 세계 GDP의 10~15% 정도로 커서 각국의 정부조달 규제의 여파가 매우 크게 나타나기 때문이다.16)

이에 과거 GATT의 도쿄라운드에서 19개국이 참여하여 최초로 정부조달협정을 체결하였고, 그 후 우루과이라운드에서는 한국을 포함하여 24개국이 참여하여 자국의 정부조달 공급자와 외국의 정부조달 공급자에 대한 차별을 금지하는 내국민대우 및 무차별원칙 규정을 설정하였다. 한편 WTO의 정부조달협정은 EU 27개 회원국을 포함한 41개국이 승인한 복수협정으로 체결되었다. 이와 같이 GATT와 WTO의 노력으로 각국의 정부조달 규제가 완화됨으로서 각국의 정부조달 시장에서 자국기업과 외국기업간의 경쟁이 치열해지는 결과가 나타났다. 이는 외국기업이 자국의 정부조달시장을 잠식하고 자국의 산업경쟁력을 약화시키는 불리한 면도 있지만 자국기업도 외국의 정부조달시장에 진출하여 이익을 얻을 수 있는 이점도 있음을 의미한다. 또한 각국 정부는 보다 저렴한 가격으로 양질의 재화 및 서비스를 조달하고 정부예산을 효율적으로 사용할 수 있는 이점도 얻을 수 있을 것이다.

3) 수입허가 절차

수입이 이루어지기 위해서는 그 선행절차로서 수입국의 통상관련 기관이 요구하는 각종 서류제출 등의 수입허가를 위한 행정절차를 거쳐야 한다.

그런데 많은 국가들이 이러한 수입허가제도를 복잡하고 불공정하게 운영함으로써 수입을 억제하고 국내생산업자를 보호하는 수단으로 사용하여 왔다. 이를 해결하고자 GATT에서는 도쿄라운드에서 최초로 수입허가절차 협정을 체결하였고, 그 후 우루과이라운드에서 협정내용을 더욱 강화시켰는데 이를 정리하면 [표 6-10]과 같다.

16) 각국의 자국 정부조달시장에 대한 자국공급자 우대 및 외국공급자 배제 정책이 경쟁적으로 강화될 수 있겠지만, 설사 각국의 정부조달시장이 폐쇄적이라 하더라도 그 시장을 선점하기만 한다면 매우 유력한 수출시장이 될 수 있기 때문에 특히 미국 등 선진국의 정부조달시장에 대한 침투가 수출의존도가 높은 한국 및 개발도상국들의 경제성장에 큰 밑거름이 될 것이다.

▮표 6-10▮ GATT의 두 차례 수입허가절차 협정의 상호비교

구 분	도쿄라운드	우루과이 라운드
수입허가내용 변경시 공표	즉시 공표	발효일 21일전 공표
공표내용 논의기회	이해당사국간 논의기회 부여치 않음	이해당사국간 논의기회 부여함
수입허가접촉 행정기관	하나의 행정기관 원칙 (불가피한 경우 가능한 한 최소 : 추상적 표현)	하나의 행정기관 원칙 (불가피한 경우 3개 초과금지 : 구체화)
수입허가신청서 처리기간	가능한 단기간내	30일 ~ 60일
분쟁해결주체	수입허가 위원회	WTO내 분쟁해결기구(DBS)
협정의 목적	수입허가절차의 간소화, 공정화, 투명화, 적용의 중립성	

4) 기술장벽

과거 각국은 특정상품을 국내에서 생산하는 경우 그 상품의 형태·치수·소재·기능·안전성 등 기술적 특성을 표준화함으로써 생산 및 유통의 효율을 기하고자 하였다. 그러나 이러한 표준화 작업이 각국마다 자국시장을 전제로 하여 독자적으로 시행됨에 따라 국가간 기술규정 및 표준내용이 다를 수밖에 없었는데, 이러한 기술적 표준의 상이함은 크게 두 가지 방향에서 비관세 무역장벽으로 작용하게 된다.

첫째, 국가간 표준화의 차이는 설사 의도된 것이 아니라 하더라도 '잠재적'인 무역장벽으로 작용한다. 이는 상품의 규격이 다르면 외국에 상품을 수출할 때 외국의 표준규격에 맞도록 상품의 변형작업을 하거나 새로운 생산시설을 구비해야 함으로 추가적인 조정비용이 발생하고 이는 다시 수출단가를 인상시켜 수출국의 경쟁력저하 및 수출감소로 이어져 결국 수입국에게는 수입이 감소되는 효과로 나타나기 때문이다.

둘째, 국가간 표준화의 차이는 때때로 고의적으로 발생하기도 하는데, 이는 '실제적'인 비관세무역장벽으로 작용한다. 즉 기술적 표준의 차이를 악용하여 외국상품의 수입을 억제하려는 의도로 시행되기 때문에 무역을 저해하는 강력한 장애가 되는 것이다. 이와 같이 상품의 기술적 표준의 차이 때문에 발생하는 국가간 상품교역의 장애를 무역에 대한 기술장벽(TBT: technical barriers to trade)이라고 한다. 과거 GATT의 도쿄라운드협상에서 TBT협정(일명 표준협정: Standards Code)이 체결되어 일부국가가 표준화 제도를 고의적으로 악용하는 행위를 규제하였으나 기술장벽에 따른 통상마찰이 지속되자 우루과이라운드에서 생산공정 및 생산방법(PPM: production processes and methods)과 적합판정 절차 등을 강화하였다.

5) 위생 및 검역조치

과거와 달리 오늘날에는 교통수단이 발달하고 농산물 교역이 자유화되면서 수입 농산물에 대한 소비자의 안정성 문제가 심각하게 대두되었다. 특히 우루과이 라운드에서 농산물협상 타결로 각국의 농산물시장이 대폭 개방되면서 외래전염병이나 병해충 악성질병 병균 등의 유입에 따른 국민위생 및 건강보호, 국내산업 보호문제에 대처하기 위해 식품위생이나 동식물 검역조치의 강화가 요구되고 있다. 그런데 이러한 조치가 일종의 비관세무역장벽으로 작용하여 무역자유화를 저해하는 점 역시 해결해야할 과제가 되었다.

과거에는 위생 및 검역조치를 각국이 독자적으로 운영해왔기 때문에 수입억제를 위해 검역조치가 남용되는 경우가 많았다. 이에 GATT에서는 농산물 교역에 부정적 영향을 초래하는 위생 및 검역조치를 최소화하기 위해 관련 규제를 강화하여 가능한 한 수입제한적 요인들을 사전에 제거토록 함은 물론 각국의 규제기준을 국제기구의 기준과 일치시키도록 하였다. 특히 WTO의 위생검역(SPS)협정에서는 식품안전과 관련하여 국제식품규격위원회(CODEX), 동물검역과 관련하여 국제수역사무국(OIE), 식물검역과 관련하여서는 국제식물보호협약(IPPC) 사무국의 기준에 자국의 규제기준을 일치시켜 적용토록 하고 있다. 아울러 수입농산물에 대한 위생 및 검역조치는 모든 수출국에 대해 무차별 및 내국인 대우원칙에 근거하여 운영토록 하였다.

6) 환율조정과 외환규제

원래 환율 및 외환시장과 관련된 내용은 주로 국제금융이나 거시경제적 측면에서 다루는 것이 일반적인 접근형태라 할 수 있다. 그러나 환율 및 외환시장의 변동과 수출과 수입은 상호영향을 미치는 피드백 관계를 가지고 있는 점을 고려하여 많은 국가에서 환율 및 외환수급의 인위적인 조절을 통해 자국의 수출증대 및 수입감소 효과를 높이려는 노력을 해왔다. 이러한 환율 및 외환규제는 수출국 입장에서는 일종의 비관세무역장벽으로 인식될 수밖에 없다. 원론적으로 외국통화에 대한 자국통화의 가치를 높이는 평가절상(appreciation)(환율인하) 조치는 자국제품의 수출감소 및 외국제품의 수입증가 효과를 나타내며, 외국통화에 대한 자국통화의 가치를 낮추는 평가절하(depreciation)(환율인상) 조치는 자국제품의 수출증대 및 외국제품의 수입감소 효과를 나타낸다. 따라서 대부분의 국가는 국제수지 개선을 목적으로 자국통화의 평가절하 조치를 주요한 수입억제 및 수출확대 수단으로 사용하여 왔는데 그 효과는 수출입 제품에 따라 다르게 나타날 수 있다.

예를 들어 귀금속 등 불요불급한 사치성 재화나 고급소비재의 경우는 자국통화의 평가절하로 인해 수입이 감소될 수 있으나 자국 내에서 공급이 절대부족한 일부 생활필수품이나 산업용 원자재 등은 평가절하에도 불구하고 수입감소 효과는 그다지 크지 않을 수 있다. 따라서 수입국 정부는 사치성 재화의 수입에 대해서는 높은 환율을 적용하고 수입 원자재나 부품에 대해서는 낮은 환율을 적용하는 복수환율제도를 채택하는 경우도 있다.

그러나 이러한 일국의 인위적인 평가절하 조치는 교역상대국의 평가절하를 초래함으로써 환율전쟁 양상으로 확산되기도 한다. 과거 1930년대 경제대공황 시기에 미국과 영국은 각자 각국의 공황상황을 극복하기 위한 돌파구를 수출확대 및 수입억제에서 찾고자 경쟁적인 평가절하를 단행하여 국제통화 및 국제무역 질서를 혼란에 빠뜨리기도 하였는데, 그 이후 IMF체제하에서도 환율조정은 여전히 국제통상정책의 주요 수단으로 활용되고 있다. 한편, 더욱 강력한 수입억제 효과를 위해서 정부가 직접 외환수급을 조절하는 경우도 있다. 가령 정부가 일정기간 동안의 외환수급계획을 설정하고 그 기간 동안 수입대금의 재원으로 공급할 수 있는 외환할당액을 설정해 놓고 그 할당액 한도 내에서만 수입을 허가하는 것으로 이를 외환할당제라 하며 보통 수입할당제와 연계하여 실시한다.

PART

4

경제통합정책

CHAPTER

07 경제통합 이론

1 경제통합의 이해

1.1 경제통합의 개념과 전개

경제통합이란 2개 이상의 국가가 협정을 체결하고 회원국 간에 무역확대와 경제협력을 하면서 비회원국에 대해서는 차별적인 대우를 하는 경제협력체라 할 수 있다. 경제통합의 역사는 짧지 않지만 일반적으로 근대적 의미의 경제통합은 제2차 세계대전 이후 유럽에서 시작된 것으로 볼 수 있다. 제2차 세계대전이 종료되고 미국과 영국을 비롯한 선진국들은 미국 브레튼우즈(Bretton Woods)에서 협정을 맺고 IMF(국제 통화기금)와 GATT(관세와 무역에 관한 일반협정)를 주축으로 하는 새로운 세계경제질서를 구축하고 브레튼우즈체제를 출범시켰다. 브레튼우즈체제의 목적은 IMF와 IBRD(국제부흥개발은행) 중심의 국제금융질서와 GATT 중심의 국제무역질서를 확립하는 것이었다.

특히 GATT체제의 국제무역질서는 다자간 무역체제를 확립하여 세계무역을 확대하는 것이었다. 그러나 GATT의 국제무역의 다자주의(multilateralism) 확산 노력과는 별도로 지역별로 무역을 확대하려는 경제협력의 움직임도 생겨났는데 이러한 현상을 국제무역의 지역주의(regionalism)라고 부른다. 이러한 지역주의 움직임은 주로 유럽지역에서 활발하게 전개되었다. 특히 벨기에, 네덜란드, 룩셈부르크(Benelux 3국)와 서독, 프랑스, 이탈리아 등 6개국의 유럽석탄철강공동체(ECSC)가 출범하고 1958년 유럽경제공동체(EEC)로 발전하면서 유럽지역의 경제통합 움직임이 활발하게 전개되었다. 이렇게 주로 유럽 국가들을 중심으로 간헐적으로 이루어지던 경제통합은 1970년대 이후 브레튼우즈체제의 기능약화와 더불어 다른 지역에서도 여러 형태로 나타나게 되었다.

즉 GATT체제의 다자간 무역질서의 기능이 약화되면서 세계 각국은 자국의 수출증대 및 수입억제를 위한 보호조치를 시행하면서 무역수지를 개선시키려 하였다. 특히 미국의 경상수지 적자가 지속되면서 1960년대 말에 달러위기(dollar crisis)[1] 상황이 발생하고 1973년에 전후 IMF체제에서 오랜 동안 시행되어온 고정환율제도가 붕괴되었다.

또한 1970년대 두 차례의 석유파동 이후 미국을 비롯한 선진국들이 신보호무역주의 정책을 취하면서 GATT체제의 기능은 더욱 약화되기 시작하였다. 이러한 상황에서 각국은 다자간 자유무역의 확대는 불가능하다고 판단하고 무역확대를 위한 다른 방안을 모색하게 되는데 이것이 바로 지역무역협정, 특히 자유무역협정(FTA: Free Trade Agreement)의 확산으로 나타났다. 즉 GATT체제의 다자간 자유무역을 확대할 수 없다면 경제적 이해관계가 비슷한 국가들끼리 협정을 맺고 무역을 확대하려는 시도가 활발해진 것이다. 특히 GATT를 확대발전시킨 WTO체제에서도 다자간 자유무역 노력이 별 효과를 보지 못하고 소강상태에 빠지면서 지역별 경제통합 움직임은 더욱 활성화 되었다.

1.2 경제통합의 단계별 형태

1) 특혜무역협정(preferential trade arrangements)

특혜무역협정이란 회원국 간의 무역에는 비회원국과의 무역에 비해서 무관세 혹은 저율의 관세 등 낮은 무역장벽을 설치하는 것이다. 이것은 가장 낮은 수준의 경제통합 형태이다. 특혜무역협정의 가장 대표적인 예는 1932년 영국이 대영제국의 회원국들과 체결한 영연방 특혜제도(British Commonwealth Preference Scheme)를 들 수 있다.

1) 1950년대부터 시작된 미국의 국제수지적자는 1960년대에 더욱 그 규모가 커지게 된다. 이는 미국자본의 유럽에 대한 직접투자와 베트남 전쟁기간 중 과도한 화폐공급에 따른 미국의 높은 인플레이션 등이 주요인으로 작용하였다. 이러한 국제수지적자를 방어하기 위해 미국은 국제결제통화인 달러화를 평가절하하게 되고, 미국의 금보유는 감소하는 반면에 유럽 및 일본의 금보유는 증가하여 상반된 국제준비자산의 변동이 발생하였다.

2) 자유무역협정(FTA: free trade agreement)

자유무역협정은 회원국 간의 무역에 대해서는 관세 등 일체의 무역제한조치를 철폐하여 역내에서는 자유무역을 실시하지만 역외의 비회원국들과의 무역에 있어서는 각 회원국이 독자적인 관세 및 무역제한조치를 취할 수 있는 경제통합형태를 말한다. 그런데 이러한 자유무역협정은 그 특성상 무역굴절효과(trade deflection effect)가 발생하게 된다. 이는 역내 회원국 간에는 무관세로 자유무역을 행하지만 역외 비회원국에 대해서는 각 회원국이 독립적이고 차별적인 관세를 부과하기 때문에 발생하는 현상이다.

즉 역외 비회원국들은 자유무역협정의 회원국들 중에서 가장 낮은 관세율을 적용하는 회원국으로 상품을 수출한 다음 높은 관세율을 적용하는 회원국으로 재수출하려는 시도를 하게 된다. 특히 비회원국의 기업들은 일단 부품형태로 저관세율 회원국으로 수출한 다음 이를 현지에서 완제품 형태로 조립 및 가공하여 다시 고관세율 회원국으로 수출하는 방식을 사용한다. 이러한 무역굴절현상이 증가하게 되면 그만큼 역내 회원국 간의 무역은 감소되어 자유무역협정의 효과를 감소시키는 결과를 초래한다.

이러한 무역굴절효과를 사전에 차단하기 위해 회원국들은 자유무역협정에 제품의 원산지 증명 및 현지조달비율 등의 통관규정을 엄격히 규정하여 적용하는 방법을 사용하고 있다.

자유무역협정의 전형적인 예로는 1960년에 창설된 EFTA(유럽자유무역연합, European Free Trade Association), 역시 1960년에 창설된 LAFTA(중남미자유무역연합,

▌그림 7-1▐ NAFTA의 무역굴절효과

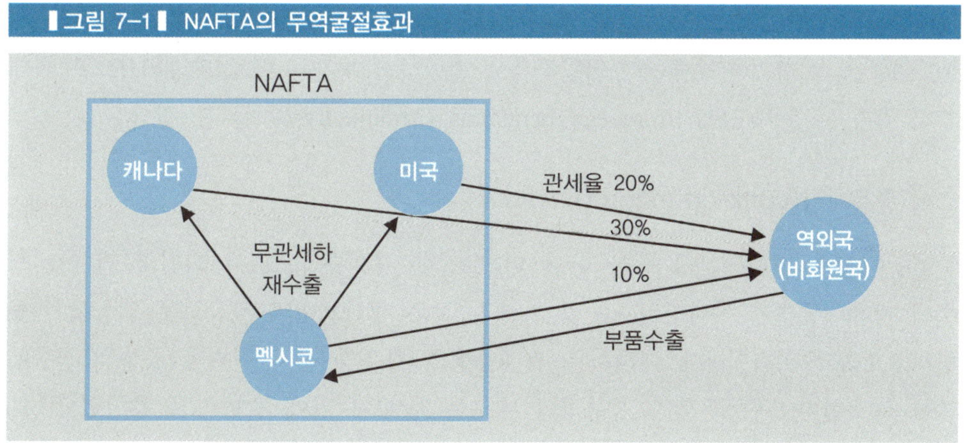

Latin American Free Trade Association), 1994년에 창설된 NAFTA(북미자유무역협정, North American Free Trade Agreement)를 들 수 있다.

3) 관세동맹(customs union)

관세동맹은 자유무역협정보다 한 단계 더 발전된 경제통합형태로서 관세동맹의 회원국 간에는 관세 및 비관세 무역장벽 없이 자유무역을 실행한다는 점에서는 자유무역협정과 동일하지만 비회원국에 대해서는 회원국이 동일한 공통관세를 부과한다는 점이 다르다. 따라서 비회원국에 대한 회원국의 관세율 차이가 없기 때문에 자유무역협정의 경우에 발생할 수 있는 무역굴절효과는 원천적으로 일어나지 않는다.

▌그림 7-2▌ 관세동맹의 관세구조

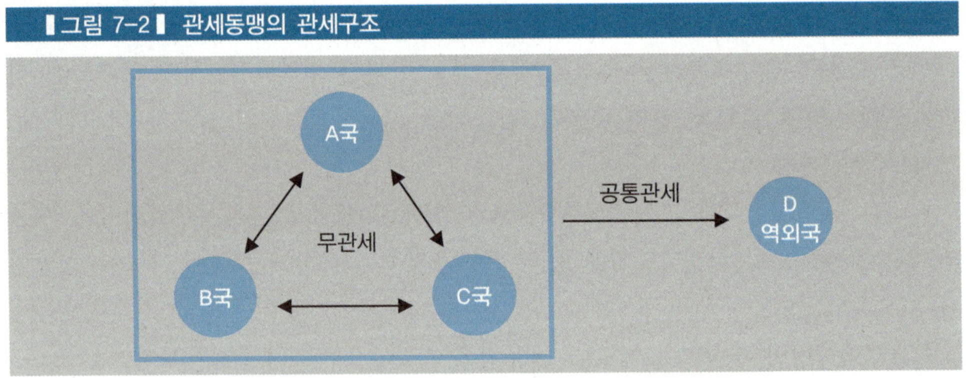

관세동맹의 전형적인 예로는 19세기 독일 통일의 모체가 된 졸베라인(Zollverein), 그리고 1957년 로마조약에 의해 벨기에, 네덜란드, 룩셈부르크(Benelux 3국)와 서독, 프랑스, 이탈리아 6개국의 회원국으로 출범하고 현재는 유럽연합(EU)으로 확대된 유럽경제공동체(EEC: European Economic Community)를 들 수 있다.

4) 공동시장(common market)

공동시장은 관세동맹에서 한 단계 더 발전한 경제통합으로서 회원국 간에는 상품의 자유이동뿐만 아니라 노동 및 자본과 같은 생산요소의 자유로운 이동도 허용한다. 그리고 비회원국에 대해서는 관세동맹의 경우와 같이 회원국 공동의 공통관세를 적용한다. 공동시장의 전형적인 예로는 1992년 말에 출범하고 유럽연합(EU)

으로 확대된 유럽공동체(EC: European Community)를 들 수 있다. 이외에도 중앙아메리카공동시장(CACM), 카리브해공동시장(CCM) 등이 공동시장의 성격을 갖고 있다. 예전에 유럽공동시장(European Common Market)이 공동시장의 명칭을 사용하였지만 역내에서 노동의 자유로운 이동이 허용되지 않아서 정확한 의미의 공동시장이라고는 볼 수 없었다. 그러나 1993년 마스트리히트 조약에 의해 출범한 유럽연합(EU: European Union)은 공동시장의 성격을 확보한 것으로 평가된다.

5) 경제동맹(economic union)

경제동맹은 공동시장보다 더 발전된 경제통합 형태이다. 즉, 역내 회원국 간에는 상품 및 생산요소의 자유로운 이동이 허용되고 역외 비회원국에 대해서는 공통의 관세정책을 채택하는 공동시장의 성격에다 경제정책의 조정과 협력을 약속하는 형태의 경제통합을 말한다. 즉 공동시장의 성격에 회원국의 재정 및 통화정책 등을 협의 조정하는 경제통합 형태를 말한다. 경제동맹의 대표적인 사례로는 제2차 세계대전 이후에 설립된 Benelux 3국(벨기에, 네덜란드, 룩셈부르크)을 들 수 있다. 현재 베네룩스 3국은 유럽연합(EU)의 회원국이기도 한데, 유럽연합은 유럽중앙은행을 설립하고 단일화폐(유로화)까지 도입하는 등 경제동맹 단계에 근접해 있는 것으로 평가된다.

6) 완전 경제통합(complete economic intergration)

완전경제통합은 경제동맹이 더욱 발전된 형태로서 회원국들은 초국가적 통합기구를 설치하여 완전히 통합된 경제정책을 수행하는 형태의 경제통합을 말한다. 이 형태는 경제통합 발전단계상 가장 최상의 경제통합으로서 회원국은 사실상 하나의 단일경제체제로 통합되는 상태가 되고 각국 고유의 경제적 주권이 초국가적 기구로 이양되어야 하는 문제점이 있다. 완전한 경제통합을 이루기 위해서는 정치적으로도 단일국가 형태를 갖추어야 한다. 따라서 입법부, 사법부, 행정부를 단일화시켜야 한다는 전제조건이 요구된다. 현재 완전한 경제통합단계에 도달한 경제통합은 존재하지 않으나 유럽연합(EU)이 궁극적으로 이 단계를 목표로 하는 것으로 평가된다.

이상과 같은 경제통합의 형태를 다시 역내시장 확대에만 목적을 두는 소극적 통합(negative integration)과 역외공동정책의 채택까지도 목적으로 하는 적극적 통합

(positive integration)으로 구분해 볼 수 있다.[2] 특혜무역협정이나 자유무역협정은 회원국 상호간의 무역장벽 제거를 통한 역내시장 확대가 목적이므로 소극적 통합이라 할 수 있는 반면에 관세동맹 이상의 통합형태는 역내 무역장벽제거 및 시장 확대뿐만 아니라 역외 공통관세 및 역내 공동경제정책 등을 목적으로 하는 만큼 적극적 통합이라 할 수 있다.

▌그림 7-3▌ 경제통합의 단계별 유형

STEP1	STEP2	STEP3	STEP4
회원국간관세철폐중심 (예: NAFTA)	역외국에 대해 공동관세율을 적용 (예: MERCOSUR)	회원국 간 생산요소의 자유로운 이동이 가능 (예: EEC)	단일통화, 회원국의 공동 의회 설치와 같은 정치, 경제적 통합 (예: EU)
			초국가적기구 설치·운영
			역내공동경제정책수행
		역내생산요소 자유이동보장	역내생산요소 자유이동보장
	역외공동관세부과	역외공동관세부과	역외공동관세부과
역내관세철폐	역내관세철폐	역내관세철폐	역내관세철폐
자유무역협정 FTA	관세동맹 CUSTOMS UNION	공동시장 COMMON MARKET	완전경제통합 SINGLE MARKET

※ 자료: FTA강국, KOREA https://fta.go.kr/main/situation/fta/term/

1.3 경제통합의 이론 체계

경제통합에는 여러 형태가 있지만 이에 대한 이론적 분석은 주로 관세동맹을 중심으로 전개되었다. 1950년 바이너(Jacob Viner)의 관세동맹이론(The Customs Union Issues)[3]이 출간되면서 관세동맹을 중심으로 한 경제통합이론이 체계화되었는데 바이너는 관세동맹의 결성으로 인한 생산부문의 자원배분효과를 무역창출효과와 무역전환효과로 구분하여 분석하였다.

2) 이남구, 국제무역정책, 무역경영사, 1994, pp.260~261.

3) J. Viner, The Customs Union Issue, New York: Carnegie Endowment for International Peace, 1950.

관세동맹을 기초로 한 경제통합이론은 모두 공급여건 즉 생산비는 일정하다는 가정아래 정태적인 분석방법을 사용하였다. 그러나 경제통합으로 유럽시장이 확대됨에 따라 경제통합의 동태적 효과를 분석하는 대시장(large market)이론이 나오면서 경제통합의 시장 확대에 따른 규모의 경제, 경쟁촉진, 투자증대, 기술혁신 등 동태적 효과를 분석하여 경제통합이론을 더욱 확대 발전시켰다.

2 경제통합의 경제적 효과

2.1 생산 및 소비 효과

경제통합의 경제적 효과에 대한 이론적 분석을 하기에 앞서 간단한 예시를 이용해 관세동맹의 정태적 효과인 생산효과와 소비효과에 대해 설명해보기로 한다.

1) 관세동맹의 생산효과

관세동맹은 회원국 간에는 무관세에 의한 자유무역을 실시하지만 비회원국에 대해서는 차별적 공통관세를 부과하는 경제통합이다. 바이너는 이러한 관세동맹의 결성이 회원국과 비회원국의 생산에 미치는 효과와 자원배분 효과를 분석하면서 관세동맹의 경제적 후생효과를 규명하였다. 바이너는 관세동맹이 회원국의 생산에 미치는 효과를 무역창출효과와 무역전환효과로 구분하여 분석하였다.

① 무역창출효과(trade creation effect)

어떤 나라가 관세를 이용하여 보호무역을 하면 다른 나라가 저렴한 생산비로 특정제품을 생산할 수 있더라도 양국 간에 무역이 일어나지 않을 것이다. 그러나 양국이 관세동맹에 가입하면 양국 간에 관세가 철폐되고 무역이 이루어질 것이다. 즉 관세장벽 때문에 양국 간에 교역되지 못했던 특정제품이 교역되기 시작할 것이다. 그 결과 특정제품의 생산은 비교열위에 있는 회원국(고생산비국)에서 비교우위에 있는 회원국(저생산비국)으로 이동하게 되고 무역량도 증대된다. 이와 같이 무역이 이루어지지 않았던 국가 간에 관세동맹이 결성된 후 무역이 새롭게 발생하는 현상을 무역창출효과라고 한다.

▌그림 7-4▐ 관세동맹 결성시 무역창출과정

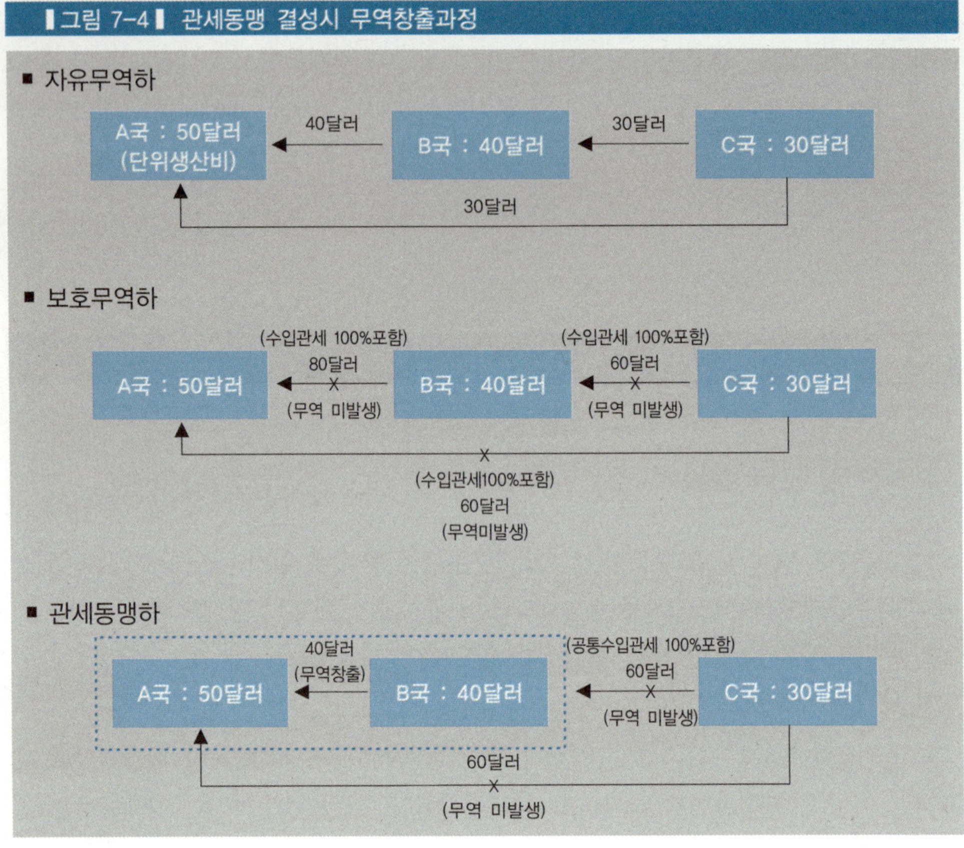

무역창출효과는 긍정적 효과인데 관세동맹 회원국 간에 자유무역이 이루어지면서 비교우위에 입각한 자원의 효율적 분배 효과가 나타나기 때문이다. 이러한 무역창출효과에 대해 아래의 사례를 들어 좀 더 자세히 설명해보려고 한다.

현재 X재를 생산하는 A, B, C 3국이 있고, 각국의 X재 생산비는 각각 50달러, 40달러, 30달러이고 그 생산비는 생산규모에 관계없이 불변이라 가정하자. 이러한 가정 하에 먼저 자유무역 상태에서는 X재 생산비가 가장 높은 A국은 생산비가 가장 낮은 C국이나 B국으로부터 X재를 수입하고, B국도 C국으로부터 X재를 수입하는 형태로 무역이 이루어질 것이다.

그러나 A국이 자국의 X재 산업을 보호하기 위해 C국과 B국으로부터 수입되는 X재에 대해 100%의 수입관세를 부과한다고 가정하자. 그러면 A국의 X재 수입가격은 관세만큼 상승하여 B국제품은 80달러 C국제품은 60달러가 되어 A국의 국내가격(50달러)보다 비싸게 되어 A국은 더 이상 X재를 수입하지 않고 모두 국내에서 생산하여 공급하게 된다. 그리고 B국 역시 C국의 X재수입에 동일한 100%의 관세를 부과한다면 3국간의 무역은 전혀 발생하지 않게 된다.

그런데 A국과 B국이 상호 경제적 이익을 위해 관세동맹을 체결하였다고 가정하자. 관세동맹이 결성되면 회원국인 A국과 B국간에는 관세가 철폐되어 자유무역이 이루어지는 반면 비회원국인 C국의 X재에 수입에 대해서는 양국 모두 종전의 100%의 공통관세를 부과하는 상태가 된다. 이 상태에서 A국은 C국의 X재는 여전히 60달러에 수입해야 하지만 B국의 X재는 40달러에 수입할 수 있게 된다. 따라서 A국은 X재를 국내생산하지 않고 B국으로부터 수입하여 사용하는 것이 더 유리한 상황이 되고 A국과 B국간에 X재 무역이 창출된다. 이 효과를 무역창출효과라고 한다.

이러한 무역창출효과로 인해 A국은 X재의 생산에 투입되던 생산자원을 다른 비교우위재화(X재 이외)의 생산에 추가 투입하여 그 재화의 생산을 증대시킬 수 있고, 반면에 B국은 비교열위에 있는 재화(X재 이외)의 생산에 투입되던 생산자원을 X재의 생산에 추가 투입하여 X재의 생산량을 증대시킬 수 있게 된다. 그리하여 A국과 B국 양국은 서로 이익을 얻게 된다. 이러한 결과를 종합하여 다음과 같이 설명할 수 있다.

첫째, 보호무역상태에서 A국은 B국이나 C국과 무역을 하지 않았으나 B국과 관세동맹을 맺은 이후에는 B국과의 무역이 창출되는 효과가 발생한다.

둘째, 이러한 무역창출효과로 인해 X재의 생산이 A국(고생산비국)에서 B국(저생산비국)으로 이동하고 양국 간에 효율적인 자원배분효과가 발생한다.

셋째, 이러한 효율적 자원배분효과는 양국의 생산비를 감소시키고 생산량을 증가시켜 경제적 후생을 증대시키는 효과를 나타낸다.

② 무역전환효과(trade diversion effect)

이미 설명한대로 관세동맹이 결성되면 회원국 간에는 관세가 철폐되고 비회원국의 제품에 대해서는 공통의 수입관세를 부과하게 된다. 그러면 회원국 제품의 수입가격은 하락하여 비회원국 제품의 수입가격보다 낮아지게 된다. 그 결과 관세동맹 회원국은 원래 비회원국으로부터 수입하던 제품을 다른 회원국으로부터 수입하게 된다. 이렇게 관세동맹 결성 후 회원국의 무역상대국이 비회원국으로부터 회원국으로 전환되는 효과를 무역전환효과라고 한다. 이러한 무역전환효과는 부정적 효과인데 회원국 간의 무역은 증가하지만 비회원국과의 무역은 감소하고, 무역상대국도 저생산비국가인 비회원국으로부터 고생산비국가인 회원국으로 전환됨으로써 비교우위에 입각한 무역이 이루어지지 않고 자원의 비효율적 배분이 일어나게 되기 때문이다.

▌그림 7-5▌ 관세동맹의 무역전환과정

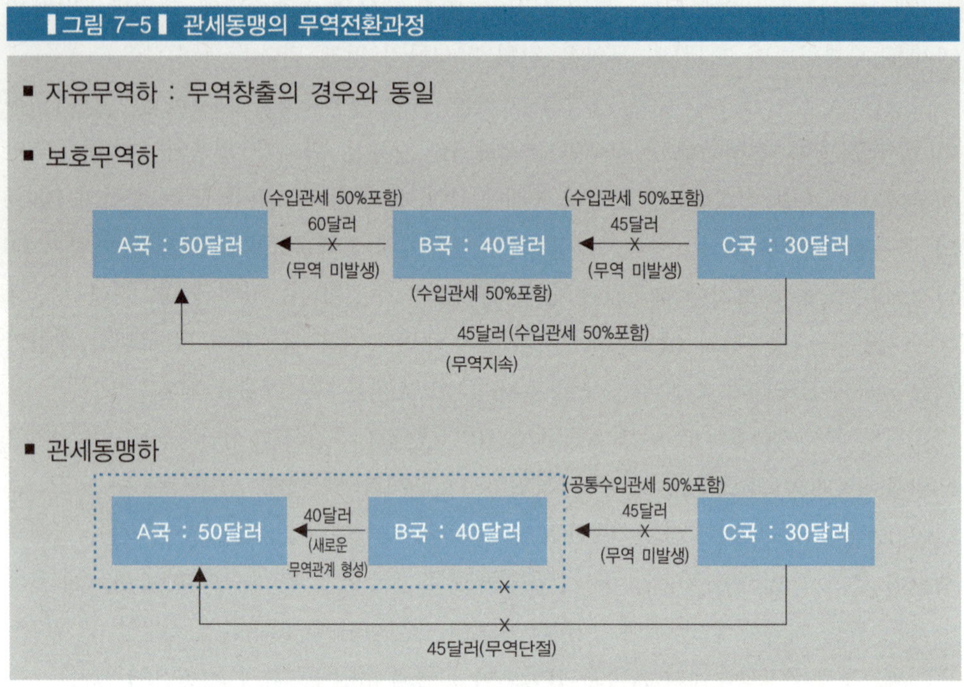

이제 무역전환효과에 대한 명확한 이해를 위해 다음과 같은 사례를 이용해 설명해보자. 여기서도 X재 생산국인 A국, B국, C국의 생산비는 각각 50달러, 40달러, 30달러라고 하자. 먼저 자유무역상태에서는 A국은 X재를 C국이나 B국으로부터 수입할 것이고, B국은 C국으로부터 수입하는 형태로 무역이 이루어질 것이다. 그러나 A국이 X재의 수입을 줄이기 위해 C국과 B국으로부터 수입되는 X재에 대해 50%의 수입관세를 부과한다고 가정하자. 그러면 A국의 X재 수입가격은 관세만큼 상승하여 B국 제품은 60달러(생산비+관세), C국 제품은 45달러가 된다. 이렇게 되면 A국은 X재의 수입가격이 자국의 국내가격보다 높아진 B국의 제품을 수입하지 않고 자국의 국내가격보다 여전히 낮은 C국으로부터 X재를 수입하게 된다. 그리고 B국도 C국의 X재수입에 동일한 50%의 관세를 부과한다면 B국과 C국의 무역은 전혀 발생하지 않는 상황이 된다.

그런데 A국과 B국이 경제적 이익을 위해서 관세동맹을 체결하였다고 가정하자.

관세동맹이 결성되면 회원국인 A국과 B국간에는 관세가 철폐되어 자유무역을 하게 되는 반면 비회원국인 C국의 X재에 대해서는 양국 모두 종전과 같은 50%의 수입관세를 부과할 것이다. 이 상태에서 A국은 B국의 X재는 40달러에 수입할 수 있지만 C국의 X재는 45달러에 수입하게 됨으로서 X재의 수입을 C국(비회원국)으로부터 B국(회원국)으로 변경하게 된다. 이렇게 회원국의 무역상대국이 비회원국으로부터 회원국으로 전환되는 효과를 무역창출효과라고 한다.

그런데 이러한 무역전환효과는 다음과 같은 의미를 갖고 있다.

첫째, 관세동맹 결성 이후 회원국인 A국의 무역상대국이 비회원국인 C국으로부터 회원국인 B국으로 전환되는 무역전환효과가 발생하였다. 둘째, 이러한 무역전환효과로 인해 X재의 생산이 관세동맹 역외 최저생산비국(C국)으로부터 역내 고생산비국(B국)으로 전환되었다. 셋째, 무역전환효과와 생산국 이동효과는 비교우위원리에 역행하는 것으로 회원국과 비회원국 모두에게 생산비증가와 자원의 비효율적 배분을 초래한다는 점이다. 다시 말해서 관세동맹으로 회원국 간에 무역은 증대되지만 제품을 더 싸게 효율적으로 생산할 수 있는 비회원국을 배제함으로서 무역의 전환효과가 발생하는데 이는 자원의 효율적 배분을 저해하고 생산비를 증가시키는 부정적 효과를 발생시킨다는 것이다.

③ 무역창출효과와 무역전환효과의 상호비교

지금까지 설명한 관세동맹의 무역창출효과와 무역전환효과를 정리하여 비교해 보면 다음의 [표 7-1]과 같다.

▌표 7-1▐ 무역창출효과와 무역전환효과의 비교

구 분	무역창출효과	무역전환효과
역내무역규모	증대	증대
무역발생패턴	무역이 없다가 새로이 발생 (자급자족 → 수입)	무역은 지속되는 가운데 상대국만 변경 (수입상황은 지속)
생산지변동	역내 고생산비국 → 역내 저생산비국	역외 최저생산비국 → 역내 고생산비국
비교우위원리	비교우위원리 작용	비교우위원리 역행
자원의 배분	효율적	비효율적
관세동맹의 성공조건 (회원국 입장)	무역창출효과를 최대화시키고 무역전환효과를 최소화시킨다.	

2) 관세동맹의 소비효과

바이너의 관세동맹이론은 관세동맹의 경제적 효과를 무역창출효과와 무역전환효과로 나누어 생산측면에서만 설명하고 소비측면에서 발생하는 효과에 대해서는 설명하지 않았다. 그러나 관세동맹은 회원국 간의 생산량과 무역량을 변화시키고 소비자의 소비형태와 경제적 후생에도 영향을 미치는데 이를 관세동맹의 소비효과라고 한다. 관세동맹의 소비효과에 관한 이론은 관세동맹의 경제적 효과를 생산측면뿐 아니라 소비측면에서도 분석하면서 바이너의 관세동맹이론을 보완해주는 역할을 하였다.

이제 관세동맹의 소비효과를 앞에서 무역창출효과 및 무역전환효과를 설명할 때 사용한 사례를 이용해서 설명해보자.

첫째, 무역창출효과와 관련해서 발생하는 소비효과에 대해 설명해보자. A국과 B국이 관세동맹을 결성하면 A국과 B국간에는 관세가 철폐되지만 C국에 대해서는 종전의 수입관세가 그대로 부과된다. 그러면 A국에서 X재의 소비가격은 관세동맹 이전에 50달러에서 관세동맹 이후에 B국으로부터 수입이 이루어지므로 40달러로 하락한다. 이와 같이 A국에서 X재의 가격이 하락하면 A국 소비자의 수요의 가격탄력성(ε)이 완전비탄력적(ε=0)이 아닌 한 소비가 증가하고 그에 따라 수입 또한 증가하게 될 것이다. 이렇게 소비가 증가하고 이는 다시 무역확대로 연결되는데 이를 소득효과라고 한다. 왜냐하면 관세동맹 이전에는 X재의 소비가격이 50달러였는데 관세동맹이후 40달러로 하락함에 따라 X재의 희소가치가 그만큼 하락하고, 소비자의 실질소득은 상대적으로 증가하여 소비자후생이 증대된다고 볼 수 있기 때문이다.

둘째, 무역전환효과와 관련하여 발생하는 소비효과는 어떻게 발생하는지 알아보자. A국은 B국과의 관세동맹 이후 C국의 X재를 45달러에 수입할 수 있는데 B국의 X재는 40달러에 수입할 수 있게 되어 상대적으로 비싸진 C국의 제품대신에 상대적으로 싼 B국의 제품을 소비하려는 대체현상이 발생하고 A국과 B국간의 무역은 확대되는데 이를 대체효과라고 한다.

2.3 무역창출효과와 무역전환효과

지금까지 간단한 사례를 이용하여 관세동맹의 정태적 효과에 대해 설명하였다.

이제부터는 그래프를 이용하여 무역창출효과와 무역전환효과에 대해 자세하게 설명해보려고 한다.

1) 무역창출효과

정태적 부분균형분석에 의한 관세동맹의 효과는 무역창출효과와 무역전환효과로 구분된다. 무역창출(trade creation)효과는 관세동맹 이후 회원국 간에 무역이 새롭게 발생하고 교역제품의 생산이 더 낮은 비용으로 생산할 수 있는 회원국으로 이동하게 된다. 이러한 현상은 비교우위에 입각한 특화생산과 자원의 효율적 배분이 이루어져 회원국의 경제적 후생을 증가시킨다. 그리고 무역을 창출하는 관세동맹(trade- creating customs union)은 비회원국의 후생도 증가시킬 수 있다. 그 이유는 무역창출효과로 인해 회원국의 실질소득이 증가하면 비회원국의 제품에 대한 수요도 증가할 수 있기 때문이다.

관세동맹의 무역창출효과를 [그림 7-6]을 이용해 설명해보자. 먼저 제1국, 제2국, 제3국 중 제2국이 제1국과 관세동맹을 맺고 제3국은 비회원국인 경우를 가정하자. [그림 7-6]에서 D_x와 S_x는 X상품에 대한 제2국의 국내수요곡선 및 공급곡선을 나타낸다. 자유무역 상태에서 제1국의 X상품의 가격(Px)은 1달러이고, 제3국(비회원국)에서는 P_x=1.5달러이며, 제2국은 경제소국으로서 이 가격에 영향을 미칠 수 없다고 가정하자.

그런데 제2국이 X상품의 수입에 100%의 종가세를 부과한다면 제2국은 P_x=2달러에 X상품을 제1국으로부터 수입할 것이다. 이 경우 제2국은 P_x=2달러에 X상품을 50X(GH)를 소비하는데 이 중 20X(GJ)는 국내생산으로 공급하고 나머지 30X(JH)는 제1국으로부터 수입하여 충당한다. 그리고 제2국은 관세수입으로 30달러(MJHN)를 징수한다. 그림에서 수평선 S_1은 자유무역을 할 때 제1국의 X상품의 공급곡선을 나타내는데 수평적인 공급곡선은 공급의 가격탄력성이 무한대라는 의미를 갖는다. 즉 제2국은 경제소국으로서 X상품의 국제가격에 영향을 주지 않는 가격순응자(price taker)의 입장에 있다는 의미를 갖는다. S_1+T는 제2국이 X상품에 관세(T=100%)를 부과했을 때 제1국의 공급곡선을 나타낸다. 제3국이 공급하는 X상품의 100%관세를 포함한 가격은 P_x=3달러이므로 제2국은 제3국의 X상품은 수입하지 않게 된다.

▌그림 7-6▐ 관세동맹의 무역창출효과

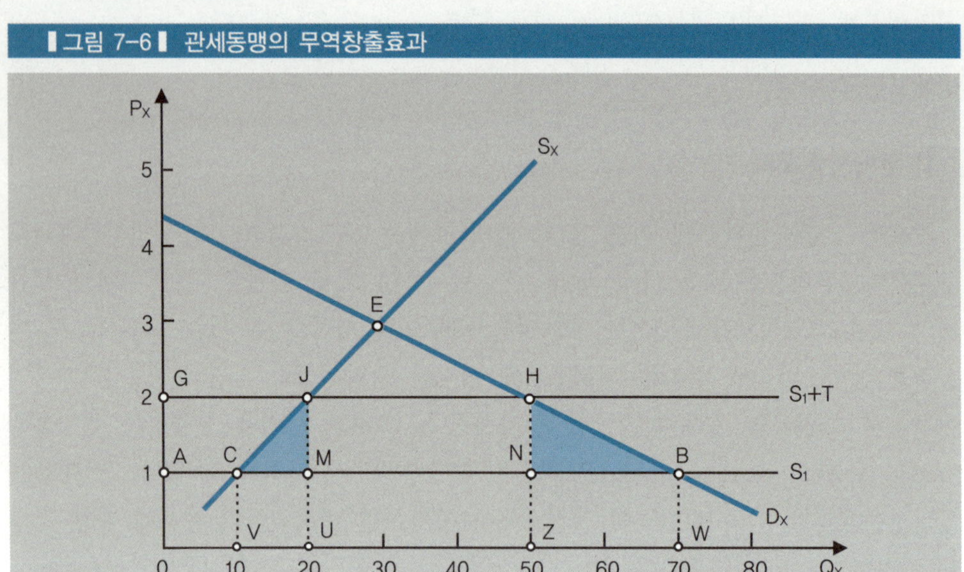

이제 제2국이 제1국과 관세동맹을 결성하고 제1국의 X상품이 무관세로 수입된다면 제2국에서 X상품의 가격(Px)은 1달러로 하락하게 된다. 이 가격에서 제2국은 X상품을 70X(AB) 소비하는데, 이중 10X(AC)는 국내생산으로 공급하고 60X(CB)는 제1국으로부터 수입하여 충당한다. 이 경우에 제2국이 징수하는 관세수입은 없게 된다.

그리고 관세동맹 이후 제2국에서 X상품의 국내가격이 하락하고 소비자는 낮은 가격에 더 많이 소비를 하게 되어 (AGHB)만큼의 소비자잉여의 증가를 가져온다. 그러나 소비자잉여 증가분 중에서 (MJHN)만큼은 관세수입의 감소로 상쇄되고 (AGJC)만큼은 생산자잉여의 감소로 상쇄된다. 즉 (MJHN)은 관세수입의 감소분으로서 정부의 손실을 나타내며 (AGJC)는 생산자잉여의 감소분으로서 국내생산자의 손실을 나타낸다. 결국 관세동맹의 무역창출효과로 인한 제2국의 순이익은 소비자잉여의 증가분에서 정부의 관세수입 감소와 국내 생산자잉여의 감소분을 제외한 삼각형 (CJM)과 (BHN)을 합한 면적으로 나타난다.

삼각형 (CJM)은 무역창출효과로 인한 생산측면의 순이익인데 제2국의 비효율적인 생산자로부터 제1국의 효율적인 생산자에게로 10X(CM)의 X상품의 생산이 전환되었기 때문에 발생하는 것이다. 반면에 삼각형 (BHN)은 소비측면에서 발생한 무역창출효과의 순이익인데 20X(NB)의 소비가 증가하여 (ZWBN)의 소비지출만으로도 (ZWBH)의 소비자효용을 얻기 때문에 생기는 것이다.

관세동맹이론의 선구자 역할을 한 바이너(J. Viner)는 관세동맹의 생산효과를 집중적으로 분석하고 소비효과는 분석하지 않았다. 이 후 미드(J. E. Meade)가 관세동맹의 이론을 확장시켜 처음으로 소비효과를 분석하였고 존슨(H.G. Johnson)은 관세동맹의 순이익을 실증적으로 계량 분석하였다.

2) 무역전환효과

무역전환(trade diversion)효과는 관세동맹 이후 회원국의 무역상대국이 저생산비용 국가인 비회원국으로부터 고생산비용 국가인 회원국으로 전환되면서 발생하는 부정적 효과이다. 즉 비회원국으로부터 저렴한 가격에 수입하던 제품을 더 비싼 가격의 회원국 제품으로 대체수입하면서 생기는 효과이다. 이것은 회원국에 대한 무관세 특혜조치 때문에 생긴다. 이러한 무역전환효과는 회원국과 비회원국 모두 경제적 후생을 감소시키는데 그 이유는 역외의 효율적인 생산자로부터 역내의 비효율적인 생산자로 생산이 전환되기 때문이다. 즉 무역전환효과는 비교우위에 어긋나는 국제분업을 초래하여 국제적 자원배분의 효율성을 악화시키는 결과를 초래한다.

관세동맹이 결과적으로 회원국의 경제적 순이익을 가져오느냐, 혹은 순손실을 초래하느냐 하는 것은 무역창출효과와 무역전환효과의 효과 중 어느 것이 더 큰지에 달려 있다. 만약 무역창출효과의 이익이 무역전환효과의 손실보다 크면 관세동맹은 순이익을 남기고 성공한 것으로 평가될 수 있다. 반면에 무역전환효과의 손실이 무역창출효과의 이익보다 더 크면 관세동맹은 순손실을 초래하고 실패한 것으로 평가될 수 있다.

관세동맹의 무역전환효과에 대해 [그림 7-7]를 이용해 설명해보자. 여기서도 무역창출효과의 경우와 마찬가지로 제1국, 제2국, 제3국 중 제2국이 제1국과 관세동맹을 맺고 제3국은 비회원국인 경우를 가정하자. 그림에서 Dx와 Sx는 X상품에 대한 제2국의 국내수요곡선과 공급곡선이며 수평선 S_1과 S_3는 제1국과 제3국의 공급곡선을 나타내는데 수평적인 공급곡선은 공급의 가격탄력성이 무한대라는 의미를 갖는다. 즉 제2국은 경제소국으로서 X상품의 국제가격에 영향을 주지 않는 가격순응자(price taker)의 입장에 있다는 의미를 갖는다.

이제 X상품의 수입에 대하여 100%의 종가세를 부과하면 제2국은 S_3+T선상의 Px=2달러에 제3국으로부터 X상품을 수입하게 된다. 즉 Px=2달러에 제2국은 50X(GH)를 소비하는데, 이 중 20X(GJ)를 국내생산으로 공급하고 30X(JH)는 제3국으로부터 수입하여 충당한다. 그리고 30달러(JMNH)의 정부의 관세수입을 얻게 된다.

▌그림 7-7▐ 관세동맹의 무역전환효과

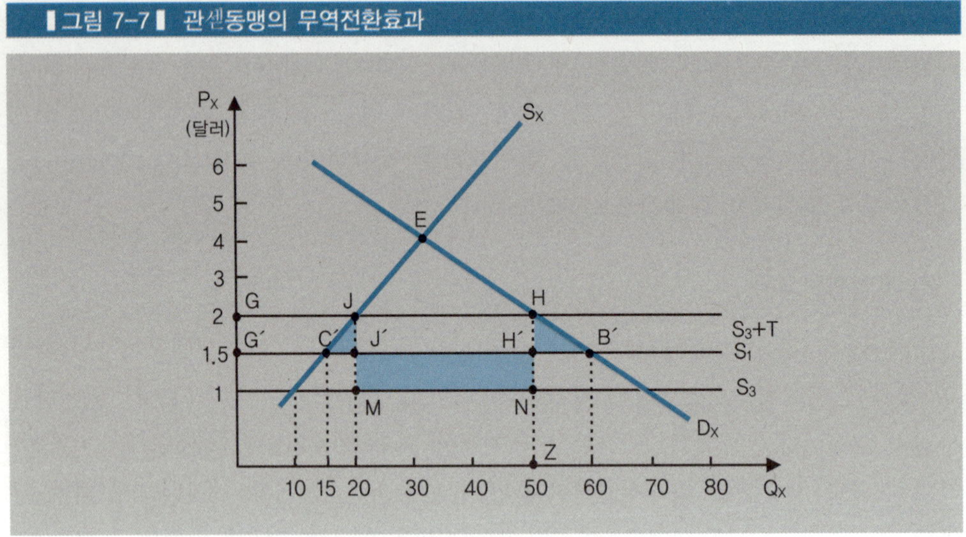

이제 제2국이 제1국과 관세동맹을 체결하고 제1국의 X상품이 무관세로 수입된다면 제2국은 X상품을 제1국으로부터 P_x=1.5달러에 수입하게 된다. 즉 관세동맹 이전에 제3국으로부터 Px=2달러에 수입하던 X상품을 이제 Px=1.5달러에 제1국으로부터 더 싸게 수입하게 된다. 새로운 P_x=1.5달러에서 제2국은 60X(G′B′)를 소비하는데, 이중 15X(G′C′)는 국내생산으로 공급하고 45X(C′B′)는 제1국으로부터 수입하여 충당한다. 그리고 기존에 징수했던 정부의 관세수입(JMNH)은 없어지게 된다.

이제 X상품의 생산은 효율적 생산국인 제3국으로부터 비효율적 생산국인 제1국으로 전환되었는데, 이는 제1국의 X상품에는 관세를 철폐하고 제3국의 X상품에는 관세를 그대로 부과했기 때문이다. 그런데 제2국의 X상품 수입이 관세동맹 이전 30X에서 45X로 증가되었다는 점을 주목하자. 이것은 무역전환효과가 무역창출효과를 수반하면서 발생할 수 있다는 것을 의미한다.

제1국과 관세동맹을 체결한 이후 나타난 제2국의 경제적 후생효과는 [그림 7-7]에서 빗금 친 부분의 면적으로 측정할 수 있다. 푸른색 삼각형 (C′JJ′)와 (B′HH′)의 면적의 합은 무역창출효과로 인한 경제적 이익을 나타내는 반면, 푸른색 사각형 (MNH′J′)의 면적은 무역전환효과로 인한 경제적 손실을 나타낸다.

관세동맹 이후 제2국의 소비자는 이전보다 저렴한 가격에 더 많은 소비를 함에 따라 (G′GHB′)만큼의 소비자잉여를 갖게 된다. 그리고 국내생산자는 이전보다 더 낮은 가격으로 더 적게 공급할 수밖에 없어서 (G′GJC′)만큼의 생산자잉여의 감소를 갖게 된다. 한편 정부의 관세수입(JMNH)은 없어지게 된다. 즉 소비자잉여의 증가분(G′GHB′)중에서 일부는 생산자잉여의 감소(G′GJC′)와 정부의 관세수입감소(JMNH)로 상쇄되고 제2국의 소비자는 이익을, 국내생산자와 정부는 손실을 얻게 된다.

이상 관세동맹의 경제적 효과를 종합해보면 제2국의 소비자잉여의 증가분(G′GHB′) 중에서 (G′GJC′)는 생산자잉여가 소비자잉여로 전환된 것이며, 관세동맹 이전에 징수했던 관세수입(JMNH)도 없어지는데 그 중에서 (JJ′HH′)는 소비자잉여의 증가로 전환되고 나머지 (MNH′J′)는 소비자잉여의 증가로 전환되지 않는 손실부분이다. 결과적으로 관세동맹의 순효과는 푸른색 삼각형 (C′JJ′)와 (B′HH′), 그리고 사각형 (MNH′J′)만 남게 되는데 (C′JJ′)와 (B′HH′)는 무역창출효과의 이익이고 (MNH′J′)은 무역전환효과의 손실이다.

그러면 무역전환효과의 손실을 나타내는 사각형(MNH′J′)의 면적이 무역창출효과의 이익을 나타내는 (C′JJ′)와 (B′HH′)면적의 합보다 크면 관세동맹의 경제적 효과는 순손실로 나타나고 반대의 경우에는 순이익으로 나타난다. 즉 관세동맹의 성공여부는 관세동맹의 무역창출효과의 이익과 무역전환효과의 손실의 크기에 따라 결정된다. 무역창출효과의 이익이 무역전환효과의 손실보다 더 크면 관세동맹은 순이익을 초래하여 성공한 것으로 평가되며 반대의 경우에는 순손실을 초래해서 실패한 것으로 평가된다.

[그림 7-7]에서 D_x와 S_x의 기울기가 완만할수록, 즉 제2국의 X상품에 대한 국내수요와 공급의 가격탄력성이 클수록, 또한 관세(T)가 작을수록 삼각형 (C′JJ′)와 (B′HH′)의 면적은 커지고 사각형(MNH′J′)의 면적은 작아진다. 이는 무역전환효과의 순손실이 무역창출효과의 이익보다 작게 나타나서 결과적으로 회원국의 경제적 순이익(후생증가)을 가져올 가능성이 크다는 것을 의미한다.

3) 관세동맹의 경제적 후생증가 조건

관세동맹은 다음의 조건이 많이 충족될수록 무역창출효과가 무역전환효과보다 더 크게 나타나서 경제적 후생증가의 가능성이 커진다.

- 관세동맹 이전에 회원국 간의 관세 등 무역장벽이 높을수록 관세동맹 이후의 경제적 후생이 증가할 가능성이 커진다. 이런 경우 관세동맹 이후에 무역전환효과보다 무역창출효과가 더 크게 나타날 가능성이 커지기 때문이다.

- 비회원국에 대한 관세동맹의 관세 등 무역장벽이 낮을수록 경제적 후생 증가의 가능성이 커진다. 이런 경우 관세동맹의 무역전환효과가 나타날 가능성이 작아지기 때문이다.
- 관세동맹의 회원국 수가 많고 경제규모가 클수록 경제적 후생 증가의 가능성이 커진다. 이런 경우 최저생산비 국가가 관세동맹 회원국이 될 가능성이 커지고 무역전환효과의 발생가능성도 더 작아지기 때문이다.
- 회원국의 경제구조가 서로 보완적이기보다는 경쟁적 관계일수록 경제적 후생 증가의 가능성이 커진다. 이런 경우 관세동맹으로 인한 특화생산과 무역창출효과 가능성이 더 커지기 때문이다. 따라서 경제구조가 서로 보완적인 공업국과 농업국 간의 관세동맹보다 경쟁적인 공업국 간에 관세동맹을 맺을 때 경제적 후생이 증가할 가능성이 커진다.
- 관세동맹 회원국이 지리적으로 근접할수록 경제적 후생 증가의 가능성이 커진다. 이런 경우 운송비나 보험료 등 무역외 비용이 감소하여 무역창출효과가 더 커질 가능성이 높다.
- 관세동맹 이전에 회원국들의 무역 및 경제관계가 깊을수록 경제적 후생 증가의 가능성이 커진다. 이런 경우 관세동맹의 무역전환효과보다 무역창출효과가 더 크게 발생할 가능성이 높다.

  유럽연합(EU)이 유럽자유무역연합(EFTA: European Free Trade Associ ation)보다 더 성공할 수 있었던 이유는 EU가 EFTA에 비해서 위의 조건을 더 많이 충족할 수 있었기 때문이다. 즉 EU 회원국의 경제구조가 보완적 관계보다는 경쟁적 관계를 갖고 있고, 회원국이 지리적으로 근접해 있으며, EFTA 국가에 비하여 관세동맹 이전에 경제 및 무역관계가 더 긴밀했기 때문이다.

2.3 차선이론과 경제통합

이제는 차선이론(Theory of Second Best)에 대해서 설명해보자. 관세동맹은 차선이론의 특수한 경우이다. 전통적 무역이론에 따르면 자유무역을 통해 세계의 자원이 가장 효율적으로 사용되고 세계의 산출량과 후생이 극대화된다. 그러므로 1950년 바이너(J. Viner)의 관세동맹 이론이 나오기 전에는 세계무역이 자유무역주의 기조 하에 이루어지면 궁극적으로는 세계의 경제적 후생을 증가시킬 것이라는 생각이 지배적이었다. 따라서 관세동맹이 비회원국에 대한 무역장벽을 증가시키지 않는 한 관세동맹 회원국 간에 무역장벽을 철폐하고 무역량을 늘리는 것은 자유무역에 근접하는 상황이므로 관세동맹은 회원국과 비회원국의 경제적 후생을 증가시킬 것으로 생각되었다.

그러나 바이너는 관세동맹 이후 회원국이나 비회원국의 경제적 후생은 증가할 수도 있고 감소할 수도 있다는 점을 보여 주었다. 즉 관세동맹은 회원국 입장에서 성공할 수도 있고 실패할 수도 있다는 점을 보여주었다. 여기서 하나의 의문점이 생기는데 그러면 관세동맹이 성공하는 경우 관세동맹은 과연 자유무역 다음의 차선책이 되는가 하는 점이다. 대답은 아니라는 것인데 이것이 차선이론의 주요 골자이다. 차선이론을 좀 더 설명해보자.

차선이론에 의하면 후생을 극대화하거나 파레토 최적에 도달하기 위한 조건이 모두 충족될 수 없을 때 이 조건들을 가능한 많이 충족시킨다고 해서 반드시 차선의 위치에 도달하는 것은 아니라는 것이다. 즉 충족되는 조건의 개수로는 차선을 가릴 수 없다는 것이다. 예를 들어 자유무역의 성공조건이 여러 개 있을 때 그 조건을 모두 충족시키지 못하면 어떠한 무역도 자유무역의 차선책이 되지 못한다는 것이다. 이것은 관세동맹을 결성하여 회원국 간 무역장벽을 제거한다고 해서 반드시 자유무역 다음의 차선의 상태에 도달하는 것은 아니라는 것을 의미한다. 그 이유는 관세동맹 결성 후 후생이 증가할 수도 있고 감소할 수도 있기 때문이다.

이러한 다소 놀라운 결론은 차선의 이론이 처음 제기된 국제경제학 분야에서뿐만 아니라 일반경제학을 연구하는 데 있어서도 대단히 중요하게 취급된다. 관세동맹의 이론은 차선이론의 일반적인 원칙이 국제무역에서 나타난 한 예에 불과하다. 차선이론은 바이너가 처음 소개할 때는 다소 모호한 상태였지만 1955년 미드(J. E. Meade)[4]에 의하여 완전히 발전되었고 1956년 립시(R. G. Lipsey)와 랭카스터(K. Lancaster)[5]에 의해 일반화되었다.

2.4 기타 정태적 효과

이제 관세동맹의 기타 정태적 효과에 대해서 간략히 설명해보자.

첫째, 행정비용의 절감을 들 수 있다. 즉 관세동맹이 결성되면 회원국 역내의 무

4) J. Meade, The Theory of Customs Union, Amsterdam: North-Holland, 1955.

5) R. G. Lipsey and K. Lancaster, "The General Theory of the Second Best", Review of Economic Studies, October 1956, pp.33-49.

역에 수반되는 세관업무나 국경순찰업무 등을 간소화하거나 없앨 수 있어서 그에 따른 행정비용을 절약할 수 있다. 이러한 이익은 관세동맹의 무역창출효과나 무역전환효과에 관계없이 발생한다.

둘째, 관세동맹 회원국 전체의 비회원국에 대한 교역조건을 개선시킬 수 있다. 즉 관세동맹의 무역전환효과는 비회원국으로부터의 수입과 비회원국에 대한 수출을 함께 감소시킴으로써 비회원국에 대한 회원국 전체의 교역조건을 개선시킬 수 있다. 이것은 관세동맹 전체회원국의 오퍼곡선이 안으로 이동하는 것으로 나타낼 수 있다. 그러나 관세동맹의 무역창출효과는 이와 반대의 결과를 나타낼 수 있다. 그 이유는 무역창출효과로 인해 관세동맹 회원국의 실질소득이 증가하면 비회원국으로부터의 수입도 증가할 수 있기 때문이다. 따라서 개별회원국의 교역조건이 어떻게 변화할 것인지는 무역전환효과와 무역창출효과의 상황에 따라 다르게 나타날 수 있다.

셋째, 관세동맹은 국제무역협상에서 회원국 전체의 국제협상력을 제고할 수 있다. 즉 국제협상에서 관세동맹의 회원국들은 하나의 교섭단위로서 행동하기 때문에 모든 회원국이 개별적으로 협상할 때보다 훨씬 강한 국제협상력을 갖게 될 수 있다. 예를 들어 EU가 이 경우에 해당된다고 할 수 있다.

2.5 관세동맹의 동태적 이익

앞에서 논의한 정태적 후생효과 이외에 관세동맹의 회원국은 몇 가지 중요한 동태적 이익(dynamic effects)을 얻을 수 있다. 이러한 동태적 이익은 경쟁의 심화, 규모의 경제, 투자증대, 자원의 효율적 이용 등에 기인한 것이다. 여기에서는 관세동맹의 동태적이익을 차례로 설명한다.

1) 경쟁의 심화(Increased Competition)

관세동맹의 가장 큰 동태적 이익은 경쟁의 심화를 들 수 있다. 즉 관세동맹을 결성하기 이전에 생산자(특히 독과점생산자)는 관세 등 무역장벽의 보호 하에 기술개발 및 원가절감 노력을 게을리 하고 정부의 보호에 안주하기 쉽다. 그러나 관세동맹이 형성되고 회원국 사이에 무역장벽이 제거되면 각국의 생산자는 관세동맹역내의 다른 생산자와의 경쟁에서 살아남기 위하여 연구개발, 신기술 도입, 경영기법개발 등 자구노력을 하게 될 것이다. 그렇지 못할 경우 기업은 도산하게 된다.

이러한 노력은 생산비용감소와 가격하락을 초래하여 궁극적으로 소비자에게 이익을 가져다주게 된다.

2) 규모의 경제(Economies of Scale)

관세동맹의 결성으로 얻을 수 있는 두 번째 동태적 이익은 규모의 경제를 들 수 있다. 규모의 경제 이익은 꼭 관세동맹의 경우가 아니라도 얻을 수 있다. 즉 협소한 국내시장을 벗어나서 세계시장을 겨냥하여 수출을 함으로써 상당한 규모의 경제 효과를 달성할 수 있다. 예를 들면 벨기에와 네덜란드는 비록 경제규모는 작지만 EU에 가입하기 이전부터 이미 세계시장에 진출해서 상당한 규모의 경제 이익을 누려왔다.

3) 투자의 증대(Stimulus to Investment)

또 다른 동태적 이익으로 시장의 확대와 경쟁의 심화에 따른 투자의 증대를 들 수 있다. 특히 관세동맹의 결성 이후 비회원국이 차별적인 무역장벽을 회피하기 위해 관세동맹 회원국내에 생산시설을 설치하기도 하는데 이것을 관세공장(tariff factories)이라고 부른다. 유럽지역의 경제통합이 시작된 이후 미국기업들이 유럽지역에 막대한 시설투자를 했는데 이것은 급속히 성장하는 유럽시장에서 차별받는 상황에 대처하기 위한 목적이 있었기 때문이다.

4) 효율적 자원배분(Efficient Resource Allocation)

끝으로 노동과 자본 등 생산요소의 역내 자유로운 이동으로 인하여 회원국 전체의 경제적 자원을 보다 효율적으로 배분할 수 있게 된다.

이러한 관세동맹의 동태적 이익은 정태적 이익보다 훨씬 크고 중요하게 평가된다. 1973년에 영국이 뒤늦게 EU에 가입한 이유도 주로 이러한 동태적 이익을 추구하기 위해서였다. 그동안의 실증적 연구에 의하면 관세동맹의 동태적 이익은 정태적 이익보다 5배에서 6배 정도 더 큰 것으로 나타났다.

CHAPTER
08
경제통합의 현황

1 경제통합의 전개

1.1 경제통합에 관한 규범

경제통합은 역내 회원국에게는 경제적 이익을 줄 수 있으나 역외 비회원국에게는 경제적 손실을 초래할 수 있는 부정적 측면이 있다. 경제통합이 국제규범상 적법성을 인정받기 위해서는 모든 회원국에 대하여 무차별대우를 요구하는 WTO의 최혜국 대우원칙에 대한 예외를 인정받아야 한다.

WTO의 최혜국대우원칙의 예외로서는 우선 역사적 특혜를 들 수 있는데 여기에는 WTO의 전신인 GATT가 출범한 1947년 이전부터 서방선진국들과 그들의 식민지 사이에 존재했던 특혜협정들이 포함된다.

그리고 1948년 이후의 지역무역협정에 적용된 예외규정은 GATT 제24조와 GATS 제5조, 그리고 1979년 도쿄라운드에서 채택된 권능부여조항(Enabling Clause)이 있는데 권능부여조항은 개발도상국에 대한 예외를 인정한 규정이다.

경제통합이 WTO의 최혜국대우원칙의 예외로 인정받기 위해서는 일반적으로 ① 협정당사국간의 실질적인 모든(substantially all) 상품과 서비스 교역에 있어서 차별을 제거하여야 하며 ② 협정의 발효시점에 존재하고 있던 역외 비회원국에 대한 무역장벽이 더 강화되어서는 안 되며 ③ 모든 협정의 계획과 이행 일정은 합리적인 기간(reasonable length of time)내에 완료되어야 한다. 합리적인 이행 기간은 예외적인 경우를 제외하고는 10년을 넘길 수 없다고 규정되어 있다.

1.2 경제통합의 추이

WTO의 회원국들이 특정 형태의 경제통합을 실행하기 위해서는 WTO에 그 사실을 통보하고 적합성 여부에 대한 심의를 거쳐야 한다. 이러한 절차에 따라 현재까지 WTO에 통보되어 시행 중인 지역무역협정은 모두 524개에 이른다.[6)]

초기의 지역무역협정은 유럽공동체(EC)와 유럽자유무역지대(EFTA) 같이 주로 유럽지역을 중심으로 이루어졌으며 그 숫자도 많지 않았다. 그러나 1970년 20개, 1990년 46개 등 완만한 증가를 보이던 지역무역협정의 수는 1994년 북미자유무역협정(NAFTA)과 1995년 WTO체제가 출범한 이후 급격히 증가하였다.

1.3 경제통합의 유형

현재 WTO에 통보되어 발효 중인 지역무역협정을 유형별로 살펴보면 GATT 제24조에 의거한 협정이 295개로 가장 많고 GATS 제5조에 의거한 경제통합협정이 174개, 권능부여조항(Enabling Clause)에 따른 협정이 56개인 것으로 나타났다. 우선 GATT 제24조에 따른 협정 중 상품교역과 관련된 협정은 자유무역협정이 압도적으로 많아 284개에 이르며 관세동맹은 11개에 불과한 것을 알 수 있다. 또한 개발도상국에 관한 권능부여조항에 따른 지역무역협정은 관세동맹이 7개, 자유무역협정이 23개이며, 부분특혜협정이 26개로 집계되고 있다.

▌표 8-1▌ 경제통합의 유형과 관련 조항

	GATT 제24조	GATS 제5조	권능부여조항	합계
관세동맹	11	–	7	18
자유무역협정	284	–	23	306
경제통합협정	–	174	–	174
부분협정	–	–	26	26
합 계	295	174	56	524

※ 자료: WTO(http://rtais.wto.org/UI/Publicsummarytable.aspx) 2020년 기준.

6) 그동안 GATT와 WTO에 통보된 지역무역협정은 모두 700여개에 이르고 있으나 실제 효력이 유지되고 있는 협정은 2020년 현재 524개로 파악되고 있다.

2 지역별 경제통합 현황

2.1 유럽지역

1) 유럽연합(EU)

① 통합과정

유럽연합(European Union: EU)의 기원은 1944년 벨기에, 네덜란드, 룩셈부르크 3국이 체결한 베네룩스관세동맹을 들 수 있다. 베네룩스 3국은 1944년 런던에서 관세협약을 체결하고 관세동맹을 결성하기로 하였는데 상호조정기간을 거쳐 1948년 협약이 발효되었다.

1951년에는 유럽의 석탄과 철강 산업의 공동시장을 목표로 유럽석탄철강공동체(European Coal and Steel Community: ECSC)가 결성되었는데 그 회원국은 베네룩스 3국과 독일, 프랑스, 이탈리아 등 6개국이었다. ECSC는 프랑스의 주도로 6개 회원국이 석탄 및 철강자원의 생산과 무역에 대해 공동시장을 형성하는 것이었다. 그 결과 ECSC 회원국 간 석탄과 철강제품 무역이 급속히 증가하였고 회원국의 석탄부족과 철강의 과잉 공급을 해소하였다.

ECSC의 성공은 1958년 유럽경제공동체(EEC)를 출범시키는 계기가 되었다. 즉 1957년에 ECSC 6개 회원국이 유럽원자력공동체(European Atomic Energy Community: EURATOM)와 함께 유럽경제공동체(European Economic Community: EEC) 발족을 위한 로마조약을 체결하고 1958년에 EEC를 출범시켰다.

1967년에는 EEC와 ECSC 그리고 유럽원자력공동체(EURATOM)를 통합하여 유럽공동체(European Communities: EC)가 출범하였다. 이에 따라 1968년부터 공산품의 완전한 자유무역과 공동농업정책이 시행되고 1970년부터는 노동과 자본의 이동도 자유로워졌다.

1977년 영국, 덴마크, 아일랜드가 회원국으로 새로 가입하고 1981년에는 그리스, 1986년에는 스페인과 포르투갈이 가입하면서 12개의 회원국을 가진 거대한 공동시장으로 발전하게 된다. 또한 1993년에는 마스트리히트 조약이 발효되어 세계 최대의 강력한 경제통합인 유럽연합(European Uniom: EU)이 탄생하게 된다. 그 후 1995년 오스트리아, 스웨덴, 핀란드가 새로 가입하여 모두 15개 회원국이 되었고, 2004년에는 사이프러스, 체코, 에스토니아, 헝가리, 라트비아, 리투아니아, 몰타, 폴란드, 슬로바키아, 슬로베니아 등 10개국이 가입하여 25개 회원국으로 확대되었다. 이어서 2007년 불가리아와 루마니아, 그리고 2013년 크로아티아가 가입하여 28개 회원국의 거대시장을 형성하였다. 그러다가 2021년 1월 1일부터 영국의 EU탈퇴가 정식 발효되어 EU 회원국은 27개국이 되었다.

영국은 2016년 6월 23일 EU탈퇴(브렉시트)에 관한 국민투표에서 국민 51.9%의 찬성을 얻어 EU에서 탈퇴하기로 하였다. 브렉시트(BREXIT)는 영국의 EU 탈퇴를 뜻하는 말로 2016년 6월 브렉시트 찬반에 관한 국민투표에서 결정되었고 당초 2018년 3월에 단행할 예정이었다. 그러나 영국 의회의 브렉시트 합의안 부결로 총 3차례 연기되면서 2020년 1월 31일로 변경되었으며, 이후 영국 내부의 법안 통과절차와 EU의 유럽의회와 유럽이사회의 승인 절차까지 완료되면서 브렉시트가 확정되었다. 영국과 EU 양측은 브렉시트의 원활한 이행을 위해 2020년 12월 31일까지 전환기간으로 설정하고 이 기간에는 모든 것을 브렉시트 이전과 똑같이 유지하면서 미래관계협상을 실시하도록 협의하고 2020년 1월 31일 이후에도 큰 변화는 없었다. 그러다가 2020년 12월 24일 영국과 EU가 미래관계협상을 타결하면서 2021년 1월 1일을 기해 영국은 국민투표 4년 6개월 만에 EU에서 완전 탈퇴하였다.

② 공동농업정책(CAM)

유럽연합의 공동정책은 경제, 정치, 사회 등 광범위한 분야에서 시행되어 왔는데 공동농업정책과 무역정책 등 일부부문을 제외하고는 큰 성과를 보이지 못하였다. 여기서는 그동안 EU의 중요한 정책으로 추진된 공동농업정책(Common Agricultural Policy: CAM)에 대해서 간략히 설명한다.

EU의 공동농업정책의 목적은 농업부문의 생산성향상, 농민의 소득수준향상, 농산물시장의 안정, 합리적 농산물가격유지 등이었다. 이러한 목적을 달성하기 위해서 EU는 첫째, 역내 농산물의 완전한 무역자유화를 위해 농산물에 대한 관세와 수량제한을 철폐하고, 둘째, 역외 농산물에 대해서는 공동관세를 부과하며 수입과징금, 수량제한 등의 비관세장벽을 도입하고, 셋째, 공동농업정책 수행에 필요한 자금은 공동체 예산에서 지급하는 정책을 시행하였다.

공동농업정책은 농산물 자급률 향상과 가격안정, 농민소득 증대 등에 있어서는 상당한 성과를 거두었지만 일부 농산물의 과잉공급, 지나친 예산소요 등의 부작용도 나타났다. 즉 인위적인 가격조작에 따른 구조적 공급과잉으로 재고증가와 재정상의 압박은 커다란 문제점으로 제기되었다.

결과적으로 EU의 공동농업정책은 회원국에게도 불이익을 가져오는 문제를 발생시켰다. 공동농업정책은 농산물가격을 시장가격보다 높게 책정하였는데 이는 EU 회원국, 특히 프랑스의 농민들을 위하여 일반 소비자의 희생을 강요하는 결과를 초래했다. 영국은 전통적으로 농산물 가격을 낮게 유지하고 대신 농가소득을 유지하기 위한 '결손금 지급(deficiency payments)' 정책을 통해 농가소득을 보조하였는데 이러한 공동농업정책은 영국이 EU에 가입하는데 주된 장해물이 되었었다. EU의 공동농업정책은 우루과이라운드(UR)에서도 미국과 EU간 무역협상의 중요한 쟁점이 되었다.

③ 일반특혜관세제도(GSP)

1975년 로마회의에서 EU는 회원국의 식민지 국가였던 아프리카, 카리브해, 태평양지역의 개발도상국의 상품에 대한 대부분의 무역장벽을 철폐하였다. 이보다 앞서 1971년에는 개발도상국의 공업제품과 반공업제품의 수입에 대해서 일반특혜관세제도(GSP: Generalized System of Preference)를 시행하였다. 그러나 직물, 철강, 소비자 전자제품, 신발류 이외에 개발도상국에게 중요한 다른 공업제품들은 이 특혜조치에서 제외되었다. 일반특혜관세제도는 1979년의 도쿄라운드에서 개발도상국의 공산품 수출증대를 위한 특혜조치로 채택되어 거의 모든 선진국들이 시행하게 되었다. 일반특혜관세제도는 원래의 목적이었던 개발도상국의 공업발전에는 별로 도움이 되지 않고 무역전환효과만 나타났다는 비난을 받기도 했다.

④ EU통합의 성과

EU의 성과를 거시경제지표를 통해 살펴보면 EU는 세계최대의 강력한 경제통합체로서 인구와 교역 측면에서 세계1위이고 경제규모로서는 세계 2위의 경제통합체이다. 그리고 EU의 역내 교역량도 꾸준히 증가하여 역내교역비중이 매우 높은 수준에 도달해 있다.

한편 EU의 경제통합에 따른 정태적 이익은 총량규모는 매우 크지만 GDP에 대한 비중은 그리 크지 않다는 연구결과가 있다. 그러나 EU의 동태적 이익은 그보다 훨씬 클 것으로 추정되는데 실제로 계량하기가 쉽지 않아서 이에 관한 실증적 연구는 찾아보기 어렵다. 아마도 EU의 성과는 이러한 동태적 효과 외에 정치적 사회적 효과도 함께 고려해야 정확한 평가가 이루어질 것이다. 제2차 대전을 치루었던 독일과 유럽 국가들이 EU회원국으로서 공동의 이익을 위해 서로 협조하는 것은 정치적으로도 매우 중요한 의미를 갖는다.

EU는 앞으로 회원국 확대에 따른 부작용을 극복하는 것이 중요한 과제인데 서유럽과 동유럽 간 경제력 격차와 경제발전의 불균형, 유로화 도입 지연, 동유럽 국가로부터 노동력 유입에 대한 서유럽 국민들의 우려 증대 등의 문제가 나타나고 있다. 이와 같이 EU는 근본적으로 회원국들의 이해관계가 상충할 가능성이 상존하고 있어서 완전한 경제통합을 달성하기까지는 오랜 시간이 소요될 것으로 예상된다.

⑤ EU의 기본 조직

EU의 법적기구로는 유럽위원회, 유럽이사회, 각료이사회, 유럽의회, 유럽법원이 있다.

유럽위원회

유럽위원회(European Commission)는 EU의 행정기관으로서 유럽집행위원회라고도 한다. 유럽위원회의 주요 기능은 각료이사회와 유럽이사회에서 논의할 안건을 상정하고 공동정책의 수행에 필요한 법안을 이사회에 제안하며 이사회의 결정을 집행하고 감독하는 것이다. 또한 EU 법규를 준수하지 않는 회원국을 유럽재판소에 제소할 수 있으며 EU의 전체 예산을 편성, 집행, 관리하는 권한을 가진다. 대외적으로 EU를 대표하며 무역협상을 하고 협정을 체결한다.

유럽이사회

유럽이사회(European Council)는 EU의 장기 정책방향을 결정하고 정치, 경제의 주요 의제를 논의하는 EU정상회담으로서 EU 회원국의 정부대표와 EU집행위원장이 참여한다. 유럽이사회는 정책 수립과 집행의 기능은 없지만 실제로 EU의 정책 결정에 직접적인 영향을 미치며 1년에 2회 소집된다.

유럽각료이사회

각료이사회(Council of Ministers)는 EU의 핵심적 기능을 담당하는 최고의 의사결정기구로서 각 회원국의 관련 장관으로 구성된다. 예전에는 모든 입법기능을 가지고 있었으나 단일유럽법 이후 유럽의회가 입법안에 대한 결정권과 부결권을 가지고 있다. 그러나 입법안에 대한 발의권은 각료이사회가 가지고 있으며 일부 의안은 각료이사회 단독으로 처리하는 권한을 가지고 있다.

유럽의회

유럽의회(European Parliament)는 회원국별로 직접선거를 통하여 선출된 5년 임기의 의원으로 구성되는데 한 나라의 국회와 같은 성격을 가진 EU 국민의 대표기구이다. 각료이사회와 집행위원회의 활동을 감독하고 통제하는 기능을 한다.

유럽법원

유럽법원(European Court of Justice)은 EU 최고의 사법기관으로서 각 회원국에서 선출된 판사로 구성된다. 판사는 출신국의 이익을 옹호할 수 없으며 EU의 공통법규를 준수하도록 판결한다. 유럽법원의 판결은 EU기관, 회원국, 역내법인, 자연인에 대한 법적 구속력을 가진다.

2) 유럽자유무역연합(EFTA)

1960년 유럽경제공동체(EEC, 현재 EU)에 가입하지 않은 영국, 오스트리아, 덴마크, 노르웨이, 포르투갈, 스웨덴, 스위스 7개국이 EEC에 대응하기 위하여 영국을 중심으로 유럽자유무역연합(European Free Trade Association: EFTA)을 설립하였다. 1961년에는 핀란드가 준회원국으로 가입하고 1970년에 아이슬란드가 가입하였다. EFTA는 자유무역협정 형태의 경제통합으로 출발하였는데 1967년에 공산품 교역의 자유화를 달성하였으나 농산물 교역의 자유화는 거의 이루어지지 않았다.

EFTA는 그동안 회원국의 신규가입과 탈퇴가 지속되었는데 1973년에 영국, 덴마크가 EEC에 가입하면서 탈퇴하였으며, 1986년에 핀란드가 정회원국으로 승격하였지만 포르투칼이 EEC에 가입하면서 탈퇴하였고, 1991년에 리히텐슈타인이 새로 가입하였다. 그리고 1995년에 오스트리아, 스웨덴, 핀란드가 유럽연합(EU)에 가입하면서 탈퇴하여 현재 회원국은 노르웨이, 스위스, 아이슬란드, 리히텐슈타인 4개국으로 줄었다.

EFTA는 1994년에 유럽의 통일된 시장을 만들기 위해 유럽연합(EU)과 유럽경제지역(European Economic Area: EEA)을 설립하였다. 2020년 기준 EEA 회원국은 EU 27개국과 EFTA 3개국이 참여하여 총 30개국이며 관세동맹 수준의 경제통합으로서 공동시장을 목표로 하고 있다.

2.2 북미자유무역협정(NAFTA)

1) 추진과정

1994년 1월 발효된 북미자유무역협정(NAFTA)은 1989년의 미국·캐나다 자유무역협정(Canada and U.S. Free Trade Agreement: CUSFTA)을 확대하여 1993년 9월에 미국, 캐나다, 멕시코가 협정을 맺어 발효된 세계 최대의 자유무역지역이다. NAFTA 협정은 궁극적으로 북미전역에 걸쳐 상품과 서비스의 완전한 자유무역을 추구하며 10-15년에 걸쳐 단계적으로 모든 관세와 비관세무역장벽, 투자제한조치 등을 철폐하는 내용으로 구성되어 있다.

미국의 NAFTA결성 배경은 첫째, 1986년 이후 우루과이라운드 협상이 시작되었으나 계획대로 추진되지 못하여 협상이 지연되고 있었고, 둘째, EU가 회원국 확대와 함께 강력한 경제통합으로 성장함으로서 미국의 정치, 경제적 영향력이 약화될 우려가 커지고 있었고, 셋째, 아시아태평양지역에서 급부상하고 있는 일본과 동아시아경제권에 대한 견제 필요성이 대두되었기 때문이다. 즉 미국은 캐나다, 멕시코와 FTA를 결성하여 EU와 동아시아경제권에 공동으로 대처하여 국제경제의 주도력을 강화하는 동시에 우루과이라운드 협상에서 유리한 협상력을 확보하기 위해 NAFTA를 추진하게 된 것이다.

그러나 2017년 취임한 미국의 트럼프 대통령은 NAFTA 협정을 강력히 반대하는 입장을 취하며 캐나다와 멕시코에 새로운 협상을 제안하였다. 이에 따라 2018년 9월 미국과 캐나다, 멕시코 3국은 NAFTA를 미국·멕시코·캐나다협정(US-Mexico-Canada Agreement: USMCA)으로 대체하기로 합의하고 2020년 3월 각국의 의회 비준을 마친 후 2020년 7월 NAFTA를 USMCA로 대체하였다.

2) 특징

NAFTA가 다른 경제통합, 특히 EU와 다른 점은 EU는 경제발전 단계가 비슷한 국가들 간의 시장 확대를 목표로 하는 수평적 경제통합인데 비해 NAFTA는 경제규모와 발전단계가 다른 국가들 간의 시장 확대를 위한 수직적 경제통합이라는 점이다.

미국은 NAFTA를 통해 미국의 기술과 자본, 캐나다의 천연자원, 멕시코의 노동력을 결합하여 미국 경제의 경쟁력을 높이려고 하였다. 또한 NAFTA를 향후 북남미를 통합하는 거대한 자유무역시장의 발판으로 삼으려는 목표를 가지고 있었다. 실제로 미국은 1998년에 미주자유무역지대(FTAA: Free Trade Area of the Americas)를 창설하고 2005년까지 북미와 남미전역의 34개국을 회원국으로 하는 서반구자유무역지역(Western Hemisphere Free Trade Area)을 창설하려는 노력을 시작하였으나 환태평양경제동반자협정(Trans-Pacific Partnership: TPP)과 역내포괄적경제동반자협정(Regional Comprehensive Economic Partnership: RCEP)등 아시아태평양지역의 대형FTA(Mega FTA)결성으로 인해 추진되지 못하고 주춤한 상태이다. 또한 미국은 NAFTA를 이용해 EU와 동아시아 국가들에 대한 시장개방 압력을 강화하고자 하였으며, 멕시코의 불법이민을 막고 멕시코에 대한 투자확대를 유도하고자 하였다.

캐나다는 NAFTA로 인한 경제적 이익과 멕시코 시장에 대한 진출 증대는 크게 기대하지 않았고 기존에 체결한 미국과의 자유무역협정을 유지하고 미국시장을 안정적으로 확보하려는 의도를 가지고 소극적으로 NAFTA에 참여하였다. 멕시코는 NAFTA를 통해 미국시장의 안정적 확보, 미국으로부터의 투자확대와 첨단기술 도입을 통해 산업경쟁력을 제고하려는 목적을 가지고 있었다.

3) 협정의 주요내용과 경제적 효과

NAFTA 협정의 주요내용은 관세 및 비관세장벽철폐, 원산지규정강화, 서비스시장개방, 투자제한조치철폐, 지적재산권보호강화, 환경보호강화 등이다.

이러한 NAFTA 협정은 미국과 캐나다, 멕시코 간의 무역장벽과 투자제한조치를 제거 또는 완화시키는 결과를 가져왔다. 그러나 고용, 환경, 그리고 경제성장에 관한 효과에 대해서는 의견이 대립되어 정치적 논쟁의 대상이 되어왔다. 대부분의 경제학자들은 NAFTA가 전체적으로 북미지역경제와 국민들에게 유익한 효과를 주지만 대외경쟁에 노출된 산업의 일부 근로자들에는 불이익을 줄 수도 있다고 지적한다. 그러나 만약 미국이 NAFTA에서 탈퇴하거나 재협상을 통해 무역장벽을 다시 설치한다면 오히려 고용감소 등의 역효과가 나타날 것으로 지적한다. 특히 멕시코는 장단기적으로 실업률 증가와 경제성장의 감소효과가 미국보다 더 크게 나타날 것으로 예측했다.

미국은 NAFTA를 통해 국내시장에서 경쟁의 심화와 가격인하 효과를 통해 새로운 수요창출과 경제성장을 촉진하는 효과를 기대했다. 연구결과에 의하면 NAFTA 발효 이후 1994년과 1999년 사이 미국과 멕시코 간의 무역은 두 배 이상 증가한 것으로 나타났다. 이러한 결과는 미국의 경제규모가 멕시코에 비해 약 20배 정도 큰 점을 감안하면 무역증대의 실질적 이익(GDP대비)이 멕시코에 더 유리하게 배분되었다는 의미를 갖는다.

멕시코는 NAFTA 협정 체결 당시 캐나다와 일본에 이어 미국의 제3대 무역국이었는데 NAFTA 이후 미국과의 무역은 예상대로 급격히 증가하였고 캐나다도 미국과의 무역이 증가하였다. 캐나다는 미국시장의 안정적 확보를 위해 소극적으로 NAFTA에 참여하였지만 NAFTA 체결 당시에는 NAFTA로 인한 경제적 이익이 크지 않을 것으로 예상하였다.

한편 미국의 평균임금이 멕시코보다 훨씬 높아서 미국에서 약 15만개의 비숙련노동직이 감소하고 대신 약 32만 개의 숙련노동직이 증가하는 효과가 있을 것으로 추정되었다. 실제로 1999년의 연구결과에 의하면 NAFTA로 인한 미국의 고용창출효과는 약 9만 명에서 16만 명 사이로 추정되었다. 미국은 NAFTA로 인해 멕시코로부터 노동집약적 부품을 싸게 구입하여 국내에서 낮은 생산비로 제품을 생산함에 따라 고용유지에 도움이 되었다. 또한 멕시코의 고용증대효과가 미국의 고용감소보다는 아시아지역의 수출국(한국, 대만, 홍콩, 싱가포르)들의 고용감소로 대체된 것으로 분석되었다.

NAFTA로 인한 멕시코의 이익을 요약하면 ① 대미수출증가로 인한 경제성장 촉진, ② 외국인 직접투자증가 및 자본의 해외도피(capital flight) 감소, ③ 산업구조조정 촉진과 경쟁력제고 등을 들 수 있다. 멕시코는 NAFTA로 인해 농업부문의 고용과 소득이 일부 감소했지만 이 손실은 공업부문의 이익으로 상쇄되고 남는 것으로 분석되었다. 또한 멕시코의 고용증대와 임금상승은 멕시코 국민들의 미국으로의 불법이민을 감소시킬 것으로 기대되었다.

2.3 중남미 지역

1) 남미자유무역연합(LAFTA)

남미자유무역연합(Latin American Free Trade Association: LAFTA)은 1960년 멕시코, 아르헨티나, 브라질, 칠레, 파라과이, 우루과이, 페루, 에콰도르, 콜롬비아 등 9개국이 몬테비데오 조약을 체결하여 1961년 발효한 자유무역지역 성격의 경제통합이다. LAFTA 회원국 중 볼리비아, 에콰도르, 칠레, 콜롬비아, 페루, 베네수엘라는 1969년 안데스 동맹(Andean Pact)을 맺고 별도의 지역경제통합을 결성하기도 하였다. LAFTA는 한때 경제통합의 단계를 공동시장으로 발전시킬 계획을 갖고 있었지만 1980년에 남미경제통합연합(LAIA: Latin American Integration Association)으로 대체되었다.

LAFTA의 성립배경은 회원국들이 정치 경제, 문화적 동질성을 갖고 있었고 국내외 경제 환경의 변화에 대응하기 위한 회원국들의 결속이 필요했기 때문이다. 대내적으로는 국내시장이 협소하여 시장의 확대가 필요하였고 대외적으로는 유럽의 경제통합에 의한 차별적 무역조치에 대응하기 위해 남미 지역의 경제협력이 필요하였다. 유럽의 경제통합 움직임에 가장 먼저 자극받고 경제통합을 시도한 지역이 남미 지역이다.

2) 남미통합연합(LAIA)

LAFTA가 자유무역지역을 거쳐 공동시장으로 발전하려는 계획이 불가능해지자 LAFTA 11개 회원국은 새로운 경제통합으로 남미통합연합(Latin American Integration Association: LAIA)을 창설하였다. LAIA는 역내자유무역을 추진한다는 점에서는 LAFTA와 큰 차이는 없으나 운영 면에서 몇 가지 차이가 있다.

먼저 LAIA는 회원국들이 독자적으로 다양한 국제협정에 참여할 수 있도록 유연성을 부여하고 LAFTA와 같은 무역자유화 달성기한을 설정하지 않았다. 또한 회원국을 선진국, 중진국, 저개발국으로 분류하여 각 회원국의 경제발전 수준에 따른 특혜공여제도를 운영하고 있다. 그러나 LAIA의 경제적 성과는 미흡한 것으로 평가된다. 회원국들이 국제수지를 방어하기 위해 수입규제조치를 폐지하지 않았기 때문에 시장개방을 전제로 결성된 LAIA는 성공하기 어려운 실정이다.

현재 중남미에는 남미공동시장(MERCOSUR), 안데스공동시장(CAN), 중미통합체제(SICA), 카리브단일시장(CARICOM Single Market and Economy: CSME)등의 경제통합이 결성되어 있다. 그 가운데 가장 성공적인 경제통합은 MERCOSUR로 평가된다.

3) 남부공동시장(MERCOSUR)

남부공동시장(MERCOSUR: Southern Common Market)은 남미지역의 공동시장을 목표로 결성된 경제통합이다. 1991년 아르헨티나, 브라질, 우루과이, 파라과이 4

개국이 아순시온 조약을 체결한 후 4년 동안의 준비기간을 거쳐 1995년 1월 1일 발효되었다. 1996년에는 칠레, 볼리비아가 준 회원국으로 가입하였고 이후 페루, 에콰도르, 콜롬비아, 수리남, 가이아나가 준 회원국으로 추가 가입하였다. 그리고 2005년에는 베네수엘라가 정식으로 가입하여 회원국이 5개국이 되었는데 베네수엘라의 정회원 자격은 2012년 7월에 심사를 거쳐 정식으로 인정되었다. 2020년 기준 MERCOSUR 회원국은 정회원국 5개국과 준회원국 7개국, 옵서버 국가 2개국(멕시코, 뉴질랜드)으로 구성되어 있다.

MERCOSUR는 초기에 자유무역지역을 형성하고 관세동맹으로 발전시킨 후 궁극적으로 공동시장으로 발전시키는 계획을 설정하였다. 관세동맹 단계에서 비회원국들에 대한 공통관세제도를 채택하였는데 공통관세율은 최고 20%까지 11단계로 나누어 적용되었으며 회원국의 경제사정에 따라 일부 예외품목 규정을 두었다. 이들 예외품목에 대해서는 2001년까지 동일한 공통관세율을 설정하였다.

MERCOSUR 역내교역의 약 90%는 무관세로 거래되었으며 각 회원국의 경제적 특수성을 고려하여 일부 품목에 대해서는 차별적 관세부과를 허용하였다. 그러나 예외품목에 대한 차별관세는 점진적으로 인하하여 2000년까지 역내무역의 완전 무관세화를 목표로 하였다.

MERCOSUR는 초기에는 역내 교역량이 빠르게 증가하여 총 교역대비 역내교역 비중도 크게 늘어나는 성과를 보였다. 그러나 1998년 이후 역내교역은 지속적으로 감소하고 있는데 그 이유는 회원국들의 경제위기 및 경기침체, 회원국 간의 무역분쟁 등이 자주 일어났기 때문이다. MERCOSUR 회원국은 경제규모나 경제발전의 격차가 심하여 경제통합에 저해요인으로 작용하고 있다. MERCOSUR가 공동시장의 목표를 완전히 달성하기 위해서는 회원국 간의 정치경제적 갈등문제를 해결해야 하는 과제가 남아있다. 그러나 회원국 간의 정치적 이념과 정책이 다르고 경제발전 격차도 심하여 이해관계 조정이 용이하지 않을 전망이다.

4) 카리브공동체(CARICOM)

1973년 카리브 해역 12개 도서 국가들이 카리브공동체(Caribbean Community: CARICOM)을 결성하였다. 그 후 추가로 가입이 이루어져 2002년 기준 CARICOM의 회원국은 모두 15개국으로 늘어났다. 15개 회원국은 트리니다드 토바고, 바베이도스, 가이아나, 자메이카, 그레나다, 도미니카공화국, 세인트 루시아, 세인트 빈센트, 그레나딘, 앤티가 바부다, 세인트 키츠 네비스, 몬체라트, 벨리즈, 바하마, 수리남, 아이티 등이다.

CARICOM은 1968년 5월에 결성된 카리브자유무역연합(Caribbean Free Trade Association: CARIFTA)을 확대 개편한 경제통합인데 설립목적은 공동시장을 설립하여 경제통합을 추구하고 회원국의 대외정책을 상호 조정하며 경제발전을 위해 상호협력하는 것이다. 그러나 회원국들의 경제적 어려움이 가중되면서 통합의 경제적 효과는 크게 나타나지 않았고 역내무역이 오히려 감소하는 현상이 나타났다. CARICOM은 1989년 7월 카리브공동시장을 창설하고 1993년까지 단일시장(CARICOM Single Market and Economy: CSME)을 설립하기로 하여 2006년 단일시장(CSME)이 발족하였는데 그 성과는 기대에 미치지 못하였다.

2.4 아시아·태평양 지역

1) 동남아국가연합(ASEAN)

동남아국가연합(Association of South East Asian Nations: ASEAN)은 1967년 인도네시아, 말레이시아, 싱가포르, 필리핀, 태국 등 5개국이 결성한 지역통합체이다. ASEAN의 결성 목적은 원래 동남아지역의 공산주의 위협에 공동으로 대응하기 위한 공동협력체를 구축하는 것이었다. 따라서 ASEAN은 경제협력보다는 지역안보협력을 주요과제로 다루는 정치적 협력체의 성격이 강했다. 그러다가 1977년 공동시장 발전계획을 수립하여 특혜무역협정을 체결하고 무역확대를 통한 경제적 협력을 강화하기 시작하였다. ASEAN은 1980년대 말까지 경제협력 단계에 머물러 있었으나 세계 각 지역에서 경제통합 움직임이 가속화 되자 1992년 1월 ASEAN자유무역지역(ASEAN Free Trade Area)을 결성하기로 합의하였다. 그동안 ASEAN 회원국은 브루나이, 베트남, 미얀마, 라오스, 캄보디아의 추가가입으로 10개국으로 늘어났다.

ASEAN의 공식기구에는 정상회의, 외무장관회의, 경제장관회의, 상임위원회, 사무국 등이 있다. ASEAN 정상회의는 아세안 협력의 기본방침을 설정하는 최고기관이며, 외무장관회의는 매년 정기적으로 개최되는 공식기구로서 아세안의 실질적 최고 의사결정기구이다. 경제장관회의는 비정기적으로 열리며 외무장관회의와 더불어 정상회의에 공동으로 보고서를 제출하는 업무를 담당한다. 상임위원회는 격월제로 외무장관회의가 열리지 않는 기간에 ASEAN의 업무수행을 위해 개최되며 사무국의 보조를 받는다. 사무국은 자카르타에 있으며 주요 업무는 외무장관회의와 상임위원회를 비롯한 각종 위원회의 보조업무, 보고서 작성, 회원국의 역내활동 조정 및 감독 등이다.

2) 아시아태평양경제협력체(APEC)

APEC(Ministerial Conference for Asia Pacific Economic Cooperation)은 1989년 한국, 일본, 미국, 캐나다, 오스트레일리아, 뉴질랜드와 ASEAN 6개국 등 모두 12개국이 참가하여 설립한 정부차원의 협의기구이다. 그 후 회원국이 증가하여 2016년 기준 21개국으로 구성되어 있다. 세계 인구의 40%, GDP의 52%, 교역량의 45%를 차지하는 세계최대의 지역협력체이다. 1993년부터 정상회의(Summit)로 격상되었으며 조직은 비공식회의, 각료회의, APEC자문위원회, 예산운영위원회, 무역투자위원회, 경제위원회 등으로 구성되어 있다. 의사결정은 전원합의 방식을 따르며 비구속적(non-binding) 이행을 원칙으로 하고 회원국의 자발적 참여를 중시한다. 한국은 1991년과 2005년 2회에 걸쳐 APEC 회의를 주최하였다.

APEC은 앞으로도 아시아태평양지역의 국제협력을 주도하는 역할을 할 것으로 전망된다. 그러나 회원국들의 경제적 특성이 다양하고 지리적으로 광범위하게 분산되어 있으며 이질적인 문화와 다양한 인종 등 실질적인 경제통합의 기능을 하기에는 장애요인이 많다. 한국은 APEC을 통하여 경제외교를 강화하고 미국, 일본, 중국, 러시아 강대국과의 협력을 통해 안보지원을 받는데 더 큰 의의를 두고 있다.

3) 포괄적·점진적환태평양동반자협정(CPTPP)

포괄적·점진적환태평양동반자협정(Comprehensive and Progressive Agreement for Trans-Paciffic Partnership: CPTPP)은 원래 미국과 일본이 주도하던 환태평양동반자협정(TPP: Tans-Pacific Partnership)에서 미국이 탈퇴하면서 일본 등 아시아태평양지역 11개국이 새롭게 추진한 경제통합체로서 2018년 12월 30일 발효되었다. 이 협정이 발효되면서 총 인구 6억9천만 명, 전 세계 GDP의 12.9%, 교역량의 14.9%에 해당하는 거대한 규모의 경제통합이 출범하게 되었다.

CPTPP의 모체인 TPP는 2005년 뉴질랜드, 싱가포르, 칠레, 브루나이 4개국 간에 형성된 지역통합인데 2008년 미국이 협상에 참가한 후 아시아태평양지역 국가들이 추가로 참여하면서 12개국으로 확대되었다. 원래 2015년 10월 타결된 TPP는 2016년 2월 공식 서명을 마치고 각국이 국내비준을 준비 중이었다. 그러나 2017년 미국 트럼프 대통령이 미국을 TPP에서 탈퇴시키면서 TPP는 해체 위기에 처하게 되었다.

그러나 일본의 주도로 TPP협상이 계속 진행되었고 결국 미국을 제외한 11개국이 2017년 베트남 다낭에서 그동안 미국이 강력히 반대한 22개 항목만 동결하고 기존 협정문을 그대로 적용하면서 큰 틀에서 합의를 이끌어냈다. 협정에서 동결된 22개 항목은 향후 미국이 TTP 협정에 복귀하게 되면 재논의하기로 하였으며 협정의 명칭은 포괄적·점진적 환태평양동반자협정(CPTPP)으로 변경하였다.

CPTPP는 다른 자유무역협정(FTA)과 마찬가지로 다양한 분야의 제품에 대한 역내 관세를 전면 철폐하는 것을 원칙으로 한다. 또한 참여국들은 전자상거래에서 역내 데이터 거래를 촉진하고 데이터서버의 현지 설치, 디지털 콘텐츠에 대한 관세부과 금지 등 디지털 보호주의를 경계하는 내용을 협정에 포함시켰다. 아울러 금융서비스와 외국자본 투자에 대한 규제를 완화하고 고급인력의 자유로운 이동을 보장하며, 투자기업에 기술이전을 강요하는 행위를 금지하는 내용도 포함시켰다.

4) 역내포괄적경제동반자협정(RCEP)

역내포괄적경제동반자협정(Regional Comprehensive Economic Partnership: RCEP)은 동남아국가연합(ASEAN) 10개국과 한국, 중국, 일본, 호주, 뉴질랜드 등 15개국이 결성한 다자간 자유무역협정(FTA)이다. RCEP은 역내 국가들의 경제상황을 고려하여 단계적이고 점진적인 개방을 기본 개념으로 협상을 진행하였다. 2012년 11월 20일 16개국 정상이 협상 개시를 선언하고 2020년 11월 15일 RCEP 협정문에 서명함으로서 전 세계 GDP의 30%, 교역량의 28.7%, 인구 대비 29.9%를 차지하는 세계 최대 규모의 거대 자유무역지역이 탄생하게 되었다.

RCEP은 원래 인도를 포함한 16개국이 참여하였으나 인도가 중국과의 무역적자를 우려하여 협상에서 탈퇴하면서 2019년 11월 15개국이 협정에 합의하고 2020년 11월 15일 최종적인 합의와 서명이 이루어졌다. 협정 체결 이후 아세안 국가 6개국과 그 외 5개국 중 3개국, 즉 9개국 이상이 의회 비준을 마치면 60일 후에 협정이 발효된다.

한국은 RCEP 참여국 대부분과 이미 FTA를 체결하였지만 일본과는 RCEP를 통해 처음으로 FTA를 체결하게 되었다. RCEP을 주도한 국가는 중국이다. 원래 RCEP은 일본이 중국을 견제하기 위해서 제안한 것이지만 중국은 동아시아 지역에서 영향력을 확대하고 당시 미국이 주도하던 TPP를 견제하기 위해 적극적으로 RCEP 협상을 추진하였다.

2.5 아프리카 지역

아프리카 지역의 경제통합 역사는 다른 지역에 비해서 오래되었는데 1910년대부터 아프리카 식민지 통치의 수단으로 영국과 프랑스 등 유럽 종주국에 의해 경제협력체계가 이루어졌기 때문이다. 아프리카 최초의 경제통합은 1910년 영국의 식민지였던 레소토, 보츠와나, 스와질랜드 등 남아프리카 국가들 간에 결성되었던 남아프리카 관세동맹을 들 수 있다. 그러나 이러한 종주국 중심의 경제통합은 아프리카 전체의 경제협력과 경제발전에 크게 기여하지 못하고 식민지 국가의 경제적 예속을 심화시키는 폐해도 나타났다.

그러나 1960년대 이후 아프리카 국가들이 점차 종주국으로부터 독립하면서 새로운 형태의 경제통합 움직임이 나타났다. 1963년에 아프리카 30개 독립국으로 구성된 아프리카통일기구(Organization of African Unity: OAU)가 설립되었는데 그 목적은 아프리카 국가들의 통일과 단결의 촉진, 주권과 독립의 확보, 식민주의 소멸 등이었다. OAU는 1980년에 남아프리카 공화국을 제외한 50개국이 회원국으로 가입했는데 2002년 아프리카연합(African Union: AU)으로 전환되면서 회원국이 53개국으로 늘어났다.

이 외에도 아프리카 각 지역에서 다양한 형태의 경제통합이 결성되었다. 예를 들면 동남부 아프리카 지역에서는 1967년 영연방 국가인 부룬디, 케냐, 르완다, 탄자니아, 우간다 등 5국이 동아프리카공동체(EAC)를 결성하였고 중서부 아프리카 지역에서는 프랑스 식민지 국가였던 10개국이 중앙아프리카 경제공동체(ECCAS)를 결성하였다.

2.6 FTA 확산과 선택적 개방주의

지금까지 지역별 경제통합의 발전과정과 현황을 살펴보았다. 1990년대 중반 이후 경제통합의 특징 중 하나는 자유무역협정(FTA)의 확산과 거대한 자유무역협정

(Mega FTA)의 출현을 들 수 있다. 지역별 경제통합의 성과는 유럽지역의 유럽연합(EU)과 남미지역의 남부공동시장(MERCOSUR)을 제외하고는 대부분 기대에 못 미치는 것으로 평가된다. 그 이유 중 하나로 회원국 간의 경제적 이해관계가 다르고 공평한 이익배분이 어려운 점이 지적된다.

따라서 1990년대 중반부터 경제통합은 경제적 이해관계 조정이 용이한 국가 간의 자유무역협정이 늘어나는 추세를 보였다. 특히 칠레는 한국을 비롯하여 일본, 중국 등 아시아 국가와 온두라스, 콜롬비아, 파나마, 페루 등 인접 국가는 물론, 미국, 캐나다, 멕시코 등 NAFTA 회원국, 그리고 EU, EFTA, MERCOSUR 등과 자유무역협정을 체결하였다. 칠레 이외에 한국, 멕시코, 싱가포르, 인도 등도 FTA정책을 적극적으로 추진하고 있는 국가로 평가되고 있다.

한편 2010년 이후에는 거대한 다자간 FTA(Mega FTA)가 나타났는데 특히 아시아·태평양지역에서 활발하게 나타났다. 다자간 Mega FTA의 예로 TPP와 RCEP을 들 수 있는데 아시아·태평양 지역의 경제협력 주도권을 강화하려는 미국과 중국의 경쟁이 그 추진배경의 하나로 지적된다. TPP는 원래 미국과 일본의 주도하에 12개국이 참여하여 2015년 타결되었으나 2017년 트럼프 대통령이 미국을 탈퇴시키면서 일본의 주도하에 CPTPP로 변경되어 체결되었다. 반면에 RCEP은 중국의 주도하에 한국, 일본, 호주, 뉴질랜드, ASEAN 10개국 등 15개국이 결성한 세계 최대 규모의 거대한 다자간자유무역협정(FTA)이다.

이와 같은 FTA 확산은 WTO체제의 다자간 자유무역질서를 저해하는 것으로 비난받는다. 그러나 FTA확산이 꼭 WTO의 다자주의원칙을 저해하는 기능만 있는 것이 아니라는 견해도 있다. 과거 GATT의 다자간 무역협상을 보면 참여국 간의 이해관계 조정이 어려워서 최종 합의까지 오랜 기간이 소요되었다. 그러나 FTA는 소수의 국가들 간의 협정이라 단기간에 합의할 가능성이 큰 이점이 있다. 그리고 회원 수를 확대하여 대형 FTA를 결성하면 더 효율적 자원배분 효과를 기대할 수 있다는 견해도 있다. 이러한 견해를 선택적개방주의(Selective Liberalism) 또는 개방적 지역주의(Open Regionalism)라고 한다.

CHAPTER

한국의 FTA 정책

1 한국의 국제통상정책 변화

1960년대 이후 한국경제에서 차지하는 무역의 비중은 급속히 증가하여 왔다. 한국무역은 경제개발 초기인 1960년에 수출이 3천만 달러 정도에 불과하였으나, 1977년에는 100억 달러를 기록했고, 1994년에는 1,000억 달러를 돌파하게 되었으며 2004년과 2007년 각각 3,000억 달러를 넘어서게 되었다. 이에 따라 [표 9-1]에서 보는 바와 같이 세계무역대비 한국무역의 비중도 1965년에는 0.18%에 불과하였으나 2020년에는 2.8%에 근접하는 수준으로 크게 발전하였다.

▮표 9-1▮ 세계무역에서 한국무역의 비중

연도	1975	1980	1985	1990	1995	2000	2005	2010	2015	2020
비중 (%)	0.89	1.25	1.59	1.95	2.57	2.62	2.58	2.95	2.89	2.79

※ 자료: IMF (한국무역협회, http://stat.kita.net에서 재인용)

이와 함께 한국의 국제통상정책도 크게 변화하여왔다. 한국의 국제통상정책은 시기별로 1950년대의 무역체계정비 시기, 1960년대의 무역기반조성 시기, 1970년대의 수출주도정책 시기, 1980년대의 수동적 시장개방 시기, 1990년대의 능동적 시장개방 시기, 2000년 이후의 적극적 FTA정책 시기로 나누어 볼 수 있다. 이러한 한국의 국제통상정책의 변화를 시기별로 요약하여 살펴보고자 한다.[7]

1.1 무역체계정비(1950년대)

이 시기는 정부수립과 6.25전쟁의 혼란을 거치면서 한국 경제가 매우 궁핍한 시기였기 때문에 제대로 된 경제정책은 시행되지 못하고 국제통상정책도 수동적인 무역통제 수준에 머물러 있었다. 이 시기에 한국은 후진적 산업구조, 취약한 무역기반, 무역체계의 결핍 때문에 외환과 무역을 통제하면서 국내물자의 원활한 수급, 물가억제 등에 경제정책을 집중할 수밖에 없었다. 즉 산업보호와 국내생산증대 같은 장기적인 경제목표보다는 당장 필요한 물자의 국내공급과 수요를 통제하는 수준의 무역정책을 수행하였다. 이러한 무역통제정책은 무역면허제, 수출입통제, 대외물물거래를 골격으로 하였으며, 1946년 1월에 「대외무역규정」이 채택되면서 모든 대외무역이 군정무역과 관영무역에 편입되어 시행되기 시작하였다.

1947년에 조선환은행이 설립되어 외환결제가 좀 더 간편하게 되고 대외거래는 물물교환제도에서 신탁선적제로 바뀌었으며, 1948년 8월 정부수립과 더불어 대외거래방식은 신탁선적제로부터 L/A와 L/C결제방식으로 전환되었다. 그리고 1949년에 무역통제방식을 수정·보완하고, 조선환은행이 실시하던 무역업면허와 수출입허가에 관한 업무를 상공부가 관장하도록 하고 신관세법을 제정하였다.

또한 1950년 6.25전쟁 발발 직전에 한국은행을 설립하고 무역정책의 체계적 정비를 위한 준비작업을 시작하였다. 그러나 6·25전쟁으로 인해 새로운 무역관련 조치는 1952년부터 시행되었다. 1952년 구상무역제도를 채택하고 특별외화대부 취급규정을 신설하였다. 그러나 전쟁기간 동안의 경제정책은 전비의 조달과 전쟁피해 복구 등에 집중되었고 더 이상의 무역관련 조치는 시행되지 못했다.

한편 관세법은 정부수립 전까지는 일제시대에 제정된 관세법이 그대로 적용되었고 1949년에 세법과 통관법의 성격을 갖춘 신관세법이 제정되어 6·25 전쟁기간동안 전시재정조달에 기여하였다. 1950년에는 관세임시중징법을 제정하여 수출지원 금융 제도를 실시하였다. 한편 외환관리정책은 6,25전쟁 이전에는 외환관리체제를 준비하는 수준이었고 전쟁 이후에는 외화대부가 대부분이어서 이 시기는 외환관리의 공백기였다고 할 수 있다.

이 기간 동안 한국무역 총액은 매우 미미한 상태였고 극심한 수입초과 현상을 보였다. 이러한 무역역조는 대부분 미국과 국제원조기구의 원조로 충당되어 생활물

7) 권영민 편저, 『한국의 개방정책 진단과 향후 통상정책 방향』, 한국경제연구원, 2005 참조.

자는 비교적 용이하게 조달되었으며 수입정책은 생활물자를 가능한 싸게 수입하는데 주안점을 두고 시행되었다. 그러다가 1955년에 여러 가지 무역행정법령과 신무역금융규정을 제정하여 수출금융제도를 정비하는 한편 수입자금 융통을 용이하게 제도를 시행하였다.

한편 1955년 5월에 IMF와 IBRD에 가입하고 1956년 11월에 미국과 한미우호통상조약을 체결하였다. 이러한 국제경제기구 가입과 미국과의 통상조약 체결은 우리나라의 무역구조를 대일무역편중에서 벗어나게 해주는 계기를 마련해주었다. 그리고 1957년 12월에 무역법이 발효된 이후 무역구조가 정립되기 시작되었다.

이 시기에 외환정책 특히 환율정책은 미국으로부터의 원조 및 군사지원과 연계되었는데 원화의 평가절상과 저환율정책을 시행하여 수입가격을 낮게 유지하는데 초점을 맞춰 시행되었다. 그러나 인위적인 저환율정책은 수입초과와 무역수지 적자를 초래하여 원화의 평가절하 조치를 연쇄적으로 시행하게 되었다. 또한 외환수요를 억제하기 위한 조치로서 1957년에 실시된 달러의 공매과정에 국채매입을 의무화하여 외환에 대한 수요를 억제하면서 정부수입도 늘리는 이중 목적의 조치를 시행하였다. 더 나아가 1958년에는 이를 법제화하여 정부가 공매하는 달러에 일정한 세금을 부과할 수 있는 임시외환특별세법을 제정하여 외환에 대한 수요억제조치를 시행하였다.

이 시기의 관세는 1957년 관세임시중징법이 폐지될 때까지 재정관세의 성격이 강해서 정부의 재정수입에 큰 기여를 하였다. 또한 1958년 관세법을 개정하여 소비재와 생산재에 일률적인 관세율을 부과하던 과세방법을 산업보호를 위해 생산재 수입에는 낮은 관세를 부과하는 방법으로 바꾸었다.

1.2 무역기반조성(1960년대)

1960년대는 수출입정책과 외교통상정책 등 제반 국제통상정책의 기반이 마련된 시기라고 할 수 있다. 1950년대는 8.15 해방 직후의 혼란과 6·25전쟁의 전후 복구사업 등으로 경제발전계획을 제대로 수립할 수 없는 상황이었다. 그러다가 1960년 제2공화국에서 경제발전계획이 수립되고 1961년 제3공화국에서 본격적으로 시행되었으며 1960년대와 1970년대의 수출주도 경제성장정책의 기반이 되었다.

실제로 수출금융규정, 수출진흥법, 수출검사법 등의 법률이 이 시기에 제정되었으며 1967년에는 무역거래법이 제정되어 수출관련 법규의 통합된 정비가 이루어졌다. 이러한 수출관련법규 이외에도 수출입링크제도나 수출보너스제도 같은 수출촉진을 위한 정책들이 시행되었고, 1964년에는 수출산업단지 조성 및 수출금융확대를 골자로 하는 수출종합대책을 수립하고 강력한 수출주도 정책을 추진해나갔다. 또한 수출에 유리한 대외통상환경 조성을 위한 대외통상외교도 활발하게 전개되었는데 미국과의 투자보장협정과 필리핀, 대만, 태국, 말레이시아, 인도네시아 등을 포함한 아시아 국가들과의 무역협정이 1960년부터 1962년 사이에 지속적으로 체결되었으며, 정치적인 이유로 지연되었던 일본과의 무역협정도 1965년에 체결되었다. 이렇게 적극적 통상외교를 추진하면서 1967년에 드디어 GATT에 가입하고 다자간 국제무역체제에 참여하였다.

이렇게 수출입 관련 법규를 정비하고 적극적인 통상외교를 전개하였으나 1960년대의 한국경제는 공산품 원자재는 물론 생필품까지 수입에 의존하는 실정이어서 수입정책에도 특별한 관심을 기울였다. 그러나 이 시기의 수입정책은 수출상품 생산에 투입되는 원자재 수입에 치중하고 소비재 수입은 가능한 억제하였다. 또한 수입정책을 수출지원정책과 연계시켜 수출을 많이 하는 기업들의 원자재 수입을 지원하고 정부정책에 협조적인 기업들의 수입대체산업 진입을 허용하는 정책을 시행하였다.

한편 1966년에 외자도입법이 제정되어 외자유치의 기초가 마련되었고 1967년과 1968년에는 외자도입규모를 제한하는 외자도입합리화 종합시책과 외자도입의 사후관리 및 경영합리화를 위한 대책이 수립되었다. 경제개발 초기단계인 1960년대의 외자유치정책은 수출지원정책과 연계하여 그 효율성을 제고하기 위한 정책이었으며 1950년대 원조위주의 외국자본유입정책과는 차별화되는 것이었다.

1964년 외환관리규정이 처음 제정된 후 여러 차례 개정되었는데 수출촉진을 위한 외화사용과 해외지사의 외화경비한도, 그리고 외국환은행의 업무내용 등을 규정하고 개인의 외화사용은 엄격히 제한하였다. 또한 외환보유액이 부족하여 수출상품 생산시설이나 원자재 구입 이외에는 외환사용을 억제하는 정책이 시행되었다.

한국이 GATT에 가입한 1967년에는 GATT의 여섯 번째 다자간무역협상인 케네디라운드가 종료되었는데 모두 48개국이 참여하여 평균 35%의 관세인하가 합의되었다. 또한 1968년 UNCTAD 총회에서 개발도상국의 공업화를 지원하기 위해 선진국들이 일반특혜관세제도(GSP)를 채택하기로 합의하였다. GSP는 원조보다는 무역을 통한 지원이 개발도상국의 경제성장을 지원하는데 더 효과적이라는 주장을 받아들여 채택한 제도였다.[8)] 이와 같이 한국은 국제무역질서가 무역확대에 유리하게 전개되는 시기에 GATT에 가입하고 수출주도정책을 강력히 추구해나갔다.

1.3 수출주도정책(1970년대)

1970년대에는 1960년대에 마련된 각종 수출지원제도가 본격적으로 추진된 시기였다. 그 어느 때보다도 더 적극적인 수출지원과 산업지원정책이 시행되었고 1977년에 수출 100억불을 달성하였다. 이러한 수출주도정책이 1970년대 고도의 경제성장에 크게 기여했다는 점은 부인할 수 없을 것이다. 또한 GATT의 다자간 무역협상으로 인한 관세인하 등의 유리한 국제통상환경도 수출을 확대하는데 큰 도움이 되었다.

각종 수출지원금융제도와 함께 1972년 수출자유지역법이 제정되었고 1974년에 수출용 원자재에 대한 관세환급제도가 시행되었다. 또한 무역거래법을 개정하여 동유럽 국가와의 무역거래를 허용하고 새로운 수출입관리체제를 확립하였다. 이 시기의 수출지원금융제도는 주로 수출환어음의 재할인과 수출용원자재에 대한 수입금융 규정을 그 내용으로 하고 있다. 이러한 수출지원금융 규정들은 수출대금의 원활한 회수와 원자재구입자금 지원, 그리고 중소수출기업의 수출금융한도 완화에 관한 규정들이었다. 이외에도 1975년에 종합무역상사제도를 도입하고 1976년에 종합무역상사 지정여건을 완화하여 대기업의 해외지사를 좀 더 자유롭게 설립할 수 여건을 마련하였다. 이는 수출기업들이 직접 생산한 제품의 수출뿐만 아니라 다양한 형태의 수출활동을 장려하기 위한 정책이었다.

수출주도형 국제통상정책에 대한 정부의 의지는 1974년 12월 발표된 국제수지개선을 위한 종합적인 특별조치에 잘 반영되어 있다. 이 조치는 1972년 10월 유신헌법 개정 이후 수출 100억 달러와 일인당 국민소득 1,000달러의 목표를 달성하기 위해 마련된 정책이었다. 이러한 수출주도 통상정책은 1970년 제정된 농촌근대화법과 1972년에 발표된 새마을 사업계획 등의 국내경제개발 정책과 함께 1970년대 한국의 고도 경제성장을 견인한 정책으로 평가되었다.

한편 외자도입제도도 수출주도형 경제개발 5개년계획과 연계하여 수출산업육성방안으로 시행되었는데 1973년에는 중화학공업 발전을 위한 외자유치 원칙이 발표되었다. 특히 외자유치를 위해서는 이미 1971년에 외국인 투자유치조치가 시행되고 1974년에는 외국인투자 심사위원회를 설치하였다.

---

8) 최낙균, 『세계 통상질서와 한국의 통상정책』, 산업연구원, 1998.

한편 외환관리제도는 국내외환은행의 외환보유 및 거래를 자율화하는 방향으로 운용되었으며 이에 따라 은행 간 외국환 스왑 및 선물환 거래가 활성화되기 시작하였다. 특히 1977년 7월에는 국내 외국환은행간 선물환거래를 허용하였고 1978년에는 선물환거래 대상통화를 모든 외국통화로 확대하였다. 또한 1970년대 후반기부터 경상수지의 흑자가 확대되면서 외환거래에 대한 통제를 완화하는 방향으로 외환관리제도를 운용하기 시작하였고, 관세율 50% 이상 품목의 수입에 대한 수입담보금 면제와 개인의 외화예금 허용 및 해외여행경비 확대 조치 등을 시행하였다.

이러한 수출주도형 경제성장 정책은 GATT의 도쿄라운드의 관세인하[9]와 1970년 UNCTAD의 일반특혜관세제도 등의 유리한 외부환경과 어우러져 1977년에 100억불 수출목표를 조기에 달성하는데 기여하였다. 한편 수출 100억불 목표달성 이후 수입정책은 효율적 경상수지흑자 운용과 통상마찰 회피를 위한 수입자유화 방안을 도입하는 방향으로 전환되기 시작하였다. 1977년의 수입자유화품목 확대조치는 1978년에 수입자유화비율을 68.6%까지 증가시켰으며 이러한 추세는 계속되었다.

1.4 수동적 시장개방(1980년대)

1980년대 제5공화국의 기본적인 국제통상정책의 운용방향은 1970년대와 크게 다르지 않았다. 그러나 1970년대 말부터 무역수지 흑자규모가 확대되면서 미국으로부터의 통상압력이 가중되기 시작하였다. 미국은 1988년 국제경제의 세계화(globalization)를 주도하며 한국의 시장개방을 요구하는 통상압력을 거세게 전개하였다. 그리고 이러한 미국의 시장개방 압력은 1990년대에 들어 더욱 본격화되었다.

1985년 9월 미국은 한국의 보험시장을 대상으로 통상법 제301조를 발동하였다. 이에 대응하여 한국은 1986년 7월 미국의 국내 생명보험시장 신규진출을 허용하면서 미국 통상법 제301조와 관련한 한미통상협정을 일괄 타결하였다. 또한 1988년 대미 자율수출규제를 확대하고 VTR, 피아노 등 10개 품목을 자율수출규제 대상품목에 추가했고 1989년 5월에 워싱턴에서 제3차 한미통상 실무회담을 타결시켰다. 한편 미국은 1988년 한국을 포함한 아시아 신흥공업국에 대하여 일반특혜관세(GSP)제도의 시행을 중단시켰다.

이와 같이 1980년대에는 미국의 통상압력이 가중되고 한국의 국제통상정책은 그동안의 수출주도정책을 수정·보완하여 국내시장을 개방하고 수입을 확대하는 정책

9) 도쿄라운드에서 합의된 관세인하폭은 평균 34~35% 선이었다.

을 점차 강화하기 시작하였다. 이에 따라 1987년부터 1989년 사이에 관세인하와 함께 수입자유화를 확대하고 수입감시제도를 단계적으로 폐지하였으며 농수산물 수입자유화도 점차 확대하였다.

한편 환율제도는 1980년에 복수바스켓 변동환율제도를 채택하여 달러화뿐만 아니라 주요국 통화들과도 원화의 가치를 연계시켰다. 또한 수차례의 외국환관리규정 개정을 통해 선물환과 스왑거래의 허용범위를 확대하고 외국환매매 수수료를 자율화시키는 등 외환의 집중관리를 완화하는 정책을 시행하였다.

외국인투자관련 정책을 보면 1982년에 외국인 직접투자 허용업종을 확대하고, 1984년에는 외국인 투자인가 절차를 간소화하였으며, 외국인의 이익배당금 송금제한을 철폐하고 1987년에는 추가로 26개 제조업을 외국인투자 자유업종으로 지정하였다. 또한 이 시기에 자본시장 자유화가 시작되어 외국은행의 국내영업 영역이 대폭 확대되고 1984년과 1987년에 각각 Korea Fund와 Korea Euro Fund를 뉴욕과 런던에 상장하기도 하였다. 이러한 자본시장개방 조치는 1988년 서울올림픽을 계기로 더욱 확대 시행되었다.

1980년대는 미국으로부터 통상압력을 많이 받고 수동적으로 국내시장개방 정책을 시행하였던 시기이지만 한편으로는 한국경제에 매우 유리한 대외경제 환경이 조성되었던 시기이기도 하다. 특히 1985년 플라자 협정에 의해 엔화가치가 크게 절상되어 한국의 수출상품 가격경쟁력이 상승하고, 1983년부터 국제유가와 국제금리가 동시에 하락하는 등 저유가, 저금리, 저원화가치(고환율)의 소위 3저현상에 힘입어 한국경제는 1986년부터 1988년까지 매년 12% 이상의 경제성장률과 경상수지흑자를 기록하면서 큰 호황을 누리었다.

1.5 능동적 시장개방(1990년대)

1980년대 후반 한국경제의 괄목할 만한 성과는 유리한 대외경제여건에 힘입은 바 컸다. 이러한 경제적 성과에 고무된 한국 정부는 1990년대 들어서면서 본격적인 개방정책을 시행하였다. 그 당시 김영삼 대통령은 한국경제의 세계화 선언을 하면서 적극적인 자본거래 자유화 및 시장개방 정책을 추진해나갔다. 이러한 능동적 시장개방 정책은 경제구조의 질적 개선이 이루어지지 않은 상태에서 급속히 추진되어 한국경제는 1997년에 심각한 외환위기 상황(소위 IMF사태)을 맞게 되었다.

이 시기에 한국정부는 기존의 수입자유화 및 관세인하 정책을 계속 시행하였다.

먼저 관세인하 정책을 살펴보면 1990년 9월에 석유제품에 대한 수입관세가 인하되었고 개정된 관세법에 연도별 관세인하 계획을 명시하였다. 그 후 1992년 12월에도 관세율인하 조치가 발표되었고, 1994년에는 관세행정규제가 완화되었으며, 1995년에는 WTO 협정에 따라 덤핑방지관세, 긴급관세, 상계관세 규정 등이 정비되었다.

수입자유화 정책도 더욱 확대 시행되었는데 1991년에 1992년과 1994년 사이 수입자유화추가 계획이 세워졌고 농수산물에 대한 수입자유화를 추가로 실시하였다. 그 밖에도 1996년부터 수입다변화 품목을 축소하기 시작하다가 1999년 6월 30일 완전히 폐지하였다. 이외에도 외국인의 직접투자업종 개방을 확대하여 1997년부터 1999년 사이에 건물임대업, 증권거래업, 신용조사업, 서적출판업 등에 대한 외국인 직접투자를 전면 허용하였다. 한편 자본시장개방은 1994년부터 1997년 10월 외환위기 직전까지 매년 외국인 주식투자한도를 확대했으며 1996년과 1997년에는 채권시장개방도 확대하였다. 한편 1991년과 1992년에 외자도입절차를 간소화하고 외국인투자 허용방식을 인가제에서 신고제로 전환하는 내용의 외자도입법 개정을 시행하였다. 이러한 일련의 외국인투자규제 완화와 자본시장개방 정책은 단기간에 급속히 이루어져서 국내 자본시장을 국제금융리스크에 노출시키고 한국경제를 외환위기에 빠트리는 결과를 초래하였다.

이 시기의 환율제도는 1990년 3월 시장평균변동환율제도가 채택되었는데 1991년 환율의 일일변동 폭을 0.6%로 확대하고 1994년 1.5%, 1995년에는 2.25%까지 확대하였다. 즉 관리된 변동환율제도를 채택하였는데 이후 환율변동 폭을 1997년 IMF 외환위기 직전에 10%까지 확대하였다가 외환위기 이후 완전히 폐지하고 진정한 자유변동환율 제도를 채택하였다.

한국은 1995년 1월 1일 출범한 WTO에 가입하였고 1996년 12월에는 OECD에 가입하였다. 그에 앞서 1990년 12월부터 러시아와 동유럽 국가 등과의 통상을 확대하는 북방외교정책을 시행하였고 1993년 8월에는 한·중국교가 수립되었으며 1994년 6월에는 동유럽 공산국가에 대한 수출 통제를 완화하였다. 이처럼 1990년대의 한국은 러시아, 동유럽국가, 중국 등으로 무역상대국을 확대하는 북방외교정책과 WTO의 다자간 무역체제에 적극 참여하는 능동적 시장개방의 국제통상정책을 시행하였다.

1.6 적극적 FTA정책(2000년 이후)

2000년 이후 한국은 세계 여러 나라와 FTA를 체결하고 자유무역시장을 확대하는 국제통상정책을 적극적으로 추진하였다. 이제 2000년 이후 적극적으로 시행된 한국의 FTA확대정책에 대해 자세히 살펴보기로 한다.

2 한국의 FTA 정책

2.1 배경

1967년 GATT에 가입한 한국은 GATT/WTO의 다자간무역체제의 혜택을 많이 받은 나라로 평가된다. 한국의 국제통상정책은 GATT/WTO의 다자간 무역체제애 적극 참여하면서도 소극적이고 수세적인 시장개방정책을 시행하였다. 그리고 세계 각 지역의 지역무역협정(regional trade agreement: RTA)이나 경제통합 움직임에 소극적으로 대응하였다.

그러나 한국경제는 그동안 누적된 구조적 문제로 인해 국제경쟁력이 저하되고 무역수지가 누적되어 급기야 1997년에 외환위기가 발생하였다. 1990년부터 시작된 무역수지 및 경상수지 적자는 외채증가와 외환보유액 감소를 초래하고 대외신인도는 급속히 하락하여 1997년 12월에 IMF 구제금융 양해각서를 체결하였다. 소위 말하는 'IMF사태'를 맞이하게 된 것이다. 그러나 IMF 외환위기를 극복한 후 다시 한번 한국 무역의 도약을 위해 적극적인 FTA 활성화 정책을 추진하기 시작하였다.

2.2 추진전략

한국의 FTA 정책은 동시다발적으로 추진되었다. FTA 정책을 늦게 시행하였기 때문에 단계적인 접근보다는 여러 국가와 동시에 FTA협상을 추진하는 전략을 채택하게 된 것이다. 이러한 동시다발 전략은 단기간에 여러 국가와 FTA를 맺을 수 있는 장점이 있다. 또한 각 FTA의 부정적 효과를 상쇄 또는 보완할 수 있고 협상 대상국의 적극적인 태도를 유도할 수 있는 장점도 있다. 한국 정부는 이러한 동시다발전략의 장점을 기대하고 장단기 FTA계획을 수립하여 협상대상국을 모색하였다. 그리고 FTA정책의 경제적, 정치적 효과를 제고하기 위해서 미국을 비롯한 선진국은 물론 EU를 비롯한 거대경제권과의 FTA 체결도 추진해나갔다.

한편 지나친 동시다발적 FTA체결에 따르는 과도한 시장개방의 충격을 방지하기 위해서 FTA 대상국 선정에 주의를 기울였다. 즉 FTA를 체결함으로서 서로 경제적 이익 또는 정치적 혜택을 볼 수 있는 국가를 선정하여 FTA를 추진하였다. 또한 FTA협정의 내용도 공산품의 관세철폐를 비롯하여 상품, 서비스, 투자, 지적재산권 등 다양한 분야를 포괄하는 높은 수준의 FTA를 추진하였다.

2.3 한국의 FTA 현황

한국의 최초 FTA협정국은 남미의 칠레이다. 1999년 12월에 시작된 한·칠레 FTA 협상은 3년 후 2002년 10월에 타결되고 양국의 의회 비준을 거쳐 2004년 4월에 정식 발효되었다.

그 후 한국의 FTA 추진현황을 보면 2021년 2월 기준 총 17개 국가와 FTA가 발효 중인데 FTA 발효국은 칠레(2004.4.1), 싱가포르(2006.3.2), EFTA(2006.9.1), 아세안(2007.6.1), 인도(2010.1.1), EU(2011.7.1), 페루(2011.8.1), 미국(2012.3), 터키(2013.5), 호주(2014.12), 캐나다(2015.1), 중국(2015.12.20.), 뉴질랜드(2015.12.20.), 베트남(2015.12.20.), 콜롬비아(2016.7.15.), 중미5개국(2019.10.1.), 영국(2021.1.1.) 등이다. 그리고 협상은 타결되었으나 아직 발효가 안 된 국가는 RCEP(2020.11.15. 서명), 인도네시아(2020.12.18서명), 이스라엘(2019.8.21.타결), 캄보디아(2021.2.3.타결) 등이다. 한편 FTA가 협상중인 국가는 에콰도르, 한·중·일, MERCOSUR, 필리핀, 러시아, 말레이시아 등이고, 한·아세안 FTA 추가자유화, 한·인도 CEPA 업그레이드, 한·칠레 FTA 업그레이드, 한·중 FTA 서비스투자후속 협상 등이 진행 중이다. 2021년 2월 기준 한국의 FTA 현황은 [표 9-2]와 같다. 여기서는 주요 FTA에 관해 좀 더 살펴보기로 한다.

3 한국의 주요 FTA

▌표 9-2▌ 한국의 FTA 현황 (2021년 3월 기준)

구분	상대국	추진현황			의의
		개시	서명	발효	
발효 (17건)	칠레	1999.12	2003.02	2004.04	최초의 FTA 중남미 시장 교두보
	싱가포르	2004.01	2005.08	2006.03	ASEAN 시장 교두보
	EFTA	2005.01	2005.12	2006.09	유럽시장 교두보
	ASEAN	2005.02	2006.08 (상품무역협정)	2007.06 (상품무역협정)	거대경제권과 체결한 최초의 FTA
			2007.11 (서비스협정)	2009.05 (서비스협정)	
			2009.06 (투자협정)	2009.09 (투자협정)	
	인도	2006.03	2009.08	2010.01	BRICs국가, 거대시장
	EU	2007.05	2010.10.06	2011.07.01 (잠정) 2015.12.13 (전체) *2011.07.01 이래 만 4년5개월 간 잠정적용	거대 선진경제권
	페루	2009.03	2011.03.21	2011.08.01	자원부국 중남미 진출 교두보
	미국	2006.06	2007.06	2012.03.15	세계 최대경제권 (GDP기준)
		2018.01 (개정협상)	2018.09.24 (개정협상)	2019.01.01 (개정의정서)	
	터키	2010.04	2012.08.01 (기본협정·상품무역협정)	2013.05.01 (기본협정·상품무역협정)	유럽·중앙아 진출 교두보
			2015.02.26 (서비스투자협정)	2018.08.01 (서비스투자협정)	
	호주	2009.05	2014.04.08	2014.12.12	자원부국, 오세아니아 주요시장
	캐나다	2005.07	2014.09.23	2015.01.01	북미 선진시장
	중국	2012.05	2015.06.01	2015.12.20	우리의 제1위 교역대상국 ('19년 기준)
	뉴질랜드	2009.06	2015.03.23	2015.12.20	오세아니아 주요시장
	베트남	2012.08	2015.05.05	2015.12.20	우리의 제5위 교역대상국 ('19년 기준)

구분	상대국	추진현황			의의
		개시	서명	발효	
발효 (17건)	콜롬비아	2009.12	2013.02.21	2016.07.15	자원부국, 중남미 신흥시장
	중미5개국	2015.06	2018.02.21	2021.03.01 전체 발표	중미 신시장 창출
	영국	2017.02	2019.08.22	2021.01.01	브렉시트 이후 한영 통상관계 지속
서명	RCEP	2012.11.20 협상개시 선언 2013.05~2020.07 31차례 공식협상 개최 2019.11.04. 15개국 협정문 타결 2020.11.15. RCEP 서명			동아시아 경제통합 기여
	인도네시아 CEPA	2019.02.19. 협상재개선언 2012.07~2019.10 총 10차례 협상 개최 2019.11.25. 협상타결선언 2012.12.18. 정식서명			동남아 시장 진출확대 기여
타결	이스라엘	2016.05 협상개시 2016.06~2018.03 총 6차례 공식협상 개최 2019.08.21. 한・이스라엘 FTA 타결공동선언			창업국가 성장모델
	캄보디아	2020.07 협상 개시 선언 2020.07~2020.11 4차례 공식협상 개최 2021.02.03. 한・캄보디아 FTA 타결공동선언			동남아 시장 진출확대 기여
협상 진행	한・중・일	2012.11.20. 협상개시선언 2013.03~2019.11 16차례 공식협상 개최			동북아 경제통합 기반 마련
	MERCOSUR	2018.05 협상개시 공식선언 2018.09~2020.02 5차례 공식협상 개최 *회원국 자격 정지 상태인 베네수엘라 제외, 4개국과 진행			남미 최대 시장
	필리핀	2019.06 협상개시 2019.06~2020.01 5차례 협상 개최			동남아 시장 진출확대 기여
	러시아	2019.06 한-러시아 서비스・투자 FTA 협상개시 선언 2019.06~2020.07 5차례 협상 개최			신북방 정책추진, 거대신흥시장
	말레이시아	2019.06 협상개시 선언 2019.07~2019.09 3차례 협상 개최			동남아 시장 진출확대 기여
	한-아세안 추가 자유화	2010~2019.02 17차례 이행위원회 개최			교역확대, 통상환경 변화 반영
	한-인도 CEPA 업그레이드	2016.10~2019.06 8차례 개선협상 개최			주력 수출품목 양허・원산지기준 개선
	한-칠레 FTA 업그레이드	2018.11~2020.11 4차례 개선협상개최			통상환경 변화 반영
	한중 FTA	2018.03~2020.10 9차례 서비스・투자 후속협상 개최			우리의 제1위

구분	상대국	추진현황			의의
		개시	서명	발효	
	서비스·투자 후속협상				서비스수출국
	한-에콰도르 SECA	2015.08 협상개시 선언 2016.01~2016.11 5차례 협상 개최			자원부국, 중남미 시장 진출 교두보
재개, 개시, 여건 조성	PA	2018.05 국회보고 2019.09 PA ToR협의개시			중남미 신흥 시장
	EAEU	2016.10~2017.04 3차례 한·EAEU 정부간 협의회 개최 2017.09 한-러 정상회담 계기, FTA 협의를 위한 공동 실무 작업반 설치 합의 (*EAEU: 러시아, 카자흐스탄, 벨라루스, 아르메니아, 키르기즈스탄)			신북방정책 교두보 확보
	우즈베키스탄	2021.01 협상개시선언 2020.09 국회보고 등 우리측 국내절차 완료			중앙아 최대시장

※ 자료: FTA 강국, KOREA(https://fta.go.kr/main/situation/kfta/ov/)

3.1 한·칠레 FTA

한·칠레 FTA는 한국 최초의 자유무역협정으로 중남미시장 진출의 발판을 마련하고 향후 FTA 추진의 시발점이 되었다는 점에서 큰 의미가 있다. 한·칠레 FTA는 1999년 시작되어 2002년 10월에 타결되고 2004년 4월에 발효되었다.

먼저 한·칠레 FTA의 주요내용을 살펴보자. 한·칠레 협정문은 상품교역, 투자 및 서비스, 무역규범, 위생검역, 기술적 장벽 등의 내용을 담고 있다. 상품시장의 개방과 관련해서 한국과 칠레는 10년 이내에 품목수를 기준으로 각각 94.5%와 96.5%의 관세를 철폐하기로 합의하였다. 그러나 민감한 품목에 대해서는 예외를 인정하여 쌀, 사과, 배 등은 자유화 품목에서 제외하며 포도에 대해서도 계절관세를 부과하기로 하였다. 또한 일부품목에 대해서는 장기간의 관세철폐 이행기간이 허용되었는데 조제분유, 배 가공품은 최장 16년에 걸쳐 관세가 철폐되며 쇠고기, 닭고기, 자두, 감귤 등에 대해서는 허용된 쿼터물량에 대해서만 무관세가 적용되었다. 주로 농산물에 대한 예외를 인정받은 한국과 달리 칠레는 섬유·의류, 타이어, 철강제품, 조명기구 등에 대해 13년의 관세철폐 이행기간이 허용되었으며 냉장고와 세탁기 등은 관세인하 품목에서 제외하였다.

한국과 칠레는 상호보완적인 무역구조를 보이고 있어 FTA 체결로 상호 경제적

이익이 실현될 수 있는 여건을 갖추고 있다. 한국은 칠레에 자동차, 휴대폰 등 공산품을 주로 수출하고 칠레로부터는 구리, 원목 등 원자재를 주로 수입하고 있어 양국 산업 간 보완성을 보이고 있다. 그러나 칠레는 세계적 농업수출국이기 때문에 한·칠레 FTA로 인하여 한국의 농업부문에 큰 피해를 줄 것이라는 우려도 많았다.

한·칠레 FTA의 성과를 살펴보면 FTA 이후 양국의 교역규모는 크게 증가된 것으로 나타났다. 협정 발효전인 2003년과 비교하여 10년 후인 2013년 양국의 교역은 4배 이상 증가하였다. 이는 같은 기간 전체 교역규모가 2.9배 증가한 것에 비하면 매우 고무적인 성과이다. 물론 양국의 교역규모 증가를 모두 FTA 결과로 볼 수는 없지만 FTA를 통한 양국의 시장개방 효과가 있는 것으로 분석되었다. 수입이 급증할 것으로 우려되었던 한국의 농림수산물 수입은 높은 증가율을 보이기는 하였지만 전체 수입에서 차지하는 비중은 소폭 하락한 것으로 나타났다.

이상 전반적인 한·칠레 FTA의 효과를 요약하면 FTA 발효 후 한국과 칠레의 무역은 수출입이 모두 증가세를 보이고 있어서 양국 간 무역확대에 기여하고 있는 것으로 보인다. 비록 한국과의 FTA체결 이후 칠레가 일본, 중국 등과 FTA를 체결하여 한·칠레 FTA의 효과가 감소된 측면이 있지만 칠레 시장에 먼저 진출한 한국 기업들의 수출성과는 긍정적으로 평가되었다.[10)]

3.2 한·EU FTA

한국은 미국과 EU, 그리고 중국 같은 경제대국과의 FTA를 순차적으로 체결하였는데 먼저 미국과 FTA 협상을 추진하고 이어서 EU와도 협상을 시작하였다. 2007년 5월에 시작된 EU와의 FTA는 먼저 시작된 한·미 FTA보다 빠르게 진행되어 2009년 7월 협상이 타결되고 그 해 10월 협정문에 가서명한 후 2010년 10월 정식 체결되었다. 이 후 2011년 2월과 5월 유럽의회 및 한국 국회의 비준을 거쳐 2011년 7월1일 한·EU FTA협정이 잠정[11)] 발효되었다. 관세인하, 원산지규정, 서비스시장개방, 자동차 문제가 주요 쟁점으로 부각되어 당초 예상보다 협상이 길어졌다.

---

10) 국책연구기관인 대외경제정책연구원(2014)의 분석에 따르면 2007년과 2013년 사이 대기업의 대칠레 수출실적은 4.2% 감소한 반면 중견기업과 중소기업의 수출은 각각 7.8%와 11.5% 증가한 것으로 파악된다.

11) 잠정협정은 EU 27개 회원국 전부가 FTA 협정에 따른 국내절차를 마무리 짓기까지 정식 협정의 일부조항을 제외하고 발효되는 형태이다.

회원국 전체의 GDP 규모가 미국보다 큰 EU는 중국과 미국에 이어 한국의 세 번째로 큰 수출시장이다. EU는 평균관세율이 미국보다 높고 특히 한국의 주요 수출품목인 자동차, 영상기기, 섬유, 신발 등의 무역장벽이 비교적 높기 때문에 FTA 발효에 따른 수출증대 효과가 클 것으로 기대되었다.[12] 또한 한국은 EU가 FTA 협정을 체결한 동아시아 최초의 국가로서 EU시장에서 경쟁국인 일본이나 중국에 비해 시장선점 효과를 얻을 것으로 기대되었다. EU도 한국을 동아시아시장 진출의 교두보로 활용함으로서 한국과의 무역 및 투자증대 효과를 기대하였다.

먼저 한·EU FTA 협정의 주요내용을 살펴보면 양측은 공산품과 임산물 전체품목의 관세를 단계적으로 철폐하기로 하였으며 EU는 5년 내 모든 관세를 철폐하기로 하였다. 한국은 수입액기준으로 97%의 품목에 대한 관세를 5년 내에 철폐하며 나머지 품목 중 44개를 제외하고는 6~10년에 걸쳐 관세를 철폐하기로 하였다. 양측은 배기량 1500cc 이상의 승용차는 3년, 그 이하는 5년간에 걸쳐 철폐하기로 하였으며 농산물분야에서는 한국의 쌀시장 개방을 제외하였다. 그밖에 농산물의 일부 민감 품목에 대해서도 기존의 관세 및 수량제한 유지, 계절관세, 세번(細番) 분리, 세이프가드 적용 등을 통한 예외를 규정하였다. 특히 EU측이 관심을 보인 삼겹살 수입은 10년에 걸쳐 관세를 철폐하고 대신 포도주는 관세를 즉시 철폐하기로 하였다. 또한 양측은 기존의 관세환급 제도를 유지하며 서비스와 투자분야는 포지티브 방식의 개방을 합의하였다. 그밖에 지적재산권과 관련하여 지리적 표시제가 강화되고 저작권은 사후 70년까지 보장하기로 하였다.

한·EU FTA가 한국에 미치는 영향에 관한 연구결과를 보면 국제수지에 대한 영향은 관세 및 비관세장벽의 철폐 효과에 따라 달라지겠으나 GDP는 장단기적으로 모두 증가하는 것으로 나타났다. 또한 EU는 27개 회원국을 가진 세계최대의 경제 통합체로서 아시아대륙에 이어 두 번째로 많은 인구가 살고 있는 대륙으로서 소비 수요가 크다. 따라서 세계 각국의 기업들이 진출하려는 가장 경쟁적 시장인데 한·EU FTA는 EU시장을 한국기업들이 안정적으로 진출하는데 큰 도움을 줄 것으로 평가된다.

---

12) 산업연구원(KIET)의 전망에 따르면 연간 47억 달러의 교역증대효과를 기대할 수 있다.

3.3 한·미 FTA

한·미 FTA에 대해서는 1990년초부터 양국의 기업인들을 중심으로 그 필요성이 꾸준히 제기되었었다. 미국은 단일국가로서는 GDP가 가장 크고 세계최대의 시장을 가지고 있어서 세계 각국의 기업들이 치열하게 경쟁하고 있는 나라이다. 따라서 한·미 FTA 체결은 한국 기업이 미국시장에 진출하는데 매우 유리한 환경을 조성해줄 것으로 기대되었다. 한·미 양국 정부는 2004년 11월 칠레에서 실무접촉을 하고 한·미 FTA를 본격적으로 검토하기 시작하였다. 그 후 2005년 세 차례 실무협상을 하였으며 그 해 9월 미국정부는 한국과 말레이시아, 이집트, 스위스 등을 FTA 우선 협상대상국으로 발표하였다. 2006년초 두 번 더 사전준비 협의를 하고 그 해 6월부터 2007년 3월까지 양국을 오가며 모두 8차례 공식협상을 하였다.

그러나 자동차 등 핵심쟁점에 대한 합의를 이루지 못하고 지연되던 한·미 FTA 협상은 2007년 4월에 양국의 통상장관 회담을 통해 극적으로 타결되었다. 그러나 이후 양국 정부가 교체되고 세계경제가 극심한 침체를 겪는 가운데 국내 비준절차가 지연되고 협정이 발효되지 못하였다. 그러다가 2010년 12월 자동차를 비롯한 일부 협정내용을 변경하는 추가협상이 타결되고 2011년 양국의회의 비준절차가 완료되면서 2012년 3월 협정이 발효되었다.

상품무역, 농업, 섬유, 검역/위생(SPS), 원산지, 통관, 기술장벽(TBT), 투자, 서비스, 금융서비스, 통신/전자상거래, 경쟁, 무역구제, 정부조달, 지적재산권, 노동, 환경, 총칙/분쟁해결의 모두 17개 분야로 나누어서 진행된 양국의 협상에서 타결된 주요내용을 보면 다음과 같다.

- 상품분야에서는 모든 품목(100%)에서 관세를 철폐하되 수입액 기준으로 94%에 해당하는 품목의 관세를 3년 이내에 철폐하도록 하는 대대적인 시장개방이 합의되었다.
- 쟁점이 되었던 자동차 분야에서는 자동차 부품은 즉시 관세가 철폐되며 승용차에 대한 관세는 4년, 트럭 등 일부 품목은 발효 7년 후 관세를 철폐하기로 하였다.
- 농산물 분야에서는 쌀을 자유화 품목에서 제외하고 식용감자 등 일부품목에 대한 기존관세를 유지하며 쇠고기, 사과 등 민감 품목에 대해서는 10년 이상의 장기 관세철폐 기간을 허용하였다.

- 섬유분야에서는 수입액 기준으로 61%에 해당하는 관세를 즉시 철폐하고 나머지 품목에 대해서도 점진적인 관세철폐를 합의하였다.

이외에도 한·미 FTA는 역외가공지역의 지정을 통한 특혜관세 인정, 무역구제제도의 투명성 제고 및 협의기능 강화, 투자보호요건 명확화 등 다양한 내용을 담고 있다.

미국의 GDP는 단일국가로서는 압도적으로 세계 1위이며 수입규모도 세계 1위로서 일본, 중국, 아세안 시장을 합한 것보다 크다. 이러한 미국과 FTA를 체결한 것은 한국 수출시장의 안정적 확보를 의미한다. 아울러 한·미 FTA의 관세인하효과는 미국시장에서 치열한 경쟁을 벌이는 중국과 일본 제품에 대한 가격경쟁력을 증가시켜줄 것으로 전망된다. 또한 한·미 FTA는 경제적 효과뿐만 아니라 정치적으로도 양국 간 외교안보관계를 강화하고 한미동맹을 더욱 공고히 하는데 크게 기여할 것으로 전망된다.[13)]

3.4 한·중 FTA

한·중 FTA 협상은 2004년 9월 양국 통상장관회담에서 민간공동연구에 합의하면서 시작되었다. 그러나 한중 FTA로 인한 농업피해를 우려하여 한국정부는 매우 신중한 입장을 취했다. 그 결과 2년여의 민간공동연구를 마친 후 다시 산관학 공동연구라는 명목으로 5년 가까운 시간을 더 소비했다. 그 당시 중국은 조속한 협상체결을 원했으나 한국정부는 쉽게 결정하지 못하는 상황이었다. 따라서 2010년 산관학 공동연구가 끝나고 양해각서까지 교환했는데도 불구하고 본격적인 FTA 협상은 시작되지 못했다. 그 후 실무협의회와 공청회 등을 거쳐 2012년 5월 제1차 협상이 개최된 후 제14차 협상이 완료된 2014년 11월 10일 베이징에서 열린 한중 정상회담에서 협상의 실질적 타결을 공식 선언하였다. 이 후 조문화 작업, 법률검토, 가서명, 협정문 번역, 법제처 심의 등의 절차를 거쳐 2015년 6월 정식 체결되었다.

한·중 FTA 협정문은 상품관련(6개: 상품, 원산지, 통관 및 무역원활화, 무역구제, SPS, 숏), 서비스·투자(4개: 서비스, 통신, 금융, 자연인의 이동, 투자), 규범·협력(6개: 지적재산권, 경쟁, 투명성, 환경, 전자상거래, 경제협력), 총칙(5개) 등 총 22개 부문으로 구성되어 있어 무역관련 제반 분야를 포함하는 포괄적인 FTA로 평

13) 한편 2019년 발효된 개정 한·미 FTA는 투자자-국가간 분쟁해결제도(ISDS)와 무역규제 투명성 및 절차를 개선 등의 형식을 갖추었으나 실제로는 미국산 자동차에 대한 안전 및 환경기준을 완화하고 경트럭에 25% 관세 적용을 2041년까지 연장하는 등 미국의 요구를 일부 수용하는 정도로 기존 협정과 큰 변화가 없었다.

가된다. 한·중 FTA협정은 그 이행기간과 절차에 관해 매우 신중하게 규정하고 있다. 즉 대부분의 FTA가 10년 이내의 관세철폐를 합의하는데 비해 한·중 FTA는 10년 동안에 한국은 77%, 중국은 66%의 관세철폐를 합의하였다. 또한 20년 후 양국의 관세철폐 수준은 품목수 기준으로 90%이상, 수입액 기준으로는 85%까지 관세를 철폐하기로 합의하였다. 따라서 한·중 FTA는 높은 수준의 시장개방에 합의한 한·미 FTA나 한·EU FTA 등에 비해 시장개방 정도가 매우 낮아서 경제적 효과보다는 정치적 의미에 중점을 둔 FTA라는 평가를 받기도 하였다.

그 이유는 한국정부의 설명대로 한국의 농산물 시장을 보호하기 위해 쌀을 비롯한 양념채소류, 육류, 과실류, 수산물 등 많은 농산품을 관세의 양허대상에서 제외하였기 때문이다. 즉 한·중 FTA는 협상 초기부터 한국정부가 우려했던 농업 피해를 막기 위해 자동차를 비롯한 한국의 주요 수출품목을 중국의 관세양허품목에서 제외하여 양국의 시장개방의 정도가 낮은 상태에 머물게 되었다.

한·중 FTA는 대중 수출확대를 통해 한국의 경제성장에 크게 기여할 것으로 전망된다. 한·중 FTA를 통해 한국은 주요 경쟁국인 일본, 대만, 미국, 독일 등에 비해 중국시장에서 유리한 경쟁여건을 확보함으로서 수출확대의 기회를 마련한 것이다. 한·중 FTA는 한국의 최대 수출시장이며 급속히 성장하는 중국시장에서 한국제품의 경쟁력을 높여서 수출증대를 통한 한국의 경제발전에 크게 기여할 것으로 전망된다. 한편 한·중 FTA는 RCEP, CPTPP 등 아태지역 메가 FTA 결성의 계기를 마련한 것으로 평가되고 있다.

3.5 FTA 정책의 과제와 전망

한국은 미국, EU, 중국과 모두 FTA 협정을 체결한 소수의 국가 중 하나이다. 한국은 다른 나라에 비해 조금 늦게 FTA정책을 추진했지만 단기간에 FTA체결 국가를 크게 확대하는 성과를 거두었다. 그러나 단기적인 성과에 치중하면서 장기적인 효과를 제대로 고려하지 못한 부작용도 나타나고 있다. 따라서 FTA를 통한 무역확대와 경제협력은 장기적 목표를 설정하고 단계적 접근방안을 마련하여 추진해 나가야 한다. FTA 협상대상 지역이나 국가를 FTA 정책효과가 큰 국가부터 우선순위를 정해 순차적으로 결정하는 것이 바람직할 것이다. 최근 동아시아 경제협력의 중요성과 메가 FTA에 대한 관심이 커지는 점을 고려할 때 한국은 향후 일본과의 FTA 또는 일본이 주도하는 CPTPP가입을 적극 추진해야 할 것이다.

또한 한국의 FTA는 시장개방 혜택이 일부 산업에만 집중되고 경제 전체에 골고루 배분되지 못한다는 비판을 받고 있다. 따라서 FTA로 인해 피해를 보는 산업에 대한 지원대책을 마련하고 이익을 보는 산업에 대해서는 FTA를 잘 활용하기 위한 행정지도와 협조체제를 운용할 필요성이 있다. 한국의 경우 FTA로 인한 피해는 주로 농업부문에 나타나고 있고 피해보상도 농업부문에서 이루어지고 있다. 그러나 농업부문에 대한 지원이 농업부문의 구조조정을 위한 것이 아니라 일시적 소득보전과 같은 단기적 보상에 그친다면 이는 오히려 농업의 구조조정을 지연시키고 예산만 낭비하는 결과를 초래할 수 있다. 따라서 지원정책의 효율성을 높이기 위해서는 장기적으로 사양산업의 구조조정을 유도하고 성장산업의 경쟁력을 높이는 방향으로 정책이 추진되어야 한다.

FTA 발효 후 경제적 성과는 국내대책을 어떻게 수립하고 실행하는가에 따라 달라질 수 있다. 따라서 이미 체결된 FTA 활용수준을 높이기 위한 국내의 이행체제가 강화되어야 한다. 그리고 이미 체결된 FTA협정의 추가협상 또는 업그레이드를 지속적으로 시행해야 한다. 즉 지금까지 체결된 FTA중에서 시장개방이 낮은 수준에 있거나 관세양허 내용이 미흡한 FTA에 대한 추가 협상 또는 업그레이드를 위한 협상을 계속해야 한다.

한국 경제는 국제무역에 의존하여 성장해왔으며 부족한 경제부존자원을 감안할 때 앞으로도 무역을 통한 성장전략을 추진할 수밖에 없을 것이다. 따라서 WTO체제의 다자간무역협상에 적극 참여하면서 여러 지역 국가들과의 FTA정책도 계속 추진해나가야 할 것이다. 이와 함께 기존 FTA 협정의 미흡한 부분을 계속 보완해 나가는 방안을 모색해야 할 것이다.

WTO의 다자간무역협상은 8년을 소요한 우루과이라운드처럼 오랜 시간이 걸리고 현재 난항을 겪고 있는 DDA(도하개발라운드)협상에서 보는 바와 같이 새로운 다자간무역협상의 추진은 쉽지 않을 것으로 예상된다. 따라서 이미 미국과 EU를 비롯한 세계 여러 나라들이 FTA 등 RTA(지역무역협정) 체결에 적극 나서고 있으며 이제 FTA협정 체결은 세계 각국의 중요한 국제통상정책의 하나가 되었다.

이러한 관점에서 FTA정책의 필요성에 대한 국민적 공감대를 조성하고 이미 체결된 FTA가 효율적으로 실행되어 한국의 경제성장에 도움이 될 수 있도록 최선의 방안을 마련해야 할 것이다. 또한 현재 협상 중이거나 준비단계에 있는 FTA도 세밀한 검토를 거쳐 순서와 속도를 조절할 필요도 있을 것이다.

PART 5

국제통상질서

CHAPTER 10 GATT와 다자간무역협상

1 GATT의 주요내용

1948년 1월부터 국제무역질서를 주관해온 GATT체제는 1995년 1월 WTO체제로 확대·발전되었다. WTO협정은 기존의 GATT 1947협정과 새로운 GATT 1994협정을 포함하고 있다. 따라서 WTO체제의 국제무역질서를 이해하기 위해서는 기존의 GATT체제에 대한 이해가 필요하다. WTO협정에 GATT협정과 상반된 규정이 있을 경우 WTO협정이 먼저 적용되고 그렇지 않은 경우에는 GATT규정이 그대로 적용된다. 여기서는 GATT체제의 주요 내용을 요약해서 살펴본다.

1.1 배경과 목적

GATT(General Agreement on Tariffs and Trade: 관세와 무역에 관한 일반협정)는 IMF(국제통화기금), World Bank(세계은행)라고 불리는 IBRD(국제부흥개발은행)와 더불어 제2차 세계대전 후 브레튼우즈(Bretton Woods)체제의 국제무역질서를 주도해온 핵심 기구였다.

GATT협정은 ITO(International Trade Organization) 협정의 하나였고 ITO가 설립되면 발효할 계획이었다. 그런데 ITO 설립을 주도하던 미국이 의회비준을 받지 못하고 ITO 설립이 지체되자 GATT 협정만 우선 발효하게 되었다. 1947년 미국을 비롯한 23개 국가가 잠정적용협정(Protocol of Provisional Application)에 서명하고 1948년 1월 1일에 공식 발효되었다. GATT는 WTO로 대체되기 전까지 우루과이라운드 등 모두 8차례 다자간무역협상을 개최하였다. GATT 총회는 국제무역의 중요한 토론장이 되었으며 GATT의 회원국 수도 급격히 늘어나서 전 세계 거의 모든 국가가 참여하였다. GATT의 기본 설립목적은 다음과 같다. 첫째, 하나의 질서 있는 무역관리 체계를 제공한다. 둘째, 무역전쟁의 위험을 최소화하기 위한 법규 및 규정에 관한 제도를 제공한다. 셋째, 무역장벽의 점진적 철폐를 위한 국제법상의 제도를 제공한다.

1.2 기본원칙

GATT는 무역자유화의 기본 원칙으로 무차별대우의 원칙과 무역장벽완화의 원칙을 명시하였다. GATT협정의 전문(前文)에는 무역장벽의 감축, 차별적 대우의 철폐, 무역과 생산의 증대, 경제적 발전과 번영의 목표가 명시되었다. 무차별대우의 원칙에는 GATT의 기본원칙인 최혜국(MFN: Most Favored Nation)대우의 원칙과 내국민(NT: National Treatment)대우의 원칙이 있다. 그리고 무역장벽 완화를 위해 무역제한 수단은 원칙적으로 관세만 허용하고 수량제한은 철폐하도록 규정하였다. 또한 관세율도 최대한 인하해서 관세장벽을 낮추도록 명시하였다.

1) 무차별대우의 원칙

① 최혜국 대우(MFN: Most Favored Nation)

최혜국조항은 회원국 간에는 관세율을 가급적 인하하고 일체의 관세 차별이나 특혜를 주지 않으며 관세인하와 무역제한철폐 조치는 모든 회원국에게 무차별적으로 적용한다는 조항이다.

② 내국민 대우(NT: National Treatment)

내국민 대우 조항은 회원국이 국세, 국내규제, 수량규제 등을 자국상품과 수입상품에 동등하게 적용한다는 조항이다. 즉 수입상품을 자국상품에 비해서 불리하게 대우할 수 없도록 규정한 조항이다.

2) 무역장벽완화의 원칙

① 관세인하

무역제한수단으로 관세는 인정하되 관세율은 최대한 인하하고 관세장벽을 최소화 한다는 원칙이다. 관세를 GATT의 관세양허(tariff concessions)세율보다 낮게 부과하여야 하고 높게 부과하지 못한다는 원칙이다.

② 수량제한조치 금지

수량제한조치는 관세보다 훨씬 강력하고 직접적인 무역규제 수단이라 무역왜곡 효과가 매우 크게 나타난다. 따라서 특별한 경우를 제외하고는 수량제한조치를 허용하지 않는다는 원칙이다.

3) 예외적용

GATT규정에는 많은 예외조항이 있다. 예외조항은 회원국 간 경제발전단계 차이, 상품의 특수성, 비경제적인 요인 등을 고려하여 설치하였는데 이러한 예외규정의 오남용 폐해가 GATT의 기능을 저해하는 요인으로 작용하였다. 예를 들어 다음과 같은 예외조항이 있다.

① 최혜국대우의 예외

- **경제통합** : 관세동맹, 자유무역지역과 같은 경제통합으로 인한 회원국과 비회원국의 차별은 인정된다.
- **역사적 특혜조치** : GATT설립 이전부터 존재한 일부 국가 간의 역사적인 특혜조항(grandfather clause)은 계속 인정된다.
- **개발도상국에 대한 예외** : 개발도상국에 대한 특별대우조치의 법적 근거를 마련하고 선진국의 개발도상국에 대한 일반특혜관세(GSP) 등의 특혜조치를 할 수 있게 하였다.
- **특정 회원국간의 협정 부적용** : 회원국 간의 관세협상이 없고 상호 협정 비적용을 동의하면 특혜가 적용되지 않는다.

② 내국민대우의 예외

- **정부조달** : 정부조달의 경우 국내물품을 우선적으로 구매하는 자국 상품과 외국상품간의 차별은 허용된다.
- **개발도상국에 대한 예외** : 개발도상국의 경제개발에 필요한 경우 자국 상품에 대한 우대가 허용된다.

③ 수량제한 금지 및 양허의 예외

- **긴급수입제한조치** : 특정상품의 수입에 의한 국내산업의 피해를 막기 위하여

긴급수입제한조치를 취하는 경우 수량제한조치를 할 수 있다.

- **의무면제에 의한 수입제한** : 회원국으로부터 의무면제를 받을 경우 수입제한을 할 수 있다.
- **국제수지방어를 위한 제한** : 국제수지방어를 위하여 필요한 경우 일시적으로 수입제한을 허용한다.
- **농산물에 대한 예외** : 농산물은 식량자급과 식량안보와 관련하여 예외적으로 수입제한이 가능하다.
- **생필품 부족방지를 위한 수출제한** : 식료품이나 필수상품의 부족을 방지하기 위하여 일시적으로 수출을 제한할 수 있다.
- **개발도상국에 대한 예외** : 개발도상국은 산업보호, 국제수지방어 등의 목적으로 수량제한조치를 할 수 있다.
- **무효화 및 침해에 대한 대응조치** : 자국의 무역이익을 무효화하거나 침해하는 회원국에 대해서는 이에 대응하는 조치를 취할 수 있다.

④ 포괄적인 예외

- **일반적인 예외** : 차별적인 대우 수단 또는 위장된 무역제한수단으로 사용되지 않는 한 공중도덕의 보호, 인간 및 동식물의 생명이나 건강의 보호, 문화재 보호, 천연자원의 보호 등과 같은 이유로 필요한 경우에는 예외가 허용된다.
- **안전보장상의 예외** : 국가의 안전보장이나 UN의 국제평화조치를 위하여 필요한 경우 예외가 허용된다.

1.3 GATT의 한계

첫째, GATT는 국제무역에 관한 잠정적인 협정에 불과하였고 확실한 국제경제기구로서의 성격이 미흡하였다. 또한 GATT의 규정은 통일성이 부족하고 매우 복잡한 법률체계를 갖추고 있어서 법적 구속력이 미약하였다. GATT가 국제경제기구로 인정받고 그 기능을 어느 정도 유지하였던 것은 회원국 간의 상호협조가 있었기 때문이었다.

둘째, GATT는 수량제한의 금지와 관세장벽의 완화에는 큰 성과를 이루었으나 비관세장벽의 완화에는 별 다른 성과를 내지 못하였다.

셋째, GATT 규율의 범위가 주로 공산품 등 상품무역이었고 농산물과 섬유, 그리고 서비스무역은 GATT 규율의 범위에 포함되지 않았다.

넷째, 예외조항의 오남용과 자의적 해석으로 인해 GATT의 기능이 저하되고 무역분쟁을 효율적으로 해결하는 역할이 미약하였다.

2 GATT의 다자간무역협상

2.1 GATT의 다자간무역협상

GATT는 세계무역증대에 크게 기여하였다. 세계의 거의 모든 나라가 회원국으로 가입하고 전체 회원국의 무역거래가 GATT체제에서 이루어졌다. 또한 다자간무역협상을 개최하여 무역을 확대하고 회원국의 경제성장과 세계경제의 발전에 기여하였다. GATT의 관세협상은 전 회원국이 참가하는 라운드 방식이나 특정품목에 대한 2국간 협상으로도 이루어졌다. 2국간의 관세인하협상 결과는 최혜국대우의 원칙에 따라 모든 GATT회원국에 무차별적으로 적용되었다.

GATT는 1948년 발효된 후 모두 8차례의 다자간무역협상(Round)을 추진하였다. GATT가 추진한 8차례 다자간무역협상 중 중요한 것은 케네디라운드(Kennedy Round), 도쿄라운드(Tokyo Round), 우루과이라운드(Uruguay Round) 등이다. 다자간협상을 통해서 세계 각국의 평균관세율이 크게 인하되었다. 도쿄라운드에서 처음으로 비관세무역장벽(NTB)의 철폐 및 완화를 위한 협상이 이루어졌으나 큰 성과는 없었다.

[표 10-1]에 GATT가 8차례 추진한 다자간무역협상의 주요내용이 요약되어 있다. 제1차부터 5차까지 GATT 초기의 다자간무역협상은 일반관세협상으로 주로 관세인하가 주요 협상대상이었고 제6차 다자간무역협상인 케네디라운드에서 처음으로 관세이외의 비관세무역장벽에 대한 협상이 시작되었다.

▌표 10-1▐ GATT의 다자간무역협상

횟수	명칭	기 간	참가국	개최 장소	양허품목 수 및 평균관세인하율		관세협상방법	비 고
1	일반관세협정	47.4~47.10	23	Geneva-Swiss	45,500 (100억 달러)	불명	품목별 인하	평균관세율이 1947년의 40%에서 1961년에는 20%로 낮아짐.
2	일반관세협정	49.8~49.10	32	Annecy-France	5,000	불명	품목별 인하	
3	일반관세협정	50.9~51.4	34	Torquay-England	9,700	불명	품목별 인하	
4	일반관세협정	56.1~56.5	22	Geneva-Swiss	3,000 (25억 달러)	불명	품목별 인하	
5	Dillon Round	61.5~62.7	23	Geneva-Swiss	4,400 (49억 달러)	7% 공산품	품목별 인하	
6	Kennedy[1] Round	64.5~67.6	54	Geneva-Swiss	30,000 (4,000억 달러)	35% 공산품	일괄 인하	반덤핑규약 체결
7	Tokyo[2] Round	73.9~79.4	99	Tokyo-Japan	27,000 (1,550억 달러)	33% 공산품	관세 조화	9개 MTN 협정 체결
8	Uruguay Round	86.9~93.12	117 (종료 시점 기준)	Punta del este-Uruguay	전품목	33% 공산품 무세화 품목	관세 조화	WTO설립

1) 주요 선진국의 제조업분야 관세인하율을 35% 인하함.
2) 9개 선진국의 제조업분야 가중평균 관세율을 7.0%에서 4.7% 수준으로 인하함.
※ 자료: Hoekman and Kostecki, The Political Economy of the World Trading System, 1995, pp.16-17.

2.2 케네디라운드(Kennedy Round)

1) 협상의 배경

1960년대에 들어오면서 ① EEC 결성으로 인한 역외국가에 대한 무역차별 확대, ② 미국의 국제수지 악화, ③ 미국의 대일무역역조, ④ 미국의 통상확대법의 제정 등 무역환경에 있어서 일련의 변화가 있었다. 이러한 상황에서 미국 케네디 대통령의 제안으로 GATT의 제6차 라운드가 시작되었다.

2) 협상의 주요내용

케네디라운드는 지금까지의 국별·품목별 인하교섭방식과는 달리 일괄인하방식을 채택하였다. 국별·품목별 인하방식은 국가별로 각 개별품목마다 관세율을 교섭하는 것이다. 이 국별·품목별 인하교섭방식은 ① 협상 자체가 복잡하고, ② 대규모의 관세인하가 어려우며, ③ 기존관세가 고율인 국가가 협상시 유리한 단점이 있었다. 이러한 단점을 피하고자 케네디 라운드에서는 관세를 일괄적으로 인하하기 위하여 선형인하방식(linear tariff reduction)을 채택하였다.

선형인하방식은 협상당사국들이 개별품목에 대하여 그 품목의 기존 관세율을 일괄적으로 몇%씩 삭감하기로 합의하는 방식이다. 예로서 X라는 품목의 기존관세율이 A국은 10%, B국은 20%인 경우에 일괄인하율을 50%로 하였다면 관세율은 A국은 5%, B국은 10%로 되는 것이다. 이러한 방식 하에 케네디라운드에서는 일괄 인하폭을 50%로 하고 예외품목은 최소한의 범위에서 인정토록 하여 협상을 진행하였다.

3) 주요성과

1964년 5월에 시작하여 1967년 6월에 타결된 케네디라운드는 이전의 다자간 협상에 비하여 많은 성과를 거둠으로써 자유무역질서의 확립에 크게 기여하였다. 이 협상의 결과로 관세율이 큰 폭으로 인하되어 평균 34% 인하되었고 선진국들의 공산품 평균관세율은 10% 이하의 수준으로 인하되었다. 또한 복수국가협정으로 반덤핑규약(anti-dumping code)이 제정되어 GATT 제6조의 반덤핑조항에 대한 세부적인 규정을 마련하였다.

2.3 도쿄라운드(Tokyo Round)

1) 협상의 배경

1970년대에 들어서 회원국 간 국제수지 불균형이 심화되었으며 미국의 국제수지 적자 누적과 함께 달러가치의 불안으로 세계통화제도가 동요하였다. 미국에서는 수입에 10%의 수입부과세를 부과하는 등 수입제한적인 조치가 취해졌고, EC에서는 회원국 수의 증가로 경제통합의 범위가 늘어났고, 역내국가간의 무역이 확대되는 등 지역 간 특혜무역이 성행하여 GATT의 자유무역기조가 위협받게 되었다.

한편 개발도상국에서는 국제경제 질서의 재편성과 함께 개발도상국들의 입지개선에 대한 요구가 강해졌었다. 이러한 상황을 배경으로 하여 1973년 9월 도쿄에서 개최된 GATT 각료회의에서 다자간무역협상의 기본원칙이 채택되면서 도쿄라운드가 시작되었다.

2) 협상의 주요내용

도쿄라운드는 무역장벽을 완화하고 국제규범을 개선하며, 개발도상국의 수출증대와 다양화를 위하여 무역환경을 개선하는 것을 목표로 두었다. 협상은 관세, 비관세, 긴급수입제한조치, 농산품, 열대산품, 특정부문, 무역체제 등의 분야로 나누어서 진행되었다. 관세는 일괄적인 관세인하방식으로서 관세조화방식을 채택하였다. 관세조화방식은 동일품목에 대하여 국가마다 관세율 차이가 많이 나는 것을 시정하기 위하여 일정한 수준의 관세율을 기준으로 두고 기존 관세가 높은 국가는 인하의 폭을 크게 하고, 낮은 국가는 인하의 폭을 작게 하여 각국의 관세율을 평준화시키는 관세인하 방식이다.

3) 협상의 주요성과

1973년 9월에 시작하여 1979년 4월에 타결된 도쿄라운드는 선진국과 개발도상국 그리고 동구의 6개국 등이 참가한 대규모의 협상이었으며 협상대상도 관세뿐만 아니라 비관세장벽도 포함하는 종합적이고 광범위한 협상이었다.

도쿄라운드에서는 평균 33%의 관세인하가 있었고 이로써 주요 선진국들의 관세율은 평균 4.7% 수준까지 인하되었다. 도쿄라운드는 관세인하 외에도 비관세장벽에 대한 협정, 특정분야에 대한 협정, 규범개편(framework) 협정을 포함하고 있다.

비관세장벽과 관련하여 정부조달, 반덤핑, 보조금 및 상계관세, 관세평가, 무역에 관한 기술장벽, 수입허가절차 등의 6개 협정과 또 특정분야와 관련하여 낙농품, 쇠고기, 민간항공기 분야의 3개 협정이 복수국간협약으로 체결되었다.

- 규범개편협정
  ① 권능부여조항(Enabling Clause)
  ② 국제수지를 위한 수입제한
  ③ 개발목적의 긴급수입제한
  ④ 분쟁해결
  ⑤ 수출제한

한편 규범개편협정은 위의 5가지 사항으로 구성되는데, 개발도상국에 혜택부여를 위한 규정 개정과 GATT의 분쟁해결기능 강화를 위한 규범개편을 주요내용으로 하고 있다. 그러나 도쿄라운드는 당초의 의도와는 달리 선진국들의 이해가 중심이 되어 개발도상국들의 이해가 폭넓게 반영되지 못하였을 뿐만 아니라 선진국들의 보호무역주의 추세를 막지 못하였다.

2.4 우루과이라운드(Uruguay Round)

1) 협상 배경과 특징

우루과이라운드(UR: Uruguay Round)란 1986년 9월 남미의 우루과이 푼타 델 에스테(Punta del Este)에서 개최된 GATT의 제8차 다자간무역협상을 말한다. 우루과이라운드는 협상개시 후 4년 이내에 협상을 종결할 예정이었으나 협상 참여국이 주요의제에 대해 첨예하게 대립하여 협상이 지연되다가 1993년 말에 타결되었다. 이후 1994년 4월 15일 모로코 마라케시에서 123개국이 참가하여 협상종결을 선언함으로써 7년 7개월의 장기간 협상이 마무리되었다.

우루과이라운드 협상의 배경과 특징은 다음과 같이 정리할 수 있다.

첫째, 협상대상이 매우 다양하고 포괄적이었다. 관세와 비관세장벽은 물론 서비스무역, 농산물무역, 지적재산권, 무역관련 투자조치 등 국제무역관련 제반 현안이 협상대상으로 채택되었다.

둘째, 국제경제 환경변화에 대응하는 새로운 국제무역질서 수립을 위해 추진되었다. 즉 정보통신의 발달, 서비스무역확대, 미국의 경제력 약화, EU의 확대, 일본과 신흥공업국들의 경제력 부상 등으로 새로운 국제무역질서 수립이 요구되었다.

셋째, 신보호무역주의의 주요 정책수단인 비관세무역장벽의 철폐 및 완화를 위한 대책 마련에 중점을 두었다. 그동안 다자간무역협상으로 관세율은 대폭 인하되어 수입규제수단으로서의 기능이 현저히 약화되었지만 자율수출규제(VER), 반덤핑관세, 상계관세와 같은 비관세무역장벽의 폐해가 증대되어 이에 대한 해결책 마련이 중요한 과제로 부상하였다.

넷째, 농산물과 다자간섬유교역(MFA: multi-fiber agreement)을 GATT의 규범 안에 포함시켰다.

다섯째, GATT 기능의 한계로 인해 강력한 법적 구속력과 강제적 집행능력을 갖춘 새로운 국제무역기구(WTO)의 창설이 필요하게 되었다.

2) 협상분야

우루과이라운드(UR)의 협상분야를 요약 정리하면 [표 10-2]와 같다.

UR의 협상분야는 크게 시장개방분야, GATT 규율분야, 새로운 분야 등 거의 모든 국제무역관련 분야를 포함하였다. 시장개방분야에서는 관세인하와 비관세장벽의 완화를 포함하여 농산물, 섬유, 천연자원, 열대상품 등에 관한 무역자유화 문제가 논의되었다. GATT규율 분야에서는 도쿄라운드에서 제정된 반덤핑협정, GATT조문 및 분쟁해결절차의 개선, GATT기능 강화문제 등이 논의되었다. 새로운 분야에서는 지적재산권 보호와 무역관련 투자조치, 그리고 서비스무역에 관한 문제가 논의되었다.

▌표 10-2▐ UR협상분야

시장개방분야	GATT 규율분야	신 분야
관 세	반 덤 핑	
비관세	보조금·상계관세	지적재산권
농산물	긴급수입규제조치	무역 관련 투자조치
섬 유	GATT 기능 강화	서비스무역
열대산업	GATT 조문 개선	
천연자원	분쟁해결절차	

※ 자료: 강인수 외, 「국제통상론」, 박영사, 2000. p.81.

3) 협상경과

우루과이라운드 협상경과는 [표 10-3]에 정리되어 있지만 좀 더 자세히 설명해 보기로 한다.

모두 125개국이 서명한 UR협상은 1990년 12월 브뤼셀 통상장관회의에서 종결할 예정이었으나 참가국의 첨예한 이해대립으로 합의를 하지 못하고 1994년까지 연장되었다.

협상의제 15개 분야 중 특히 농산물 분야는 UR협상 전체의 성패에 관건이 되었는데 참가국들의 상반된 시각과 이견은 농산물 각 분야에서 다양하게 나타났다. 농산물협상은 모든 농산물에 대한 관세화를 통한 교역확대, 보조금 및 기타 제한조치에 대한 규제강화에 초점이 맞춰졌는데 특히 미국과 프랑스가 첨예하게 대립하였다. 농산물수입의 정치적·사회적 영향을 감안해서 한국은 일본과 함께 농산물의 비교역적 측면(식량안보 측면)에 많은 관심을 쏟았다.

▌표 10-3▌ UR협상의 경과

일 자	주 요 내 용
1986. 9. 20	우루과이의 푼타 델 에스테 각료선언으로 UR협상 출범
1988. 12	캐나다 몬트리올(Montreal)에서 UR협상 중간평가회의 개최
1990. 12	UR협상 종결을 위한 벨기에 브뤼셀 각료회의 개최·합의도달에 실패
1991. 4	UR협상의 재개 및 15개 협상그룹을 7개로 통합
1991. 12	당시 GATT사무총장이었던 던켈(Dunkel)이 최종 협정안 제시
1992. 1	무역협상위원회(TNC) 4원협상구조(Four-track Approach)합의 • Track 1 : 시장접근분야(농산물 포함) 양허협상 • Track 2 : 서비스분야 양허협상 • Track 3 : 협정문 법제화 • Track 4 : 협정문안 내용 조정
1992. 11	미·EC간 블레어 하우수(Blair House) 합의 • 농산물 보조금 감축문제 등을 타결
1993. 7	서덜랜드(Sutherland) 사무총장 취임
1993. 7	주요 4국(Quad) 합의안 마련 • 도쿄 G-7정상회담에서 미·일·EC·캐나다 4국은 무관세화, 관세조화, 관세 인하 기준 등 공산품 시장 접근에 대한 합의안 마련
1993. 7	무역협상위원회(TNC) UR 타결시한 1993.12.15로 재설정
1993. 11	UR협상 타결을 촉구하는 APEC 선언문 채택
1993. 12. 15	UR협상 종결 • 93. 12. 15까지 UR최종 참가국은 117개국 • 타결되지 않은 분야 : 민간항공기 무역에 관한 협정, 금융·기본통신·해운 등 일부 서비스분야 양허협상
1994. 2-3	각국 이행계획서 검증 및 법제화 작업
1994. 3. 31	무역협상위원회(TNC) 각국 이행계획서 최종 확정
1994. 4. 7	무역협상위원회(TNC) 마라케시 각료선언 및 4개 결정문 확정
1994. 4. 12-15	모로코 마라케시(Marrakesh) 각료회의를 통해 UR협상 최종 종결 및 세계무역기구(WTO) 설립협정 채택 〈주요 문서 서명〉 • UR협상 최종의정서 : 회의참가 111개국 서명 • WTO 설립협정 : 104개국 서명 또는 비준조건 서명, 21개국 서명보류 • 정부조달협정 : 협상 참가국 중 22개국 서명 또는 비준 조건부 서명, 1개국 서명 거부(홍콩)

※ 자료: 강인수 외, 전게서, p.83.

섬유협상은 기존의 다자간 섬유협정(MFA)의 철폐에는 대부분 동의하였으나 미국이나 캐나다와 같은 섬유수입국과 한국을 비롯한 섬유수출국간에 철폐의 방법과 기간에 대한 이견이 엇갈려 진통을 겪었다.

한편 반덤핑관세, 세이프가드조치, 보조금·상계관세 등의 협상은 규제강화에 반대하는 개발도상국의 주장에 선진국이 소극적으로 반응하여 합의가 지연되었다. 그러나 지적재산권, 서비스무역 등의 새로운 분야에 대한 협상은 개발도상국의 강력한 반발에도 불구하고 선진국을 중심으로 협상이 한 단계씩 진전되었다.

이렇게 많은 이해대립에도 불구하고 UR협상은 1990년대 초까지 활발히 전개되었다. 이는 무엇보다도 UR에 참가한 대다수의 국가들이 UR협상이 실패할 경우 나타날 상황에 대하여 위기의식을 느끼고 있었기 때문이다. 만약 UR협상이 성공적으로 타결되지 못하면 세계경제의 블록화와 보호무역 추세는 급속도로 확산되어 무역마찰이 빈번하게 발생하고 세계무역질서가 혼란 상태로 빠지게 될 것으로 걱정하였다. 이러한 결과를 피하기 위하여 7년여의 긴 협상을 마치고 마침내 1993년 12월 15일 최종적인 타결에 합의하였다.

UR협상은 국제경제 환경변화에 능동적으로 대처하고, 무역자유화와 공정무역질서의 확립을 위해서 시작했지만 참가국 간 첨예한 이해대립이 계속되었다. 그러다가 1993년 7월 Quad(미국, 캐나다, 일본, EU) 통상장관회담에서 그동안 협상의 장해요인이었던 공산품시장접근 분야에 대해서 포괄적인 합의가 이루어졌다. 즉 공산품에 대한 관세율인하와 무관세협상, 관세조화방식에 대한 기본적인 합의가 이루어진 것이다.

이렇게 공산품에 대한 합의로 협상타결의 가능성이 높아졌지만, 프랑스가 1992년에 타결된 미국과 EU간의 농산물협정의 재협상을 제기하면서 협상 분위기가 급전환되기도 하였다. 그러나 일본이 1993년 11월에 쌀시장개방을 수용하고, NAFTA 법안의 미국의회 통과, APEC의 UR 협상타결을 촉구하는 공동선언문 채택 등으로 분위기가 반전되고 협상이 극적으로 타결되기에 이르렀다.

UR은 GATT의 다자간무역협상 중 가장 포괄적이고 복합적인 협상이며 참가국도 사회주의 국가를 포함해 125개국에 달하는 가장 규모가 큰 협상이었다. 따라서 UR협상은 전 세계적인 관심을 끌었고 협상결과의 파급효과도 매우 크게 나타났다.

4) 협정의 주요내용

① 관세협정

각국의 관세율을 1986년 관세율을 기준으로 5년에 걸쳐 33% 이상 인하하고 관세양허품목을 확대하기로 하였다. 또한 일부 공산품에 대하여 무관세화 혹은 관세조화 합의에 참여하도록 하였다. 그리고 국가별 관심품목에 대한 쌍무적 관세인하조치를 취하도록 하였다. 우루과이라운드 협정으로 한국은 관세율을 약 41% 인하시키고 미국은 37%, EU는 33%, 일본은 60% 인하시킨 것으로 나타났다. 선진국의 관세양허범위는 거의 100%에 다다랐고 평균관세율은 1~4%로 인하되었다.

우루과이라운드의 관세인하 협상은 ① 쌍무적 관세인하협상 ② 특정산업의 무관세협상 ③ 특정산업의 관세조화협상 등 3가지 관점에서 추진되었다.

② 반덤핑협상

반덤핑협상은 반덤핑규정을 강화하여 반덤핑조치의 남용을 억제하고자 하는 수출국입장과 우회덤핑 등 새로운 관행을 규제하려는 미국, EU 등 수입국입장이 대립하였다. UR 반덤핑협정은 이러한 수출국과 수입국의 입장을 균형 있게 절충하는 선에서 마련되었으나, 대체적으로 수출국의 입장이 상당부분 반영된 것으로 평가되었다. 반덤핑협정의 주요 내용으로는 원가 이하 판매를 정상적 거래로 인정함으로써 덤핑판정시 수출국에 유리하도록 하였다. 또한 신제품 출하 시 초기비용을 조정할 수 있게 하고 반도체 등 개발 초기 단계에 많은 비용이 소요되는 산업의 비용 산정이 더 합리적으로 되도록 하였다.

반덤핑관세는 부과 후 5년이 경과하면 원칙적으로 자동 소멸되며, 조사당국이 반덤핑관세 종료로 피해가 지속되거나 재발될 것을 입증하는 경우에만 계속 관세를 부과하도록 하였다.

③ 보조금 및 상계관세

GATT의 보조금과 상계관세에 관한 규제는 GATT협정문 제6조, 제16조 및 제23조와 도쿄라운드의 보조금·상계관세 협정에 근거하였다. 그러나 이러한 협정은 보조금에 대한 명확한 정의가 없고 보조금을 단순히 수출보조금과 국내보조금으로 구분하여 상계관세절차가 불분명하고 자의적 운용의 소지가 컸었다. 이로 인해 각국의 보조금지원이 경쟁적으로 이루어지고, 주요 선진국들은 상계관세제도를 자국산업의 보호수단으로 남용하는 폐단이 일어났다.

UR협정의 보조금 규정에서는 금지보조금은 폐지되어야 하며 상계가능보조금 지급도 다른 회원국에게 불리한 효과를 초래해서는 안 된다고 규정하고 있다. 지급허용 보조금은 특정성이 없어야 하며 특정성이 있는 경우 연구개발보조금, 지역개발보조금, 환경보조금 등으로 국한하고 있다.

상계관세 규정에서는 상계관세 부과절차를 강화된 반덤핑협정의 반덤핑조사 및 반덤핑관세 부과절차와 조화를 이루도록 하였다. 상계관세의 효력지속 기간은 원칙적으로 5년으로 하고, 상계관세 종료 후 보조금이 다시 지급되고 피해가 초래될 가능성이 있으면 계속 효력을 유지하도록 하였다.

④ 긴급수입제한(세이프가드)조치

긴급수입제한조치는 특정물품의 수입급증으로 수입국의 국내산업이 심각한 피해를 입거나 피해 우려가 있을 때 시행하는 수입수량제한조치를 의미한다. 이 조치는 수출국의 정상적인 수출행위에 대한 수입제한조치라는 점에서 반덤핑조치 등에 비해 그 발동요건이 훨씬 까다롭다는 것이 특징이다.

UR협정에서는 무차별원칙을 준수하되 예외적으로 선별적용을 인정하였으며 자율수출규제, 시장질서유지협정 혹은 이와 유사한 조치들의 적용을 금지하도록 하였다. 한편 이미 발동중인 조치는 UR협정 발효일로부터 4년 이내에 철폐하도록 하였으며, 세이프가드 조치의 실용성을 높이기 위해 최초 발동 후 3년간 수출국이 보복할 수 없도록 하였다. 그리고 세이프가드조치의 유효기간은 연장기간을 포함하여 8년을 초과하지 못하도록 하였다.

⑤ 섬유 및 의류무역

UR섬유협정은 일반 공산품이면서도 GATT체제에서 벗어나 다자간섬유협정(MFA)이라는 특별협정에 의해 차별적으로 시행되던 섬유 및 의류에 관한 무역을 다자간무역체제에 복귀시키려는 의도에서 추진한 협상의 결과이다.

UR섬유협정은 1974년부터 시행되던 MFA를 철폐하고 섬유의류무역을 WTO체제에 복귀시켜 선진국의 섬유의류시장 진출을 확대하려는 개발도상국 입장과 개발도상국의 동등한 시장개방을 주장하는 선진국의 입장을 조화시킨 협정으로 평가된다. UR섬유협정은 3단계에 걸친 섬유자유화 조치, 섬유분야에만 특수하게 적용되는 잠정 세이프가드조치, 수출쿼터량 증가율의 상향조정, 우회수출 금지, 수량규제 변경내용의 섬유감시기구 통보 등의 내용으로 구성되어 있다.

⑥ 무역관련 지적재산권보호

기술이 국제경쟁력의 중요한 요인으로 부상하면서 지적재산권에 대한 국제분쟁이 증대함에 따라 지적재산권보호에 대한 요구가 미국을 비롯한 선진국을 중심으로 강력히 제기되어 왔다. UR의 지적재산권협정은 최혜국대우의 원칙을 최초로 채택하였으며, 각 회원국이 특정 회원국에 부여하는 특혜조치는 다른 회원국에게도 무차별적으로 동일하게 적용하도록 하였다.

컴퓨터 프로그램, 영상저작물, 음반에 대하여 대여행위의 허가금지권을 인정하였으며, 음반의 경우는 세이프가드 적용대상에서 제외되었다. 또한 음반, 실연가(實演家) 등에 대한 저작인접권에 대하여서는 베른협약을 따른다고 규정하고 있어 소급가능성을 인정하였다. 지적재산권의 권리침해가 계속되는 것을 막거나 증거보전을 위해 가보호조치를 발동할 수 있으며, 각국은 저작권 및 상표권 침해 물품에 대해 국경조치를 반드시 규정해야 하며 특허 등 다른 지적재산권으로까지 확대하도록 하였다.

⑦ 무역관련 투자조치

무역관련 투자조치 협정은 무역의 왜곡 및 제한효과를 유발하는 투자조치를 제거하기 위한 협정이다. 이 협정은 무역관련 투자조치의 적용범위를 상품무역에 관련된 투자조치에 국한하고 각국은 GATT 제3조(내국민대우) 및 제11조(수량제한금지)에 저촉되는 투자조치를 취할 수 없도록 하였다.

개발도상국은 GATT 제18조(경제개발에 대한 정부의 지원 및 국제수지조항)에 의거하여 내국민대우 및 수량제한 금지를 규정한 이 협정의 의무면제가 일시적으로 허용되고, 회원국은 협정 발효 후 90일 이내에 협정에 어긋나는 모든 무역관련 투자조치를 상품무역이사회에 통보하게 하였다.

무역관련 투자조치협정은 무역을 제한하거나 왜곡시키는 투자조치를 제거하기 위하여 채택된 최초의 다자간규범이라는 점에서 의의가 있다고 할 수 있다.

⑧ 수출보조금

미국을 비롯한 농산물수출국의 요구로 진행된 UR의 농산물 수출보조금 감축과 무역장벽 완화 및 농산물시장개방 협상 결과 합의된 주요 내용은 다음과 같다.

첫째, 농산물 수입에 대한 예외 없는 관세화, 관세 및 관세에 준하는 조치 등의 단계적 인하, 최소시장접근 및 기존시장접근 보장, 특별 세이프가드 적용, 한국 쌀 수입에 대한 특별우대를 적용하기로 하였다.

둘째, 국내보조금에 대해서는 보조금을 허용보조금과 감축대상 보조금으로 구분하여 허용보조금을 제외한 모든 국내보조금은 1995년부터 6년간 20%를 감축하도록 하였다. 그러나 농산물무역왜곡 효과가 없거나 농산물 생산에 미치는 효과가 미미하고 가격지지 효과가 없는 국내보조금은 허용보조금으로 분류되었다.

셋째, 수출보조금에 대해서는 1995년부터 6년간 재정지출기준으로 36%, 물량기준으로 21%를 감축하도록 하였고, 구체적인 수출보조금의 유형으로 농산물 수출관련업체 등에 대한 정부의 직접지원, 정부재원을 통한 수출보조금 등 6개 유형을 명시하였다.

⑨ 서비스무역

URD의 서비스무역협상은 일부 분야에서 서비스의 특성이나 서비스무역 발전과 정상의 이유 또는 무역상대국의 낮은 양허수준 등을 이유로 최혜국대우 면제문제가 제기되어 협상이 지연되기도 하였다.

금융부문은 주로 미국, EU 등 선진국들이 일본, 아세안, 한국 등 주요 관심대상국에 대한 양허수준제고를 요구하였다. 시청각서비스와 해운의 경우는 주로 미국과 EU간에 쟁점이 되었고 양대 협상국의 타협이 필요하였다.

각국 간에 이견이 많았던 금융, 기본통신, 해운, 인력이동 분야는 UR협상이 종료된 후에도 추가적으로 후속협상을 계속하기로 합의하였다.

⑩ 원산지규정

원산지규정이 각국마다 상이하고 복잡성, 불명료성 차별성으로 인하여 세계무역 및 투자의 흐름을 왜곡시킬 가능성이 커짐에 따라 무역협상의 쟁점으로 부상하였다. UR의 원산지협정에서는 통일원산지규정의 적용범위를 최혜국대우, 반덤핑 및 상계관세조치, 긴급수입제한조치, 원산지표시제도 및 기타의 무차별적인 수량제한과 정부조달 및 무역통계 등과 같은 정책수단에 한정시켰다. 따라서 선진 각국이 개발도상국 지원을 위해 운용하고 있는 일반 특혜관세제도, 쌍무적 자유무역협정 등과 같은 특혜적 제도들은 통일 원산지규정의 적용대상에서 제외되었다.

5) 우루과이라운드 평가

우루과이라운드 협상은 다자간무역체제를 새롭게 정비하고 공정하고 자유로운 무역의 확대를 통해 세계경제 발전에 크게 기여한 것으로 평가된다. 또한 섬유무역과 농산물교역이 다자간무역체제에 편입되고 비관세무역장벽에 대한 규정을 강화한 것도 성과로 평가된다. 그리고 보호무역정책 수단으로 남용되었던 반덤핑관세, 상계관세, 긴급수입규제조치 등에 대한 새로운 규범을 마련하고 서비스무역 협정을 체결한 것도 성과로 평가된다.

무엇보다 강력한 법적 구속력을 갖춘 세계무역기구(WTO)를 설립하여 GATT체제를 확대발전시킨 성과는 우루과이라운드 협상의 최대 성과로 꼽힌다. 앞으로 분쟁해결제도 개선, 서비스무역확대, 지적재산권 강화, 무역관련 투자증대 등에 대한 WTO의 새로운 국제규범은 다자간무역체제를 강화하는데 크게 기여할 것으로 기대된다.

UR협상 결과는 전반적으로 선진국과 개발도상국의 이해가 균형 있게 반영된 것으로 평가되나 자유무역의 관점에서 볼 때 개발도상국들에게 적지 않은 부담을 준 것으로 평가된다. 그러나 반덤핑관세, 긴급수입제한, 섬유의류교역, 분쟁해결절차 등은 개발도상국에게 유리하게 타결된 것으로 평가된다. 반면 수출보조금 및 상계관세, 서비스무역확대, 지적재산권보호 등은 선진국에게 훨씬 유리하게 타결된 것으로 평가되었다. 농산물교역에서는 선진국과 개발도상국의 이익이 혼재되어 있어서 일률적으로 평가하기 어려운 상태이다.

관세인하의 경우 선진국이 관세를 인하하였으나 원래 선진국의 관세율은 낮았고 개발도상국은 높은 상태에서 개발도상국의 인하 폭이 더 컸기 때문에 관세인하로 인한 선진국과 개발도상국의 이익 비교는 어려운 상태이다.

종합적으로 평가할 때 우루과이라운드 협상은 WTO체제의 국제무역질서를 정립하고 공정하고 자유로운 무역의 확대를 통해 세계경제의 발전에 기여하는 새로운 계기가 되었다고 평가된다.

CHAPTER 11

세계무역기구(WTO) 체제

1 WTO의 기본사항

세계무역기구(WTO: World Trade Organization)는 다자간무역체제를 강화하고 자유무역의 확대와 공정무역질서를 정립하기 위해 1995년 1월 1일 우루과이라운드의 최종의정서인 마라케쉬협정(Marrakesh Agreement)에 의해 출범하였다.

WTO는 1948년에 발족한 GATT를 대체한 국제무역기구로 본부는 스위스 제네바에 있다. WTO의 출범은 세 가지 의미를 가지고 있는데, 첫째는 47년 동안 국제무역질서를 주관해온 GATT체제의 한계를 극복하고 더 강력한 법적 구속력을 가진 국제무역기구를 창설하였다는 점이다. 둘째는 WTO협정은 GATT협정보다 훨씬 광범위한 국제무역협정으로서 자유무역의 확대와 공정한 무역질서를 추구해나갈 것이라는 점이다. 셋째는 원래 브레튼우즈 협정에서 설립하기로 했던 ITO(International Trade Organization)가 WTO라는 명칭으로 뒤늦게 출범하였다는 점이다.

1.1 WTO 설립목적

WTO의 설립목적은 WTO 설립을 위한 마라케쉬협정(Marrakesh Agreement Establishing the World Trade Organization)의 전문에 잘 나타나 있는데 그 내용은 다음과 같다. 이 협정의 당사자들은,

- 무역 및 경제활동 분야에 있어서 상호관계가 경제개발의 상이한 수준의 필요와 관심에 비추어 환경의 보호 및 보전을 추구하고 이를 위한 수단을 증진시

키면서 지속가능한 개발(Sustainable Development)의 목적에 부합되는 세계자원의 최적 이용을 고려하는 한편, 생활수준의 향상, 완전고용의 달성, 높은 수준의 실질소득과 유효수요의 지속적 증대, 생산증가, 상품 및 서비스무역 확대 등을 목표로 이루어져야 한다는 점을 인식하고,

- 개발도상국, 특히 최빈개도국들이 국제무역의 성장에서 자국의 경제를 발전시키는데 필요한 만큼의 몫을 확보하려는 것을 보장하기 위하여 적극적인 노력을 기울여야 할 필요성이 있다는 점을 인식하고,
- 관세와 기타 무역장벽의 실질적인 감소와 국제무역 상의 차별대우의 철폐를 목표로 하는 상호 호혜적인 협정의 체결을 통해 이와 같은 목적 달성에 기여하기를 희망하며,
- GATT와 과거의 무역자유화 노력의 결과 그리고 우루과이라운드 다자간무역협상의 결과 모두를 포괄하는 통합되고 보다 합당하며 영속적인 다자간무역체제를 발전시켜나갈 것을 결의하고,
- 이러한 다자간 무역체제의 기초가 되는 기본원칙의 보존하고 목적을 증진하기로 결정하여 이 협정에 따라 WTO 설립에 합의한다.

이상의 내용을 요약하면, WTO의 설립목적은 무역장벽완화와 차별대우철폐를 통한 무역확대, 생산증대, 완전고용유지, 실질소득증대, 생활수준향상 등을 추구하는 것이다. 또한 개발도상국과 저개발국에 대한 공평한 무역자유화 혜택 분배와 환경보호 및 보존의 필요성을 강조하고 있다. 이렇게 WTO는 GATT보다 더 포괄적이면서도 실질적이고 영구적인 다자간무역체제를 추구하는 국제무역협정의 산물이라고 할 수 있다.

1.2 WTO 협정의 기본내용

WTO 설립협정은 전문에 이어 본문 16개 조항과 4개의 부속협정문으로 구성되어 있다. 우선 본문 16개 조항에 포함된 WTO협정의 기본내용은 다음과 같다.

1) WTO의 범위

WTO 협정의 제2조에 WTO의 범위가 규정되어 있다. 즉 WTO는 협정의 부속협정에 포함된 협정 및 관련 법적문서와 관련된 사항에 있어서 회원국 간의 무역관계

의 수행을 위한 공동의 제도적 틀을 제공한다고 명시되어 있다. 이어서 부속협정문 1, 2, 3에 포함된 협정과 관련 법적 문서는 다자간무역협정(MTA: Multilateral Trade Agreement)으로서 모든 회원국에 적용된다고 명시하고 있다. 또한 복수국간무역협정(PTA: Plurilateral Trade Agreement)으로 지칭되는 부속협정문 4는 회원국 중에 그 내용에 동의한 회원국에만 적용된다고 밝히고 있다. 마지막으로 부속협정문 1A에 기술된 GATT 1994는 기존의 GATT 1947과 법적으로 구별된다고 명시하고 있다.

2) WTO의 기능

WTO 협정의 제3조에 WTO의 기능이 명시되어 있는데, WTO는 다자간무역협정의 이행, 관리 및 운영을 촉진하고 그 목적을 증진하며, 복수국간무역협정의 이행, 관리 및 운영을 위한 틀을 제공한다는 점을 밝히고 있다. 또한 WTO는 부속협정의 내용과 관련된 회원국 간의 다자간무역협상의 장을 제공하며, 부속협정 2의 분쟁해결양해(DSU)와 부속협정 3의 무역정책검토제도(Trade Policy Review Mechanism)와 관련된 사항을 관리한다. 마지막으로 WTO는 세계경제정책 결정에서의 일관성을 제고하기 위해서 IMF, IBRD 및 그 산하기구들과 협력하는 기능도 수행한다고 명시되어 있다.

3) WTO의 구조

WTO의 구조는 WTO협정 제4조에 명시되어 있는데 각료회의, 일반이사회, 사무국, 특별기구, 산하 전문위원회 등으로 구성된다. WTO의 구조는 [그림 11-1]에 표시되어 있다.

첫째, 각료회의는 모든 회원국 대표로 구성되며 적어도 2년에 한번 개최된다. 각료회의는 세계무역기구의 기능을 수행하며 이를 위해 필요한 조치를 취한다. 각료회의는 회원국이 요청할 경우 WTO 설립협정과 다자간무역협정의 의사결정 요건에 따라 다자간무역협정의 모든 사항에 대하여 결정을 내릴 권한을 갖는다.

둘째, 일반이사회는 모든 회원국 대표로 구성되며 필요시에 개최한다. 일반이사회는 각료회의 비회기 기간 중에 각료회의의 기능을 수행하며, WTO 협정에 의해 부여된 기능을 수행한다. 또한 일반이사회는 자체적인 의사규칙을 제정하고 제7항에 규정된 위원회의 의사규칙을 승인한다.

셋째, 일반이사회는 분쟁해결양해에 규정된 분쟁해결기구의 임무를 수행하기 위하여 필요할 경우 개최된다. 분쟁해결기구는 자체적인 의장을 둘 수 있으며 임무수행을 위해 필요할 경우 의사규칙을 제정한다.

넷째, 일반이사회는 무역정책검토제도에 규정된 무역정책검토기구의 임무를 이행하기 위하여 필요할 경우 개최된다. 무역정책검토기구는 자체적인 의장을 둘 수 있으며 임무수행을 위하여 필요할 경우 의사규칙을 제정한다.

다섯째, 일반이사회 산하에는 상품무역이사회, 서비스무역이사회, 무역관련 지적재산권이사회가 설치되며, 상품이사회는 다자간무역협정의 운영을 감독하며, 서비스무역이사회는 서비스무역에 관한 일반협정(GATS)을, 무역관련 지적재산권이사회는 무역관련 지적재산권(TRIPs)협정의 운영을 감독한다. 이들 이사회는 각각의 협정과 일반이사회에 의하여 부여된 기능을 수행한다. 이들 이사회는 일반이사회의 승인에 따라 의사규칙을 제정한다. 모든 회원국들은 이들 이사회의 회원국이 될 수 있다. 이들 이사회는 자신의 기능을 수행하기 위하여 필요할 경우 개최한다.

여섯째, 상품무역이사회, 서비스무역이사회, 무역관련 지적재산권이사회는 필요에 따라 보조기구를 설치한다. 이들 보조기구는 각각의 이사회의 승인에 따라 의사규칙을 제정한다.

일곱째, 각료회의는 무역개발위원회, 국제수지규제위원회, 예산재정관리위원회를 설치하며, 이들 위원회는 WTO 설립협정과 다자간무역협정이 부여하는 기능과 일반이사회가 무여한 추가적 기능을 수행한다. 모든 회원국들은 이들 위원회의 회원국이 될 수 있다.

여덟째, 복수국간무역협정에 따라 설치되는 기구는 WTO 설립협정이 부여하는 기능을 수행하며, 이들 기구는 세계무역기구의 제도적 체제 내에서 운영된다. 이들 기구는 일반이사회에 그 활동상황을 정기적으로 통보해야 한다.

그리고 WTO는 기타 국제기구와의 관계에 있어서 여러 협정을 체결할 수 있다. 즉 일반이사회는 WTO의 책무와 관련된 여타 정부 간 기구들과 효율적인 협력을 위해 적절한 협정을 체결하며, 또한 일반이사회는 WTO의 소관사항과 관련된 비정부기구와의 협력을 위해 적절한 협정을 체결할 수 있다.

그밖에도 각 위원회는 각자의 전략에 따라 업무를 수행하며, 특히 무역개발위원회는 정기적으로 최빈개도국에 대한 다자간무역협정상의 특혜조항을 점검하도록 하였으며, 지속가능한 개발을 위해 무역과 환경관계 문제를 다룰 무역환경위원회를 설치하기로 제1차 일반이사회에서 합의하였다.

또한 WTO 설립협정 제6조는 WTO 사무국의 구성에 관해 규정하고 있는데 각료회의는 사무국장을 임명하고 사무국장은 사무국 직원을 임명하며 사무국 직원들은 국제법상의 지위를 가지고 각료회의에서 채택한 규정에 부합하는 조건에 따라 임무를 수행한다.

▌그림 11-1▐ WTO의 구조

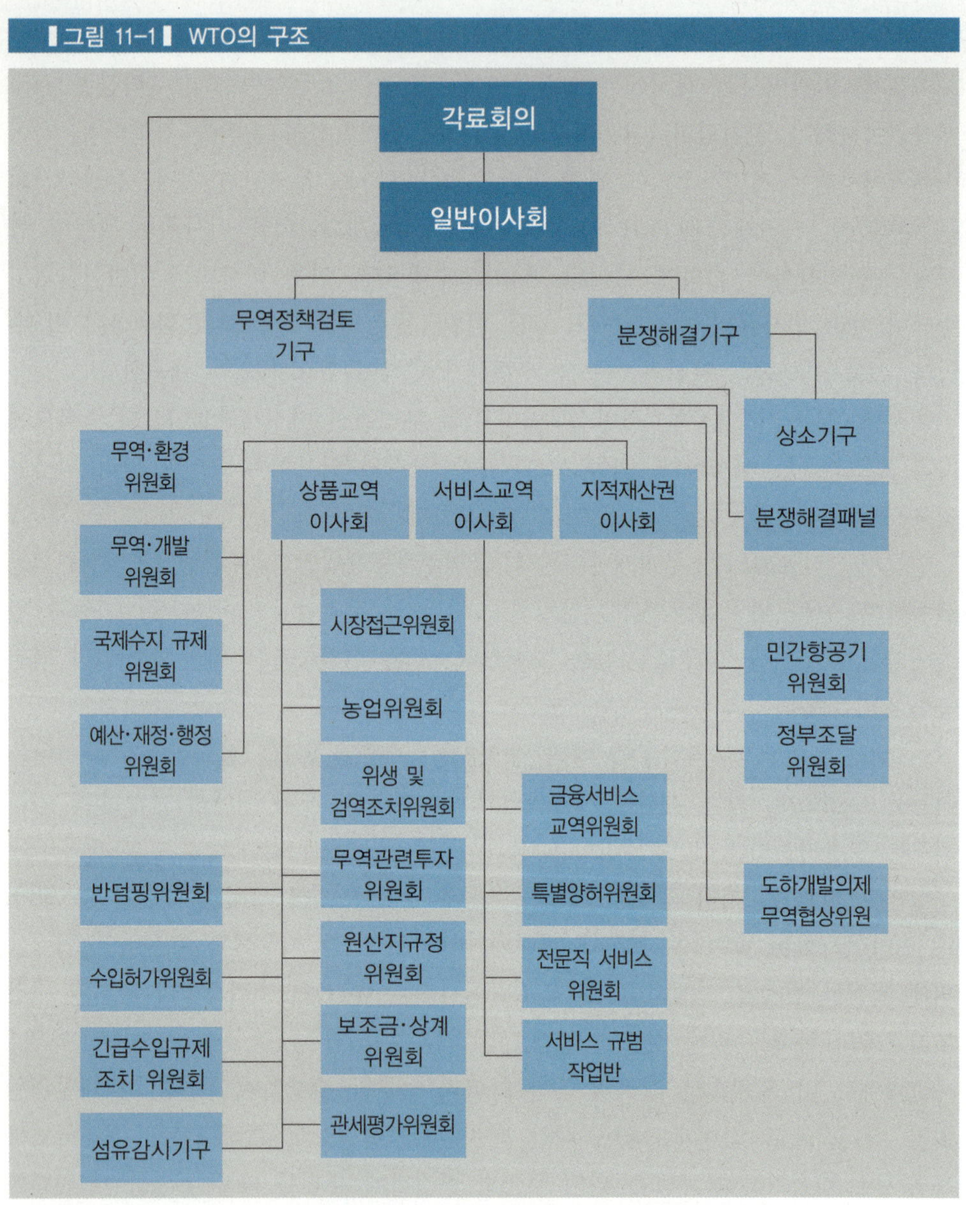

※ 자료: WTO(http://www.wto.org/english/thewto_e/whatis_e/tif_e/organigram_e.pdf)

4) WTO의 지위

WTO는 법인격을 가지며 각 회원국은 WTO에 대하여 이 기구가 자신의 기능을 수행하는데 필요한 법적능력을 부여한다. 그리고 각 회원국은 WTO에 대하여 이 기구가 자신의 기능을 수행하는데 필요한 특권과 면제를 부여한다. 또한 각 회원국은 WTO의 관리와 이 기구의 회원국 대표에 대하여도 이들이 WTO와 관련하여 자신의 기능을 독자적으로 수행하는데 필요한 특권과 면제를 부여하고 있다.

5) WTO의 의사결정방식

WTO 설립협정 제9조에는 WTO의 의사결정방식이 명시되어 있다. WTO는 의사결정방식으로 과거 GATT가 시행해온 만장일치의 합의제(consensus)를 기본원칙으로 삼고 있다. 그러나 회원국 간의 합의가 이루어지지 않을 경우에는 다수결 표결방식을 채택하여 신속하게 의사를 결정한다.

WTO 의사결정시 회의에 참석한 회원국 중 어느 한 회원국도 공식적으로 반대를 표명하지 않으면 만장일치에 의한 합의로 간주하며, 각 회원국은 하나의 투표권을 행사하고, 분쟁해결기구로 개최된 일반이사회의 결정은 분쟁해결규칙 및 절차에 관한 제2조 4항에 따라 만장일치 방식으로 의사결정을 한다.

그러나 WTO 회원국의 권리나 의무를 변경시키는 경우나 협정규정을 수정하는 경우 등 중요한 사항을 변경할 경우에는 과반수 표결방식을 채택하지 않고 전 회원국이 동의하는 방식이나, 또는 2/3, 3/4 이상의 동의를 얻는 표결방식을 채택하고 있다.

WTO 회원국의 만장일치 합의에 의해서 결정되는 사항은 상품무역협정, 서비스무역협정, 지적재산권협정 중 최혜국대우의 원칙과 관계있는 규정과 관세양허에 관한 규정이다.

WTO 회원국 2/3 이상의 동의를 얻어 결정되는 사항은 상품무역협정, 지적재산권협정의 규정 중 WTO 회원국의 권리와 의무를 바꾸는 규정이나 서비스무역협정의 제 1, 2, 3부(서비스의 범위 및 정의, 일반적 의무 및 규율, 구체적 약속)에 관한 사항이다. 그리고 WTO규정의 수정안을 채택하는 경우 합의제를 원칙으로 하지만 회원국 간의 합의가 이뤄지지 않으면 2/3 이상의 동의로 채택된다. 이외 WTO의 신규 가입도 WTO 각료회의의 2/3 이상의 동의로 채택된다.

WTO 회원국 3/4 이상의 동의가 필요한 사항은 회원국의 의무면제신청(waiver),

회원국의 수락 시한 결정, WTO 탈퇴 등에 관한 사항이다. 회원국의 의무면제신청은 전 회원국의 합의에 의해 결정되지만 불가능할 경우 3/4 이상의 동의로 결정된다. 이상과 같이 WTO의 의사결정방식은 규정에 따라 다른 방식이 채택되고 있다. 그러나 회원국의 권리와 의무를 변경하거나 협정규정을 수정하는 등의 중요한 사항을 변경하는 경우 이외에는 2/3 이상의 다수결 표결방식을 채택하여 신속한 의사결정이 이루어지게 하였다.

6) WTO의 가입 및 탈퇴

WTO 설립협정의 제11조부터 제15조까지는 WTO의 회원국에 관한 사항으로 가입과 탈퇴 등의 절차에 관한 내용을 담고 있다. 먼저 WTO협정 발효당시에 GATT에 가입한 회원국들은 자동적으로 WTO의 원회원국이 된다. 그리고 국제무역협정 체결의 자치권을 보유한 독자적 관세영역도 WTO의 회원국이 될 수 있다. 즉 WTO 회원국은 개별 국가뿐만 아니라 홍콩이나 EU 등 비국가단위도 회원국이 될 수 있다. WTO 회원국은 협약발효 당시부터 회원국인 원회원국과 발효 이후에 가입한 신회원국으로 나누어지는데 원회원국과 신회원국간의 협정상 권리와 의무에 관한 차이는 없다.[1)]

① 원회원국

원회원국은 1997년 1월 1일까지 WTO설립협정에 서명한 국가를 말한다. 즉 GATT회원국으로서 1995년 1월 WTO 설립협정 발효당시부터 1997년 1월 1일까지 협정에 서명한 국가를 말한다.

② 신회원국

신회원국은 GATT 회원국으로서 1997년 1월 1일 이후에 WTO 설립협정에 서명한 국가와 GATT 비회원국으로서 1995년 1월 1일 이후에 WTO에 가입한 국가를 말한다. 신회원국은 WTO와 별도의 협상을 한 후 각료회의에서 2/3 이상의 동의를 받아 가입하게 된다.

WTO 회원국은 언제든지 WTO를 탈퇴할 수 있다. WTO를 탈퇴하는 경우 WTO 설립협정과 다자간무역협정에서 모두 탈퇴하게 되며 탈퇴 통보를 한 후 6개월이 경과되면 탈퇴효력이 발생된다.

---

1) 이남구, 「국제통상정책」, 삼영사, 2000, pp.425~426.

2 WTO와 GATT

2.1 WTO 설립

GATT 체제는 주로 상품무역을 관장했지만 WTO체제는 상품무역뿐만 아니라 서비스무역, 지적재산권, 무역정책검토제도, 무역관련 투자, 복수국간무역협정 등 광범위한 분야를 관장한다. 1993년 12월 15일에 타결된 우루과이라운드 협정에서 '서비스무역에 관한 일반협정'(GATS: General Agreement on Trade in Service)과 '지적재산권에 관한 협정'(Agreement on Trade-Related Aspects of Intellectual Property Rights, Including Trade in Counterfeit Goods)은 우루과이라운드 다자간 무역협상의 최종의정서와 더불어 WTO의 관장분야를 규정하고 있다.

WTO는 서비스무역과 지적재산권 등 새로운 무역대상을 포함하고 회원국의 무역관련 법·제도·관행 등의 명료성을 제고하여 자유무역을 확대하고 공정무역질서를 정립하기 위해 설립되었다. GATT가 관세인하와 무역확대를 위한 다자간무역협정을 체결하고 무역분쟁 해결을 위해 노력하였으나 그 결과는 기대에 미치지 못하였다. 따라서 WTO는 이러한 미흡했던 GATT의 기능을 보완하고 강력한 법적 구속력과 집행력을 가진 국제무역기구를 설립하기 위한 협상의 결과로 나타난 것이다.

WTO 설립은 브레튼우즈체제(Bretton Woods System)의 3대 기구의 하나로 IMF 및 IBRD와 함께 설립이 추진되다 무산되었던 ITO(International Trade Organization)가 비로소 출범하게 된 의미도 갖고 있다. 1950년 12월 미국 정부가 ITO헌장에 대한 의회비준을 포기함으로서 ITO설립은 완전히 무산되고 결국 ITO 발족을 전제로 잠정적으로 운영되던 GATT는 규정을 개정해가면서 국제무역기구로 계속 운영되다가 WTO로 확대 대체되었다. WTO체제의 출범은 세계무역이 하나의 규범과 하나의 기구로 통일되어 무역의 자유화와 함께 무한경쟁시대로 돌입하는 새로운 국제무역환경이 조성되었다는 의미를 가지고 있다.

2.2 WTO와 GATT 비교

WTO체제는 GATT체제하에서 규율할 수 없었던 농산물무역, 섬유무역, 서비스무역, 지적재산권, 무역관련투자, 무역정책검토제도, 복수국간무역협정 등을 포함한 광범위한 분야를 관장하며 다음과 같이 GATT체제와 다른 특징을 갖고 있다.

▌표 11-1▌ GATT와 WTO 비교

	GATT	WTO
관할범위	• 상품무역(농산품, 섬유 등 일부 제외)	• 상품무역(전체), 서비스 무역, 지적재산권
상품교역 규범내용	• 규정내용상 불명료하거나 미비된 부분이 많음	• 구체적인 규범제정으로 명료화되고, 미비된 부분이 보완됨
시장개방 노력	• 관세인하에 주력 • 비관세장벽은 도쿄라운드에서 철폐노력. 그러나 선언적 수준으로 실효성은 미흡함	• 관세인하는 물론 특정분야에 대한 무관세 도입으로 관세율의 하향평준화 달성 • 비관세장벽의 철폐를 강화. 모든 회색조치는 4년째 폐지
기구성격	• 규정의 집합체인 다자협정	• 법적 국제기구
의사결정	• 비효율적임	• 효율적이고 신속한 의사결정
분쟁해결	• 비효율적임	• 신속하고 자동적인 이행으로 효율적이며 구속력이 강함
규범강화	• 보조금 정의 등 불명료 • 반덤핑조치의 남발 등 자의적 운용	• 보조금정의의 명료화 및 규율 강화(금지, 상계기능, 허용보조금 등의 구분) • 반덤핑조치의 발동 기준 및 부과절차 명료화로 남용 방지 • 세이프가드 협정, 원산지규정, 선적지 검사협정 등을 새롭게 도입

※ 자료: 이남구, 전게서, p.427.; 신현종, 「세계통상정책론」, 박영사, 2008, p.287을 이용하여 재작성함.

첫째, GATT 체제하에서는 농산물무역과 섬유무역에 관한 명확한 규정이 없었으나 WTO체제에서는 명확한 규정이 있다. 또한 무역관련 투자의 확대를 저해하는 조치에 대한 규정을 강화하였다. 또한 점차 비중이 커지고 있는 서비스무역을 포함한 지적재산권, 무역정책검토제도, 복수국간 무역협정 등 새로운 분야가 추가되었다.

둘째, GATT는 법적 권한을 가진 국제기구로서의 역할을 수행하지 못하고 단순한 국제협정으로서 회원국에 대한 강력한 법적 구속력을 행사할 수 없었다. 그러나 WTO는 법인격을 갖춘 기구로서 결정사항에 대한 법적 구속력과 회원국에 대한 강력한 집행력을 갖게 되었다. 따라서 만약 회원국이 WTO의 규정과 결정사항을 이행하지 않을 경우 사법적 권한을 가지고 법적 제재조치를 취할 수 있게 되었다.

셋째, GATT는 회원국 간의 무역분쟁을 해결할 수 있는 권한과 능력을 제대로 갖지 못하였다. 그러나 WTO는 우루과이라운드 최종협정의 '분쟁해결규칙 및 질서에 관한 협정'(Understanding on Rules and Procedures Governing the Settlement of Disputes)에 따라 무역분쟁을 해결할 수 있는 권한과 능력을 갖게 되었다. WTO는 무역분쟁을 합리적으로 조속히 해결하기 위해 분쟁해결기구(DSB: Dispute

Settlement Bureau)를 설치하고 있다.

넷째, GATT는 법적 체계성이 부족한 불완전한 국제경제기구였으나 WTO는 법적 체계성을 갖춘 완전한 국제경제기구이다. GATT는 잠정적 협정으로 출발하였으나 WTO는 발효 당시에 이미 완전한 구조를 갖춘 강력한 국제무역기구로 출발하였다. [표 11-1]은 WTO와 GATT를 비교하여 정리한 것이다.

3 WTO협정의 주요내용

WTO 설립협정 전문은 이미 설명한 바와 같이 WTO의 범위, 기능, 구조 등에 관해 명시하고 있다. 그리고 4개의 부속협정은 광범위한 국제무역규범을 설명하고 있다. 4개의 부속협정 중에서 부속협정 1은 다시 A, B, C로 세분화되는데 A는 다자간상품무역협정, B는 서비스무역에 관한 일반협정, C는 무역관련 지적재산권 협정으로 구성되어 있다. 이어서 부속협정 2는 분쟁해결양해에 관한 규정이며, 부속협정 3은 무역정책검토제도에 관한 규정이다. 부속협정 1,2,3은 다자간무역협정(MTA)이다. 마지막으로 부속협정 4는 회원국 중 일부만 서명한 복수국간협정(MTA)으로서 서명한 국가에만 효력을 미치는 4개의 복수국간협정으로 구성되어 있다.

▮표 11-2▮ WTO협정의 주요내용

1. WTO설립협정 : 무역관련 협의와 협정의 수행과 운영을 위한 WTO 설립
2. 다자간무역협정
   1) 상품무역
      ① 관세양허 : 관세의 철폐 및 인하, 관세 양허범위 확대
      ② GATT조문 해석 : 7개조문의 명료화
      ③ 농업 : 무역제한조치 및 보조금조치 등의 완화로 농산물무역의자유화
      ④ 위생 및 검역 : 농산물이나 축산물 등의 위생 및 검역
      ⑤ 섬유류 : 섬유무역의 다자간무역체제로의 복귀 및 무역자유화
      ⑥ 기술장벽 : 기술규정과 표준제도에 의한 무역제한 방지를 위한 규범 설정
      ⑦ 무역관련 투자조치 : 무역과 관련된 투자자유화를 위한 규범 설정
      ⑧ 반덤핑 : 반덤핑제도의 개선 및 규범 설정
      ⑨ 관세평가 : 공정한 관세부과를 위한 관세평가제도의 규범 설정
      ⑩ 선적전검사 : 선적전검사제도의 개선 및 규범 설정
      ⑪ 원산지규정 : 원산지의 판정, 표시 등의 원산지 관련 제도의 규범 설정
      ⑫ 수입허가절차 : 수입관련행정제도 및 절차의 규범 설정

⑬ 보조금, 상계관세 : 보조금 및 상계관세제도의 개선 및 규범 설정
⑭ 긴급수입제한조치 : 긴급수입제한제도의 개선 및 규범 설정
2) 서비스무역 : 서비스무역의 자유화를 위한 규범 마련
3) 지적재산권 : 국제무역과 관련된 지적재산권 보호를 위한 규범 마련
3. 제도에 관한 협정
1) 분쟁해결제도 : 신속하고 강력한 분쟁해결제도의 개선과 규범 설정
2) 무역정책검토제도 : 회원국의 무역정책 및 관행의 명료성을 위한 검토 제도 마련
4. 복수국간무역협정 :
① 정부조달
② 항공기
③ 낙농
④ 우육 분야에서 국가별로 선택적으로 가입할 수 있는 규범 마련

3.1 상품무역에 관한 다자간협정(MTA)

부속협정 1A의 다자간상품무역협정(Multilateral Agreements on Trade in Goods)은 일부 GATT 1947 조항을 보완하고 명확하게 한 GATT 1994와 상품무역에 관련한 13개의 협정으로 구성되어 있다. GATT 1994는 GATT 1947의 7개 조항(제2조, 17조, 18조, 24조, 25조, 28조, 35조)과 GATT 1994에 대한 UR 의정서로 구성된다. 13개 상품무역협정은 농산물협정, 위생검역기준협정, 섬유·의류 협정, 기술장벽협정, 무역관련투자조치(TRIMs)협정, 반덤핑협정, 관세평가협정, 선적전검사협정, 원산지규정협정, 수입허가절차협정, 보조금과상계관세협정, 긴급수입제한조치(세이프가드)협정으로 구성되어 있다.

이와 같이 WTO의 다자간상품무역협정은 기존의 GATT협정에 비해 상당히 포괄적인 내용을 포함하고 있다. 특히 GATT의 범위 밖에서 시행되어 온 농산물무역과 섬유·의류무역을 포함시킴으로써 이들 분야에 대한 관세 및 기타 무역장벽을 완화할 수 있는 기반을 마련하였다. 또한 반덤핑관세, 상계관세, 기술장벽, 무역관련투자, 긴급수입제한조치 등에 관한 협정도 이러한 정책수단과 관련된 무역규범을 명확하게 하는 기반을 마련하였다.

3.2 서비스무역에 관한 일반협정(GATS)

상품무역에 국한되어 있던 GATT와 달리 WTO 협정은 부속협정 1B에 서비스무역에 관한 일반협정(GATS: General Agreement on Trade in Service)을 포함하고 있다.

▌표 11-3▌ GATS 협정의 주요내용

제1부 적용범위와 정의
제1조 적용범위와 정의
제2부 일반적 의무와 규율
제2조 최혜국 대우
제3조 투명성
제3조 *bis* 기밀사항의 공표
제4조 개발도상국의 참여 증대
제5조 경제통합
제5조 *bis* 노동시장 통합협정
제6조 국내규제
제7조 인증
제8조 독점과 배타적 서비스공급
제9조 기업관행
제10조 긴급안전조치
제11조 지불과 이전
제12조 국제수지방어의 제한
제13조 정부조달
제14조 일반적 예외
제14조 *bis* 안보 예외
제15조 보조금
제3부 특정 양허
제16조 시장접근
제17조 내국민 대우
제18조 추가적 양허
제4부 점진적 자유화
제19조 추가적 양허협의
제20조 추가적 양허일정
제21조 양허일정의 변경
제5부 제도적 규정
제22조 상호협의
제23조 분쟁해결과 집행
제24조 서비스 무역 위원회
제25조 기술적 협력
제25조 여타국제기구와의 관계
제6부 최종 규정
제26조 특혜의 거부
제27조 정의
제28조 부속서
제2조의 예외에 관한 부속서
협정상의 서비스 공급 자연인의 이동에 관한 부속서
항공운송서비스에 관한 부속서
금융서비스에 관한 부속서
금융서비스에 관한 두 번째 부속서
해상운송 서비스 협상에 관한 부속서
통신서비스에 관한 부속서
기초통신 서비스 협상에 관한 부속서

서비스무역협정은 모두 6개 부문 29개 조항과 8개의 부속서로 구성되어 있다. 전문에 이은 제1부에서는 협정의 범위와 정의에 관해 다루고 있다. 특히 상품무역과 다른 서비스무역의 4가지 공급방식에 대해서 다음과 같이 설명하고 있다,

① 국경간 공급 : 상품무역과 마찬가지로 국경을 넘는 서비스 공급방식
② 역외소비 : 해외여행처럼 소비자가 현지에서 서비스를 공급받는 방식
③ 상업적 주재 : 금융기관처럼 현지점포를 통해 서비스를 공급하는 방식
④ 자연인 이동 : 법률자문 등 전문가가 이동하여 서비스를 공급하는 방식

GATS의 제2부에서는 협정의 기본 의무와 규율 등을 다루고 있는데 서비스무역도 상품무역과 마찬가지로 최혜국대우의 원칙이 적용된다. 그러나 서비스무역의 특성상 최혜국대우 원칙의 적용이 불가능할 경우 회원국은 최혜국대우의 예외를 명시할 수 있다. 또한 서비스무역은 국경조치보다 국내규제에 의해 가장 많이 영향을 받을 수 있기 때문에 국내의 관련 법률과 규제의 투명성을 요구하고 있다. 일반원칙은 아니지만 각 회원국들이 양허한 시장접근과 내국민대우에 관한 조항은 제3부에서 다루어지고 있다. 시장접근과 관련해서는 회원국들이 양허한 제한과 조건하에서 다른 회원국들을 차별하지 말아야 한다. 또한 국내와 외국의 서비스 공급자를 동등하게 대우하도록 하는 내국민대우도 협정에 제시된 범위 내에서 적용된다. 또한 GATS의 제4부와 제5부는 각각 향후 서비스무역장벽의 완화에 대한 협상과 분쟁해결 등 제도적 조치들에 대한 내용을 담고 있으며 마지막 제6부는 기타 조항이다. 이어서 부속서는 예외적인 사항이나 산업 등에 관한 내용을 담고 있다.

3.3 무역관련 지적재산권 협정(TRIPs)

WTO 부속협정 1C는 무역관련 지적재산권협정(TRIPs: Agreement on Trade Related Aspect of Intellectual Property Rights)의 내용을 담고 있다. 제1부의 일반규정과 기본원칙에 이어 제2부에서는 저작권, 상표권, 지리적 표시, 산업디자인, 특허, 집적회로 설계도면, 비공개 정보보호 그리고 특허계약에서의 반경쟁적 행위 등에 대해서 다루고 있다. 또한 제3부에서는 지적재산권의 집행에 관한 내용을 담고 있으며 제4부에서는 지적재산권의 취득에 관한 사항을 규정하고 있다. 그리고 제5부는 분쟁의 예방과 해결에 관한 내용이며 제6부는 협정의 이행에 관한 사항을 담고 있다. 특히 여기서는 협정이행준비를 위해 선진국의 경우 WTO 출범 이후 1년, 개발

도상국은 내국민대우, 최혜국대우 등 기본원칙에 관한 조항을 제외하고는 5년 동안 본 협정을 적용할 의무가 없는 경과기간을 설정하였다.

3.4 분쟁해결양해(DSU)

WTO 협정의 가장 큰 성과라고 평가되어온 분쟁해결양해(DSU: Under standing on Rules and Procedures Governing the Settlement of Disputes)는 부속협정 2에 포함되어 있다. 이는 유명무실하였던 GATT체제의 분쟁해결제도를 획기적으로 개선하여 분쟁해결의 유효성, 투명성, 공정성 등을 강화함으로써 실질적인 분쟁해결이 가능해졌다는 평가를 받고 있다. 모두 27개 조항과 2개의 부속서로 구성되어 있는 WTO 협정 및 부속협정 1, 2, 4와 관련된 모든 분쟁을 미리 정해진 절차, 일정, 규정에 따라 심의한다. 이를 간략하게 정리해보면 우선 분쟁해결절차는 양자협의(Consultation), 패널진행(Panel Process), 의무이행(Implementation)의 세 단계로 크게 나누어진다. 먼저 WTO 협정 내에서 특혜를 침해받았다고 주장하는 회원국이 분쟁해결기구에 문제를 제기하면 분생의 당사국들은 우선 60일 이내의 양자협의 단계를 거치게 된다. 만약에 이 단계에서 원만한 타협점을 찾지 못하면 제소국은 DSB에 패널의 설치를 요청하게 되어 두 번째의 패널진행 단계로 접어들게 된다. 보통 3인으로 구성되는 패널이 설치되면 9개월 이내에 패널보고서가 제출된다. 패널보고서 제출 후 60일 이내에 당사국들의 이의제기가 있다면 이에 대한 상소기구의 재심이 최장 90일 이내에 진행된다. 상소기구는 모두 7인으로 구성된 상설기구로 이중에서 3인이 재심을 진행하며 패널설치 이후 최장 15개월 이내에 패널보고서가 채택되어 패널단계가 종료되게 된다. 그 다음은 의무이행 단계에 접어들게 되는데 분쟁당사국간의 합의에 의하거나 아니면 DSB의 중재에 따른 기한에 맞추어 분쟁에 패소한 회원국이 협정에 따른 의무를 이행하여야 한다. 만약에 그렇지 못할 경우 DSB는 의무이행 시한 30일 이후에 회원국들이 逆컨센서스[2])로 반대하지 않는 한 양허정지 등의 보복조치를 허용하게 된다. 분쟁해결양해의 절차는 부속서 2에 명시된 다른 협정의 분쟁해결절차와 모순되지 않는 한 다자간협정과 복수국간협정에 포함된 모든 조항의 분쟁해결에 적용된다.

2) 모든 회원국들이 총의로 반대하는 경우를 가리킨다.

┃그림 11-2┃ WTO의 분쟁해결절차

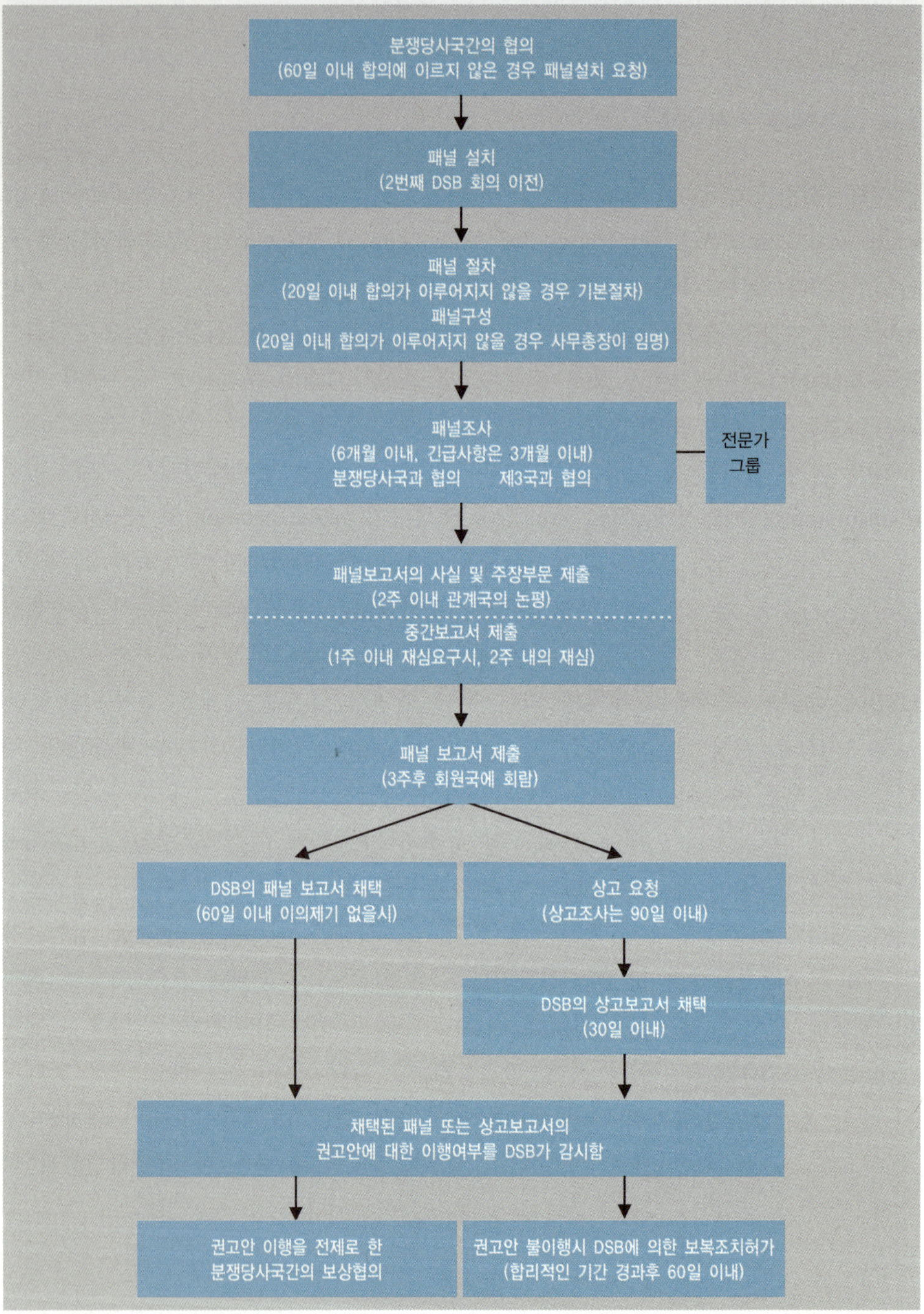

분쟁당사국간의 협의
(60일 이내 합의에 이르지 않은 경우 패널설치 요청)

↓

패널 설치
(2번째 DSB 회의 이전)

↓

패널 절차
(20일 이내 합의가 이루어지지 않을 경우 기본절차)
패널구성
(20일 이내 합의가 이루어지지 않을 경우 사무총장이 임명)

↓

패널조사
(6개월 이내, 긴급사항은 3개월 이내)
분쟁당사국과 협의 제3국과 협의
— 전문가 그룹

↓

패널보고서의 사실 및 주장부문 제출
(2주 이내 관계국의 논평)

중간보고서 제출
(1주 이내 재심요구시, 2주 내의 재심)

↓

패널 보고서 제출
(3주후 회원국에 회람)

↙ ↘

DSB의 패널 보고서 채택
(60일 이내 이의제기 없을시)

상고 요청
(상고조사는 90일 이내)

↓

DSB의 상고보고서 채택
(30일 이내)

↓

채택된 패널 또는 상고보고서의
권고안에 대한 이행여부를 DSB가 감시함

↓

권고안 이행을 전제로 한
분쟁당사국간의 보상협의

권고안 불이행시 DSB에 의한 보복조치허가
(합리적인 기간 경과후 60일 이내)

※ 자료: 권영민, 『WTO 체제 출범 이후의 무역분쟁 추이분석 및 사례연구』, 한국경제연구원, 1998, p.23.

3.5 무역정책검토제도(TPRM)

WTO협정의 부속협정 3은 회원국의 무역정책검토제도(TPRM: Trade Policy Review Mechanism)에 관한 내용이다. 무역정책검토제도는 WTO 회원국들이 다자간 또는 복수국간 무역협정의 규칙, 절차, 의무에 적합한 무역정책을 투명하게 시행하게 하려는 목적을 가지고 시행된다. 따라서 무역정책검토제도는 회원국들의 무역정책을 정기적으로 검토하고 평가하도록 되어 있다. 무역정책검토는 4대 무역국인 미국, EC, 일본, 캐나다에 대해서는 2년마다, 그 다음 규모의 회원국에 대해서는 4년마다, 그 밖의 회원국에 대해서는 6년마다 이루어지며 저개발국가에 대해서는 보다 긴 기간을 허용할 수 있다. 무역정책검토제도는 해당국가에서 제출하는 보고서와 다른 회원국들이 제공하는 정보를 기초로 하여 검토를 진행한다. 그러나 무역정책검토는 분쟁해결절차에 따른 회원국의 특정한 의무를 강제하거나 새로운 정책양허를 목적으로 하지 않는다.

3.6 복수국간무역협정(PTA)

WTO 협정의 부속협정 4는 WTO 회원국 중 일부만이 준수의무를 지니고 있는 복수국간무역협정(PTA: Plurilateral Trade Agreements)으로 구성되어 있다. 이들 복수국간무역협정은 민간항공협정, 정부조달협정, 국제낙농협정, 국제우육협정 등 모두 4개이다. 이들 협정은 WTO의 회원국들이 모두 가입하고 준수해야 하는 다자간무역협정(MTA: Multilateral Trade Agreements)과 달리 회원국의 판단에 따라 선택적으로 가입할 수 있는 특징을 가지고 있다.

우루과이라운드의 최종의정서는 이상에서 살펴본 WTO 설립협정과 더불어 1993년 12월 무역정책 각료회담과 1994년 4월 마라케쉬 각료회의에서 채택된 각종 결의와 선언문의 내용을 포함하고 있으며 또한 마지막으로 금융서비스 분야의 합의에 대한 양해의 내용을 담고 있다.

4 도하개발아젠다(DDA)

4.1 DDA 협상의 출범

2001년 11월 카타르 도하에서 열린 제4차 WTO 각료회의에서 참가국들은 새로운 다자간무역협상을 개최하기로 공식 선언하였다. 1995년 출범한 WTO체제에서 첫번째로 열리는 다자간무역협상의 명칭은 최종적으로 도하개발아젠다(DDA: Doha Development Agenda)로 불리게 되었다. GATT의 다자간무역협상과는 다르게 개발아젠다(Devlopmet Agenda)라는 명칭을 사용하였는데 이는 앞으로 개발도상국의 경제개발문제가 WTO협상의 중요한 과제의 하나로 채택될 것이라는 의미를 담고 있다.

원래 DDA 협상계획은 2005년 이전에 협상을 일괄타결방식으로 종료한다는 것이었다. 그러나 농산물에 대한 수입국과 수출국의 대립, 공산품 시장개방에 대한 선진국과 개발도상국 간의 대립 등으로 아직까지 협상이 타결되지 못하고 있다.

당초 우루과이라운드 협정은 모든 합의사항의 이행을 1999년까지 완료하고 2000년까지 이행상황을 검토한 후 추가적인 시장개방을 위한 새로운 다자간무역협상을 개최하기로 합의했었다. 이에 따라 WTO는 1999년 미국 시애틀에서 WTO 각료회의에서 새로운 다자간무역협상에 관한 협의를 시도하였으나 각국의 첨예한 의견대립으로 아무런 성과를 거두지 못하고 끝났다. 그러나 세계의 무역량 감소와 9·11 테러의 충격으로 회원국들은 더 이상 새로운 다자간 무역협상을 미룰 수 없다는 위기감을 느끼고 2001년 11월에 제4차 WTO 각료회의에서 도하각료선언을 발표하고 2002년부터 새로운 다자간무역협상을 개최하기로 합의하였다.

도하각료선언에 합의된 사항을 살펴보면 협상기한에 대해서는 2004년 12월 31일까지 협상을 마무리 짓기로 하였다. 또한 농업과 관련된 사항에 대해서는 농산물시장의 개방을 위해 수출보조금과 시장왜곡을 가져오는 농업보조금을 대폭적으로 감축하기로 하였다. 그러나 농업분야의 비교역적 성격과 농업개발에 관한 우려를 반영하기로 합의하였다. 환경 분야에서는 다자간환경협정(MEA)과 WTO 규정의 관계에 대한 협의를 하고 환경상품과 서비스무역장벽을 낮추기로 하였다. 그리고 그 밖의 환경문제에 관한 협상에 대해서는 2003년 각료회의 이전에 결정하기로 하였다. 서비스무역 분야에 있어서는 금융, 통신, 교통 서비스 시장개방을 논의하며 외국노동인력을 임시계약의 형태로 고용하기 쉽게 하는 방법을 논의하기로 결정하였다. 공산품 분야에서는 섬유와 같은 민감품목의 고관세를 포함한 관세장벽과 비관세장벽의 완화를 협의하되 최빈국가의 수출에 대해 특별한 관심을 두기로 합의하였다. 그리고 반덤핑관세, 수산업을 포함한 보조금 정책, 지역무역협정에 대한 규정을 명확화를 위한 협상을 시작할 것을 합의하였다. 또한 정부조달과 무역절차에 관한 협상은 2003년 각료회의 직후 시작할 것을 합의하였다. 한편 투자와 경쟁정책은 2003년 각료회의 이후 협상의 시작을 준비하기로 했다. 마지막으로 전자상거래에 대한 관세부과 면제는 2003년 각료회의 때까지 연장하기로 했다.

▌표 11-4▐ 도하 각료회의 선언문의 주요 내용

서비스시장 개방	회원국들이 2002년 6월 30일까지 통신·교육·법률 등 서비스시장 개방 양허안을 제출하기로 합의
무역과 경쟁정책	2003년 제5차 각료회의에서 무역과 경쟁 부문에 대한 협상 개시 여부를 결정
반덤핑관세 남용 규제	반덤핑관세 남용에 따른 무역왜곡 관행을 시정하는데 노력하기로 합의. 미국은 개발도상국의 반덤핑관세남용 규제요구를 받아들이는 대신, 개발도상국들의 덤핑행위 개선을 촉구
농산물시장 개방	농산물시장 대폭 개방, 국내보조금 대폭 감축
공산품 관세 인하	관세인하 및 비관세무역장벽 철폐
지적재산권 보호 강화	지적재산권 보호대상 품목 확대
정부조달시장 투명성 확보	투명성 확보 위한 다자간 협상 개시
수산보조금 감축	수산보조금 감축·폐지를 위한 다자간 협상 시작

4.2 DDA협상의 전개

1) 협상 개요

도하각료회의 선언에 따라 DDA 협상은 2002년 1월 1일부터 2004년 12월 31일까지 3년간의 협상기한을 설정하였다. 협상의제 가운데 시장개방관련 의제는 우루과이라운드의 의제였던 농업과 서비스를 비롯하여 공산품과 임수산물을 포함하는 비농산물 분야가 포함되었다. 또한 규범관련 의제로 반덤핑, 보조금/수산보조금, 지역무역협정, 분쟁해결 등의 기존 협정의제와 무역원활화를 위한 신규범 의제가 채택되었다. 그밖에 기타 의제로 환경과 지적재산권 문제가 포함되었으며 협상과 병행하여 개발도상국의 개발문제를 별도로 검토하기로 하였다.

협상방식과 관련하여서는 일괄타결방식(Single Undertaking)을 도입하여 전체 협상을 하나의 패키지(Package)로 간주하고 모든 분야에서의 합의가 이루어져야 만 협상이 타결되는(Nothing is agreed until everything is agreed) 방식을 채택하였다. 그러나 협상은 분야별로 진행되지만 나중에 분야 간에 주고받기(trade off)가 가능하도록 하여 협상의 타결을 촉진시킬 수 있도록 하였다.

2) 협상 경과

2002년 1월에 시작된 DDA 협상은 2월에 농업, 서비스, 비농산물, 규범, 환경, 지적재산권, 분쟁해결과 관련된 7개 분야의 협상기구 설치를 완료하였다. 또한 개발, 투자, 경쟁정책, 무역원활화, 정부조달투명성은 WTO의 산하기구에서 논의하기로 합의하였다. 따라서 DDA 협상은 2002년 3월부터 분야별로 논의를 시작할 수 있게 되었다. 그러나 2003년 9월 멕시코의 칸쿤에서 열린 제5차 WTO 각료회의까지 협상의 세부원칙(modalities)[3)]에 합의하지 못하고 회의가 결렬됨으로써 DDA 협상은 소강상태에 빠지게 되었다. 그러다가 2004년 8월 DDA 협상의 기본골격에 대한 합의문을 드디어 채택할 수 있었으나 이는 당초의 협상시한을 얼마 남겨두지 않은 시점이었다.

그래서 DDA 협상의 시한을 2005년 12월 홍콩에서 열리게 될 제6차 WTO 각료회의 시점까지 연장하기로 결정하였다. 그리고 홍콩에서의 각료회의는 협상의 시한을 2006년 말까지 또 다시 1년간 연장하였다. 그러나 농업보조금 감축과 농산물 시장개방문제를 둘러싼 미국, EU, 브라질, 인도, 호주, 일본 등 G6국가들 사이의 이견을 좁히지 못한 채 결국 2006년 7월 파스칼 라미 WTO 사무총장이 DDA 협상의 중단을 선언하게 되었다.

이후에도 WTO의 주요회원국들은 DDA 협상을 재개하기 위한 막후 접촉을 지속적으로 벌여왔다. 특히 가까운 시일 내에 DDA 협상 전체 의제의 일괄타결이 어렵다는 것이 명확해지면서 합의가 가능한 분야부터 먼저 시행하자는 조기수확(Early Harvest) 방안이 논의되기 시작했다. 그 결과 2013년의 제9차 WTO 각료회의에서는 무역원활화, 농업, 면화, 저개발국 등 4개 분야에 대한 합의를 담은 발리패키지

3) 협상세부원칙(modalities)이란 협상결과로 주어지는 의무를 이행하기 위한 구체적인 방법을 의미한다. 예를 들어 관세를 어떤 방식으로 감축해야 하는지 구체적인 수치가 포함된 공식 등을 결정하는 것을 말한다.

(Bali Package)가 채택되었다, 주로 저개발국의 무역을 돕기 위한 방안을 담은 동 합의에 따라 2014년 11월에 무역원활화 협정이 타결되었으며 회원국들의 비준절차가 완료되면 이는 WTO의 새로운 부속협정으로 발효될 예정이었다. 이러한 진전에 고무되어 DDA 협상이 조만간 재개될 것이라는 희망 섞인 전망도 나오기도 했지만 광범위한 의제에 대해 다양한 이견이 존재하기 때문에 본격적인 협상의 재재는 아직도 불투명한 상황이다.

4.3 DDA 협상의 주요내용[4)]

1) 농업분야

우루과이라운드에서 합의된 WTO협정 제20조는 농업부문의 추가적인 개방을 위한 협상을 규정하고 있으며 그에 따라 2000년부터 농업부문의 협상이 시작되었으며 2002년부터는 DDA 협상의 일환으로 진행되었다. 2001년 11월의 도하각료 선언에서는 농업분야에서 시장접근의 실질적 개선, 수출보조금의 단계적 폐지를 목표로 한 감축, 국내보조금의 실질적 감축을 협상목표로 설정하였다.

그러나 2002년 3월 31일까지 수출보조금, 시장접근, 국내보조금에 대한 협상 세부원칙(modalities)을 수립하고 제5차 각료회의까지 각국이 양허안 초안을 제출키로 했던 당시의 목표와는 달리 회원국들 사이에 의견 차이를 좁히지 못하였다. 특히 농업부문의 협상에서 EU, 일본, 한국 등 NTC그룹(농산물 수입국)은 식량안보, 농촌개발 등 농업의 비교역적 측면(nontrade concerns)을 반영하여 점진적이고 각국의 실정에 맞는 농업개혁 추진을 주장하는 반면 미국과 케언스그룹(호주, 아르헨티나 등 농산물 수출국)은 시장지향적 농산물 무역체제로의 개혁을 주장하면서 대폭적인 시장접근의 확대와 보조금의 감축을 요구하여 상당한 이견을 보였다.

또한 개발도상국들은 선진국들의 시장접근확대와 보조금감축을 주장하면서 개발도상국에 대한 우대조치를 요구하였다. 또한 개발도상국 간에도 수출국과 수입국사이에 이견이 존재하는 등 문제가 더욱 복잡하게 얽혀있는 실정이었다.

4) 이번 절의 내용은 DDA 협상 초기 당시 외교통상부의 공식홈페이지를 주로 참조하였으나 정부조직 개편 이후 원래 자료를 현재 검색할 수는 없음을 밝혀둔다.

2) 서비스분야

농업분야와 마찬가지로 서비스분야의 협상도 우루과이라운드의 종결 당시 추가적인 협상을 약속한 의제에 해당한다. 서비스분야의 협상은 2002년부터 본격적으로 시작되었으며 12개 분야의 155개 업종을 대상으로 각국이 요청서와 양허안을 교환하는 R/O(Request/Offer) 방식으로 협상을 진행하였다. 2003년 3월과 2005년 5월에 각각 제1차와 제2차 양허안 제출 시한을 설정하였으나 아직까지 양허안의 제출이 완료되지 않았고 2007년 8월말 기준 EC의 27개국을 포함한 98개국만 양허안을 제출한 상태이다. 한편 2005년 12월의 홍콩 각료회의에서는 서비스분야 협상을 촉진시키기 위하여 그 동안 일대일로 진행되던 양자간 R/O방식에 분야별로 관심이 높은 국가들을 그룹으로 묶어 진행하는 복수적 R/O 방식을 도입하기도 하였다.

그러나 농산물과 비농산물 분야의 협상이 순조롭게 진행되지 않았기 때문에 서비스 분야의 협상도 본격적인 궤도에 오르지 못하였다. 즉 협상의 참여국들은 농산물과 비농산물 분야의 협상에서 돌파구가 마련된 이후에 제2차 수정양허안 제출시한을 설정하여 본격적인 양허협상을 진행한다는 공감대를 형성하기도 하였다. 특히 홍콩각료회의에서 2차 양허안과 최종양허안 제출시한을 각각 2006년 7월과 10월로 설정하였으나 DDA 협상이 중단되어서 앞으로 새로운 제출시한 설정이 필요한 실정이다.

3) 비농산물 분야

비농산물 분야(NAMA: Non Agricultural Market Access) 협상은 모든 비농산물에 대한 관세 및 비관세 장벽의 감축 또는 철폐를 협의하였다. 특히 관세정점, 고관세, 경사관세 등의 해소에 역점을 두었으며 그밖에도 개발도상국에 대한 특별고려, 환경상품 무역자유화 등을 논의하였다.

그러나 협상방식에 관한 합의도 이루지 못할 정도로 협상은 난항을 겪었다. 대부분의 국가들은 각국의 평균관세 수준을 고려하지 않고 과감한 관세인하를 지향하는 스위스 공식을 지지하였으나 인도, 브라질, 아르헨티나 등 일부 개발도상국들은 각국의 평균관세수준을 고려해야 한다는 입장을 고수하였다. 2005년 홍콩각료회의에서 선진국과 개발도상국에 다른 계수를 적용하는 스위스 공식에 일단 합의하였으나 그 구체적인 수치에 대해서는 합의가 이루어지지 않았다.

한편 이러한 관세감축공식에 의한 관세인하가 미흡하다는 주장에 따라 전기, 전자, 자동차, 화학품목에서 참여국의 수가 일정수준을 넘어설 경우 분야별로 무관세화를 실시하는 방안이 별도로 논의되기도 하였다. DDA 협상에서는 관세뿐만 아니라 비관세 장벽에 대해서도 협의를 벌였는데 각국이 상대국의 비관세장벽을 발굴하여 WTO에 통보하면 사무국에서 이를 취합하여 공식문서로 배포하고 이를 토대로 양자간 R/O 방식의 협상을 진행하였었다. 또한 불완전상호주의(less than full reciprocity)에 기초한 개발도상국 우대에 대해서는 원칙적인 동의가 이루어졌지만 우대수준의 결정은 다른 분야의 협상결과에 따라 영향을 받을 수밖에 없었다.

4) 규범

도하각료선언문에서는 WTO의 보조금협정, 반덤핑협정, 지역무역협정 관련 규정을 명확하게 하고 개선할 것을 규정하였으며 보조금 협상에서는 수산보조금 문제도 검토하기로 하였다. 반덤핑 협정과 관련하여 한국 등 소위 반덤핑규제 지지 그룹은 WTO 반덤핑협정에 대한 자의적 해석 가능성과 수출국에 불리한 규정 등이 여전히 포함되어 있기 때문에 반덤핑 조치의 남용을 방지하기 위해 반덤핑협정 규정을 강화하는 방향으로 개정해야 한다는 입장을 견지하였다.

그러나 미국은 반덤핑협정의 기본 틀을 유지하고자 하였으며 협정의 실질적 개정에 소극적이고 조사절차의 공개, 절차의 투명성 등 절차적 문제의 개선을 주로 제안하였다. EU와 캐나다 등은 중간적인 입장을 취하였으나 인도, 이집트 등 일부 개발도상국에서 국내산업 보호를 위해 반덤핑 제도가 필요하며 그 취지를 손상시켜서는 안 된다는 입장을 보여 종래 수출개발도상국과 반덤핑조치 선진국으로 양분되었던 양상이 새로운 국면을 맞이하기도 하였다.

한편 보조금 협상에서는 수출보조금 및 상계관세에 관한 협정을 개선하고 명료화하는 논의를 진행하였으며 미국, EU, 호주, 캐나다 등을 중심으로 보조금의 정의, 특정성, 금지보조금 등 우루과이라운드 협정의 불분명한 부분을 명확하게 규율하자는 제안이 논의의 중심이 되었다. 별도로 진행된 수산보조금 협상에서는 미국, 뉴질랜드, 호주, 아이슬란드 등 소위 피쉬프렌드(Fish Friends) 그룹은 수산보조금 지급으로 인한 자원고갈과 무역왜곡 등을 강조하면서 수산물 무역의 특성상 기존의 보조금 규정으로는 문제를 해결하기 어렵기 때문에 별도규범을 마련해야 한다는 주장을 펼쳤다. 2003년 수산보조금에 대한 별도규범의 필요성에 대한 합의가 있은 후 피쉬프렌드 그룹의 국가들 주도로 규율체계에 대한 구체적 논의가 진행되었으며 한국, 일본, 대만 등은 하향식 방식에 대한 반대 제안서를 제출하였다.

마지막으로 지역무역협정과 관련하여서는 절차적 투명성 증진에 관한 논의가 많이 이루어져 2006년 12월 일반이사회에서 지역무역협정 투명성 잠정규정이 채택되기도 하였다.

5) 무역관련 지적재산권

DDA협상에서 지적재산권과 관련한 주요 의제는 지리적 표시, 생물다양성 협약, 공중보건에 관한 문제 등이다. 지리적 표시와 관련하여서는 WTO의 TRIPS협정 제23조 4항에 포도주 및 증류주의 지리적 표시(GI) 통보/등록을 위한 다자등록시스템 수립에 관한 협상을 추진할 것을 명시하고 있다. 그런데 다자등록시스템의 법적구속력 및 참가국의 범위에 대해 미국, 호주 등 신농업국가는 데이터베이스 수준의 자율적인 등록 체제를 주장하였으나, EU, 인도 등 구농업국가는 법적 효력이 모든 회원국을 구속하는 등록 체제를 주장하여 논의가 정체되었다.

또한 TRIPS상의 추가적 보호대상 품목과 관련하여 EU는 대상을 모든 품목으로 확대하고 다자등록시스템도 모든 GI품목에 적용하자는 내용의 제안서를 제출하였으나, 미국, 호주 등 신농업국은 이에 대해서 반대하였다. 한편 도하각료선언문의 제19조에서는 유전자원 보유국의 주권적 권리를 인정하는 협정과 유전물질에 대한 특허권을 인정하는 TRIPS 협정과의 관계 및 전통지식과 민간 전승물 보호에 대해 검토할 것을 명시하였다. 이와 관련 페루, 브라질, 인도 등 개발도상국들은 특허 출원 시 유전자원의 출처공개를 TRIPS협정상 특허 요건화 할 것을 주장하는 반면 미국, 일본 등 선진국들은 이를 국내법상의 계약을 통해 해결하자는 입장이었다.

개발도상국은 전통지식을 선행기술로 인정, 전통지식의 출처공개의무 및 독자적 보호체계 수립을 주장하나, 선진국들은 전통지식의 개념이 모호하고 '사용'이나 '구전'을 통해 전해지는 전통지식이 특허의 요건인 신규성(novelty)을 결여하고 있어 선행기술로 인정하기 어려우며 따라서 독자적 보호시스템보다는 전통지식에 대한 D/B작업을 통한 문헌화 및 사적계약에 의한 보호로 충분하다는 입장을 보였다.

마지막으로 공중보건 문제와 관련하여 2005년 12월 TRIPS 일반이사회에서 도하각료선언문 제6조의 의약품 분야의 생산기반이 불충분하거나 존재하지 않는 회원국의 공중보건위기 극복을 위해 TRIPS협정상의 강제실시를 효과적으로 사용하는 방안의 이행에 관한 결정문이 채택되었으며 2007년 말까지 회원국의 3분의 2 이상이 수락을 통보할 경우 개정된 TRIPS 협정이 발효될 예정이었다.

6) 환경문제

환경문제와 관련하여 도하각료선언문은 WTO규범과 다자간 환경협약(MEA)간의 관계, 환경상품 및 서비스 시장 개방 문제를 협상의제로 설정하였으며 기타 환경 라벨링 문제 등은 검토 작업 후 제5차 각료회의에서 협상 개시여부를 결정하도록 규정하였다. 우선 WTO 규범과 다자간환경협약(MEA)간의 관계에 대해서 EU, 스위스, 일본 등은 주요 바이오안전성의정서, 교토의정서 등 MEA상의 환경보호를 위한 무역규제 조치를 폭넓게 인정해야 한다고 주장하였으나 미국과 호주 그리고 다수의 개발도상국들은 이에 반대하였다.

여기에는 유전자조작(GMO) 농산물 수입국과 수출국간의 이해관계 대립도 배경으로 얽혀 있다. 한편, 환경상품의 정의와 관련하여 각 회원국이 제안한 환경상품 목록에서 공통 품목을 찾자는 선진국의 List 접근방식과 특정 환경 Project 수요에 따라 일시적으로 관련 품목을 자유화하자는 개발도상국의 Project 접근법이 대립하였다. 마지막으로 검토 작업을 거친 후 제5차 각료회의에서 협상 개시 여부를 결정하도록 했던 환경라벨링 문제와 관련하여서는 아직까지 특별한 진전이 없는 상태이다.

7) 분쟁해결제도

분쟁해결제도와 관련하여서는 1995년 WTO의 출범 당시 4년 이내에 분쟁해결양해(DSU)에 대한 재검토를 실시토록 규정하였다. 따라서 이미 1998년부터 DSU 재검토 작업을 시작하였으나 아직까지 합의된 사항은 없는 상태이다. 현행 DSU가 WTO 출범이후 큰 문제점 없이 운용되어 왔다는 것이 대다수 WTO 회원국들의 일반적인 인식이며 따라서 다수의 협상참가국들은 WTO의 분쟁해결제도의 전반적인 개정이 아닌 부분적인 절차개선을 원하였다.

그러나 미국과 EU는 이행 및 보복조치에 적용되는 규정의 명확화, 분쟁해결절차의 신속화, 패널/상소기구 심의과정의 공개, 패널/상소기구 심의과정에서의 신축성 제고 등 다양한 문제를 다룰 것을 목표로 하고 있어 협상의 합의점 도출이 어려운 상태이다.

8) 개발도상국 우대 문제

개발도상국들은 현행 WTO 규범에 포함된 총 153개의 개발도상국 우대조항 내용이 대부분 법적 구속력이 없는 선의의 노력(best endeavor) 규정에 불과하며 따라서 DDA 협상분야 전반에 걸쳐 개발도상국 우대조항을 자신들의 이해관계가 실질적으로 반영되도록 개정할 것을 주장하였다. 그 결과 도하 각료선언문 제44항에서 모든 개발도상국 우대조항을 보다 정확하고 실효적이고 운용 가능하도록 만들기 위해 이들 조항을 검토할 것을 규정하였다.

이에 따라 WTO 무역개발위원회(Committee on Trade and Development)를 중심으로 관련 협상이 진행되고 있으며 2003년 9월 제5차 멕시코 각료회의에서는 총 88개 협정별 제안 중 비교적 합의가 쉬운 28개에 대하여 잠정 합의가 이루지기도 했으나, 동 각료회의의 결렬로 더 이상의 진전이 없는 상태이다. 현재 개발도상국들은 조속한 합의 도출을 요구하고 있으나 선진국들은 개발도상국우대 조항은 한시적으로만 적용되는 조치로서 기본적으로 기존 협정체제를 유지시켜야 한다는 입장을 고수하는 등 근본적인 인식차가 여전히 존재하고 있는 상황이다

9) 무역원활화 문제

무역원활화 협상은 GATT 제5조, 제8조, 제10조의 개선을 통해 통관절차를 개선함으로써 무역거래비용을 줄이고 무역을 촉진하는 규범수립을 목표로 하였다. 2004년 8월 1일 WTO 일반이사회 결정으로 채택된 기본골격 합의문(Framework Agreement) 이후 상품이동 촉진을 위한 규정의 명확화 및 개선 외에도 개발도상국의 의무이행과 이행능력과 관련된 기술지원 및 능력배양(Technical Assistance and Capacity Building, TA/CB) 방안에 대한 전반적인 논의가 진행되었다.

특히 2005년 12월 제6차 홍콩 각료회의에서 조속한 조문화(text-based) 협상 개시의 필요성이 언급된 이후 2006년 무역원활화협상그룹은 그간 제출된 제안서들을 토대로 조문화 협상으로의 이행을 위한 본격적인 협의에 착수하였다. 즉 각 분야별 제안서의 공통요소를 추출한 조문 형태의 제안서가 제출되어 2006년 7월 DDA 협상 중단전까지 1차 검토 작업이 완료되었다. 이후 뚜렷한 진전을 보지 못하다가 앞서도 설명한 발리패키지를 통해 합의가 이루어짐으로써 WTO의 새로운 부속협정으로 추가되어 2015년 7월 의정서를 기탁한 한국을 비롯해 회원국의 2/3인 112개국이 수락한 2017년 2월부터 정식으로 발효되었다.

4.4 DDA 협상의 전망

2005년의 홍콩 각료회의에서 미국의 농산물 보조금 감축폭 확대, EU의 농산물 수입관세 인하폭 확대, 개발도상국의 공산품 관세 인하폭 확대 등 소위 삼각쟁점(Triangular)을 둘러싼 견해차를 두고 여러 차례의 타협시도가 있었으나 2008년 7월 제네바에서의 소규모 각료회의 이후 현재는 DDA 협상이 공식적으로는 중단된 상태이다.

그러다가 2013년 인도네시아에서 개최된 제9차 WTO 각료회의에서 채택된 발리 패키지(Bali Package)는 저개발국을 위해 무역원활화, 농업, 면화 저개발국 개발 등 4개 분야에 대한 조기합의에 성공함으로써 모처럼 진전을 이루기도 했다.

그러나 농업과 비농산물 분야의 자유화 세부원칙에 대한 잠정 타협안까지 마련된 상태에서 개발도상국 긴급수입제한 발동요건을 둘러싸고 미국 등 선진국과 중국, 인도 등 개발도상국의 의견이 팽팽히 맞서면서 더 이상 진전을 이루지 못하고 끝내 협상결렬이 선언된 바 있다. 결국 선진국과 개발도상국 사이의 획기적인 타협이 없는 한 DDA 협상의 전반적인 진전을 기대하기는 어려워 보인다. 그러나 지난 2008년의 금융위기 이후 극심한 세계경기의 침체와 뒤이은 유럽 국가들이 심각한 재정위기, 그리고 그에 따른 유로화 위기 등 세계 각국이 아직도 불황의 여파에 시달리고 있는 상황이다. 이러한 난국을 타개하기 위한 WTO의 역할이 논의되는 등 다자간 협상의 불씨를 살리려는 노력들이 진행되고 있지만 아직은 각국이 국내와 지역문제에 매달려 있는 형국이기 때문에 DDA 협상에 관심을 갖기조차 힘든 상황이다. 이와 같이 DDA 협상이 상당기간 중단됨으로써 일부에서는 WTO의 다자무역체제에 대한 비관론까지 등장하고 있다.

그러나 과거의 예를 볼 때 DDA 협상이 완전하게 결렬되었다고 판단하기에는 아직 시기상조이다. DDA 협상 이전의 UR 협상의 경우를 보더라도 상당한 협상기간의 연장과 여러 차례 결렬위기를 겪은 끝에 마침내 협상이 타결될 수 있었다. 당시에도 협상참여국이 다수여서 그만큼 많은 노력과 시간이 소요될 수밖에 없었다는 평가를 받았지만 DDA 협상에는 더 많은 국가들이 참여하고 있기 때문에 협상의 타결이 더 어려운 것은 어쩌면 당연한 결과일지 모른다. 그렇기 때문에 앞으로 더 시간이 걸리겠지만 협상 방식에 변화를[5] 주면서 DDA 협상이 타결될 가능

5) 발리패키지(Bali Package)의 조기합의(Early Harvest)로 인해 일괄타결이라는 당초의 협상방식에는 이미 변화가 있는 셈이다.

성은 아직 열려있다.

DDA 협상의 실패와 다자간무역체제의 붕괴는 선진국보다는 개발도상국에 더 많은 어려움을 가져다 줄 수 있다. 현재 개발도상국의 입장을 주도하고 있는 인도, 중국 등도 최근 성장세가 빠르기는 하지만 다자간무역체제가 붕괴될 경우 닥쳐올 위기에서 결코 안전할 수 없을 것이기 때문에 무한정 시간을 지연시킬 수는 없을 것이다. 물론 선진국의 입장에서도 그러한 위기상황의 도래를 방관할 수는 없을 것이며 이는 WTO체제의 미래와도 밀접한 관계가 있다.

4.5 WTO의 미래

앞에서 논의한 DDA 협상의 성패는 협상 그 자체는 물론 GATT와 WTO로 이어져오는 다자간무역체제의 미래에도 중요한 영향을 미치게 될 것이다. DDA 협상의 결과를 비관하는 시각에서는 벌써 WTO의 위상과 역할의 축소가 불가피할 것이라는 전망을 내놓고 있다. 즉 다자간무역협상과 무역분쟁의 해결이라는 WTO의 양대 기능 가운데 분쟁해결의 재판관 역할 만을 수행하게 될 것이라는 주장이다. 그러나 이러한 전망은 다자간무역체제가 상호신뢰를 바탕으로 이루어져 왔음을 고려하지 않은 것이라 하겠다. 즉 만약에 DDA협상이 결렬되고 WTO의 다자간무역체제에 대한 불신이 커질 경우 축소된 기능의 WTO를 유지하는 것마저도 어려울지 모른다.

회원국들이 WTO를 통한 분쟁해결에 참여하는 것은 투명하고 공정한 절차를 거쳐 정당한 판결을 받고 그에 상응한 대가를 주고받을 수 있다고 믿기 때문이다. 또한 비록 현행 협정에 미비한 부분이 있더라도 향후 다자간협상을 통해 새로운 규율을 제정하는 과정에서 보상받을 수 있다는 믿음이 있기 때문이다. 그러나 다자간무역협상을 통한 추가적인 진전이 보장되지 않는다면 현행 WTO체제에 대한 불만을 해소할 방법이 없으며 그렇게 되면 WTO체제에의 참여를 통한 이해득실을 다시 따져 볼 수밖에 없을 것이다. 개발도상국들은 지금도 현행의 WTO협정이 선진국들에게 훨씬 유리한 체제라고 주장하고 있다. 그런 상황에서 DDA협상의 파국은 다자무역체제에 개발도상국들의 참여를 위축시키고 WTO가 실제로 선진국들만의 협상의 무대로 변질될 위험성을 내포한다.

WTO의 회원국들 중에는 이미 다자간무역체제의 한계를 절감하고 FTA 등 개방적 지역주의정책에 더 많은 무게를 두고 있는 국가들도 있다. 물론 아직까지 상당수 국가들이 다자주의체제와 지역주의체제의 균형을 유지하는 모습을 보이고 있지만 WTO 체제의 진전이 없다면 그 균형은 점차 흔들릴 수밖에 없을 것이다. 또한 그와 같은 선택적 개방경쟁 하에서도 개발도상국보다는 선진국이 더 유리한 입장이 될 것이다. 그러나 제2차 세계대전 이후 GATT 체제가 출발한 배경에 비추어 볼 때 그와 같이 일방에게 유리한 상황은 각국의 경제발전은 물론 세계평화에도 심각한 위협이 될 수 있다. 일정한 규율이 없는 무질서한 상황은 개발도상국은 물론 선진국에게도 결코 바람직한 일이 못된다. 따라서 WTO의 다자간무역체제가 붕괴되어 파국을 맞는 상황은 그렇게 쉽게 벌어지지 않을 것이다. 결국 그러한 위험한 상황을 얼마나 심각하게 받아들이고 그러한 상황을 피하기 위해 각국이 얼마나 신중하게 대처하느냐에 따라 WTO체제의 미래가 달려있다고 하겠다.6)

6) 특히, 트럼프 집권 시절 미국이 분쟁해결 상소기구 패널의 신규임명 등을 방해하며 다자체제의 무력화를 시도함으로써 WTO 체제는 실제로 그러한 위기에 처했었다. 다행히 새로 취임한 바이든 대통령이 기존 국제질서의 회복을 천명한 까닭에 일단 신임 사무총장도 임명되며 WTO는 어느 정도 정상화를 기대해볼 수 있게 되었으나 지난 몇 년의 경험은 안정된 다자체제의 중요성을 다시 상기시켜 주고 있다.

CHAPTER 12 국제무역과 경제발전

경제발전은 기본적으로 부존자원과 경제정책 그리고 대내외 경제여건 등에 의해 좌우되지만 국제무역도 경제발전에 큰 영향을 줄 수 있다. 1967년 케네디라운드 이후 GATT와 WTO는 개발도상국의 경제발전을 위해서 국제무역상의 특혜조치를 시행하고 있으며 많은 개발도상국이 혜택을 받은 것으로 평가되고 있다.7)

그러나 일부 경제학자들은 개발도상국의 수출소득이 불안정하게 변동하고 교역조건이 장기적으로 악화한다고 주장하면서 국제무역이 경제발전을 촉진하기 보다는 오히려 저해한다고 주장하기도 하였다. 이들 경제학자들은 비교우위에 입각한 자유무역이 개발도상국의 경제발전에 도움이 되지 않는다고 주장한다.

따라서 이들 경제학자들은 수입대체공업화를 옹호하며 개발도상국은 무역의존도를 줄이고 수입대체형 성장전략을 채택하여야 한다고 주장하였다. 또한 이들은 개발도상국의 경제여건을 고려하여 IMF와 GATT가 주도하는 국제경제질서(International Economic Order)를 개편해야 한다고 주장하였다.

본 장에서는 국제무역과 경제발전에 관한 여러 가지 주장에 대해 살펴보기로 한다.

7) 1967년 GATT체제에 가입한 한국은 케네디라운드 이후의 무역을 통한 경제개발 정책기조에 맞추어 경제성장을 촉진시킨 성공적인 모범사례로 평가되고 있다.

1 국제무역과 경제발전의 관계

1.1 국제무역과 경제발전에 관한 견해

1) 전통적 견해

자유무역을 옹호하는 고전학파 경제학자들은 미국, 캐나다, 호주 등 19세기 개발도상국들의 경제발전에 국제무역이 경제성장의 원동력(engine of growth)으로 작용하였다고 주장하면서 국제무역과 경제발전의 관계를 긍정적으로 설명하였다.

19세기 영국 등 서유럽국가들은 공산품 생산을 주도하였고 미국, 캐나다, 호주 등 개발도상국들은 풍부한 부존자원을 바탕으로 1차상품 생산에 주력하였다. 이러한 구조 하에서 경제규모가 확대되고 인구가 증가함에 따라 영국 등 서유럽국가들은 미국 등 개발도상국으로부터 원자재 및 곡물 등 1차상품에 대한 수입을 확대하게 되었고, 개발도상국들은 풍부한 1차상품의 수출증대를 통해 경제발전에 성공할 수 있었다. 즉 국제무역이 성장의 원동력이라고 주장하는 자유무역 옹호론자들의 주장은 세계 각국의 경제발전은 비교우위에 근거한 국제무역을 통해 이루어졌다는 점을 기본 내용으로 하고 있다.

따라서 이들은 20세기의 개발도상국들도 국제무역을 통한 경제발전 전략을 채택하는 것이 바람직하다고 주장한다. 결론적으로 자유무역이론에 의하면 모든 국가가 비교우위를 갖는 상품생산에 특화하여 무역을 한다면 세계의 총생산은 증가하고 무역을 통해 서로 이익을 나누어 갖게 된다고 주장한다. 그러므로 각국의 요소부존량과 기술수준 하에서 선진국은 공산품에 특화생산하고 개발도상국은 1차상품에 특화생산하여 수출하는 것이 유리하다고 주장한다. 이러한 국제무역과 경제발전의 긍정적 관계에 대한 주장은 다음과 같이 정리할 수 있다.

① 국제무역은 국내자원의 완전고용을 촉진할 수 있다.
② 국제무역은 시장규모를 확대함으로서 국제 분업 및 규모의 경제이익을 가능하게 할 수 있다.
③ 국제무역은 새로운 아이디어, 신기술, 새로운 관리기법을 전파하는 기능을 한다. 무역을 통해서 경제성장에 필요한 선진국의 기술을 모방하고 도입할 수 있다.
④ 국제무역은 국제적 자본이동을 유발 또는 촉진할 수 있다. 특히 외국인 직접

투자의 경우 외국기업은 투자한 자본을 관리할 기술자 및 관리자도 파견한다.

⑤ 국제무역은 유리한 투자여건을 조성해준다. 신제품수입은 국내수요와 국내생산을 유발시키고 이어서 국내생산을 위한 투자를 촉진할 수 있다.

⑥ 국제무역은 국내시장 독점을 방지하고 경쟁을 심화시킨다. 국내생산자와 외국생산자의 경쟁을 통해 독점력이 약화되고 생산의 효율성이 제고되어 생산비용과 가격을 낮출 수 있다.

이상의 내용을 요약하면 국제무역은 수출을 통해서 시장을 확대하고 수입을 통해서는 선진기술, 자본도입, 투자증대 등을 유발시켜 경제발전에 긍정적 효과를 준다는 주장이다.

2) 비판적 견해

전통적 견해와는 반대로 무역은 “성장의 엔진”보다는 “성장의 브레이크”와 같은 역할을 하였다는 비판적 견해도 있었다. 비판적 견해는 고전학파의 무역이론이 개발도상국의 경제발전과정을 설명하는데 부적합하다고 주장하면서 다음과 같은 이유를 들어 국제무역과 경제발전의 관계에 대해 부정적으로 설명하였다.

① 경제발전의 원동력은 내부적 요인

고전학파 경제학자들의 전통적 견해는 19세기 미국, 캐나다, 호주 등 개발도상국들의 경제발전이 국제무역에 큰 영향을 받아서 이루어진 것으로 주장하였다. 그러나 일부 비판적인 경제학자들은 19세기 개발도상국들의 경제발전 과정에서 국제무역이 긍정적 영향을 주지 못했다고 주장하였다.

예를 들어 크라비스(Kravis)[8]는 미국의 경우 국민총생산에서 무역이 차지하는 비중이 매우 낮고 무역대상도 대부분 농산물이었기 때문에 미국 전체의 경제발전을 국제무역과의 관계로만 설명하는 것은 무리가 있다고 주장하였다. 또한 남미국가들과 인도의 경우에도 비교우위에 있는 1차상품의 수출실적은 매우 좋았지만 경제발전은 낮은 수준에 머물렀기 때문에 국제무역이 경제발전에 기여했다는 주장의 타당성은 인정하기 어렵다고 주장하였다. 결국 일국의 경제발전은 주로 내부적 요인에 의해 결정되는 것이며 국제무역은 보조적 역할을 하는 것이라고 주장하였다.

---

8) I. B. Kravis, “Trade as a Handmaiden of Growth: Similarities Between in the 19th and 20th Centuries”, Economic Jorunal, December 1970, pp.850~870.

② 1차상품 수입수요와 공급의 감소

넉시(R. Nurkse)[9]는 19세기와 20세기의 1차상품 시장을 비교하면서 전통적 견해를 비판하였다. 즉 19세기에는 선진국의 1차상품에 대한 수요가 증가하면서 개발도상국의 1차상품 수출도 크게 증대됨에 따라 무역이 경제성장의 중요한 요인으로 작용하였으나, 20세기에는 1차상품의 수출이 정체됨에 따라 무역은 더 이상 개발도상국의 중요한 성장 요인으로 작용하지 않았다고 주장하였다. 즉 경제성장에 미치는 무역의 기능이 약화되었다고 주장하면서 그 이유를 다음과 같이 밝히고 있다.

수요측면

- 개발도상국의 수출품인 식량과 농업원료에 대한 선진국의 수요의 소득탄력성이 1보다 작다. 즉 선진국의 소득증가에 비해 개발도상국의 농산물에 대한 선진국의 수입수요가 더 낮은 비율로 증가하였다.
- 기술개발로 천연원자재에 대한 수요가 감퇴되었다. 예를 들어 합성고무는 천연고무에 대한 수요를, 나일론은 면화수요를, 플라스틱은 가죽수요를 감소시키면서 개발도상국의 1차상품의 수출증가가 둔화되었다.
- 1차상품에 대한 선진국의 무역장벽이 강화되었다. 예를 들어 개발도상국의 섬유수출을 억제하기 위한 다자간섬유협정(MFA)과 같은 무역제한조치가 취해졌다.

공급측면

- 개발도상국의 인구증가로 식량과 천연원료의 대부분을 국내수요에 충당하였고 숙련노동의 유출이 많아졌다.
- 개발도상국들의 급속한 공업화 성장전략으로 농산물 생산과 수출이 감소되었다.
- 19세기의 개발도상국들은 넓은 영토와 풍부한 부존자원을 가지고 선진국들에 1차상품을 대량으로 수출할 수 있었으나 20세기 개발도상국들은 인구밀도가 높고 천연자원이 빈약한 국가가 많아서 무역의 경제발전 효과가 크지 않았다.

---

9) R. Nurkse, "Patterns of Trade and Development", in R. Nurkse ed., Problems of Capital Formation in Underdeveloped Countries and Patterns of Trade and Development(New York: Oxford University Press, 1970), pp.163~226.

③ 무역이익의 불공평한 분배

싱거(H. Singer)와 프레비쉬(R. Prebisch) 같은 경제학자들은 무역의 이익이 개발도상국에 불리하게 분배된다고 주장하였다. 즉 비교우위에 입각한 특화생산을 하게 되면 일반적으로 선진국은 제조업에 특화하고 개발도상국은 1차산업에 특화하게 되는데 이러한 특화생산 구조는 개발도상국에게 다음과 같은 이유로 불리하다고 주장하였다.

- 생산성의 향상, 수요의 소득탄력성, 생산에 의한 개발효과 측면에서 모두 농업보다는 제조업이 유리하다.
- 교역조건도 농업이 제조업에 비해 불리한 추세를 가지고 있다.
- 1차상품 시장은 경쟁적 성격이 강하고 공산품 시장은 독점적 성격이 강하다.

이러한 이유로 선진국은 무역을 통해서 높은 생산성과 시장 확대효과를 얻게 되어서 무역이 확대될수록 교역조건이 개선됨에 따라 개발도상국의 1차상품을 상대적으로 더 저렴하게 수입할 수 있게 된다. 반면에 개발도상국은 무역이 확대됨에 따라 오히려 교역조건이 악화되고 선진국에 비해서 무역이익을 상대적으로 적게 얻게 되는 결과를 보게 된다고 주장하였다.

④ 국제적 자본이동의 악영향

미르달(G. Myrdal)[10]은 국제무역에 수반되는 국제적 자본이동이 개발도상국의 경제발전에 부정적 효과를 준다고 주장하였다. 즉 선진국의 국제투자가 개발도상국의 수출부문에 치중되어 수출부문은 발전할 수 있지만 다른 부문의 발전에는 도움을 주지 않는다고 주장하였다. 즉 개발도상국내에 발전된 수출부문과 낙후된 내수부문이 병존하는 현상이 발생한다고 주장하였다. 또한 선진국의 국제투자는 상품시장과 노동시장에서 독점력을 행사하여 상품가격의 인상과 임금의 하락을 초래하고 개발도상국의 경제발전을 저해하는 결과를 가져온다고 주장하였다. 그리고 이자와 이윤배당 등으로 자본소득의 누출이 발생하고 외국투자로 인한 소득창출의 효과는 상당부분 상실된다고 주장하였다.

---

10) G. Myrdal, Economic Theory and Underdeveloped Regions(1957), p.168; An International Economy: Problem and Prospects(1956), p.381.

3) 논의의 평가

이상 살펴본 국제무역과 경제발전에 관한 두 가지 견해는 다음의 세 가지 쟁점으로 요약해서 평가할 수 있다.

① 국제무역은 개발도상국의 경제성장 및 경제구조에 성장의 원동력 기능을 발휘하고 있는가?
② 국제무역은 개발도상국의 교역조건을 악화시키고 무역이익을 불리하게 배분하며 선진국과 개발도상국간의 불평등을 확대하는가?
③ 국제무역은 어떤 조건하에서 개발도상국의 경제발전에 도움이 되는가?

먼저 ①의 논의에 대해서는 국제무역은 경제발전의 촉진제가 될 수 있다는 견해가 지배적이다. 그 이유로 개발도상국의 비교우위상품이 1차상품에만 한정되지 않고 경제발전 단계에 따라 변화할 수 있다는 점을 든다. 그 예로 한국, 대만, 싱가포르 등 많은 국가의 경제발전이 거론된다. 즉 개발도상국은 수출지향정책을 추구함으로서 국내의 유휴자원을 활용하고 경제발전을 촉진할 수 있다. 또한 경제발전 단계 초기에는 1차상품에 특화하더라도 경제발전에 따라 공산품 생산에도 비교우위가 발생할 수 있다. 그 외에도 무역의 동태적 이익이 매우 크다는 점을 감안하면 국제무역은 경제발전에 긍정적 영향을 미치는 것으로 평가된다.

②의 논의는 무역이익의 배분에 관한 문제이다. 즉 국제무역을 하면 개발도상국의 교역조건이 악화되고 무역이익이 선진국에 유리하게 배분되느냐 하는 문제이다. 일반적으로 무역이익의 불공평한 배분은 무역 본래의 속성보다는 국제경제체제의 불평등한 제도적인 문제에 기인한다는 주장이 많은 지지를 받는다. 즉 미국을 비롯한 선진국들이 향유하고 있는 광범위한 규모의 경제, 다국적기업의 영향력, 국제가격과 수요조작 능력, 국제경제자산 및 경제력의 불평등한 배분 때문에 발생하는 것이라는 주장이다.

국제무역이 개발도상국의 교역조건을 악화시킨다는 주장에 대해서 대부분의 실증연구는 ① 개발도상국의 상품교역조건이 조금씩 악화되었으나 우려할 정도는 아니며, ② 개발도상국 전체의 교역조건 변화는 개별국가의 교역조건 변화와는 다르게 나타날 수 있으며, ③ 비록 상품(순)교역조건은 조금씩 악화되었으나 소득교역조건은 크게 개선되었다는 결론을 도출하였다.

1.2 국제무역과 공업화 전략

지금까지 국제무역과 경제발전의 관계에 대해 고찰해봤다. 이제 개발도상국의 공업화 전략에 대해 살펴보기로 한다.

1) 공업화의 필요성

국제무역과 경제발전에 대한 긍정적 견해를 가진 경제학자들은 개발도상국들의 비교우위에 입각한 무역을 통한 경제발전 전략을 선호한다. 즉 개발도상국들은 비교우위에 있는 1차 산업에 특화하고 비교열위에 있는 제조업 상품을 수입하는 방식의 무역을 통한 경제발전 전략이 바람직하다는 주장을 한다. 그러나 이러한 무역패턴은 개발도상국의 교역조건 악화와 농산물 가격의 불안정 등으로 개발도상국의 경제발전에 도움이 되지 못한다는 비판을 받는다. 따라서 농업보다는 공업화를 통한 경제발전 전략이 개발도상국 경제발전에 더 유리하다고 주장한다. 여기서는 공업화 전략에 대해서 알아본다.

공업화 전략의 이점

- 공업은 기술혁신, 생산성 향상, 규모의 경제, 외부효과가 크다.
- 공업은 농업에 비해 고용창출과 소득증대 효과가 크다.
- 공업은 농업보다 생산과정에서 전후방연관효과가 크다. 즉 완제품 산업의 발전이 중간재 산업의 발전과 원자재 산업의 발전을 차례로 유발하는 후방연관효과(backward linkage effect)와 그 반대 방향으로 일어나는 전방연관효과(forward linkage effect)가 크다.
- 공업이 농업보다 교역조건개선 효과가 크다. 공산품 수요의 소득탄력성이 농산물보다 높기 때문에 공산품 수출의 소득증대 효과와 국제수지 개선효과가 크게 나타난다.
- 공업부문이 농업부문에 비해 근로관리 및 업무관리 등이 합리적이고 생산성이 높아서 경제발전 기여도가 더 크다.

그러나 일방적 공업화 전략은 농업부문의 생산과 소득을 감소시켜 자국은 물론 세계경제 전체의 불균형을 초래할 수 있다는 반론도 있다. 예를 들어 선진국과 개발도상국 모두 공업화 전략을 채택한다면 공산품의 과잉생산과 가격 하락으로 공업화 전략의 효과가 감소할 수 있고, 농촌에서 도시로 급속한 인구이동으로 도시의 실업률이 상승하여 범죄 및 사회병리 현상을 초래할 수 있다. 또한 도시의 인구집중화로 인한 주택문제와 교통문제 등 높은 사회적 비용을 감수해야 하는 상황이 올 수도 있다. 따라서 농업부문을 보호육성하면서 공업화를 추진하는 것이 바람직한 전략으로 여겨진다. 결론적으로 협소한 국토와 높은 인구밀도를 가진 대부분의 개발도상국 입장에서는 공업화 경제발전 전략을 채택하는 것이 바람직하다는 경험적 논리가 우세한 것이 사실이다.

2) 공업화 전략의 유형

기본적으로 공업화에는 수입대체형공업화와 수출지향형공업화가 있다. 이제 두 공업화 전략의 장·단점에 대해 알아본다.

① 수입대체형공업화 전략

수입대체형공업화(Import Substitution Industrialization: ISI) 전략은 내부지향적 공업화(Inward Looking Industrialization)전략이라고도 한다. ISI는 외국에서 수입하던 제품을 국내생산으로 대체하여 국내산업을 보호, 육성하는 전략을 의미한다. 수입대체형공업화 전략은 외국제품에 대한 수입제한조치를 통해 국내산업을 보호 및 육성하는 전략인데 국제무역을 축소하면서 추진될 수밖에 없다. 수입대체형공업화 전략은 주로 1950~70년대에 많은 개발도상국들이 채택하였는데 다음과 같은 단계를 거쳐 추진되었다.

우선 초기단계에서는 외화지출을 억제하기 위한 최종소비재 수입을 대체하는 수입대체공업화 전략을 추진하게 된다. 이 단계의 수입대체품목은 자국이 쉽게 대체 생산할 수 있는 단순조립 및 경공업 제품들이 선택된다. 그 다음으로 중간재와 자본재의 수입을 대체하는 단계로 이어진다. 이 단계에서는 정부의 개입이 더욱 커지며 원자재 수입은 허용하되 중간재 및 자본재 수입은 금지시켜 생산의 기반을 확대한다. 이러한 수입대체형공업화 전략은 첫째, 경제적·사회적 이익이 크고, 둘째, 교역조건 개선효과가 나타나고, 셋째, 해외시장 정보의 습득이 용이하지 않을 때 실시하면 성공할 가능성이 커진다. 수입대체형공업화 전략의 장점과 단점을 정리하면 다음과 같다.

◎ **수입대체형공업화의 장점**

- 국내수요가 이미 존재함으로서 자국기업의 수입대체산업 진입에 따른 불확실성 및 위험이 적다.
- 수출산업 육성보다 수입대체산업 육성이 더 용이하다. 수출산업 육성은 수입국의 수입제한조치를 극복해야 하는 문제가 있지만 수입대체산업은 독자적인 정책에 의해 추진할 수 있다.
- 수입대체공업화 전략은 선진국들의 직접투자를 유도할 수 있다. 관세공장(tariff factories) 등의 형태로 직접투자가 늘어나고 개발도상국의 유치산업 육성에 도움이 된다.
- 세계경제가 불안정할 경우 수입대체공업화 전략이 수출지향형공업화 전략보다 자국경제의 안정에 유리하다.

◎ **수입대체형공업화의 단점**

- 국내 기업들이 정부의 보호조치에 안주하면서 노동생산성 및 경영능력 향상 노력을 게을리 할 수 있다.
- 국내시장이 협소하여 규모의 경제이익을 실현하기가 어렵다.
- 시간이 경과함에 따라 보호비용이 점차 늘어날 수 있다. 단순한 최종소비재화의 수입대체로부터 자본 및 기술집약적 산업의 수입대체까지 시행될 경우 그 보호비용이 과도하게 늘어날 수 있다.
- 정부의 시장개입이 강하게 나타난다. 이 과정에서 민간기업들의 수입허가 취득을 위한 부정부패 및 초과이윤 획득을 위한 지대추구(Rent Seeking)현상이 발생할 우려가 있다.

② 수출지향형 공업화전략

수출지향형공업화(Export-Oriented Industrialization)는 외부지향적공업화(Outward Looking Industrialization)라고도 한다. 수출지향형공업화는 수출산업을 우선적으로 육성하고 이로부터의 파급효과를 통해 내수산업도 발전할 수 있게 만든다는 구상을 기반으로 하고 있다. 1970년대 이후에 한국을 비롯한 많은 개발도상국이 채택하였다. 수출지향형 공업화전략은 자유무역론자들이 주장하는 이론이다. 자유무역론자들은 비교우위의 원리에 따라 무역을 하게 되면 무역의 이익이 발생한다고 주장한다. 수출지향형공업화 전략의 장점과 단점을 정리하면 다음과 같다.

수출지향형 공업화전략의 장점

- 세계시장을 상대로 생산증대 효과와 규모의 경제이익을 실현할 수 있다.
- 외국기업과의 경쟁을 극복하기 위한 생산성 제고 노력이 강화된다.
- 수출을 통해 외환부족(foreign exchange gap) 상황을 해결할 수 있다.
- 수출증대로 특화생산과 비교우위 효과를 증대시킬 수 있다.

수출지향형 공업화전략의 단점

- 세계시장에서 선진국 기업과의 경쟁을 극복해야 한다.
- 선진국의 무역장벽과 무역보복을 극복해야 한다.
- 세계시장 관련 정보수집이 쉽지 않아 시의적절한 수출대책 수립이 어렵다.

3) 공업화전략의 경과

① 수입대체형 공업화전략

그동안 아프리카, 남미, 아시아 일부 국가 등 많은 개발도상국들이 수입대체형 공업화전략을 경제성장전략으로 채택하였다. 그러나 대체적으로 수입대체형공업화전략은 부분적으로 성공했을 뿐 거의 실패한 것으로 평가되었다. 이들 국가들이 수입대체형공업화전략을 추진한 것은 1930년대의 시대적 상황과 밀접한 관련이 있다. 1930년대 대공황으로 이들 국가의 주요 수출상품인 1차상품의 가격이 50% 가까이 폭락함에 따라 교역조건이 크게 악화되었고 소위 궁핍화 성장(Immiserizing Growth)을 경험하게 되었다.

또한 제2차 세계대전 기간에는 전쟁특수로 말미암아 개도국의 선진국 자본재와 공산품 수입이 어렵게 되었고 개도국들의 대외부채도 급격하게 증가하였다. 이를 계기로 개도국들은 선진국 경제에 의존하는 경제구조를 탈피하기 위해 경제발전전략으로 수입대체형공업화전략을 채택하였다.

수입대체형공업화전략은 많은 장점에도 불구하고 과다한 보호비용과 인위적인 저환율(자국통화고평가) 등으로 대부분의 나라에서 실패한 것으로 나타났다. 수입대체형공업화에 대한 기대와 다르게 농업과 1차 산업의 발전이 지체되고 1차상품의 수출소득이 감소하였으며 브라질은 과거에 수출하던 식료품을 수입하는 상태에까지 이르렀었다. 더욱이 수입대체정책으로 인하여 기계류, 원자재, 연료 및 식량까지도 수입하게 되어 개발도상국의 국제수지는 더욱 악화되는 경우도 있었다. 제2차 세계대전 이후 많은 개도국들이 수입대체형공업화를 추진하였으나 많은 부작용이 나타나면서 수출지향형 공업화전략으로 방향을 전환하는 결과를 초래하였다. 전반적으로 인도, 파키스탄, 아르헨티나와 같이 수입대체형공업화전략을 채택한 국가들은 싱가포르, 한국, 홍콩과 같이 1960년대 초반부터 수출지향형공업화전략을 추진한 개발도상국에 비하여 경제성장률이 낮았다.

② 수출지향형 공업화전략

1960년대 이후 수출지향형 공업화전략을 채택하였던 신흥공업국들은 급격한 경제발전을 이루었다. 특히 한국, 대만, 홍콩, 싱가포르, 브라질 등은 수출지향형 공업화전략을 성공적으로 추진하였다. 그리고 1970년대부터 많은 개발도상국들이 수출지향형 공업화전략을 채택하였다.

수출지향형 공업화전략은 국내시장의 규모가 협소해 규모의 경제를 제대로 활용하지 못하는 산업을 육성하는데 큰 효과를 발휘하는 것으로 평가받고 있다. 아르헨티나, 멕시코, 필리핀 등의 국가들은 늦게나마 수출지향형 공업화전략을 채택하여 많은 이익을 얻었다. 반면에 인도, 파키스탄, 터키와 같은 국가들은 늦게 방향전환을 하여서 수출지향형 공업화의 이익을 제대로 얻지 못한 것으로 평가된다.

1950년대와 1960년대에는 수입대체형 공업화전략이 많은 지지를 얻었으나, 1970년대에 들어서면서 한국, 홍콩, 싱가포르, 대만 등 아시아 신흥공업국들의 성공사례를 바탕으로 수출지향형 공업화전략(수출주도형 경제성장전략)이 주목을 받게 되었다.

한편 수출지향형 공업화전략은 경제발전과정의 후기단계에, 그리고 수입대체형 공업화전략은 초기단계에(특히 경제규모가 큰 개발도상국의 경우) 채택하는 것이 유리하다는 주장도 있다. 즉 수입대체형 공업화전략과 수출지향형 공업화전략은 서로 보완적으로 경제발전수준에 맞추어 선택적으로 사용하는 것이 바람직하다고 주장되기도 한다. 참고로 <표 12-1>에 수출주도형 경제성장전략과 수입대체형 경제성장전략을 채택한 국가, 그리고 <표 12-2>에 두 성장전략을 채택한 국가들의 성과가 비교 정리되어 있다.

▌표 12-1▐ 수출주도형 성장전략과 수입대체형 성장전략 채택 국가 현황

구분	수출주도형 성장전략		수입대체형 성장전략	
	강력함	온건함	온건함	강력함
1963–1973년	홍콩 싱가포르 한국 대만	브라질 카메룬 콜롬비아 코스타리카 구아테말라 인도네시아 이스라엘 아이보리코스트 말레이시아 태국	볼리비아 엘살바도르 온두라스 케냐 마다가스카르 멕시코 니카라구아 필리핀 세네갈 탄자니아 터키 우루과이 유고 잠비아	아르헨티나 방글라데시 브룬디 칠레 도미니카 에티오피아 가나 인도 파키스탄 페루 스리랑카 수단
1973년–1985년	홍콩 싱가포르 한국 대만	브라질 칠레 말레이시아 태국 튀니지 터키 우루과이	카메룬 콜롬비아 코스타리카 엘살바도르 온두라스 인도네시아 케냐 니카라구아 파키스탄 필리핀 세네갈 스리랑카 유고	아르헨티나 방글라데시 볼리비아 부룬디 도미니카 에티오피아 가나 인도 마다가스카르 나이지리아 페루 수단 탄자니아 잠비아

※ 자료: 한국무역론, 박진성 외 2019, 〈표 2-1〉, p.31 참조.

▌표 12-2▐ 수출주도형 성장전략과 수입대체형 성장전략의 성과 비교

수출주도형 성장전략 채택국가			수입대체형 성장전략 채택국가		
국가	1인당GNP (1991)	평균성장율 (1965–1990)	국가	1인당GNP (1991)	평균성장율 (1965–1990)
한국	6,330	7.1	아르헨티나	2,790	–0.3
홍콩	13,430	6.2	방글라데시	220	0.7
싱가프로	14,210	6.5	인도	330	1.9

※ 자료: 한국무역론, 박진성 외 2019, 〈표 2-2〉, p.32 참조.

2 국제무역과 경제발전 이론

2.1 교역조건과 경제발전

여기서는 여러 가지 교역조건(Terms of Trade: TOT)을 정의하고, 무역이 개발도상국의 상품(순)교역조건을 악화시킨다는 주장에 대해 분석해본다. 그리고 개발도상국의 상품(순)교역조건 및 소득교역조건에 관한 실증연구의 결과를 소개한다.

1) 교역조건의 종류

교역조건은 상품(순)교역조건 외에도 소득교역조건, 단일요소교역조건, 복수요소교역조건이 있다.

① 상품(순)교역조건

상품교역조건(commodity terms of trade) 또는 순교역조건(net terms of trade) N은 다음과 같이 정의한다.

$$N = (P_X / P_M) \cdot 100$$

여기서, N = 상품(순)교역조건, P_X = 수출가격지수, P_M = 수입가격지수

예를 들어 2000년을 기준년도로 하고(P_X=P_M=100), 2015년 말에 한 국가의 수입가격지수(P_M)가 110으로 10% 상승하고 수출가격지수(P_X)가 95로 5% 하락했다면 이 국가의 상품교역조건은

$$N = (95/110) \cdot 100 = 86.36$$

으로 하락한다. 이는 기준년도인 2000년(N=100)에 비해서 2015년에 이 국가의 수출가격은 수입가격에 비하여 약 14% 하락하였음을 의미한다.

② 소득교역조건

한 국가의 소득교역조건(income terms of trade) I는 다음과 같이 표현된다.

$$I = (P_X/P_M) \cdot Q_X$$

여기서 Q_X는 수출수량지수를 나타낸다. 따라서 I는 한 국가의 수출에 기초한 수입능력을 나타낸다. 앞의 예를 계속 적용하고 만약에 Q_X가 2000년의 100에서 2015년에 120으로 증가했다면 이 국가의 소득교역조건은 다음과 같이 상승하게 된다. 즉,

$$I = (95/110)\cdot 120 = (0.8636)\cdot 120 = 103.63$$

이는 2000년부터 2015년까지(수출소득을 기초로 한) 이 국가의 수입능력이 (P_X/P_M은 하락했지만) 3.63% 상승한 것을 의미한다. 개발도상국은 대부분 수입자본재에 의존하여 경제가 성장하므로 소득교역조건의 변화는 개발도상국의 경우에 대단히 중요하다.

③ 단일요소교역조건

한 국가의 단일요소교역조건(single factoral terms of trade) S는 다음과 같이 나타낸다. 즉,

$$S = (P_X / P_M)\cdot Z_X$$

여기서 Z_X는 이 국가의 수출부문의 생산성 지수이다. 따라서 S는 수출품에 체화된 국내생산요소 한 단위와 교환되는 수입량을 측정해 준다. 앞의 예를 계속 적용하고 만약에 이 국가의 수출부문에서의 생산성이 2000년의 100에서 2015년에는 130으로 상승했다면 이 국가의 단일요소교역조건은 다음과 같이 개선된다. 즉,

$$S = (95/110)\cdot 130 = (0.8636)\cdot 130 = 112.27$$

이는 이 국가의 수출품에 체화된 국내생산요소 한 단위에 대하여 2000년에 교환된 수입량보다 2015년에 교환되는 수입량이 12.27% 증가한 것을 의미한다. 이 국가는 수출부문에서의 생산성 증가의 일부분을 다른 국가와 공유하지만 2000년과 비교하여 2015년에(N은 감소했지만 I가 증가한 것 이상으로) 더 부유해진 것이다.

④ 복수요소교역조건

복수요소교역조건(double factoral terms of trade) D는 단일요소교역조건의 개념을 확대하여 다음과 같이 나타낼 수 있다.

$$D = (P_X/P_M) \cdot (Z_X/Z_M) \cdot 100$$

여기서 Z_M은 수입부문의 생산성지수이다. 따라서 D는 한 국가의 수출품에 체화된 국내생산요소 한 단위가 수입품에 체화된 외국생산요소 몇 단위와 교환되는가를 측정해 준다. 앞의 예를 계속 적용하고 만약에 2000년에서 2015년 사이에 Z_M이 100에서 105로 상승했다면 D는 아래와 같이 개선된다. 즉,

$$D = (95/110) \cdot (130/105) \cdot 100 = (0.8636) \cdot (1.2381) \cdot 100 = 106.92$$

이상과 같이 정의된 네 가지의 교역조건 중에서 상품(순)교역조건(N), 소득교역조건(I), 그리고 단일요소교역조건(S)이 중요한 의미를 가지고 있다. 복수요소교역조건(D)은 개발도상국의 경우 중요성이 떨어지며 측정하기도 쉽지 않다. 개발도상국의 경우에 상품(순)교역조건(N)보다 소득교역조건(I)과 단일요소교역조건(S)이 더 중요한 의미를 갖는다. 그러나 N이 측정하기 쉽기 때문에 가장 많이 사용되며 실제로 교역조건(terms of trade)이라고 하면 단순히 N을 의미하는 경우가 많다.

그러나 앞에서 살펴본 바와 같이 N은 하락하더라도 I와 S는 증가할 수 있다. 일반적으로 이러한 경우는 개발도상국에게 유리한 것으로 평가된다. 물론 N, I, S가 모두 증가하는 경우가 가장 바람직하다. 반대로 최악의 경우는 이 네 가지의 교역조건이 모두 악화되는 경우이다.

2) 상품교역조건 악화 주장

앞에서도 언급하였지만 프레비쉬(R. Prebisch),[11] 싱거(H. W. Singer)[12] 그리고 미르달(G. Myrdal)과 같은 경제학자는 개발도상국의 상품교역조건이 시간이 지남에 따라 악화되는 경향이 있다고 주장하였다. 그 결과 개발도상국의 생산성 증가는 수출가격의 인하로 나타나는 반면, 선진국의 생산성 증가는 임금상승의 형태로 노

---

11) R. Prebisch, The Economic Development of Latin America and Its Principle Problems, U. N., 1950, p.60; "Commercial policy in the Underdeveloped Countries", American Economic Review, Papers and Proceedings, May 1959, pp.251~273; Towards a Dynamic Development Policy for Latin America, U. N., 1963, p.109.

12) H. W. Singer, "The Distribution of Gains between Investing and Borrowing Countries", American Economic Review, May 1950, reprinted in his International Development: Growth and Change(1964) ; reprinted in Readings in International Economics.

동자에게 귀속된다고 주장한다. 따라서 선진국은 두 가지 측면에서 이익을 얻게 된다. 즉 선진국은 생산성의 증가에 의한 이익을 노동자의 임금소득의 증가 형태로 분배하면서 개발도상국의 농산물은 더 저렴한 가격으로 수입하게 됨으로서 개발도상국의 생산성 향상에 의한 경제적 이익도 대부분 선진국이 얻게 된다는 것이다.

개발도상국과 선진국의 생산성 증가의 효과가 이처럼 다른 이유는 각국의 노동시장의 조건이 매우 상이하기 때문이다. 특히 선진국에서는 노동이 상대적으로 희소하고 노동조합이 강하므로 생산성 증가는 대부분 임금상승의 형태로 노동자에게 귀속되어 생산비와 가격은 별로 변화하지 않는다. 실제로 선진국의 노동자는 생산성이 증가한 이상으로 더 많이 임금을 인상시킬 수 있다.

이에 따라 선진국이 수출하는 제조업 제품의 생산비와 가격이 상승한다. 한편 개발도상국에서는 노동력의 과잉 및 대량의 실업이 존재하고 노동조합이 약하거나 결성되어 있지 않으므로 개발도상국의 생산성 증가는 농산물 수출품에 대한 생산비와 가격을 인하시키는 요인으로 작용한다.

그러나 선진국이나 개발도상국의 생산성 증가가 모두 상품가격을 인하시키는 요인으로 작용하면 개발도상국의 교역조건은 시간이 지남에 따라 개선된다. 그 이유는 농업부문의 생산성 증가가 일반적으로 공업부문의 생산성 증가보다 낮기 때문이다. 따라서 제조업 제품의 비용과 가격은 농산품 가격에 비해서 낮아지게 된다.

선진국은 대부분 제조업 제품을 수출하고 농산품과 원자재를 수입하므로 시간이 지남에 따라 선진국의 교역조건은 악화되고, 이와 반대로 개발도상국의 교역조건은 개선된다. 프레비쉬, 싱거와 미르달에 의하면 개발도상국의 전체적인 교역조건이 장기적으로 악화될 것으로 기대하는 이유는 바로 생산성 증가가 선진국에서는 임금인상으로 반영되고 개발도상국에서는 가격하락으로 반영되기 때문이라는 것이다.

개발도상국의 교역조건이 악화되리라고 기대하는 또 다른 이유는 선진국의 제조업 상품 수출에 대한 개발도상국의 수요가 개발도상국의 농산물 수출품에 대한 선진국의 수요에 비하여 더욱 빨리 증가하기 때문이다. 이것은 제조업 상품에 대한 수요의 소득탄력성이 농산물에 대한 수요의 소득탄력성보다 훨씬 크기 때문이다. 이러한 이유 때문에 개발도상국의 교역조건이 악화되는 정도가 상당히 커서 무역을 하면 무역을 하지 않을 때보다 더 빈곤해 질 수도 있다.

이러한 주장들은 어느 정도 타당한 것처럼 보이지만 이론적인 근거만으로 이러한 주장들을 평가하기는 어렵다. 이에 따라 논쟁이 활발히 전개되었고 시간의 흐름에 따른 개발도상국의 교역조건의 변화를 측정하려는 연구가 계속되었다.

3) 교역조건에 관한 연구결과

프레비쉬나 싱거는 영국의 교역조건이 1870년의 100에서 1938년에 170으로 상승했음을 밝힌 1949년의 U.N.연구를 토대로 개발도상국의 상품교역조건이 악화되었다고 생각하였다. 개발도상국은 식량과 원자재를 수출하고 제조업 제품을 수입하는 반면 영국은 제조업 제품을 수출하고 식량과 원자재를 수입하므로 프레비쉬와 싱거는 이 사실로부터(영국 교역조건의 역수인) 개발도상국의 교역조건이 100에서 59(100/170)로 하락한 것으로 추론하였다.

그러나 이 결론은 다음과 같은 몇 가지 이유에서 비판을 받는다.

첫째, 영국에서는 수출품과 수입품의 가격이 항구 도착가격으로 측정되었으므로 영국의 식량 및 원자재 수입품 가격이 크게 하락한 것은 이 기간 동안 해운운송비가 급격히 하락했기 때문이지 수출국이 수출대금으로 받은 가격이 상대적으로 낮았기 때문은 아니다.

둘째, 공산품의 수출에 대해 영국이 상대적으로 높은 가격을 받은 것은 1차상품보다는 공산품의 품질개선이 보다 많이 이루어졌음을 반영하는 것이다.

셋째, 선진국도 1차상품을 일부 수출하고, 개발도상국 역시 제조업 상품을 일부 수출한다. 결과적으로 교역되는 공산품의 가격으로 교환되는 1차상품의 가격을 나누어 개발도상국의 교역조건을 측정하는 것은 전혀 타당하지 않다.

넷째, U.N.의 연구는 대공황시기까지의 자료를 다루었는데 대공황시기에는 1차상품의 가격이 비정상적으로 낮았기 때문에 영국의 교역조건이 상승한 크기(따라서 개발도상국의 교역조건이 하락한 크기)는 너무 과대평가되었다.

이러한 비판에 따라 U.N. 연구의 단점을 극복하기 위한 기타의 실증연구들이 계속 되었는데 그 연구결과는 다음과 같다.

첫째, 개발도상국의 상품교역조건에 어떤 장기적 하락추세가 존재하더라도 그 정도는 상대적으로 약하다.

둘째, 장기적인 교역조건의 변화를 추정하는 데는 심각한 통계상 난점이 있다. 예를 들면 어느 년도를 기준년도로 하고 어느 년도를 비교년도로 하느냐에 따라 그 결과가 매우 민감하게 변하고 또한 수출품 및 수입품의 가격지수의 계산방법에 따라서도 민감하게 변한다.

셋째, 모든 개발도상국의 전체적인 교역조건의 변화를 개발도상국에 개별적으로 적용시키는 것은 통계적으로 무리가 있다. 예를 들면, 고무, 차, 커피와 같은 열대작물을 대부분 수출하는 개발도상국의 교역조건은 악화되기 쉬운 반면 대체로 광산물을 수출하는 개발도상국의 교역조건은 개선되는 경향이 있다.

넷째, 대부분의 연구에 의하면, 상품교역조건의 장기적인 추세와는 관계없이 개발도상국의 전체적인 소득교역조건은 수출량의 급증으로 인해 시간이 지남에 따라 상당히 개선되었다.

2.2 수출의 불안정성과 경제발전

장기적인 교역조건이 악화하는 것 이외에도 개발도상국의 경우 수출가격과 수출소득이 단기적으로 크게 변동하기 때문에 수출의 불안정한 변동도 개발도상국의 발전을 저해하는 요인으로 지적된다. 여기서는 수출의 단기적 불안정성에 관련된 문제를 집중적으로 살펴보고 개발도상국의 수출가격과 수출소득이 단기적으로 변동하는 이유와 그 효과를 측정한 몇 가지 실증연구 결과를 소개한다.

1) 수출불안정성의 원인과 효과

개발도상국은 주력 수출상품인 1차상품의 수출가격이 급격히 변동하는 상황을 자주 경험하게 된다. 이것은 1차상품에 대한 수요와 공급이 가격에 대해 비탄력적이고 불안정하기 때문이다. [그림 12-1]에서 D와 S는 각각 개발도상국의 1차상품

▌그림 12-1▐ 개발도상국의 수출가격 불안정성

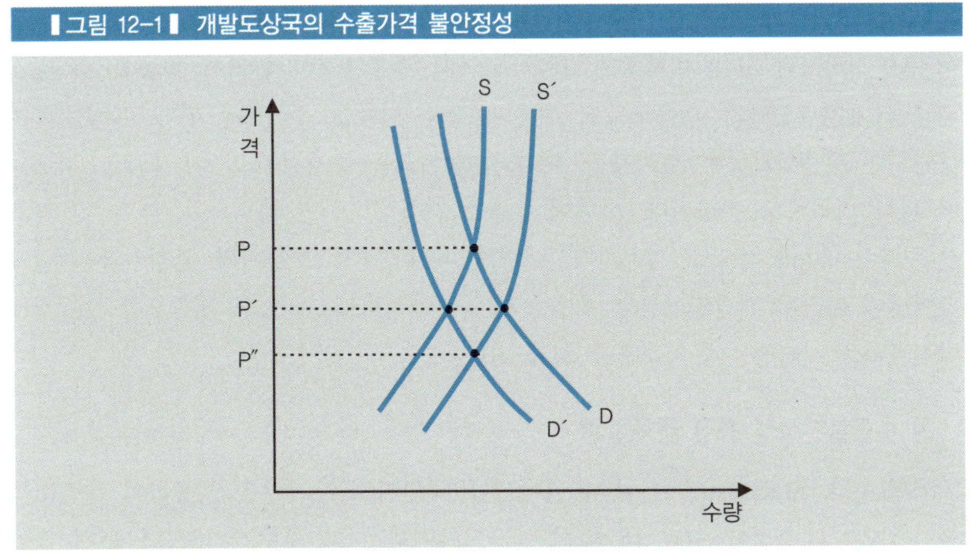

수출에 대한 가상적인 수요곡선과 공급곡선으로서 기울기가 크게 그려져 있다(가격 비탄력적이다). 수요곡선과 공급곡선이 D와 S로 주어졌을 때 균형점은 P가 된다. 만약 어떠한 이유로든 D가 D'로 감소(좌로 이동)하거나 S가 S'로 증가(우로 이동)하면 균형가격은 P'로 급격히 하락한다. D와 S가 동시에 D'와 S'로 이동하면 균형가격은 더욱더 하락하여 P"가 된다. 이때 D'와 S'가 다시 D와 S로 이동하면 균형가격은 급격히 상승하여 P가 된다. 따라서 개발도상국의 1차상품 수출에 대한 수요곡선과 공급곡선이 가격 비탄력적이고(즉 기울기가 크고) 불안정적이면(이동하면) 개발도상국의 수출품 가격은 상하로 크게 변동하게 된다.

그러나 개발도상국의 1차상품 수출에 대한 수요곡선과 공급곡선이 이처럼 비탄력적이고 불안정하게 이동하는 이유는 무엇인가? 선진국에서는 개별가계 소득중 커피, 차, 코코아, 설탕 등에 소비되는 금액의 비율이 매우 적은편이다. 따라서 이러한 상품의 가격이 변화하더라도 선진국의 개별가계는 상품의 구매를 크게 변화시키지 않는다. 즉 수요는 가격비탄력적(price-inelastic)이다. 또한 각종의 광물은 대체재가 거의 없으므로 광물에 대한 수요도 가격 비탄력적이 된다. 동시에 선진국에서 경기변동이 있게 되면 수요가 변동하기 때문에 개발도상국의 1차상품 수출에 대한 수요는 경기변동에 따라 불안정하게 움직인다.

또한 공급측면에서 볼 때 개발도상국의 1차상품 수출은 가격 비탄력적인데(즉 가격이 변화해도 공급량은 별로 변화하지 않는데) 이것은 개발도상국의 자원이용이 경직적이고 신축적이지 못하기 때문이며, 특히 회임기간이 긴 목재의 수확에서는 더욱 그러하다. 그리고 기후조건, 해충 등 여러 가지 장애요인으로 인하여 공급이 불안정하거나 크게 변동하게 된다. 따라서 수출가격이 급격히 변동할 수 있기 때문에 개발도상국의 수출소득도 해마다 크게 변동할 수 있게 된다. 수출소득이 증가하면 수출업자들은 소비지출, 투자, 은행예금을 증가시키고. 이 효과는 확대되어 다른 나라로도 전파된다. 반면에 수출소득이 감소하면 국민소득, 투자 및 저축은 승수(multiple)적으로 감소한다. 이렇게 세계경제의 호경기와 불경기가 번갈아 일어남에 따라서 개발도상국의 수출소득은 불안정해질 수 있고 개발도상국은 경제발전계획을 시행하는데 어려움을 겪게 된다.

2) 수출불안정성 측정 연구결과

맥빈(A. I. MacBean)[13]은 1946년에서 1958년까지의 자료를 이용하여 수출소득 불안성지수를 측정한 결과 18개 선진국 그룹에서는 그 지수가 18이고 45개 개발도상국 그룹에서는 23이라는 사실을 발견하였다(수출소득불안정성지수는 0부터 100 사이의 값을 갖는다).

이러한 실증연구결과는 개발도상국의 수출불안정성(export instability)이 선진국에 비하여 다소 크기는 하지만 불안정성 그 자체의 정도는 그리 심각하지 않다는 사실을 의미하고 있다. 또한 개발도상국에서 수출소득의 불안정성이 큰 이유는 이 국가들이 소수의 상품만을 수출하거나 소수의 국가에게만 상품을 수출하기 때문이 아니라, 주로 수출상품의 유형에 기인한다는 점을 보여주고 있다. 예를 들어 고무, 삼, 코코아와 같은 상품을 수출하는 국가의 수출소득은 석유, 바나나, 설탕, 담배를 수출하는 개발도상국의 수출소득보다 더 불안정적이다.

또한 맥빈은 개발도상국의 수출소득이 심하게 변동한다고 해서 국민소득, 저축, 투자가 크게 변동하는 것은 아니며, 개발도상국의 경제발전계획에 크게 지장을 주는 것도 아니라는 것을 보여주고 있다. 그 이유는 절대적인 불안정성의 정도가 상대적으로 낮고 무역승수의 크기가 작기 때문에 개발도상국 경제는 수출소득이 변동하여도 거의 영향을 받지 않기 때문인 것으로 생각된다.

따라서 맥빈은 개발도상국들이 수출소득을 안정화시키기 위하여 요구해온 국제상품협정 같은 인위적인 가격안정정책은 바람직하지 않다고 주장한다. 그 이유는 세계경제자원을 원래 불안정하지 않은 수출소득을 안정화시키는 것보다 세계경제발전에 이용하는 것이 더 효율적이라고 보기 때문이다. 그 이후의 기간에 대한 다른 연구결과도 수출불안정성이 그다지 크지 않았으며 그것이 경제발전을 저해하지도 않았다는 맥빈의 연구결과를 뒷받침하고 있다.

2.3 궁핍화 성장

힉스(J. R. Hicks)[14]가 최초로 개념화하고 존슨(H. G. Johnson)[15]과 바가와티(J. Bhagawati)[16] 등에 의해 체계화된 궁핍화 성장(Immiserizing Growth)이란 무역을 통

---

13) A. I. Macbean, Export Instability and Economic Development(Cambridge, Mass. : Harvard University Press, 1966)

14) Hicks, J, R. "An Inaugural Lecture", Oxford Economic Papers, N. S. 2, no. 2, 1953, pp.117~135.

15) Johnson, H. G. "Economic Expansion and International Trade", Manchester School of Economic and Social Studies, 23, no. 2, 1955, pp.95~112.

16) Bhagawati, J. "Immiserizing Growth: A Geometrical Note", Review of Economic Studies,

한 경제성장의 긍정적 효과가 교역조건의 악화에 따른 부정적 효과에 압도되어 무역이 오히려 국민의 후생수준을 악화시키는 경우를 가리킨다. 물론 이러한 현상이 실제로 발생하기 위해서는 매우 복잡한 조건을 만족시켜야 하지만 이는 개발도상국의 경제발전에 대한 중요한 시사점을 가진다. 궁핍화 성장에 대한 여러 가지 이론적인 설명이 있지만 여기서는 가장 간단한 경우를 상정해 기초적인 개념만을 설명하고자 한다.

[그림 12-2]에서는 어느 개발도상국의 개방을 통한 경제성장의 과정을 나타내고 있다. 즉 개방초기 이 나라의 생산가능곡선이 X_1M_1이고 수출품인 X재와 수입품인 Y재의 상대가격 비율인 교역조건이 TT_1으로 주어진다면 이 나라의 생산수준과 소비수준은 각각 P_1과 C_1에서 결정된다. 따라서 이 나라는 AP_1만큼의 X재를 수출하고 AC_1만큼의 Y재를 수입하게 되어 U_1만큼의 후생수준을 달성한다. 그런데 개방과 더불어 향상된 생산과 소비효율은 이 나라의 경제성장을 촉진하게 되며 따라서 생산가능곡선은 화살표로 표시된 바와 같이 바깥쪽으로 팽창하여 X_2M_2로 확장된다. 이 때 생산가능곡선이 Y재에 비해 X재 쪽으로 더 많이 팽창하는 것은 이 나라가 비교우위에 있는 X재산업의 성장이 상대적으로 더 빠르기 때문이다. 그런데 이

▌그림 12-2▐ 궁핍화 성장의 가능성

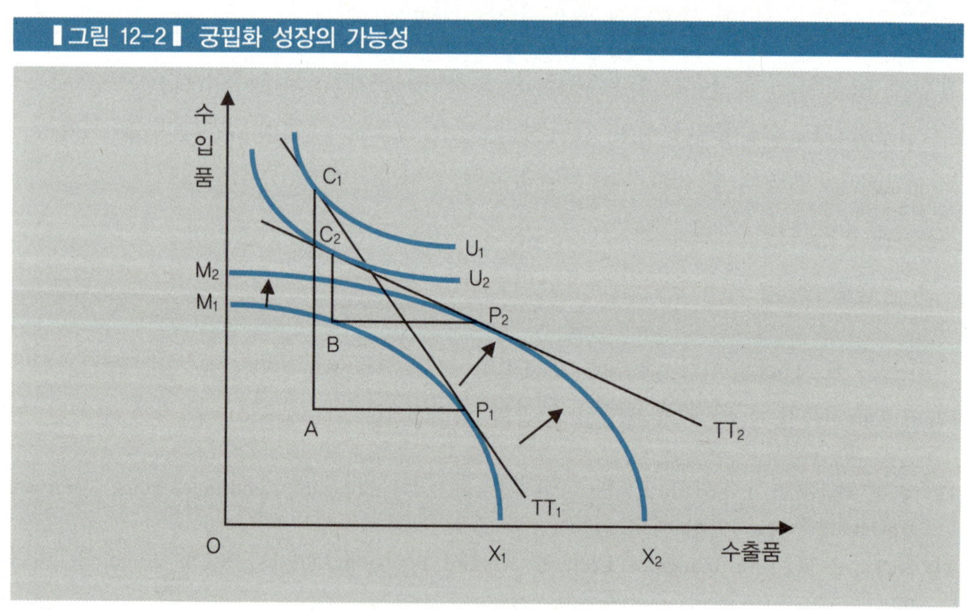

1958, pp.201~205.

나라가 국제시세에 영향을 미칠 정도로 X재의 공급을 대량으로 하게 된다면 이 나라의 교역조건은 TT_2로 악화될 수 있다. 그럴 경우 이 나라의 새로운 생산수준과 소비수준은 각각 P_2와 C_2로 변하게 되며 결국 더 많은 X재를 수출하면서도 더 적은 양의 Y재를 수입하게 된다. 즉 X재의 수출은 BP_2로 늘어나지만 Y재의 수입은 BC_2로 감소하고 따라서 이 나라의 전체적인 후생도 U_2 수준으로 감소하게 된다. 즉 이 나라는 개방으로 인해 자원배분의 효율성이 증가되고 경제성장도 이루게 되지만 교역수준의 악화로 인해 후생수준은 오히려 감소하는 궁핍화 성장을 경험하게 된다.

그러나 이상에서 설명한 궁핍화 성장이 실제로 이루어지기 위해서는 우선 이 나라가 수출하는 X재의 국제시세에 영향을 미칠 정도의 대량공급을 할 수 있는 능력을 갖추고 있어야 하며 또한 그 결과 교역조건이 대폭 악화될 정도의 국제시세 인하를 불러 올 수 있어야 한다. 그러나 이상과 같이 두 개의 상품만이 존재하는 것으로 가정한 매우 단순한 모형에서와 같은 일이 현실에서 발생할 확률은 매우 낮다. 또한 위의 모형은 간단한 상품교역지수를 가지고 설명하였지만 앞서서 설명했던 소득교역조건이나 요소교역조건을 적용할 경우 실제로 궁핍화 성장이 발생할 요건은 더욱더 까다로워진다.

이와 같이 궁핍화 성장은 이론적으로도 발생가능성이 매우 희박하지만 실제로 석유나 면화와 같은 지하자원과 농산물 등 1차상품의 공급이 주로 개발도상국에 의해 대량으로 이루어지며 특히 이들 상품이 그 나라 수출의 대부분을 차지하는 경우가 많기 때문에 궁핍화 성장의 가능성은 항상 존재한다고 볼 수 있다. 따라서 이러한 궁핍화 성장의 가능성은 OPEC와 같이 담합을 통해 석유자원의 국제시세를 조절하는 행위에 대한 정당성을 부여하는 주장의 근거로 이용되기도 한다.

3 선후진국간 무역불균형 문제

3.1 무역불균형 문제의 배경

선진국과 개발도상국 간의 경제적 격차문제를 남북문제(North-South Problem, North-South Relations)라고 한다. 남북문제란 적도를 중심으로 남반구에 위치하는 개발도상국과 북반구에 위치하는 선진국 사이의 경제적 격차에 관한 모든 문제를 의미한다. 즉 남반구에 주로 위치하는 아시아·아프리카·남미 등 저개발국 및 개발도상국과 북반구에 위치하는 미국·유럽 등 선진공업국간의 경제적 격차를 어떻게 해소할 것인가를 핵심적 과제로 다루는 것이 남북문제의 본질이다.17)

선진국과 개발도상국 간의 경제적 격차문제의 역사적 배경은 오래전으로 소급된다. 과거 1944년 IMF 및 IBRD 창설과 1947년 GATT 창설 당시에 이미 저개발국의 경제개발지원 문제가 제기되었고, 1949년 미국의 트루먼 대통령이 제시한 포인트 포 계획(Point Four Program)과 1951년 콜롬보 계획에도 이 문제에 대한 인식이 담겨 있었다.

제2차 세계대전 이후에 남북문제를 제기한 측은 주로 선진국이었는데 당시 선진국은 전후 개발도상국을 자본주의 경제체제에 포함시키기 위한 목적으로 개발도상국의 경제개발을 지원하였다고 평가된다. 즉 당시의 남북문제 인식은 개발도상국의 경제발전보다는 선진국의 이익을 확대하는데 그 목적이 있었다고 지적되기도 한다. 그러다가 1950년대부터 선진국과 개발도상국간의 경제적 격차가 더욱 확대되자 비로소 남북문제의 심각성을 인식하게 되었고, 이 문제가 중요한 국제적 관심사항으로 거론되기 시작하였다.

한편 개발도상국은 선진국과 개발도상국 간의 경제적 격차가 주로 무역과 소득 양면에서 두드러지게 나타난다고 인식하였다. 당시 선진국간의 무역은 계속 증가추세를 보였으나 개발도상국은 1차상품 수출의 정체와 교역조건의 악화로 만성적인 국제수지 적자와 낮은 경제성장률로 인해 선진국과의 격차가 더욱 벌어지는 실정이었다. 이러한 경제적 격차를 해소하기 위해 개발도상국은 새로운 국제경제질서를 수립해야 한다는 인식하에 IMF-GATT체제의 개편을 주장하면서 1960년대부터 집단적으로 남북문제의 해결을 주장하기 시작하였다.

3.2 신국제경제질서(NIEO) 논의

1) 신국제경제질서(NIEO)의 개념

1970년대에 들어서면서 일본과 서독이 국제경제의 강국으로 등장하고, 미국의 경상수지적자 심화, 신흥공업국의 등장, 자원민족주의의 대두, 유럽공동체(EC)의 출현, 고정환율제도 포기, 개발도상국의 발언권 강화 등과 함께 전후 미국이 주도

17) 남북문제란 용어를 최초로 언급한 사람은 영국의 로이즈(Lloyds)은행 회장이었던 프랭크스(O. Franks)로 그는 1959년 말 뉴욕의 한 행사에서 남북문제란 용어를 처음으로 사용하였다.

한 브레튼우즈체제는 붕괴되기에 이른다. 이에 1974년 6월 UN특별총회는 '신국제경제질서'(NIEO: New International Economic Order)의 수립을 결의하고 NIEO의 수립에 관한 선언과 행동강령을 채택하였다. 이러한 NIEO는 개발도상국의 빈곤문제와 개발도상국에게 불공평하게 전개되고 있는 세계경제의 발전문제를 심각히 인식하고, 선진국과 개발도상국간의 경제적 격차가 확대되는 것을 방지하기 위해 기존의 불공정한 제도의 폐지를 목적으로 하였다. 일반적으로 NIEO는 그 당시 IMF와 GATT가 주도하는 국제경제질서를 개편하자는 취지로서 국제통화제도의 개정이나 국제무역질서의 개편 그리고 국제무역개발회의(UNCTAD)를 통한 남북문제 해결노력과 연관되어 있다.

2) 신국제경제질서의 내용

신국제경제질서(NIEO)에 담겨진 개발도상국들의 주장은 1964년 제네바에서 개최된 제1차 UNCTAD 총회에서 제기됐던 요구사항들이 그 주요 내용을 이루고 있다. 그 내용을 살펴보면 다음과 같다.

① 후진국에 대한 선진국의 원조강화와 채무면제, 지불유예, 상환조건조정 등 외채문제 해결
② 후진국의 교역조건개선, 선진국의 관세와 비관세장벽 철폐
③ IMF체제개편과 특별인출권(SDR: Special Drawing Rights) 추가배정, 개발융자확대 등 국제통화제도의 개선과 개발금융지원 강화
④ 다국적기업에 대한 규제 및 감독강화와 개발도상국으로의 기술이전 촉진
⑤ 국제기구에서 개발도상국의 발언권 강화 등이다.

이상과 같은 개발도상국의 요구사항 중 선진국이 수용한 것은 일반특혜관세제도(GSP)와 국제상품협정(ICA) 등에 국한되었다.

3) 신국제경제질서의 문제점

신국제경제질서(NIEO)는 개발원조, 채무면제, 1차상품의 가격안정, 일반특혜제도(GSP) 실시, 다국적기업규제 등에 어느 정도 성과가 있었지만 문제점도 많았는데, 특히 경제적 효율성의 저하가 가장 큰 문제였다. 따라서 NIEO에 대해서 선진국들은 비협조적이었고 NIEO의 기본원칙에 대해서 재검토가 필요하다는 의견을 제기하였다. 결론적으로 UNCTAD와 GATT의 노력으로 개발도상국의 요구가 일부 수

용되고 국제경제질서가 약간 개편되기도 했으나 완전한 NIEO가 실시되는 것은 처음부터 불가능하였다고 볼 수 있다.

4 UN무역개발회의(UNCTAD)

4.1 UNCTAD의 설립

1958년 남북문제해결 노력의 일환으로 GATT는 개발도상국의 무역확대를 저해하는 주된 요인으로 선진국의 수입제한, 고율의 관세 등을 들고 1차상품 가격안정을 위한 국제상품협정(ICA: International Commodity Agreement), 국제유동성 증가, 경제원조 확대, 1차상품 관세인하, 선진국 농업보호정책 완화 등을 제안하였다. 그러나 이러한 제안들이 선진국들의 미온적 협조로 실현되지 못하자 개발도상국들은 선진국 위주의 GATT체제를 비난하고 선후진국간의 무역과 개발에 관련된 의제를 다룰 국제협의기구의 설립을 UN에 요구하여 결국 UN무역개발회의(UNCTAD: United Nations Conference on Trade and Development)를 개최하게 되었다.

제1차 UNCTAD 총회의 개최에 앞서 아르헨티나 경제학자이며 UNCTAD 초대 사무총장인 프레비쉬(Prebisch)는 UN에 보고한 "프레비쉬 보고서(Towards a New Trade Policy for Develop- ment)"[18]에서 남북문제 해결을 위한 기존의 국제경제체제의 개혁을 주장하고, 남북문제 해결을 위한 무역정책과제를 제안하고 UNCTAD 총회의 주요 의제를 제시하였다.

4.2 UNCTAD의 주요활동

1964년에 설립된 UNCTAD는 UN산하 선진국과 개도국이 함께 참가하는 국제협의기구이며 그 총회는 UNCTAD의 최고의사결정기관이다. UNCTAD 총회의 주요활동을 요약해보면 다음과 같다.

18) R. Prebisch, Towards a New Trade Policy for Development(New York: United Nations, 1964)

1) 제1차 UNCTAD총회(1964)

1964년 3월 제네바에서 열린 제1차 UNCTAD 총회에서 결의된 주요 내용은 ① 개발도상국의 1차상품에 대한 무역제한 철폐와 국제상품협정 체결, ② 완제품 및 반제품에 대한 선진국의 특혜관세 공여, ③ 선진국 국민소득의 1% 원조 결정 등이다.

제1차 UNCTAD총회에서 제1위원회가 1차상품 문제를, 제2위원회가 완제품·반제품에 대한 특혜공여 문제를, 제3위원회는 원조·보상융자 문제와 무역외거래 문제 등을 논의하였다. 그리고 제4위원회에서는 UNCTAD 기구의 개편문제가 논의되어 상설기관으로 무역개발이사회(TDB: Trade and Develop ment Board)를 설치할 것을 결의하였다. 총회에 앞서 UN사무국은 '개발을 위한 새로운 무역정책을 향하여'라는 제목의 프레비쉬 보고서를 발표하였는데, 이 보고서는 향후 국제무역정책의 방향을 제시하는 동시에 남북문제의 해결을 위한 이론적이고 실증적인 정책을 제시한 보고서로 높이 평가되었다.

2) 제2차 UNCTAD총회(1968)

1968년 3월 인도의 뉴델리에서 개최된 제2차 UNCTAD 총회의 결의내용은 대체로 제1차 총회의 내용과 대동소이하였다. 제2차 총회의 결의내용을 살펴보면, ① 1차상품에 대한 국제상품협정의 체결을 촉진하고 가격안정을 위해 완충재고와 보상융자를 실시하고, ② 일반특혜제도를 조속히 실현할 것, ③ 선진국의 GNP대비 1%를 원조하고 그 조건도 완화할 것 등이다.

이에 앞서 1967년 가을 개발도상국의 77개국 그룹은 알제리아의 수도 알지에에 모여 알지에헌장(Charters of Algiers)을 발표한다. 이때에도 프레비쉬는 '전 세계적 개발전략을 향하여'(Towards a Global Strategy of Develop ment)라는 제목으로 두 번째 보고서를 제출하여 남북문제 해결을 위한 선진국의 협력을 촉구하였다. 프레비쉬는 이 보고서에서 "원조보다 무역"이라는 제1차 보고서의 입장과 달리 "무역도 원조도 함께"라는 입장을 표명하였다.

3) 제3차 UNCTAD총회(1972)

1960년대에 UNCTAD의 노력은 특별한 결실을 맺지 못하였다. 더욱이 1970년대에 들어와서 국제통화제도는 동요하고 1971년 8월 달러의 금태환정지조치가 단행되었다. 이러한 상황에서 1972년 5월 칠레의 산티아고에서 제3차 UNCTAD총회가 개최되었다. 이 총회에 앞서 '77개국 그룹'은 페루의 리마에서 '리마선언'을 발표하였다. 리마회의에서 최빈국(LLDC: least less developed countries)의 정의와 최빈국에 대한 특별우대에 관한 문제가 논의되었으나 합의를 보지 못하였다.

제3차 UNCTAD총회에서 결의된 내용은 다음과 같다. 첫째, 1차상품의 시장접근조건 개선 및 가격안정을 위한 협의기구 설립과 그 구체적 성과의 조기달성을 위해 노력한다. 둘째, 개발도상국의 무역을 GATT체제에 국한시키지 않고 GATT의 비회원 개발도상국도 GATT의 다자간 협상에 참가할 수 있도록 한다. 셋째, 개발원조에 관한 선진국 GNP의 1% 목표를 1975년까지 달성하고, 그 중 공적개발원조(ODA)는 선진국 GNP의 0.7%까지 인상하도록 노력한다. 넷째, 개발도상국의 국제유동성 보유를 확대하기 위해 IMF 특별인출권(SDR)을 개발원조와 결부시키도록 노력한다.

4) 제4차 UNCTAD총회(1976)

1976년 5월 케냐의 나이로비에서 제4차 UNCTAD총회가 개최되었는데, 이 총회에서도 남북문제 해결의 어려움과 선진국과 개도국간 대립의 심각성이 부각되었다. 제4차 총회의 주요 결의 내용은 ① 1차상품 관련 종합계획의 채택, ② 개발도상국의 누적채무구제를 위한 행동계획의 의결 등이었다. 이러한 내용은 총회에 앞서 '신국제경제질서' 확립을 위한 긴급조치로 발표된 '77개국 그룹'의 '마닐라 선언'에 포함된 것이다.

1차상품 종합계획은 개발도상국 수출의 대부분을 차지하는 1차상품의 가격안정과 수출소득의 증대를 목적으로 한 것이었다. 그 정책수단으로 주요 1차상품에 대해 완충재고(buffer stock)[19]를 설치하고, 완충재고 관리운영에 필요한 공동기금을 생산국과 소비국이 공동출자하여 설립할 것을 제시하였다. 이 1차상품 종합계획안의 채택으로 '신국제경제질서' 수립을 위한 개발도상국의 목표가 조금 달성된 것으로 평가되었다.

5) 제5차 UNCTAD총회(1979)

제5차 UNCTAD총회는 1979년 5월 필리핀 마닐라에서 159개국의 대표가 참가하

19) 1차상품의 가격을 안정시키기 위하여 가격하락 시에는 상품매입을, 가격상승 시에는 상품을 매각하는 완충재고를 설치하는 안을 말한다.

여 개최되었다. 총회에 앞서 개발도상국들은 1979년 2월 탄자니아의 아루샤(Arusha)에 모여 제4차 77그룹 각료회의를 개최하고 개발도상국들의 공동입장을 반영한 '아루샤선언'을 채택했는데 이 선언에서 개발도상국들은 일반특혜관세(GSP)의 연장과 확대실시, 개발도상국을 주축으로 한 새로운 국제기구의 설립 내지 UNCTAD의 역할확대, 개발도상국에게로 대규모의 자원이전 등을 요구하였다.

이와 같은 '아루샤선언'의 요구사항을 반영하여 제5차 총회에서는 주요 의제로서 ① 1980년대의 신국제경제질서수립, ② 1차상품 종합계획, ③ 국제통화제도 개선, ④ 기술이전, ⑤ UNCTAD 기구개혁 등의 의제를 채택하여 협상을 벌였으나 선후진국간의 심각한 의견차이로 인하여 거의 진전을 보지 못하였다. 이는 선진국과 개발도상국 양측 모두 1979년 제2차 석유파동에 따른 스태그플레이션(stagflation)과 개발도상국내의 중진국그룹, 산유국그룹, 후발개발도상국 그룹간의 입장차이 등 내부적인 문제를 안고 있었기 때문이다.

이러한 상황에서 제5차 총회는 남북문제에 대해 별다른 해결점을 찾지 못했으나 그나마 성과가 있었다면, ① 1차상품의 가격안정화 노력 지속, ② 최빈국들에 대한 원조확대 결의, ③ 선진국의 개발도상국으로의 기술이전 확대 결의 등을 들 수 있다.

6) 제6차 UNCTAD총회(1983)

제6차 UNCTAD총회는 1983년 6월 유고슬라비아의 수도 베오그라드에서 세계 166개 선진국과 개발도상국이 참가한 가운데 개최되었다. 제6차 총회에서 결의된 주요내용은 ① 1차상품 공동기금의 조기발효 촉진할 것, ② 선진국은 보호주의 조치의 감축 및 철폐, 구조조정의 추진을 위해 노력할 것, ③ 공적개발원조(ODA)의 확충과 목표달성을 위해 노력할 것, ④ 최빈국에 대해 특별한 배려를 할 것 등이었다.

7) 제7차 UNCTAD총회(1987)

제7차 UNCTAD총회는 1987년 7월 스위스 제네바에서 170개 회원국 중 160개 회원국 대표가 참가한 가운데 4개 의제, 즉 ① 금융 및 통화문제를 포함한 개발재원, ② 1차상품 대책, ③ 국제무역확대, ④ 최빈국(LLDCs)문제 등을 협의하기 위하여 개최되었다.

제7차 총회의 가장 큰 성과로는 당시의 국제경제상황의 심각성을 인식하고 이

문제의 해결을 위해 선·후진국이 함께 노력할 것을 합의한 사실을 들 수 있다. 제7차 총회의 특징 중의 하나는 사회주의 국가가 회의에 적극적으로 참여한 점이다. 제7차 총회에서 참가국들은 개발재원, 1차상품, 국제무역, 최빈국 문제 등 4개 의제에 대해 심각한 논란을 벌였지만 성과는 별로 없었다. 1980년대에 들어와서 UNCTAD 활동의 구체적 성과는 별로 없었다. 이는 세계경제의 구조변화에 대해서 적응할 수 있는 선후진국간 협력관계가 제대로 구축되지 않았기 때문이다.

8) 제8차 UNCTAD총회(1992)

제8차 UNCTAD총회는 1992년 2월 콜롬비아 카르테헤나에서 171개 회원국이 참가하여 개최되었다. 이 회의에서 선진국과 개발도상국은 1980년대 말 이후의 국제정치 및 경제구조의 변화에는 의견의 접근을 이루었으나 1990년대 이후의 남북협력의 방향과 UNCTAD의 역할 및 기능에 대해서는 현저한 시각차를 보였다. 즉 1990년대 이후의 남북협력 방향으로 선진국들은 원조 및 무역상의 특혜확대보다는 개발도상국 스스로의 개발 및 관리능력 제고노력이 선행되어야 한다고 주장하였다. 반면에 개발도상국들은 남북협력을 위해 선진국들의 소극적 자세가 지양되어야 하며 개발재원 등의 협력에 있어 선진국들의 과감한 결단이 필요하다고 주장하였다. 또한 UNCTAD의 역할 및 기능정립에 있어서도 선진국들은 UNCTAD가 GATT와 IMF 등 국제기구와 중복되는 기능을 지양하고, 현실적인 개발도상국 지원이 이루어질 수 있도록 조사 및 연구기능을 강화해야 한다고 주장하였다. 그러나 개발도상국들은 국제무역, 금융, 기술 등 광범위한 분야에서의 UNCTAD의 역할을 재차 강조하였다.

9) 제9차 UNCTAD 총회(1996)

제9차 UNCTAD 총회는 1996년 6월 남아프리카 공화국 요하네스버그에서 188개국이 참가하여 개최되었다. 논의된 의제는 UNCTAD 기구개혁, 무역의 효율성(trade efficiency), 투자촉진, 기술이전 등이었다. UNCTAD는 하부기구의 조직이 비대화되어 조직의 효율화가 급선무였는데 구체적인 방안으로 사무국의 기구축소 등이 논의되었다.

10) 2000년 이후 UNCTAD 총회(2000~2016)

이후에도 UNCTAD총회는 매 4년마다 한 번씩 개최되었는데, 2000년 태국 방콕에서 제10차 총회, 2004년 브라질 상파울로에서 제11차 총회, 2008년 가나 아크라에서 제12차 총회, 2012년 카타르 도하에서 제13차 총회, 2016년 케냐 나이로비에서 제14차 총회를 개최하였다.

| 표 12-3 | UNCTAD 총회 개최 연도 및 장소

총회	년도	개최장소
제1차	1964	스위스 제네바
제2차	1968	인도 델리
제3차	1972	칠레 산티아고
제4차	1976	케냐 나이로비
제5차	1979	필리핀 마닐라
제6차	1983	세르비아 베오그라드
제7차	1987	스위스 제네바
제8차	1992	콜럼비아 카르타헤나
제9차	1996	남아프리카공화국 미드랜드
제10차	2000	태국 방콕
제11차	2004	브라질 상파울로
제12차	2008	가나 아크라
제13차	2012	카타르 도하
제14차	2016	케냐 나이로비

※ 자료: UNCTAD(https://unctad.org/)

2000년 이후 UNCTAD총회의 회의의제는 기본적으로 개발도상국들의 경제성장 및 개발을 위한 국내개발전략과 세계경제간의 조화를 강화하는 것이었다. 세부주제로는 세계화시대의 개도국들의 개발전략, 생산부문능력 및 국제경쟁력 배양, 국제무역체제 및 무역협상으로부터 개발이익 확보, 개발을 위한 파트너십 강화, UNCTAD의 기능강화 등이었다.

4.3 UNCTAD의 주요의제

1) 1차상품 가격안정과 국제상품협정(ICA)

지금까지 9차에 걸친 UNCTAD총회 때마다 거의 대부분 다루어진 주제는 1차상품의 가격안정과 관련된 문제였다. 이를 위한 대책으로는 1차상품의 가격하락 등 외부적인 요건에 의하여 수출소득이 감소할 경우 이를 보전하기 위하여 IMF 자금 등을 활용하여 융자해주는 보상융자제도(compensatory financing schemes), 공산품과 1차상품의 가격을 연계시키거나 석유수출국기구(OPEC)와 같이 생산국간 카르텔을 결성하여 가격안정을 꾀하는 방법, 그리고 소맥, 사탕, 커피, 코코아 등 주요 1차상품별로 수출국은 물론 수입국도 참여하는 국제적인 상품협정을 통해 가격을 안정시키는 방법 등이 논의되었다.

그러나 개발도상국은 대부분 국제상품협정(ICA: International Commodity Agreement)에 관심을 기울였는데, 그 이유는 국제상품협정을 맺으면 개발도상국의 수출가격과 수출소득이 유지 또는 증가할 수 있기 때문이었다. 국제상품협정은 네 가지의 기본적인 유형이 있는데, 수출통제(export controls), 가격안정대 설정, 구매계약(purchase contracts) 체결, 그리고 완충재고(buffer stocks) 운용 등이 그것이다.

① 수출통제(export controls)

수출통제란 상품가격을 안정시키기 위해 협정국들이 수출수량을 규제하는 것을 말하는데 재고유지 비용이 없는 장점이 있는 반면에, 규제에 따른 비효율성이 나타나고 모든 수출업자가 동참해야만 효과가 나타날 수 있는 단점이 있다.

이러한 수출통제 방법을 시행한 예로는 국제설탕협정(International Sugar Agreement, 1954)과 국제커피협정(International Coffee Agreement, 1962), 그리고 석유수출국기구(OPEC)가 있다. 이 중 국제설탕협정은 그 효과가 미미하였고 국제커피협정은 1989년 커피가격 하락으로 소멸되었다가 1993년 재결성하여 성공적으로 그 기능을 수행하였다.

② 가격안정대 설정

이 제도는 [그림 12-3]에서 보듯이 최고가격(P_u)과 최저가격(P_L)의 가격대를 설치하여 가격대 안에서는 가격이 자유롭게 변동할 수 있게 하되 가격대 밖으로는 변동할 수 없게 하는 제도를 말한다. 이 제도하에서는 최고가격(P_u)을 벗어나도(공급이 S′의 경우) 생산국은 최고가격으로 매도해야 하고 가격이 최저가격(P_L)을 벗어나도(공급이 S″의 경우) 소비국은 최저가격으로 매입해야 한다.

③ 구매계약(purchase contracts) 체결

이는 가격대의 설정만으로는 가격안정의 효과가 불충분하기 때문에 도입된 제도로 구매계약에 의한 할당제를 말한다. 예를 들어 [그림 12-3]에서 공급이 증가(S → S″)한 경우, CE만큼의 초과공급이 발생하면 소비국이 최저가격(P_L)으로 구매하고 반대로 공급이 감소(S→S′)한 경우, AB만큼의 초과수요가 발생하면 생산국이 최고가격(P_u)으로 공급하는 장기 다자간계약을 말한다. 그 예로는 국제소맥협정(International Wheat Agreement, 1949)을 들 수 있는데 1970년대 소련의 대량 밀수입으로 인해 가격이 최고가격을 상회하며 유명무실해졌었다.

▌그림 12-3▐ 가격안정대 설정

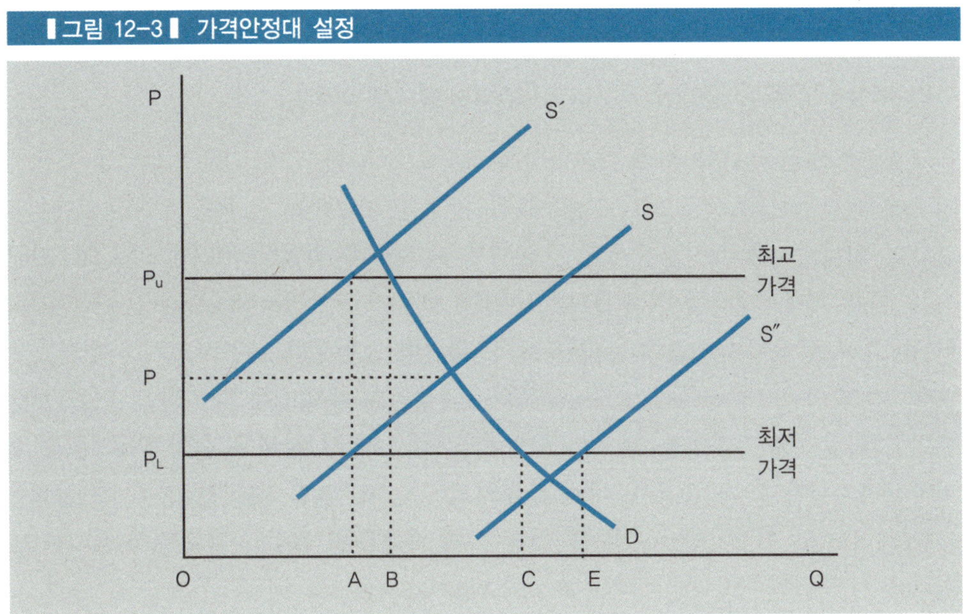

④ 완충재고(buffer stocks) 운용

가격안정을 위해 완충재고를 운용하는 제도로서 국제상품협정 당사국이 완충재고를 이용하여 최고가격을 상회할 때 완충재고를 방출하고, 최저가격을 벗어날 때 초과공급을 매입하여 완충재고를 증가시키는 방법으로 가격안정을 기하고자 하는 것이다. 즉 공급이 감소(S → S′)한 경우, 최고가격(P_u)으로 AB양만큼 방출하고, 공급이 증가(S → S″)한 경우, 최저가격(P_L)으로 CE양만큼 매입한다. 그 예로는 국제주석협정(International Tin Agreement, 1956), 국제코코아협정(International Cocoa Agreement, 1973), 국제천연고무협정(International Rubber Agreement, 1956)이 있었으나 현재 모두 소멸되었다.

그런데 이러한 국제상품협정은 여러 가지 문제점을 갖고 있는데 그 문제점을 살펴보면 다음과 같다. ① 가격이 상승하거나 하락할 경우 선·후진국간 이해상충이 발생한다. ② 완충재고의 경우 저장비용이 필요하고, 저장이 어려운 상품은 운용하기 곤란하며, 최저비용을 잘못 설정하면 재고만 증가하는 부작용을 초래한다. ③ 협정위반에 대한 벌칙이 미비하고 구속력이 약하기 때문에 선진국이 비협조적이면 그 효과가 감소된다. 국제상품협정이 경제적 효율성이 떨어지고 문제가 많다는 것은 국제커피협정(International Coffee Agreement, 1962)만 비교적 성공하고 여타 협정은 모두 실패한 사실에서도 알 수 있다.

2) 보상융자제도(Compensatory Financial Scheme)

국제상품협정(ICA)의 확대이용이 현실적으로 어렵게 되자 개발도상국들은 국제기구에 의한 특별보상금으로 수출소득의 안정을 도모하는 정책을 추구하였다. 그 결과의 하나로 IMF보상금융제도가 1963년 발족하게 되었다. 이 제도는 IMF자금 등을 통해 개발도상국들이 수출의 일시적인 하락으로 인한 국제수지 곤란을 극복할 수 있도록 융자지원을 하는 제도로 1970년대 초반부터 본격적으로 시행되었다. 또한 그 당시 EC제국도 개발도상국들의 1차상품의 수출소득 안정화를 위해 보상적인 자금원조를 공여하는 제도를 도입하였는데, 1975년부터 수출안정화기금을 설립하여 1차상품 12개 품목에 대해 수출가격이 최저가격을 하회할 경우 그 차액을 부담(대여)하고 최고가격을 상회할 경우 다시 대여금을 회수하는 제도를 실시한 바 있다.

3) 일반특혜제도(GSP)

UNCTAD가 1차상품 문제와 더불어 또 다른 핵심주제로 다룬 문제가 바로 개발도상국이 생산한 완제품 및 반제품의 공산품 수출에 대한 선진국의 관세 및 비관세 장벽의 철폐문제였다. 이 문제가 주요이슈로 UNCTAD총회 때마다 상정되었던 이유는 개발도상국의 공산품이나 반공산품의 수출증대가 개발도상국의 공업화에 필수적인 요인임에도 불구하고 선진국들은 자국산업의 보호와 국제수지 개선 등의 이유로 개발도상국의 공산품 및 반공산품에 대해 관세 및 비관세 장벽을 설치하여 수입을 억제해왔기 때문이다. 이에 개발도상국들은 UNCTAD총회에서 선진국들이 개발도상국의 공산품 수출에 대해 특혜조치(preferential treatment)를 취해줄 것을 요구하였다. 이러한 개발도상국들 주장의 이론적 근거는 유치산업보호론에 있었다. 즉 개발도상국의 공업화를 위해서는 유치산업이 보호되어야 하는 것과 동일한 맥락에서 개발도상국의 공산품 수출도 국제시장에서 보호되어야 하며 공산품 수출이 보호되기 위해서는 수입국(선진국)의 도움이 필요하다는 취지였다.

① 일반특혜관세제도의 의미

개발도상국의 지속적인 노력으로 1971년 하반기부터 선진국이 도입한 개발도상국 공산품의 완제품 및 반제품에 대한 관세상 특혜조치가 바로 일반특혜제도(GSP: generalized system of preference)이다. 이 제도는 선진국들이 개발도상국의 공산품에 대해 GATT의 무차별대우와 호혜주의 원칙을 선별적으로 적용하지 않겠다는 약속에 그 기반을 두고 있는데, 선진국들이 부여하는 관세상 특혜혜택에 대해 개발도상국의 반대급부가 필요 없음은 물론 모든 개발도상국이 동일한 특혜관세혜택을 받을 수 있다는 내용을 담고 있다.

② 일반특혜제도의 실시과정

일반특혜관세제도(GSP)는 1971년 EEC와 일본이, 1972년 미국과 캐나다를 제외한 모든 선진국들이, 1976년부터는 미국과 캐나다가 마지막으로 실시하였다. GSP는 특혜대상품목, 예외품목, 특혜관세율, 수혜국, 특혜의 존속기간 등에 대해 선진국과 개발도상국간에 개별적인 협상을 통해 실시된다. 특히 개발도상국들의 비교우위 수출품목이 선진국(수입국) 입장에서 민감한 품목인 경우 수혜대상에서 제외되는데(예외품목), 철강, 전자, 면직물, 가공식품 등이 적용된다. 이러한 방법으로 실시된 GSP는 수출주도형 경제발전 전략을 채택한 개발도상국, 특히 신흥개발도상국들의 경제발전에 긍정적 영향을 주었다. 그러나 선진국이 개발도상국들에 대한 무역수지가 계속 적자를 보이자 미국을 비롯한 선진국들은 1980년대 후반부터 GSP의 완화 및 철회를 주장하기 시작하였다. 그 결과 1984년 미국은 새로운 관세 및 무역 관련법을 통해 신흥개발도상국들의 불공정 무역관행을 구실로 GSP철회 또는 GSP졸업을 요구할 수 있는 법적 근거를 마련하였다.

③ 일반특혜제도의 효과

개발도상국의 공산품에 대한 선진국의 무관세 혹은 저율의 관세혜택으로 인해 선진국으로의 수출증대가 이루어져 새로운 무역창출 효과가 발생하는 한편, 기존에 다른 선진국으로부터 수입하던 상품을 개발도상국으로부터 수입하는 경우에는 무역전환 효과가 나타났다. 그러나 많은 예외품목과 졸업개념 도입 등으로 인해 개발도상국의 입장에서 볼 때 실제 GSP의 긍정적 효과는 미미한 것으로 평가되었다.

④ 일반특혜제도의 공여방식

개발도상국에 대한 관세철폐 혹은 저율의 관세로 인하여 선진국(특혜공여국)의 수입이 급증하여 선진국의 국내산업에 심각한 피해를 주거나 줄 우려가 있을 경우에 선진국은 수입제한 조치를 할 수 있는 피해방지조치가 필요하였다. 선진국이 주장하는 피해방지조치는 관세할당제(ceiling)와 면책조항(escape clause)방식이 있는데, 개발도상국들은 면책조항 방식만을 주장하였으나 결국 선진국의 일방적 권리를 인정하되 예외적으로만 적용토록 합의하였다. 관세할당제방식은 특혜대상 품목별로 연간 특혜수입한도를 표시하고 이 한도 내에서만 특혜를 공여하는 사전제한 제도인 반면, 면책조항방식은 일단은 무제한의 특혜수입을 허용하지만 해당 품목의 수입급증으로 국내산업에 심각한 피해를 입히는 경우에 특혜부여를 중단하는 사후제한 제도이다.

4.4 UNCTAD의 성과 평가

그러면 UNCTAD는 세계자원의 효율적인 분배나 이용에 얼마나 많은 기여를 했는가? 결론적으로 남북문제 해결을 위한 UNCTAD의 성과는 성공적이라고 평가하기는 어렵다. 그 이유로는 첫째, 결의안의 경제적 효율성이 결여되어 있다는 점, 둘째, GSP나 ICA의 실효성이 미미하다는 점, 셋째, 선진국이 제공하던 다른 형태의 원조가 감소할 가능성이 있다는 점, 넷째, 세계은행(IBRD) 등 국제협력기구의 기능을 이용하는 것이 더 바람직하다는 점, 다섯째, UNCTAD는 단지 개발도상국의 입장을 대변하는 상징적 기능에 머물러 있었다는 점 등을 들 수 있다.

1) 경제적 효율성과 실효성 미흡

대부분의 UNCTAD 결의안들은 적어도 가용자원을 모두 투입하여 산출량의 가치를 극대화한다는 측면에서 볼 때 경제적 효율성을 거의 무시하고 있다고 해도 과언이 아니다. 국제상품협정(ICA), 일반특혜관세제도(GSP)와 같은 것들은 선진국으로부터 개발도상국에게 자원을 재분배하기 위해서 전 세계 산출량의 감소를 가져오는 등의 경제적 희생을 감수하고 있다. 이러한 주장은 주로 선진국 측의 입장을 대변하는 것이지만 GSP나 ICA가 예상한 실효를 거두지 못한 것에 비추어 보면 UNCTAD는 개발도상국의 입장에서도 만족스러운 성과를 얻었다고 보기는 어렵다.

2) 원조의 감소와 국제협력기구 활용

GSP나 ICA 등에 대한 선진국들의 참여가 개발도상국에 공여하는 일종의 원조로 인식되어 다른 형태의 원조가 축소된다면 이들의 실질적인 이익은 별로 없거나 오히려 손실이 될 수도 있다. 특히 ICA의 경우 제3세계로 자원을 이전시킴으로서 그들의 경제개발을 지원하는 것이 목적이라면 그러한 역할은 세계은행(World Bank)이나 기타 지역개발은행, 예를 들어 아프리카 개발은행(ADB) 등에 맡기는 것이 보다 바람직할 수 있다. 그 이유는 이러한 국제협력기구들이 그동안의 경험축적을 통해 원조나 개발금융을 필요한 나라에 적정하게 공급하는 일을 UNCTAD보다 더 잘해낼 수 있을 것이기 때문이다.

3) 상징적 기능

UNCTAD의 실질적인 주도권을 선진국이 갖고 있으므로 무역과 원조 등의 문제와 관련한 UNCTAD의 성과는 그리 크지 않았다고 볼 수 있다. 그러나 미흡한 성과에도 불구하고 UNCTAD는 '보이지 않는 상징적 기능'(intangible symbolic function)을 수행해온 것으로 평가된다. 다시 말해서 UNCTAD는 선진국과 개도국간의 무역불균형, 다국적기업의 규제, 기술이전의 촉진 등과 같은 중요한 문제가 있을 때 개발도상국의 입장을 대변함으로서 실질적인 성과는 미흡해도 개발도상국들이 자신들의 입장을 마음껏 토로할 수 있는 정치적 토론의 장을 마련해준 것으로 평가되고 있다.

5 공적개발원조(ODA)

5.1 공적개발원조(ODA)의 배경

경제협력개발기구(OECD) 산하의 개발원조위원회(DAC)에서는 UNCTAD와는 별도로 개발도상국에 대한 공적개발원조(Official Development Aid)를 제공하고 있다. 이는 OECD의 전신인 유럽경제협력기구(OEEC)에 의해 1960년 처음 구성된 개발지원그룹(DAG)에서 시작되었으며 현재 EU를 포함한 30개 회원국으로 구성되어 있다. 한국은 지난 2009년 11월 만장일치로 가입 자격을 승인받아 이듬해 1월부터 스물네 번째 정식 회원국으로 참여하고 있다.

개발도상국들이 가능한 빠른 시일 내에 다른 나라에 의지하지 않고 스스로 자립할 수 있도록 지원하는 목적의 ODA는 단순히 경제성장에 국한하지 않고 개발을 통해 전반적인 능력의 향상을 도모하고 있다. DAC에서는 그러한 목표를 달성하기 위해 ODA를 통해 다음과 같이 정의된 저개발국의 다섯 가지 능력의 배양을 위해 노력해왔다.

① 경제적 능력(Economic capabilities) : 필요한 소비를 하고 자본을 보유할 수 있는 능력
② 인간적 능력(Human capabilities) : 보건의료서비스, 영양, 안전한 식수, 교육, 위생적인 환경을 보장할 수 있는 능력
③ 정치적 능력(Political capabilities) : 개인의 인권이 인정되는 가운데 정치·정책 과정에 참가하고 의사결정에 영향을 줄 수 있는 능력
④ 보호능력(Protective capabilities) : 식품부족, 질병, 재해, 범죄, 전쟁, 분쟁 등에 의한 취약성으로부터 스스로를 보호할 수 있는 능력
⑤ 사회적 능력(Socio-cultural capabilities) : 인간으로서 존엄을 유지하고 사회의 일원으로서 사회적 지위가 인정되는 능력

특히 2018년 이후 DAC는 UN의 지속발전을 위한 2030년 목표[20] 실현에 중점을 두고 저개발국들의 포괄적 경제성장, 빈곤 퇴치, 생활수준 향상, 원조에 의존하

20) 2015년 UN 총회에서 의결된 Sustainable Development Goal은 2030년까지 빈곤 타파 등 개발도상국 지속성장의 미래를 위한 17개 목표를 설정하고 있다.

지 않는 미래를 위한 개발협력 사업과 정책들에 대한 기여를 추구하고 있다.

5.2 공적개발원조(ODA)의 운용

ODA는 상환 여부에 따라 증여(Grants)와 차관(Aids)으로 나눌 수 있는데 상환 의무가 없는 증여에는 무상자금협력, 기술협력, 국제기관 출자 등이 포함되며 차관은 일정기간 경과 후 상환을 전제로 선진국의 정부 또는 공공기관에서 개발도상국에 지원되는 양허성 원조를 의미한다. 그런데 DAC에서는 ODA에 대해 다음과 같은 세 가지 기준을 적용하고 있는데 우선 첫째로 ODA는 정부 또는 정부 소속 공공기관에 의해 공여되어야 하며, 둘째, 개발도상국의 경제개발과 복지증진에 기여할 수 있어야 한다. 그리고 2018년 이후[21]부터는 양허성(concessional) 있는 재원이면서 증여율(Grant Element)이 최소한 다음을 충족해야 하는 세 번째 조건이 적용되고 있다.

- 저개발국과 저소득국의 공적부문에 대한 양자 융자는 45% 이상(9% 할인율 적용)
- 중하위 소득국의 공적부문에 대한 양자 융자는 15% 이상(7% 할인율 적용)
- 중상위 소득국의 공적부문에 대한 양자 융자는 10% 이상(6% 할인율 적용)
- 다자기구 융자는 10% 이상(세계기구와 다자 개발은행 5%, 이외 6% 할인율 적용)

아울러 DAC에서는 ODA의 혜택을 받는 지원대상국(recipients)을 일인당 소득수준에 따라 분류하고 있는데 우선 현재 UN에서 지정한 45개국 저개발국(LDC)이 포함된다. 그밖에도 2016년 세계은행의 일인당 국민총소득(GNI) 기준으로 $1,005 미만인 2개 저소득국(LIC), $1,006 이상 $3,955 이하의 39개국 중하위 소득국(LMIC)과 $3,956 이상 $12,235 이하의 56개국 중상위 소득국(UMIC)들이 목록에 올라 있다. 한편 DAC에 가입한 원조 공여국들은 대부분 독립적인 원조전담기구를 설립하여 종합적인 개발도상국 원조 업무를 추진하고 있다.

5.3 ODA의 평가와 과제

2019년 DAC 회원국에 의한 ODA 지원액은 총 1,528억 달러 규모에 도달하여 국민총소득(GNI) 대비 0.3% 수준을 유지하였다. 그러나 각각 1.05%와 1.02%를

---

21) 2018년 이전은 세 번째 기준으로 일률적으로 최소 25% 이상의 증여율이 요구되었었다.

달성한 덴마크, 노르웨이 포함 스웨덴과 영국 등 4개국만이 UN의 2030 지속발전 의제에서[22] 정한 GNI 대비 0.7% 목표를 달성했을 뿐이다. 총액 면에서는 340억 900만 달러를 지원한 미국과 246억 2,700만 달러를 지원한 독일이 가장 큰 규모의 지원을 했지만 미국의 GNI 대비 지원 규모는 0.16%에 그치는 매우 부진한 실적이다. 이외에도 현행 ODA는 지원액 규모보다 도움이 가장 절실한 저개발국(LDC)에 대한 지원비중이 낮다는 평도 듣는다. 2019년 기준 그들에 대한 양자 ODA 지원액 32억8천만 달러는 GNI 대비로 보면 0.09%에 계속 머물면서 회원국들이 약속했던 0.15-0.20% 수준으로의 진전이 요원해 보인다.

▌그림 12-4▌ DAC 회원국의 ODA 지원 현황 (2019년 기준)

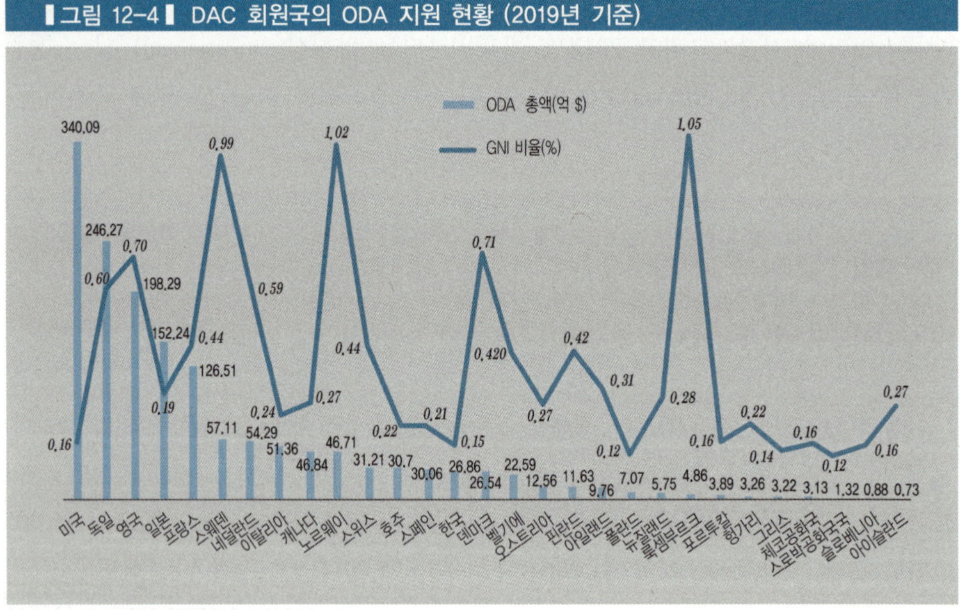

※ 자료: OECD Statistics

실적 면에서도 그렇지만 ODA는 당초의 취지와 달리 저개발국들의 빈곤 퇴치에 실패했을 뿐 아니라 그들의 원조에 대한 의존을 심화시켜 오히려 자생적 경제성장을 저해한다는 비판을 들어 왔다. 2019년 UN에서 발간된 지속성장목표보고서에[23] 따르면 지난 25년간 10억 명 이상이 빈곤을 벗어나며 1990년 36%에 달하던 세계인구 중 극빈층 비율은 2015년 9.9%로 줄어들었다. 그러나 남아시아 지역 위주의

22) UN 2030 Agenda for Sustainable Development

23) The Sustainable Development Goals Report, 2019, United Nations

그러한 성과는 최근에 감소율이 현격하게 줄고 있으며 특히, 사하라 이남의 노동 인력은 아직도 1/3 이상이 1.9달러 미만의 일당에 의존하고 있다. 그 지역의 영양 실조 비중은 2014년 20.7%에서 2017년 23.2%로 오히려 증가하며 굶주림에 고통 받는 인구가 4,200만 가량 늘었다. 그와 같은 빈곤심화는 2000년대 중반 7.1%까지 향상되었던 최빈국의 평균 경제성장률이 2010년 이후 4.8%로 감소한 영향으로 보인다. 특히 근로자 1인당 GDP 생산으로 측정한 노동생산성이 2018년 아시아에서 4.8% 증가한 반면 사하라 이남은 0.3% 증가에 그친 것 또한 격차의 원인일 것이다. 열악한 교육환경 역시 최빈국의 성장 동력을 저해하는 요인인데 2017년 43% 그치는 유아교육 비율은 유럽과 미주대륙의 95%는 물론 세계 평균 69%에도 훨씬 못 미치는 수준이다. 특히, 사하라 이남지역 초중등 학교의 절반 이하가 식수, 전기, 컴퓨터, 인터넷 등 기초적인 학습 환경을 갖추지 못하고 있다. 결국 지난 70여 년의 노력에도 불구하고 ODA는 최빈국들의 경제성장에 긍정적인 영향을 미치는데 그리 효과적이지 못했던 것으로 평가된다.

따라서 DAC는 1991년부터 적용해왔던 타당성(relevance), 유효성(effectiveness), 효율성(efficiency), 영향력(impact), 지속성(sustainability) 등 기존의 5대 평가기준에 일관성(Coherence)을 추가하는 등 ODA의 실질적 개선을 위해 노력하고 있다. 최근[24] DAC가 공표한 ODA에 관한 새로운 평가기준의 해설과 적용원칙은 아래의 내용과 같다.

- 평가기준(Evaluation Criteria)
  - Relevance : 목적이 수혜자 요구, 정부(글로벌)정책, 우선권 등에 부합되는가?
  - Coherence : 해당국가, 해당분야, 해당기구 등의 여타 지원 사업과 일관되는가?
  - Effectiveness : 지원 사업의 목적이나 결과 달성 여부 또는 가능성(차이) 정도는?
  - Efficiency : 금전, 자원, 시간, 전문성 등의 활용이 경제적이며 시기적절한가?
  - Impact : 지원 사업에 따른 영향(긍정/부정, 의도/비의도) 발생 또는 가능성?
  - Sustainability : 실질적(금전, 경제, 사회, 환경 등) 혜택이 오래 지속될 수 있는가?
- 평가 원칙(Evaluation Principles)
  1. 사업, 평가, 이해당사자 등의 전후 맥락에 대한 사려 깊은 평가기준 적용
  2. 이해당사자 필요와 사업 목적 등에 맞춘 (기계적이지 않은) 평가기준 적용

24) Better Criteria for Better Evaluation: OECD/DAC Network on Development Evaluation, Dec. 2019.

5.4 한국의 ODA 실적과 과제

현재 한국은 외교부 산하의 국제협력단(KOICA)을 통해 무상원조 협력을 시행하고 있으며 기획재정부가 한국수출입은행에 위탁한 대외협력기금(EDCF)의 운영을 통해 유상원조를 제공하고 있다. 2019년 한국의 ODA 지원액은 총 27억 4,400만 달러로 이는 DAC에 정식 가입한 2010년 첫 해의 13억 9,300만 달러에 비해 두 배 가까이 늘어난 규모이며 회원국 가운데 가장 빠른 연평균 7.8% 가량의 성장률을 보인 것으로 평가받는다. 그러나 이는 전체 29개 회원국 가운데 25위 수준에 불과하며 국민총소득(GNI) 대비 ODA 비율로는 0.15%로 회원국 전체평균 0.30%에 크게 미치지 못하고 있다. 따라서 가입당시 약속했던 2020년까지 0.20% 달성은 사실상 어려워진 한국의 입장에서는 중간 목표 0.25%는 물론 DAC의 최종 0.7% 기준에 도달하기 위해 좀 더 다양한 노력을 기울여야 할 것이다.

▌그림 12-5▌ 한국의 분야별, 지역별 ODA 지원 (2019년 기준)

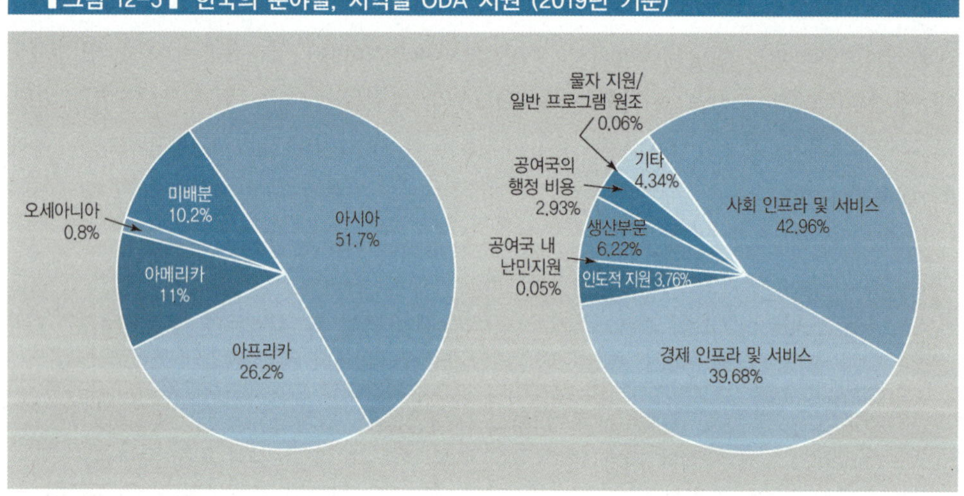

※ 자료: OECD Statistics

특히, 아직까지 공적부문을 중심으로 이루어지는 한국의 ODA 원조는 최근 세계적 추세에 맞추어 민간의 역할이 더욱 증대될 필요가 있다. 또한 그 동안 한국의 ODA는 75% 이상이 양자 지원 형태로 이루어지면서 공여국의 기업 등으로부터 구매를 요구하는 구속성(Earmarked) 원조 비율이 상대적으로 높았던 것도 문제점으로 지적되어 왔다. 2019년을 기준으로 무상과 유상원조의 비율은 각각 67.3%와

32.7%로 나타나 형식적으로는 6:4의 비중을 넘기고 있으나 최빈국 지원에서 여전히 유상원조의 비중이 높은 구조는 개선해야 된다는 비판도 있다. 2019년을 기준으로 [그림 12-5]에서 보듯이 아시아 지역에 대한 비중이 높은 한국의 ODA 지원은 최빈국 지원을 강화하기 위해 지역 다변화가 좀 더 필요하다. 한편 2018년 DAC 심사보고서에서 한국은 정책 일관성과 투명성 강화 등을 권고 받았는데 역시 [그림 12-5]에서 보듯이 높은 비중을 차지하는 인프라 건설 지원 과정에서 ODA 사업의 효율성을 제고할 방안도 강구해야 할 것이다.

CHAPTER 13 국제무역과 전자상거래

1 전자상거래

1.1 전자상거래의 개념

오늘날 기업들은 그룹웨어(groupware), 인터넷(Internet), 인트라넷(Intranet) 등의 새로운 정보기술(IT : information technology)을 활용하여 새로운 기업모델을 창출해내고 있다. 즉 기업들은 이와 같은 신기술을 이용하여 조직 내의 서로 다른 영역뿐만 아니라 소비자 및 공급업자들을 직접 연결하여, 제품의 생산·마케팅·선적·판매·사후관리 등을 보다 더 많은 부가가치를 제공하는 방식으로 변화시키고 있다. 또한 컴퓨터, PC통신 및 인터넷 기술이 성장하고 발전하면서 가상공간(cyberspace)에서 기업간(business-to-business: B2B) 또는 기업-소비자간(business-to-consumer: B2C)의 상거래 활동이 급격히 증가하고 있다.

이와 같이 가상공간에서 이루어지는 전자상거래(EC: electronic commerce)는 정의 주체에 따라 여러 방식으로 정의되고 있는데, 이를 정리하면 [표 13-1]과 같다.

이처럼 전자상거래의 개념에 대한 통일된 견해는 없으나, 본 저서에서는 "기업이 제공하는 상품과 서비스의 질을 유지 또는 개선시키면서 거래당사자들의 비용절감 욕구를 충족시키기 위해, 인터넷 등의 통신 네트워크를 이용하여 일상적인 상거래 활동을 수행하는 것"을 전자상거래로 정의하고자 한다.

▌표 13-1▐ 전자상거래의 개념

정의 주체	정 의
Kalakota & Whinston(1996)*	컴퓨터 네트워크를 통한 정보, 제품 및 서비스를 구매 및 판매하는 행위
ECOM** (1996)	여러 종류의 컴퓨터 네트워크를 이용하여 제품 설계·제조·광고·상업적인 거래·회계 정산 등을 포함하는 다양한 활동을 수행하는 방식
EITO*** (1997)	통신네트워크를 통해서 가치의 교환이 발생하는 기업 활동을 수행하는 방식
OECD (1997)	개인과 조직 모두를 포함해서 텍스트·음성·화상 등을 포함한 디지털 데이터의 처리와 전송에 기초한 상업활동과 관련된 모든 종류의 거래
European Commission(1997)	텍스트·음성·화상 등을 포함한 데이터의 전자적인 처리와 전송을 기반으로 기업의 업무를 전자적으로 수행하는 방식
전자상거래 기본법 산업자원부(1998)	재화나 용역의 거래에 있어 전부 또는 일부가 전자문서교환 등 전자적 방식에 의해 처리되는 거래

* Kalakota & Whinston, Frontiers of Electronic Commerce, Addison-Wesley, 1996.
** ECOM : Electronic Commerce Promotion Council of Japan(전자상거래촉진위원회)
*** EITO : The European Information Technology Observatory
※ 자료: 강승원 외 8인 공저, 「전자상거래의 이해」, 학현사, 2002. 3, p.30.

1.2 전자상거래의 유형

전자상거래를 거래활동(transaction)적 측면에서 살펴보면 기업-소비자간 거래, 기업간 거래, 기업내 거래 등의 세 가지로 나누어 볼 수 있다.

1) 소비자-기업간 거래(B2C)

소비자-기업간 거래(consumer to business transaction)는 'marketplace transaction'이라고도 하는데, 이는 기업이 고객에게(또는 고객이 기업에게) 제품 및 서비스를 전달(또는 주문)하는 수단으로 전자상거래를 사용하는 것이다. 이러한 거래는 제품·서비스를 제공하는 기업과 이를 이용하는 소비자 사이의 거래에 초점을 맞춘 것으로, 광고, 판매, 고객서비스 등을 위한 소비자 지향적(consumer-oriented) 전자상거래를 의미한다.

이러한 거래의 예를 들면 다음과 같다.

- 오락(주문형 서비스, MUD, 비디오 카탈로그)
- 홈쇼핑(온라인 광고, 온라인 주문)
- 교육(온라인 데이터베이스, 비디오 컨퍼런싱)

2) 기업간 거래(B2B)

기업간 거래(business-to-busienss transaction)는 'market-link transaction'이라고도 하는데, 전자시장(electronic marketplace)은 시장가격과 상품에 대한 정보를 교환하여 수평적인 시장에서 구매자와 판매자를 연결시키는 정보시스템이다. 즉 다면적인 정보공유를 의미하는 것으로, 전자시장에서의 정보시스템은 구매자와 판매자간의 중간자 역할을 하게 된다.

기업간 거래는 가치창출이 이루어지는 활동을 기업과 기업의 거래에 초점을 둔 것으로서, 기업내부의 거래가 잘 이루어질 수 있도록 원재료나 부품이 입력되는 조달활동이 중심을 이룬다. 이러한 거래의 활동(조달, 유통 및 물류 활동)에 EDI나 전자우편(e-mail) 등이 활용될 수 있다. 기업들은 제품설계·마케팅·주문·납품·지불 등의 업무에 WAN·VAN·EDI·인터넷·전자우편·공유 데이터베이스·디지털 이미지 처리·바코드·대화형 소프트웨어 등을 사용하여, 전화나 종이문서 기반의 전통적인 업무처리 방식을 대체해 가고 있다. 그리고 거래 파트너들을 상호간에 직접 연결함으로써 중간상이나 비효율적인 여러 절차들을 제거해 가고 있다.

이러한 예를 살펴보면 다음과 같다.

- EDI를 통한 기업과 공급업자간의 문서발주
- 기업과 금융기관 간의 전자자금이체(EFT: electronic fund transfer)
- 증권사간의 증권거래

3) 기업내 거래

기업내 거래(intra-organizational transaction)는 'market-driven transaction'이라고도 하는데, 이는 가치창출이 이루어지는 활동을 주로 기업 내부적 차원에 초점을 맞춘 것으로서, 제품 및 서비스를 제공하기 위한 연구개발·설계·제조·생산 활동과 이러한 활동을 지원하는 회계·재무·관리적 활동이 중심이 된다고 볼 수 있다.

그 예를 살펴보면 다음과 같다.

① 고객주문의 조직 내 이동(work flow system)
② 정보공유(E-mail, DTP)
③ 화상회의(video conferencing)

1.3 전자상거래의 특징

전자상거래에서는 기업이 인터넷(Internet) 등의 전자 네트워크를 이용함으로써 도매상이나 소매상을 거치지 않고도 소비자와 직접 접촉할 수 있게 되었다. 전자상거래 시스템에서는 전자적 커뮤니케이션(communication) 및 중개(brokerage)효과로 인한 비용감소로 경로가 축소되고 기업과 소비자 간의 직접교환이 이루어지는 직접 경로가 지배적이 되는 것이다. 이로 인해 기업의 입장에서는 중간상 기능의 통합(integration), 즉 전방 통합이 가능하게 된다. 따라서 전통적 상거래와 마찬가지로 판매 및 구매 기능은 존재하나, 전자상거래 시스템에서는 각각의 참가자가 판매자와 구매자로서 고정되는 것이 아니라 오히려 그 구분이 없어지는 생산소비자(prosumer)가 등장하게 된다.

거래 대상지역 측면에서 볼 때 전통적 시스템에서는 특정의 제한된 지역을 중심으로 폐쇄적으로 거래활동이 이루어지나, 전자상거래 시스템에서는 전자 네트워크상에서 거래활동이 이루어지기 때문에 시간과 공간을 초월할 수 있으며 이로 인해 거래 대상지역이 세계가 된다.

거래시간 측면에서 보면 전통적 상거래에서는 영업시간이 일반적으로 특정하게 제한되어 운영되고 있으나, 전자상거래에서는 온라인(on-line)실시간(real time)으로 24시간 거래활동을 진행할 수 있기 때문에 시간이 제약되지 않는다.

이러한 시간적·공간적 제약의 제거는 시장 경계를 소멸시킨다. 전통적 상거래 시스템에서의 시간적·공간적 제약은 마찬가지로 세분시장의 정의를 제한하며 일정한 시간적·공간적 경계 내에서의 시장의 밀도는 전자상거래 시스템에서의 그것에 비해 낮다. 전자상거래 시스템에서는 시장에의 도달이 상대적으로 쉬워지고 보다 빈번한 커뮤니케이션이 가능해진다. 또한 마케팅이나 사후관리 또는 교환에 요구되는 비용 등도 무시할 수 있을 정도로 낮아진다. 따라서 일정한 시간적·공간적 경계 내에서 도달 가능한 고객의 수는 크게 증가하여 시장밀도는 매우 높아진다.

전통적 상거래에서는 고객의 수요를 영업사원이 획득하여 정보를 재입력하여야 하나, 전자상거래에서는 온라인으로 수시로 획득하여 현장에서 한번 입력하면 되므로 재입력으로 인한 시간과 오류가 줄어든다.

마케팅 활동의 측면에서 전통적 상거래에서는 구매자의 의사에 관계없는 일방적인 마케팅이 중심이지만, 전자상거래에서는 쌍방향 통신을 통한 “interactive marketing”이 가능하게 된다. 즉, 전통적 상거래 시스템에서 거래활동은 대중 시장을 대상으로 하나 전자상거래 시스템에서는 개인화된 시장개념이 가능해진다. 이는 전자상거래 시스템의 주요 특성인 상호 작용성(interaction)에서 비롯되는데, 소비자는 기업의 마케팅 메시지 유입의 속도를 통제할 수 있으므로 자기에게 맞는 개인화된 시장을 구성할 수 있다.

전통적 상거래 시스템에서의 거래 참가자들 간의 접촉은 면대면 접촉에 의한 교환, 제품의 직접 검사에 의한 정보수집이 중심을 이루고 있다. 반면, 전자상거래 시스템에서는 컴퓨터 네트워크에 의해 매개된 접촉이 이루어지며 이러한 매개된 접촉을 통해 정보수집이나 교환이 이루어진다.

전통적 상거래와 전자상거래의 비교를 정리해보면 [표 13-2]와 같다.

▌표 13-2▌ 전통적 상거래와 전자상거래의 비교

구 분	전통적인 상거래	전자상거래
유통 채널	기업→도매상→소매상→소비자	기업↔소비자
거래대상지역	일부지역("closed clubs")	전세계("global marketing")
거래 시간	제한된 영업시간	24시간
고객 수요 파악	영업사원이 획득 정보 재입력 필요	온라인으로 수시획득 재입력이 필요 없는 디지털 데이터
마케팅 활동	"일방적 마케팅"	1대1 "interactive marketing"
고객 대응	고객 needs 대응 지연	고객 needs를 신속히 포착 즉시 대응
판매 거점	판매공간 필요	Cyberspace

※ 자료: http://www.dpc.or.kr/dbworld/document/9711/spec3.html

1.4 전자상거래의 현황

UNCTAD에 의하면[25) 2018년 기준 전세계 전자상거래 판매액은 25조 6,480억 달러에 달하여 전년도 대비 8% 가량 성장한 것으로 추정되고 있다. 그 중에 약 33.7%에 해당하는 8조 6,400억 달러를 차지하는 미국이 최대 시장이며 그 다음으로 일본, 중국, 한국의 순으로 시장규모가 크다. 그러나 전년대비 16%의 성장률을 보인 B2C 거래의 경우는 1조 3,610억 달러의 중국이 가장 큰 시장이었으며 따라서 세계 10대 전자상거래 기업[26) 가운데 여덟 개가 중국과 미국에 소재하고 있는

25) UNCTAD Estimates of Global E-Commerce 2018.

26) 2018년 기준 B2C 10대 기업은 Alibaba, Amazon, JD.com, Expedia, eBay, Booking Holdings,

것으로 나타났다. 2018년 15세 이상의 세계 인구 가운데 1/4에 해당하는 14억 5,200만 명이 온라인 상품구매를 한 것으로 추정되는데 그 중에 6억1천만 명이 중국에 거주하는 것으로 집계되었다. 그러한 전자상거래는 아직까지 국내시장의 거래가 큰 비중을 차지하지만 2016년 2억 건이던 국경간 거래가 2018년에는 3억3천 건으로 증가하며 비중이 18.0%에서 22.7%로 꾸준히 증가하고 있다. 따라서 시간이 가면서 국제통상에 있어 전자상거래의 중요성은 점점 더 커질 것으로 보아야 할 것이다.

▌그림 13-1▐ 상위 10개국의 전자상거래 규모 (2018년 기준, 단위 10억 달러)

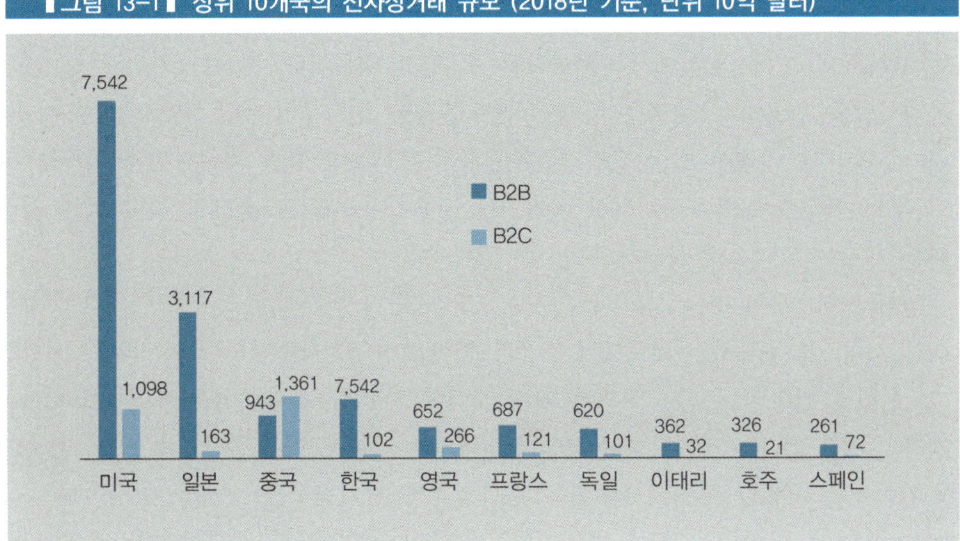

※ 자료: Unctad Estimates of Global E-Commerce, 2018.

2 전자상거래와 통상환경

2.1 전자무역(e-Trade)

컴퓨터 및 각종 정보통신기기의 발전과 함께 인터넷 등이 급속도로 확산되면서 국제간의 교역, 즉 국제무역 방식도 커다란 변화를 맞게 되었다. 전통적인 무역방식은 수출업자와 수입업자가 직접적인 대면에 의하여 신용장을 매개로 무역계약이

Meituan Dianping, Uber, Shopipy, Rakuten의 순서로 해당된다.

체결되고 이행된다. 이 경우 은행, 세관, 선사, 보험사 등 유관기관에서는 매매계약과 관련하여 많은 서류가 작성되고 전달되어진다.

그러나 인터넷의 확산과 정보통신 기기의 발달에 따라 사이버 공간상에서 인터넷을 매개로 하여 무역거래가 형성될 뿐만 아니라 관련된 무역업무도 전자적으로 이루어지는 새로운 방식의 무역이 등장하게 되었다. 이와 같은 새로운 형태의 무역방식을 사이버무역 또는 인터넷무역 그리고 전자무역 등으로 부르고 있다. 현재 이들 용어는 특별한 차이점이 없이 혼용되고 있으나, 정부기관 등에서는 공식적으로 전자무역이란 용어로 통일하여 사용하고 있다.

전자무역의 개념은 아직까지 확고하게 정립되어 있지 못한데 그 이유는 전자무역이란 개념이 기술발전에 따라 변화될 수 있기 때문이다. 그러나 인터넷 등 정보통신기술을 활용하는 새로운 무역방식을 통틀어 전자무역이라 칭할 수 있다. 즉, 전자무역이란, 거래선 발굴·상담·계약·원자재조달·운송·보관·대금결제에 이르는 제반 무역 업무를 인터넷 등 최신 IT기술을 활용하여 시간과 공간의 제약 없이 처리하는 새로운 무역거래 형태라고 할 수 있다.

한편 인터넷무역 또는 사이버무역이란, 가상공간인 인터넷을 통하여 국제간에 상품이나 서비스를 매매하는 것으로서 컴퓨터 통신망이 구성하는 가상공간 자체가 시장이고, 인터넷 접속 이용자가 고객이 되는 것이다. 이러한 거래는 물리적 공간으로서의 시장이 필요 없다는 점에서 전통적인 상거래와는 차이가 있게 된다.([표 13-3] 참조)

인터넷을 이용한 무역거래에서는 수출업자가 자기회사의 상품을 웹사이트(Web Site)를 통해 인터넷 시장에 내놓거나, 반대로 수입업자가 웹사이트(Web Site)에 구매 Offer를 게시할 경우 수출입업자 상호간에 E-mail을 통하여 가격상담과 계약

▌표 13-3▐ 기존무역과 전자무역의 비교

	기존 무역거래	전자무역거래
정보수집	관련기관 직접방문	인터넷 정보검색
마케팅	카탈로그, 매체광고, 전시회	홈페이지구축, 인터넷마케팅, 사이버 전시회, 유즈넷, 메일링 리스트 등
의사교환/계약	전화, 팩스, 우편, 출장	인터넷 상담, E-mail 등
무역금융/통관	종이서류, 직접방문	전자문서, 무역자동화
물류운송	포워더, 해상운송, 항공운송	온라인전송, 특급운송(택배)
대금결제	신용장, D/P, D/A 등	Trade Card, 전자자금 이체

※ 자료: 산업자원부, 사이버 무역인력 양성대책, 1999. 12.

체결이 이루어지게 되는 것이다. 인터넷으로 무역을 할 경우 저렴한 비용으로 자사 상품의 광고와 새로운 거래선 발굴이 용이하다는 점에서 큰 의의가 있다.

그러나 아직까지 전자결제 시스템의 미비, 네트워크 인증기관의 문제, 수출입업체의 신용이나 거래내용의 보안유지 문제 등이 여전히 과제로 남아 있기 때문에 시간이 가면서 이에 대한 기술적인 보완이 필요하다.

2.2 통상환경의 변화[27)]

앞서 설명한 전자무역 등이 활성화되면서 국제통상환경에도 상당한 변화가 생기고 있다. 즉 인터넷 등의 발전은 지금까지 무역에 있어 자연적 장벽(Natural Barrier)으로 여겨지던 시간과 거리상의 제약을 획기적으로 완화시킴으로써 생산자와 구매자의 소재 위치에 상관없이 직접거래가 가능하도록 만들어가고 있다. 이러한 무역환경의 변화는 기업들에게 있어 무한한 발전가능성을 제시하는 동시에 또 다른 한편으로는 기업경영에 있어서의 위험성을 증대시키고 있다. 여기서는 전자무역 등의 확산에 따른 무역통상환경의 변화를 설명하고 이와 관련된 쟁점사항들을 알아보고자 한다.

1) 관세와 세제의 적용

국경을 넘어선 상품의 거래에는 전통적으로 관세가 부과되어 왔다. 그러나 상품의 국경간 이동이 전자무역을 통해 이루어질 경우 관세부과를 어떻게 해야 할 지에 대해서는 아직 논의해야할 사항이 많이 남아있다. 현재까지 대부분의 국가들은 전자무역에 대해 무관세를 적용하고 있으나 이는 어디까지나 온라인을 통해 전달되는 상품과 서비스의 공급에 해당되는 것이고 그밖에 물리적인 수단을 통해 상품이 이동하는 경우에는 관세를 비롯한 각종 수수료가 그대로 부과되고 있다.[28)]

이에 대해 일부에서는 전자무역을 통한 무역원활화와 이에 따른 경제적 효과를

---

27) 이하의 내용은 권영민, 「전자상거래와 국제경제질서」, 『규제연구』 제11권 제1호, 2002, pp.205~239를 주로 참조하였다.

28) 이와 관련된 재미있는 신문보도내용을 소개하면 다음과 같다. "(영국의) 브라이톤에 사는 밀포드 씨는 CD-Rom 구입을 위해 미국의 유명한 온라인 소프트웨어 판매업체에 110달러를 지불할 때, 그 물건을 런던의 히드로 공항으로부터 자기 집까지 가져오는데 더 많은 비용이 든다는 사실을 꿈에도 몰랐다. … 그는 관세, 보관료, 배달비용까지 합친 159달러를 요구하는 전화를 배달업체로부터 받았다." Financial Times, 2000.2.18.

극대화하기 위해서는 무관세 범위의 확대가 필요하며 그밖에 세제상 혜택을 주는 방안이 강구되어야 한다는 주장이 제기되고 있다. 그러나 이 경우 기존 Off-Line 기업과의 차별문제가 대두될 수 있다. 또한 일부 개발도상국에서는 그러한 우대에 따른 관세 및 조세수입의 감소에 대한 우려가 제기되고 있기도 하다.

2) 상이한 법 체제와 제도

전자무역에 있어 판매자와 구매자가 거주하는 국가가 서로 다르기 때문에 여러 가지 법률적 문제가 발생할 수 있다. 거래 상대방이 같은 국가에 있는 경우에는 기존의 법률적, 제도적 장치를 전자무역에 맞도록 개정하는 등 비교적 수월한 해결책을 찾을 수 있을 것이다. 그러나 국제적인 거래에 있어서는 문제가 그렇게 간단하지 않다. 예를 들어 서로 다른 국가에 거주하는 판매자와 구매자 사이에 분쟁이 발생하였을 경우 이를 해결하기 위한 절차는 어느 국가의 법과 제도를 우선해야할 지 그 기준이 명확하지 않다. 또한 이러한 거래가 제3국을 통해 이루어진 경우에는 문제가 더욱 복잡한 양상을 띠게 된다.

이에 대해 구매자 국가의 법·제도를 기준으로 해야 한다는 주장과 판매자 국가의 것을 기준으로 해야 한다는 상반된 입장이 개진되고 있다. 물론 이와 같은 문제에 대해 개별적인 사전계약을 통해 문제를 해결할 수 있겠지만 이 경우에는 규모가 커서 우월한 협상력을 가진 집단이 유리한 위치를 차지할 가능성이 크다. 따라서 이에 대한 국제적 논의와 결정이 내려질 필요성이 있다. 또한 전자계약과 서명의 법적 근거를 마련하기 위한 국제적 논의도 중요한 사항이다. 이러한 법과 제도에 대한 국제적 논의는 미래에 대한 불확실성을 해소하고 거래비용을 줄인다는 측면에서 향후 전자무역의 발전에 중대한 영향을 미칠 것이다. 이와 관련하여 전자무역의 안전성에 관한 문제도 중요한 논의 대상이다. 즉 인터넷 사기와 해킹 등 범죄행위에 대한 국제적인 공조체제의 마련도 시급한 과제이다.

3) 소규모 무역참여자

전자무역의 활성화는 지금까지 무역활동에 쉽게 참여할 수 없었던 소규모 기업과 개인들에게도 기회를 제공하게 된다. 그러나 기존의 무역체제는 이들에 대한 배려를 고려하지 않고 있다. 즉 기존의 무역체제는 일정수준 이상의 규모를 갖춘 무역거래에 초점을 맞추고 있다.

그 대표적인 예가 수량제한(Quota)을 통한 무역규제인데 이 경우 대부분 과거의 수입실적을 기준으로 향후 수입물량을 설정하기 때문에 소규모의 신규참여자에게는 불리한 작용을 한다. 물론 이러한 교역제한 조치들이 많이 제거되고 있고 앞으로도 논의가 계속되겠지만 그 진행속도가 느려 전자무역 발전의 걸림돌로 작용할 수 있다. 기존의 무역체제 뿐만 아니라 새롭게 논의되고 있는 사안들도 전자무역의 발전에 영향을 미칠 수 있다. 환경과 노동기준에 관한 문제는 전자무역에만 국한된 문제는 아니지만 각종 NGO들의 활발한 활동으로 인해 이에 대한 관심이 확산되고 있기 때문에 국경을 넘어선 전자무역에 상당한 영향을 미칠 수 있는 사항이다.

그러나 이러한 노동 및 환경기준의 일률적 적용은 소규모 기업이나 개인의 무역 활동참여를 제한하는 걸림돌로 작용할 소지가 있다. 따라서 전자무역의 활성화되고 있는 상황에서의 새로운 무역체제의 확립은 소규모 무역 참여자들을 보호할 수 있는 장치의 마련을 염두에 두고 논의되어야 할 것이다.

4) 정보내용에 관한 문제

인터넷을 이용하여 정보가 전달되는 경우 그 내용물에 대한 파악이 어렵기 때문에 문제가 발생할 소지가 있다. 이에 대해 각국에서는 사회적으로 바람직하지 않은 목적으로 인터넷을 사용하는 것에 대한 규제방안이 논의되고 또한 마련되고 있다.

현재 가장 크게 문제가 되고 있는 것은 인터넷을 통한 음란외설정보의 유통이다. 국가마다 차이는 있지만 대부분 청소년에 대한 음란외설정보의 전달을 불법화시키는 등의 규제를 마련하고 있으며 이에 대한 국제적인 사법적 공조가 논의되고 있다. 그러나 문제는 사회, 문화적인 차이로 이에 대한 기준이 서로 다를 수 있기 때문에 발생할 수 있다. 예를 들어 청소년을 규정하는 연령기준이 국가마다 차이가 날 수 있다. 청소년뿐만 아니라 다른 연령층에 대한 정보내용에 있어서도 어느 국가에서는 허용되는 범위가 다른 국가에서는 그렇지 못한 경우가 발생할 수 있다.

따라서 이러한 정보가 인터넷을 통해 서로 다른 기준을 가지고 있는 국가들 사이에 전달되었을 경우 국제적인 사법적 공조가 쉽지 않을 것이다. 국가마다 차이는 있지만 음란물에 대해서는 그래도 어느 정도 공감대가 형성되어 있어 문제가 덜할 수 있다. 하지만 그밖에 정치체제나 종교의 차이 등에 의해 발생하는 사안에 대해서는 더욱 복잡한 문제가 발생할 수 있다. 물론 URL을 분류하는 등의 기술적인 방법으로 국가마다 접속내용의 차별을 둘 수 있겠지만 이 경우에도 그 비용을 어느 측에서 부담해야 하는 지의 문제는 여전히 남게 된다.

5) 표준화 경쟁

전자무역은 네트워크상의 정보교환을 통해 이루어지기 때문에 상호 호환성이 매우 중요하다. 따라서 각국은 웹 언어, 문서, 지불, 보안, 인증 등 전자무역과 관련한 각종 표준을 제정하여 실시하고 있으며 또한 자국의 표준이 국제기준으로 채택되도록 노력하고 있다. 왜냐하면 자국의 기준이 국제표준으로 선정되면 그만큼 경쟁에서의 우위를 확보할 수 있기 때문이다.

이와 같은 국가간 경쟁과 더불어 정보기술과 관련된 기업간 표준화 경쟁도 점차 격화되고 있다. 상상을 초월한 정보기술의 발전 속도를 감안할 때 엄청난 자금을 투입하여 개발한 기술일지라도 하루아침에 무용지물이 될 가능성이 커지고 있기 때문이다. 즉 비슷한 시기에 유사한 기술들이 경쟁적으로 개발되기 때문에 선행기술이라도 시장상황의 전개에 따라서는 후발기술에 자리를 넘겨주고 사라지는 경우가 많이 있다.

따라서 기업들은 자신들이 개발한 기술이 표준으로 채택되기를 바라고 이를 위해 경쟁하고 있다. 이러한 표준화 경쟁에 대해 미국을 비롯한 선진국에서는 민간자율의 표준화 채택을 천명하고 있다. 그러나 이 때문에 미래에 대한 불확실성은 더욱 증대되고 있으며 규모가 큰 기업집단에 유리한 상황이 전개될 가능성이 높다. 따라서 일각에서는 국가 또는 국제기구의 개입이 어느 정도 불가피하다고 주장하고 있으나 이 경우에도 영향력이 큰 선진국의 기업들이 유리한 위치를 차지하게 될 것이 우려된다.

6) 지적재산권

네트워크상에서 전달되는 정보는 복제가 비교적 용이하다. 이와 같은 사실에 비추어 볼 때 한 기업이 막대한 자원을 투입하여 개발한 기술일 지라도 경쟁자에 의해 쉽게 응용될 수 있다. 이렇게 되면 초기의 투자기업은 운영이익은 고사하고 개발비용도 제대로 회수할 수 없게 된다. 따라서 네트워크상의 정보를 보호할 수 있는 적절한 조치들이 마련되지 않는다면 미래에 대한 불확실성은 더욱 높아질 것이다. 이러한 불확실성의 증대는 정보·통신 기술을 이용한 전자무역의 발전을 저해하게 될 것이다.

이와 같은 문제를 해결하기 위하여 각국 정부와 국제기구 그리고 기업들은 나름대로 해결책을 마련하기 위해 노력하고 있다. 1996년 세계국제지적재산권기구(WIPO)

에서는 「저작권조약」과 「실연·음반조약」을 채택하여 일부 유형에만 적용되던 저작권을 모든 유형의 저작물에 확대되도록 하였다. 아직까지는 동 조약을 비준한 국가들은 많지 않은 편이지만 앞으로 그 수가 늘어날 전망이다.

그밖에 세계무역기구(WTO) 등을 중심으로 지적재산권을 효율적으로 관리하고 운영하는 체제를 갖추기 위한 논의가 벌어지고 있으나 그 진행속도는 매우 느린 형편이다. 이러한 상황에서 기업들은 소송을 제기하는 등의 방법을 통해 자신의 지적재산권을 지키기 위한 노력을 나름대로 전개시키고 있다. 하지만 이에 따른 비용손실은 무시할 수 없는 수준에 이르고 있다.

네트워크 상에서의 지적재산권과 관련된 또 하나의 문제는 인터넷 도메인 네임에 관련된 문제이다. 현재는 소정요건이 충족될 경우 선착순에 따라 도메인 네임이 부여되고 있다. 따라서 유명상표에 대해 전혀 관계가 없는 사람이 도메인 네임을 선점하여 기존의 상표권자와 분쟁이 일어나는 경우가 빈번하게 발생한다. 현재 도메인 네임 부여 및 관리는 미국의 비영리 단체인 ICANN을 중심으로 이루어지고 있으며 관련 분쟁에 대해서는 WIPO에서 관장하고 있다.

3 WTO와 전자상거래

3.1 기존질서에서의 전자상거래[29)]

지금까지 인터넷의 확산과 이를 매개로 한 전자상거래의 활성화가 국제무역환경에 미치는 영향을 알아보았다. 이번 절에서는 달라진 무역환경이 기존의 무역질서에서 어떻게 다루어질 수 있는 지를 알아보도록 하겠다. 국제무역환경을 다루는 틀은 크게 다자간 체제와 양자간 체제로 나눌 수 있다. 그러나 양자간 체제에서 전자상거래 등을 다루는 단계에 아직까지는 이르지 못하고 있다. 따라서 이번 절에서는 주로 다자간 체계인 WTO협정상에서 전자상거래가 어떻게 다루어지고 있는 지를 중심으로 알아보도록 하겠다.

앞서 제11장에서 설명했지만 1995년 발효된 WTO 협정은 세계무역기구의 설립

29) 이번 장의 내용은 Electronic Commerce and the Role of the WTO, WTO, 1998을 참조한 것이다. 그 이후도 WTO에서는 전자상거래와 관련된 논의가 계속 진행되고 있지만 DDA 협상이 결렬된 이후 뒤에 설명할 ITA II 이외에 현재까지 크게 진전된 내용은 없음.

과 운영에 관련된 16개 조항으로 된 본 협정과 4개의 부속협정(Annex)으로 구성되어 있다. WTO협정 내에 전자상거래와 관련이 있는 내용은 곳곳에 산재해 있다. 하지만 전자상거래와 직접적으로 관련이 있을 수 있는 조항은 관세와 무역에 관한 일반협정(GATT 1994)과 서비스교역에 관한 일반협정(GATS)에서 주로 다루어지고 있다. 또한 1996년 싱가포르에서 열린 각료회의에서 채택된 정보기술협정(ITA)도 정보·통신제품의 교역에 대한 내용을 담고 있기 때문에 전자상거래의 발전과 밀접한 관계를 가지고 있다.

1) 전자상거래의 지위

기존의 WTO협정을 통해 전자상거래를 다루기 위해서는 우선 전자상거래의 지위에 관한 사항이 먼저 논의되어야 한다. 전자상거래를 상품의 교역으로 간주한다면 GATT체제에서 이를 다룰 수 있을 것이다. 그러나 전자상거래를 서비스 교역으로 보는 견해에 따른다면 이 문제를 GATS체제에서 다루는 것이 옳을 것이다. 또한 기존의 GATT나 GATS체제가 아닌 제3의 협정을 체결하여 전자상거래를 다룰 수도 있을 것이다. 그러나 아직까지 그와 관련된 국제적으로 공식적인 논의는 없었다.

이와 관련하여 WTO의 보고서는 기존의 GATT 또는 GATS 체제에서 전자상거래를 다룰 경우 몇 가지 접근 방식의 차이를 지적하고 있다. 첫째, GATT는 외국상품이 일단 국경을 통과하면 국내상품과 동일한 대우를 받는다는 이른바 내국민대우(National Treatment) 원칙에 기초하고 있는 반면 GATS는 산업별로 서로 다른 수준의 시장개방을 약속한 양허안(Sectoral Commitment)에 기초하고 있다. 둘째, GATT에서는 수량제한을 통한 시장접근차별을 금지하고 있으나 GATS에서는 시장접근에 제한을 둘 수 있다. 셋째 GATT는 관세 또는 일반적인 세제의 문제가 논의될 수 있으나 GATS에서는 양허안에서 특별한 언급이 없는 한 이와 관련한 논의의 여지가 별로 없다. 넷째, GATT에서는 국경조치에 초점이 맞추어져 있지만 GATS에서는 현지영업이나 인적자원의 이동 등 추가적인 사항들이 논의되어야 한다. 이러한 사실에 비추어 볼 때 전자상거래를 GATT에서 다루느냐 GATS에서 다루느냐 또는 제3의 새로운 체제에서 다루느냐에 따라 그 접근 방식이 크게 달라질 것임을 알 수 있다.

2) 관세와 무역에 관한 일반협정(GATT)

1948년 출범한 관세와 무역에 관한 일반협정은 1994년 종료한 UR에 이르기까지 모두 8차례에 걸쳐 국가간 상품이동의 장애가 되는 관세 및 비관세 장벽의 완화를 추진하였다. 그러나 오늘날과 같은 정보·통신기술의 발전을 예상하지 못했던 GATT 체제 내에서는 전자상거래의 발전으로 새롭게 출현한 상품과 무역방식에 대한 조치가 분명하지 않다. 일부 조항의 경우는 이를 전자상거래의 출현에 맞게 개정한다면 크게 문제가 되지 않을 수도 있지만 GATT의 체계상 전자상거래를 포용하기에 근본적인 문제점이 있는 부분이 많이 있다.

① 정책적 동기와 정보내용

현재 전자상거래에 대해서는 관세가 부과되지 않는다는 것은 앞서 이미 언급한 바 있다.[30] 그러나 이는 어디까지나 현재까지의 관행일 뿐 WTO의 회원국들이 이를 공식적으로 합의한 적이 없다. 다만 WTO는 1998년 5월 제네바 각료선언에서 전자거래에 관세를 부과하지 않는 관행을 당분간 지속시키기로 결의한 바 있다.[31] 그러나 관세를 부과하는 목적이 국가마다 다르고 따라서 전자상거래에 대한 무관세 조치를 바라보는 시각의 차이가 있을 수 있다.

비단 관세뿐만 아니라 정부재정, 시장보호, 규제 등의 사항에 있어 각국은 서로 다른 정책적 동기를 가지고 있다. 물론 각국은 자신의 정책적 동기에 부합하는 제도적 장치를 가지고 있으며 지금까지 이를 서로 조화시켜 국제적인 협약을 맺어왔다. 그 동안 관세 등 국제교역에 관한 정부의 개입은 전달물의 내용이 분명하기 때문에 정책적 동기를 반영하는데 별 문제가 없었다.

그러나 전자상거래의 경우 전달되는 정보의 내용을 파악하기가 쉽지 않기 때문에 어려움이 예상된다. 예를 들어, 정부가 재정적인 동기에서 조세를 부과할 경우 지금까지는 거래되는 물품의 가치를 파악하여 과세를 할 수 있었다. 그러나 전자

---

30) 그러나 전자상거래의 무관세조치는 디지털정보의 전달에만 국한되는 것이며 또한 관세 이외의 기타 조세조치를 포함하지 않고 있음. 즉 전자상거래라고 하더라도 물리적인 방법에 의한 전달이 수반되는 경우 관세가 부과되며 그밖에 통관과 관련된 제반비용 및 각종 조세는 다른 상품과 마찬가지로 부과됨.

31) 이에 앞선 1997년 미국과 EU는 전자상거래에 대한 무관세와 전자적으로 주문되고 물리적으로 전달되는 경우에도 전자적 방식의 사용과 관련하여 추가적인 관세가 부과되지 않는다는 점에 대한 국제적인 이해를 위해 함께 노력하기로 합의한 바 있음. 그 이후 WTO는 수차례에 걸쳐 무관세 관행의 연장을 선언하였는데 가장 최근은 제12차 각료회의까지의 연장을 확인한 2019년 10월의 일반이사회 결정임.

상거래의 경우 거래되는 정보의 가치를 파악할 수가 없기 때문에 세율을 정하는데 어려움이 있다.

이러한 문제를 해결하는데 있어서 정보내용을 파악하기 위한 국제적인 협조가 필수적이다. 그러나 서로 다른 정책적 동기를 가지고 있는 국가 간에 협조가 원활히 이루어지기 힘들며 이러한 관점에서 볼 때 현재의 GATT 규정들은 매우 미흡한 것이 사실이다.

② 전자상거래의 상품분류

전달되는 정보의 내용을 완벽하게 파악할 수 있는 체제가 갖추어진다고 해도 현재의 GATT 규정은 여전히 불충분하다. 전자상거래를 통해 전달되는 정보 중 일부분은 물리적인 상품으로의 전환이 용이할 수 있다. 예를 들어 인터넷을 통해 서적을 주문하여 그 내용을 On-Line 상에서 전달받았다면 이를 종이에 인쇄하여 볼 수 있다. 이 경우 인터넷을 통해 전달된 정보를 서적이라는 일반적인 상품으로 간주할 수 있다. 이렇게 되면 앞서서 논의한 정책적 동기에 관한 문제가 쉽게 해결될 수 있다. 즉 관세를 부과하는 경우 기존의 상품 분류체계에 따른 GATT 규정을 적용하면 된다.

그러나 전달된 정보가 물리적 형태로 전환될 수 있다고 해도 기존의 상품분류체계에 의해 다루어 질 수 없는 경우도 있다. 예를 들어, 인터넷을 통해 의사의 처방이 전달된다고 할 때 이를 상품으로서 어떻게 분류할 수 있을지가 문제가 된다. 지금까지의 국제무역 상품분류에서 의사의 처방이라는 항목은 존재하지 않는다.[32)]

또한 인터넷상에서 전달되는 모든 정보가 물리적인 상품으로 전환될 수 없는 경우도 많이 있다. 예를 들어 인터넷을 통해 컴퓨터 바이러스 퇴치 프로그램을 구입하여 전달받는다면 이 프로그램은 그 순간 작동을 시작하여 물리적인 형태로의 전환은 불가능하다. 이러한 경우 상품의 분류문제는 더욱 복잡한 양상을 띠게 되며 따라서 GATT의 상품분류 체계는 전자상거래로 파생되는 새로운 상품을 포함할 수 있도록 개정되어야 할 것이다.

③ GATT 조항과 전자상거래

이상에서 언급한 문제들은 기존의 GATT 체제가 안고 있는 보다 근본적인 문제점이다. 앞으로 전자상거래가 GATT 체제 내에서 다루어지자면 그런 문제들에 대

32) 물론 의사의 처방은 서비스로 분류되어 GATS체제에서 다루어질 수 있으나 이와 관련된 내용은 후에 다루겠음.

한 논의가 본격적으로 일어나게 될 것이다. 여기서는 그러한 근본 문제 이외에 기존의 GATT의 조항 중에서 전자상거래를 위해 개정되어야 할 사항들을 알아보도록 하겠다. 우선 GATT 1947의 제5조의 통행의 자유(Freedom of Transit)에 관한 조항이 있다.

앞서도 언급하였지만 GATT가 처음 제정될 당시는 인터넷을 통한 상품의 이동을 상상하지도 못하였을 것이다. 따라서 그 당시 생각할 수 있었던 국경이동의 방법은 물리적인 것이었을 것이다. 따라서 GATT 제5조는 인터넷 등을 통한 On-Line상의 통행까지를 포함하는 내용으로 개정되어야 할 것이다. GATT 1947의 제7조 통관목적을 위한 가치평가(Valuation) 조항도 검토가 이루어져야 할 것이다. 이와 관련하여 1994년의 WTO 협정에는 제7조의 적용과 관련한 협정[33]을 통해 통관목적을 위한 가치산정에 대해 비교적 세부적인 사항을 다루고 있으나 전자상거래와 관련한 직접적인 내용이 결여되어 있다. 특히 앞서 언급한 바와 같이 전자상거래의 경우 정보내용의 파악이 어려우며 설령 완전한 파악이 이루어진다 해도 그 정보에 대한 가치평가가 쉬운 일이 아니기 때문에 어려움이 예상된다.

또한 현재 전자상거래에 대한 무관세 관행과 관련하여 GATT의 제8조 수출입과 관련된 비용 및 대금(Fees and Charge) 조항도 개정하여야 할 필요성이 있다. 이와 관련하여 GATT 1947의 제10조 무역규정의 공표와 집행(Publication and Administration of Trade Regulation) 조항도 전자상거래를 어떻게 취급할 것인가를 고려하여 고쳐져야 할 것이다. 이밖에 별도협정으로 되어있는 수입면허에 관한 협정(Import Licensing)과 선적전 검사에 관한 협정(Preshipment Inspection), 원산지규정에 관한 협정(Rules of Origin), 기술적 무역장벽에 관한 협정(Technical Barriers to Trade) 등은 전자상거래의 특성상 기존의 조항들이 적용되기 어려운 것으로 판단되고 있다.

3) 서비스무역에 관한 일반협정(GATS)

UR을 통해 체결된 GATS는 서비스분야의 교역에 대해서 맺어진 최초의 다자간 협정이다. GATS에서는 상업, 통신, 건설, 유통, 교육, 환경, 금융, 의료, 여행, 레저 및 스포츠, 교통 등 11개의 주요 분야에 대한 양허계획을 담고 있다. 그런데 전자

---

33) GATT 1994 Ⅶ조의 해석에 관한 협정은 모두 24개의 본 조항과 2개의 부속조항을 갖춘 별도협정으로 이루어져 있음.

상거래를 통한 교역의 상당부분이 이들 11개 분야와 관련이 있기 때문에 전자상거래를 기존의 GATS 영역에서 다루어야 한다는 주장이 설득력을 가진다.

그러나 GATT와 같은 체제상의 근본적인 문제점은 아닐지 모르지만 GATS체제에서도 전자상거래를 포함하기 위해서 보다 명확하게 하여야 할 부분들이 상당히 존재하고 있다. 특히 GATS는 GATT와 달리 산업별로 시장접근의 정도가 다르기 때문에 같은 GATS 영역 안에서도 해석상 많은 차이를 보일 수 있다. 따라서 전자상거래와 관련한 GATS 조항을 논의하자면 분야별로 접근하는 것이 바람직하다.

① GATS에서의 전자상거래 분류

GATT와는 달리 GATS에서는 상품을 분류하기 위한 국제적인 체계를 아직 갖추지 못하고 있다. 현재 UN에서는 중앙상품분류(CPC)체계를 확립하고 있는데 많은 GATS 회원국들이 이를 인용하여 서비스상품의 분류를 추진하고 있다. 그러나 이러한 CPC 분류에서는 금융, 통신, 항공, 선박 등과 관련된 많은 서비스산업이 취급되지 못하고 있다.

그럼에도 불구하고 GATS에서 다루고 있는 서비스산업을 전자상거래와 관련하여 분류한다면 크게 다음의 네 가지 정도로 나눌 수 있다. 첫 번째로 전자상거래를 위한 기초 인프라와 관련된 산업으로 통신과 컴퓨터 산업 및 이와 관련한 서비스산업이 이에 해당된다. 두 번째로는 On-Line 상에서 상품전달이 가능한 산업으로서 방송, 음악, 영화 산업과 금융서비스업 등이 이에 해당한다. 세 번째로는 전자상거래와 보완기능을 가진 산업으로 우편, 화물, 교통서비스업이 이에 포함될 수 있다. 마지막으로 전자정보의 전달로부터 혜택을 받는 산업으로 건설, 환경, 의료, 교육서비스 등의 다양한 산업이 해당될 수 있다.

첫 번째 분류에 해당하는 산업들은 전자상거래를 위한 정보·통신망과 이에 대한 접속서비스에 관한 것들로 기존 GATS의 기본통신협정에 대한 양허안과 최근 체결된 정보기술협정(ITA)[34]에서 언급되고 있다. 또한 두 번째 분야에 해당하는 산업들도 상당부분 GATS에서 이미 다루어지고 있으나 전자상거래를 통해 새롭게 파생되는 서비스분야를 어떻게 처리할 것인가 하는 문제가 관심사이다. 세 번째 분류의 산업들은 전자상거래에 수반되는 상품의 물리적 이동에 관련된 것들로 GATS에서는 아직까지 시장개방에 대한 진전이 별로 없는 분야이다. 마지막 분류의 산업들에 대해서는 GATS에서 체결국들간에 시장접근에 대해 많은 차이가 존재하는 분야이다.

---

34) 정보기술협정에 관한 내용은 뒤에서 자세히 다루고 있음.

② 서비스 인도방식과 시장접근

GATS에서는 공급자와 소비자의 소재위치를 기준으로 서비스상품의 인도방식(Mode of Delivery)을 네 가지로 분류를 하고 있다. 이들은 국내의 소비자가 외국의 공급자로부터 서비스를 제공받는 역외공급, 국내의 소비자가 외국으로 이동하여 서비스를 제공받는 역외소비, 외국의 업체가 국내에 지사 등을 설치하여 서비스를 제공하는 현지영업, 서비스 인력이 직접 이동하는 자연인의 이동이다.[35)]

이 중에서 전자상거래와 가장 밀접한 관련을 가지는 방식은 첫 번째와 두 번째의 방식이다. 이 두 가지 방식은 모두 서비스 공급자가 역외에 존재하고 있기 때문에 그 차이는 소비자가 GATS 체결국의 국내에 있는지 아니면 국외에 있는지에 따른 것이다. 그런데 소비자의 물리적 위치가 서비스의 공급장소를 결정하는 기준이 아니기 때문에 경우에 따라서는 GATS 규정의 해석에 어려움이 발생할 수도 있다.

GATS에서 각국은 위의 두 가지 방식에 따라 시장접근(Market Acess)과 내국민대우(Natonal Treatment)에 대한 시장개방 정도를 달리 양허하고 있다. 그리고 국가별로 어떤 산업에 대해서는 아무런 제한 없이 시장접근을 허용하기도 하면서 또 다른 산업에서는 많은 제한을 두기도 한다. 그리고 일부 산업의 경우에는 시장접근 자체를 금지시키기도 한다.

현행 GATS 체제에서는 전자상거래를 특별히 분류하여 다루고 있지 않다. 그러나 WTO의 보고서에서는 전자상거래와 직접 또는 간접적으로 관련이 있는 서비스 시장의 개방에 대해 각 산업별로 두 가지 공급방식에 따라 양허정도를 비교하고 있으며 다음절의 내용은 이에 기초하여 기술된 것이다.

③ 산업별 양허정도

WTO 회원국들의 GATS에 대한 양허정도를 분석해보면 회원국들이 대부분 역외공급보다는 역외소비에 대해서 보다 개방적인 입장을 취하고 있음을 알 수 있다. 이는 자신의 영토 밖에서 이루어지는 거래에 대해서는 보다 자유로운 접근을 허용하려는 의지를 가지고 있음을 의미한다.

그러나 우편, 체인(Franchise), 고등교육, 여행안내 서비스 분야에서는 역외공급에 대한 완전개방이 50%를 넘고 있으며 이는 이들 분야에 대한 시장접근이 이미

---

35) 각각 Cross-Border Supply, Consumption Abroad, Commercial Presence, Movement of Natural Person 임.

많이 이루어져 있음을 반영하는 것이다. 또한 62개국이 양허안을 제출한 컴퓨터 또는 이와 관련된 서비스 시장에서는 40% 정도가 완전개방을 허용하고 있다.

1997년 WTO의 통신협상이 완료된 당시에는[36] 기초서비스와 부가서비스에 대한 구분이 명확하지는 않았다. 기초서비스는 음성통신이나 데이터전송과 같이 데이터 형태의 변화가 없는 실시간 통신을 뜻한다. 반면 부가서비스는 데이터의 형태나 내용의 변화를 수반하는 통신을 뜻하며 On-Line을 통한 데이터처리, 전자메일, 음성메일 등을 포함한다. 따라서 현재의 GATS 통신협정이 부가서비스까지를 포함하는 지에 대한 여부는 협정체결국 사이에 이견이 존재하고 있다. 그렇지만 기초서비스 분야 중에서 음성전화통신의 경우 55개국이 양허안을 제출하고 있으며 이 중 11% 정도가 역외공급에 대해 아무런 제약을 가하지 않고 있다.

그밖에 50개국 정도가 데이터전송 서비스에 대한 접근을 허용하고 있으며 약 15% 정도는 역외공급을 무제한 허용하고 있다. 한편 부가서비스에 대해서는 50개국 이상이 양허안을 제출했으며 이 중 약 25% 정도가 역외공급과 역외소비를 조건 없이 허용하고 있다. 한편 시청각 서비스에 관한 시장개방 정도는 매우 낮은 편인데 19개국만이 이에 대한 시장개방을 허용하고 있으며 그 중에서 11%만이 역외공급에 대한 완전개방을 보장하고 있다.

은행 및 보험 등을 포함한 금융서비스 분야에 대한 양허안을 제출한 국가는 모두 73개국으로 그 수는 많은 편이지만 세부분야에 따른 시장개방정도가 매우 차이가 나고 있다. 또한 역외공급에 대한 완전개방을 허용한 국가는 은행 및 관련 서비스가 15%, 보험서비스가 17%에 지나지 않는다. 전문직 서비스에 관한 시장개방도 74개국에서 이루어졌지만 역외접근은 19%에 지나지 않는다.

유통업에 대한 시장개방을 허용한 경우는 그렇게 많지 않아 34개국이 도매업, 33개국이 소매업에 대한 시장을 개방하였다. 이중에서 약 25%만이 역외공급과 역외소비를 허용하고 있다. 교육서비스 시장을 개방한 경우는 20개국에 지나지 않으나 이들의 경우 50% 이상이 역외공급과 소비를 완전히 허용하고 있다. 여행사 서비스에 대해서는 86개국이 양허안을 제출했으며 50% 정도가 역외공급을 65% 이상이 역외소비를 완전히 허용하고 있다. 한편 연예·오락 서비스에 대한 양허안 제출은 28개국에 지나지 않으나 그 중에서 63%나 되는 국가가 역외접근을 허용하고 있다. 마찬가지로 보도서비스의 경우에도 14개국이 시장접근을 허용하고 있으나

36) 1994년의 마라케쉬 선언에서는 통신 분야와 관련된 협상을 계속하기로 결정하였으며 1997년에 가서야 69개국 정부 간에 최종적으로 협상이 완료되었음.

그 중에서 71%나 완전한 역외접근을 보장하고 있다.

한편 우편과 교통서비스 등과 같이 전자상거래를 보완하는 서비스시장에 대한 개방은 아직까지 시장개방이 많이 이루어지지 않고 있다. 대부분의 국가에서 우편서비스는 공공독점의 형태를 보이고 있으며 오직 6개국만이 우편서비스에 관한 양허안을 제출하고 있다. 우편서비스에 있어서 예외가 있는 세부산업으로는 배달서비스를 들 수 있다. 교통서비스에 대한 GATS의 협상은 매우 제한적인 성공을 거두었을 뿐이다. 특히 해상서비스에 관한 협상은 UR 당시 추가협상이 합의되었지만 아무런 성과를 거두지 못하고 막을 내렸다. 그밖에 육상교통에 관한 양허안을 제출한 국가는 21개국이며 철도교통의 경우에는 37개 양허안이 제출되었다. 대부분의 경우 역외소비를 제외한 모든 형태의 공급에 매우 엄격한 제한이 가해지고 있다.[37]

4) 정보기술협정(ITA)

정보기술협정(ITA: Information Technology Agreement)은 1996년 싱가포르에서의 WTO 각료회의에서 29개국[38]이 참여한 가운데 공표되었다. 그러나 처음에 이 협정의 정식발효를 서명국의 무역량이 세계무역의 90% 이상을 넘어설 경우로 한정하였기 때문에 공식적인 발효는 1997년 4월 1일이었다.[39] 정보기술협정은 컴퓨터 등 정보·통신 기술과 관련된 약 200여 개의 제품에 대한 교역에 대한 내용을 담고 있기 때문에 향후 전자상거래의 발전과 밀접한 관련을 가질 것으로 기대되어 왔다.

① ITA의 기본원칙

ITA를 천명한 싱가포르 각료선언은 비관세장벽의 검토에 관한 내용을 담고 있지만 비관세장벽과 관련한 양허를 담고 있지 않으며 따라서 ITA는 순수한 관세인하 장치이다. 하지만 ITA는 모든 서명국이 지켜야 하는 세 가지 원칙을 담고 있다.

37) 항공서비스의 경우는 GATS의 영역이 아니라 상품교역에 관한 다자간 협정에서 별도 협정으로 다루어지고 있음.

38) 호주, 캐나다, 대만, EC(15개국), 홍콩, 아이슬랜드, 인도네시아, 한국, 일본, 노르웨이, 싱가포르, 스위스, 터키, 미국.

39) 처음의 29개국의 무역량은 전 세계 무역량의 83%에 그쳤으며 1997년 4월까지 체코, 코스타리카, 에스토니아, 인도, 이스라엘, 마카오, 말레이시아, 뉴질랜드, 루마니아, 슬로바키아, 태국 등이 서명함으로써 90% 기준을 넘어서게 되었음. 그 이후 1998년까지 엘살바도르, 파나마, 필리핀, 폴란드가 추가로 서명하였음.

첫 번째는 각료선언에 제시된 모든 상품목록을 포함하여야 한다는 것이다. 두 번째는 모두 상품에 대한 무관세를 실현한다는 것이다. 세 번째는 그밖에 모든 통관 관련 비용은 0에 근접하여야 한다는 것이다. 물론 민감 품목에 대해서는 일정 기간의 유예조치를 인정하지만 상품목록에 대한 예외는 없다.

또한 ITA는 WTO의 부속협정이므로 최혜국대우(MFN) 원칙을 적용받아 모든 WTO 회원국에 동일하게 적용된다. 모든 서명국은 관련 제품에 대한 관세인하를 4단계에 걸쳐 동일한 배율로 단행한다. 그 첫 번째 단계는 1997년 7월 1일이며, 두 번째와 세 번째 단계는 각각 1998년과 1999년 1월 1일이다. 마지막 단계는 2000년 1월 1일이며 이때는 모든 관세가 철폐된다.

② ITA 관련품목

ITA에 의해 무관세 혜택을 받는 품목은 반도체, 통신장비, 과학기기, 컴퓨터와 소프트웨어, 반도체 제조장비 등을 포함한다.

반도체는 다양한 용량과 크기의 칩과 웨이퍼 등이 망라된 것이다. 통신장비는 일반 전화기부터 시작하여 라디오나 텔레비전 방송의 송수신장비, 페이저, 화상전화, 팩시밀리, 교환기기, 모뎀 등을 포함한다. 과학기기에는 각종 검사 및 측정장비들이 포함된다. 컴퓨터는 연산장치, 키보드, 프린터, 모니터, 스캐너, 하드디스크 등을 포함한다. 컴퓨터 소프트웨어는 플로피 디스크, CD, 자기테잎 등의 형태로 전달되는 모든 것을 의미한다. 반도체 제조장비에는 반도체의 생산과 관련된 다양한 형태의 제조 및 검사 장비를 포함한다.

그밖에 워드프로세서, 계산기, 금전등록기, ATM 장비, 인쇄회로, 광케이블, 복사기, 컴퓨터 네트워크 관련 장비, 평판 디스플레이 등의 장비가 ITA와 관련하여 무관세 혜택을 누린다.

③ ITA II

싱가포르 각료회의 당시 ITA의 서명국은 모두 29개국이었으나 현재 82개국으로 증가하였으며 따라서 전세계 정보통신(IT) 교역액의 약 97%가 그 영향을 받는다. 또한 2012년부터는 정보기술제품의 무역확대를 위한 위원회가 구성되어 관련 상품의 확대를 논의하는 ITA Ⅱ를 진행해 온바 있다. 33개국이 처음 시작한 동 협상에서는 관련 상품목록의 확대뿐만 아니라 상품분류의 체계와 비관세장벽에 대한 논의도 진행되어 왔으나 54개로 늘어난 참여국들의 이해가 상충하여 좀처럼 돌파구를 찾지 못했었다. 그러나 2015년 7월 대부분의 참여국들이 새로운 201개 품목에 대한 무관세화에 합의함으로써 ITA Ⅱ는 비로소 타결 되었으며 따라서 매년 13조 달러 규모의 IT 상품교역이 추가적인 혜택을 보게 되었다.

3.2 전자무역에 관한 국제적 논의

이상에서 전자상거래의 확산으로 달라진 무역환경에서 기존의 무역질서가 어떻게 적용될 수 있는가에 대해 알아보았다. 그러나 1948년 출범한 GATT에 근간을 두고 있는 다자간 무역체제는 전자상거래로 인해 파생되는 새로운 상품과 무역방식을 포용하기에 여러 가지 면에서 미흡한 점이 많이 있다. 따라서 현재 WTO와 OECD를 비롯한 여러 국제기구에서 전자상거래에 관한 국제규약에 대한 논의가 진행되고 있다. 이번 절에서는 이들 가운데 가장 진척이 앞선 내용을 중심으로 논의가 어떻게 진행되고 있는 지를 주요 사안별로 나누어 알아보도록 하겠다.

1) 소비자 보호

소비자 보호에 관련된 법률과 정책 그리고 관행 등은 불법적이고 불공정한 상업적 행위를 제한하여 왔다. 이와 같은 장치들은 소비자와 기업간의 관계를 균형적으로 발전시켜왔으며 소비자 신뢰의 구축에도 중요한 역할을 하여왔다. 다른 종류의 상업적 거래에서도 마찬가지지만 전자상거래에 있어 소비자의 신뢰는 그 발전에 필수적인 요소라고 할 수 있다. 즉 소비자가 네트워크를 통한 자신의 거래가 얼마나 안전하고 확실하다고 생각하느냐에 따라 전자상거래의 향후 발전이 좌우된다고 할 수 있다.

따라서 OECD를 비롯한 국제기구에서는 전자상거래의 발전에 필수적인 소비자 신뢰의 구출을 위해 소비자보호 문제를 논의하고 있다. 특히 OECD에서는 1999년 12월 전자상거래에 있어서의 소비자 보호를 위한 가이드라인[40)]을 제시하였다.

① 일반원칙

OECD 가이드라인은 우선 전자상거래에 참여하는 소비자들은 다른 종류의 상업적 거래와 같은 수준의 투명하고 효과적인 소비자보호를 받아야 한다는 점을 원칙으로 내세우고 있다. 한편 전자상거래에 참여하는 기업은 소비자의 이익을 존중하

40) OECD 가이드라인은 기업과 소비자간의 전자상거래(B2C)에 관한 것이며 기업간 거래(B2B)에 관한 사항은 아님.

여야 하며 어떠한 경우에도 소비자를 현혹시키는 행위를 해서는 안 된다고 요구하고 있다.

이와 관련하여 기업은 상품이나 서비스를 판매함에 있어 소비자에게 피해가 발생할 소지가 있는 행위를 할 수 없다. 또한 기업은 자신들이 공급하는 상품이나 서비스에 대한 정보를 명확하고 이해하기 쉬운 방법으로 제공해야 한다. 기업은 전자상거래의 특성을 이용하여 자신의 정체와 소재를 숨기거나 소비자보호 기준과 이의 시행을 위한 장치를 피하려는 행위를 해서는 안 된다. 기업은 또한 불공정한 계약을 체결하지 말아야 한다. 아울러 기업은 소비자가 원하지 않는 상업적 전자메일을 받을 경우 이를 거부할 수 있는 명확하고 손쉬운 절차를 개발하여야 한다. 그리고 기업은 노약자나 환자 또는 정보이해 능력에 지장이 있는 자에게 상품을 광고하거나 판매함에 있어 특별한 주의를 기울여야 한다.

② 온라인 공개

OECD 가이드라인에서는 소비자와의 전자상거래에 참여하는 기업들이 온라인상에서 밝혀야 할 내용에 대해서 비교적 자세히 다루고 있다. 기업들은 우선 접근이 용이한 방법으로 자신의 법적 명칭, 실제 거래가 이루어지는 명칭, 기업의 지리적 주소, 전자메일 주소, 전화번호, 업종, 관련 면허 등의 내용을 정확히 밝혀야 한다. 또한 소비자와의 신속하고 용이하며 효과적인 연락수단을 갖추어야 한다.

아울러 분쟁이 발생할 경우의 적합하고 효율적인 해결방법과 법적 절차에 대한 서비스를 제공하여야 한다. 그리고 자신의 소재지와 관할 행정당국에 대한 정보를 밝혀야 한다. 만약에 기업이 자신이 속한 자율기구, 협회, 분쟁해결기구, 또는 인증기관에 대한 가입여부를 공표할 때는 소비자에게 소비자가 이를 쉽게 확인할 수 있는 적절한 방법을 제시하여야 한다. 전자상거래에 참여하는 기업은 또한 자신이 제공하는 상품이나 서비스에 대한 정확한 정보를 접근이 용이한 방법으로 제공하여야 한다.

③ 거래정보

OECD 가이드라인은 또한 전자상거래에 참여하는 기업은 계약조건과 거래비용 등을 소상히 제공함으로써 소비자가 이에 대한 충분한 정보를 가지고 거래여부를 결정할 수 있도록 하여야 한다고 명시하고 있다. 우선 기업은 거래조건과 관련된 명확한 정보의 전문을 소비자에게 제공하여야 한다. 여기에는 거래에 따라 소비자에게 부과되는 총 비용을 항목별로 제시하여야 하며 해당기업에 의해 부과되는 비용뿐만 아니라 그밖에 거래에 수반되는 정례적인 비용이 있다면 이를 반드시 소비자에게 인지시켜야 한다. 특히 거래비용과 관련된 정보는 거래에 적용되는 화폐단위로 명시되어야 한다. 또한 배달방법과 지불방법과 조건 등이 명시되어야 하며 부모의 동의나 지리적 또는 시간적 제약 등 판매제약조건에 대해서도 명확히 밝혀야 한다.

그밖에 안전 및 보건상의 경고를 포함하여 사용상의 적절한 방법을 알려야 하며 애프터서비스에 관한 사항도 제공되어야 한다. 그리고 거래의 취소와 환불조건 등에 관한 자세한 내용과 보증 내역이 제시되어야 한다. 소비자의 구매의도와 관련된 불명확성을 피하기 위해 구매를 최종적으로 결정하기에 앞서 소비자는 자신이 원하는 상품이나 서비스의 정확한 내용을 확인하고 착오가 있다면 이를 수정할 수 있는 기회가 주어져야 하며 거래와 관련된 완전하고 정확한 기록을 얻을 수 있어야 한다. 소비자는 거래를 최종적으로 결정하기에 앞서 언제라도 거래를 취소할 수 있는 기회가 주어져야 한다. 소비자는 또한 사용이 용이하고 안전한 지불방법을 제공받아야 하며 지불방법의 안전성에 관한 정보를 전달받아야 한다.

④ 분쟁해결 및 보상

국경을 넘어 발생하는 기업과 소비자의 모든 거래에 대해서는 현재 나름대로 적용될 수 있는 법적 체제가 갖추어져 있다. 그러나 전자상거래의 출현은 이와 같은 체제에 적지 않은 문제점을 안겨주고 있다. 따라서 전자상거래의 지속적인 성장을 위해서 현행 법체계를 개선할 것인지 또는 새로운 체계를 만들 것인지에 대한 고려가 있어야 한다.

하지만 아직까지 이에 대한 뚜렷한 진전은 없는 형편이며 앞서 언급한 OECD 가이드라인에서는 원칙적인 내용에 대한 언급이 되어있을 뿐이다. 즉 OECD에서는 기존의 체계를 개선함에 있어 각국 정부는 전자상거래에 참여하는 소비자와 기업들에게 공정한 틀을 제공하여야 하며 그 결과로 소비자들은 다른 형태의 국제거래와 동일한 수준의 보호를 받아야 한다는 점을 밝히고 있는 정도이다. 또한 소비자들에게 불필요한 비용의 부담이 없는 공정하고 시의 적절한 분쟁해결과 보상에 관한 대안을 제공하여야 한다. 이를 위해 기업과, 소비자대표, 정부는 공정하고 효과적이며 투명한 자율장치와 정책 등을 마련하기 위하여 함께 노력할 것을 촉구하고 있다.

⑤ 국제협력

또한 OECD 가이드라인에서는 전자상거래의 교육과 인식 그리고 가이드라인의 집행 등에 있어서의 국제적인 협력을 강조하고 있다. 교육 및 인식과 관련하여서는 각국 정부, 기업, 언론, 교육기관, 소비자 대표들은 네트워크를 통해 가능해진 혁신적인 기술 등을 소비자와 기업에게 교육시키기 위해 가능한 모든 방법을 동원해야 할 것이라고 밝히고 있다. 또한 정부, 기업, 소비자대표들은 적절한 소비자보호 장치에 대한 정보를 소비자와 기업에게 쉽게 접근하고 이해될 수 있는 방법으로 전달될 수 있게 노력하여야 한다고 촉구하고 있다.

한편 가이드라인의 집행을 위해서 회원국들이 기업, 소비자와 소비자대표들과의 협력을 통해 자국 내와 국제적인 수준에서 현행체제를 검토하고 자율규제를 촉진시키며 필요할 경우 새로운 법과 관행을 정착시킬 것을 권고하고 있다. 이때 기술이나 언론의 중립성을 염두에 두어야 한다는 점과 민간부문이 주도적인 역할을 할 수 있도록 해야 한다는 원칙을 강조하고 있다.

2) 사생활 보호

OECD에서는 1980년 채택된 사생활 보호와 국경간 개인정보의 이동에 관한 가이드라인[41]과 1985년 채택된 국경간 데이터 이동에 관한 선언[42]에 기초하여 사생활 보호문제를 글로벌 네트워크상에서 어떻게 적용할 지에 관해 논의하고 있다. 이에 따라 1998년 글로벌네트워크 상에서의 사생활보호에 관한 OECD 각료선언[43]을 발표한 바 있다. 동 선언에서 OECD 회원국의 각료들은 네트워크상에서의 중요한 권리를 보장하고 신뢰를 구축하며 개인정보의 국경간 이동에 대한 불필요한 제한을 방지하기 위한 기존의 공약을 다시 한 번 확인한 바 있다.

또한 각국은 OECD 가이드라인에 기초하여 글로벌 네트워크에서의 사생활보호를 위해 회원국간 접근방식의 차이를 해소하기 위해 함께 노력하기로 결의하였으며 이를 위한 논의가 현재 계속 진행 중이다. 다음은 이들 논의의 바탕이 되는 사생활 보호에 관한 OECD 가이드라인의 주요 내용이다.

---

41) OECD Guidelines Governing the Protection of Privacy and Transborder Flow of Personal Data.

42) Declaration on Transborder Data Flows.

43) OECD Ministerial Declaration on the Protection of Privacy on Global Networks.

① 일반사항

개인정보에는 신분이 확인되거나 또는 그럴 가능성이 있는 개인에 관계된 어떤 사항도 해당되며 가이드라인은 공공이나 민간에서 처리되는 방식이나 사용되는 상황 또는 정보의 속성 때문에 사생활이나 개인의 자유에 위험을 끼칠 수 있는 개인정보에 적용된다.

그러나 가이드라인은 개인정보의 속성이나 상황에 따른 수집, 저장, 처리, 또는 공표에 따라 서로 다른 보호 장치의 적용을 금지하는 것으로 해석되어서는 아니된다. 개인의 사생활이나 자유를 속박할 위험이 분명하게 없는 개인정보에 대해서는 가이드라인의 적용에서 제외될 수 있다.

또한 개인정보의 자동처리에 국한해서만 가이드라인이 적용되는 것은 아니며 국가 주권, 안보, 공공정책과 관련하여 예외 원칙이 적용될 수 있으나 이는 가능한 많지 않아야 하며 반드시 예외사실에 대한 일반 공개가 이루어져야 한다. 한편 가이드라인은 사생활 보호와 개인자유의 보호를 위한 다른 장치에 의해 보완될 수 있는 최소한의 기준으로 해석되어야 한다.

② 국내적용의 원칙

개인정보의 수집에 있어서는 반드시 제한이 있어야 하고 정보의 수집은 법에 따라 공정하게 이루어져야 하며 적절할 경우에는 정보 주제에 대한 인식과 동의가 이루어져야 한다. 아울러 개인정보는 그들이 사용되는 목적에 합당해야 할 것이며 정확하고 완전하며 최신의 것이어야 한다.

정보수집의 목적은 최소한 정보수집이 집행되기 이전에 명시되어야 하고 정보의 사용은 그 목적의 달성에 국한되며 목적이 바뀔 경우에는 그때마다 공개되어야 한다. 개인정보는 정보내용에 대한 동의나 법적인 권위에 의하지 아니하고는 공개되거나 명시된 목적이외의 목적으로 사용될 수 없다. 개인정보는 손실 또는 허가 받지 않은 접근, 파괴, 사용, 변형 그리고 공개 때문에 발생하는 위험에 대해 합당한 보호를 받아야 한다.

또한 개인정보와 관련된 진전, 관행, 정책에 대해서는 일반적인 공개가 이루어져야 한다. 개인은 자신에 대한 정보를 요청할 권리가 있으며 자신에 관한 정보유무에 관해서도 확인 받을 수 있어야 한다. 개인은 자신과 관련된 데이터를 합당한 시간 내에 과도한 비용 없이 적절한 방법에 의해 쉽게 이해될 수 있는 형태로 전달받을 수 있어야 한다. 만약에 자신에 관련된 정보를 거부당할 경우 충분한 이유가 설명되어야 하며 그에 대해 이의를 제기할 권리를 가진다.

한편, 개인은 자신에 관한 정보에 대해 이의를 제기할 수 있으며 이의가 받아들여 질 경우 자신에 관한 정보의 삭제, 수정, 보완, 개정 등을 요구할 수 있다. 마지막으로 개인정보를 관리하는 자는 이상에서 언급한 원칙의 적용을 위한 조치를 따르는 데 있어 책임을 질 수 있어야 한다.

③ 국제적용의 원칙

OECD 회원국들은 다른 회원국에서의 개인정보의 국내처리와 재수출에 대한 사항을 고려하여야 하며 국경을 넘어선 개인정보의 흐름이 방해받지 않고 안전하게 이루어지도록 적절한 조치를 취해야 한다. 회원국들은 또한 상대회원국이 가이드라인의 권고사항을 이행하지 않거나 그들에 의한 정보 재수출이 국내의 사생활 보호 입법을 제약하지 않는 한 국경을 넘어선 개인정보의 이동을 제한하지 말아야 한다. 다만 회원국들은 개인정보의 속성에 비추어 특별한 필요가 있거나 상대회원국이 동일한 수준의 보호 장치를 제공하지 않는 경우 특정분류의 개인정보에 대한 국경간 이동을 제한할 수는 있다.

그러나 회원국들은 사생활 보호와 개인의 자유를 명목으로 그 목적을 넘는 수준으로 개인정보의 국경간 이동을 제한하는 법이나 정책 또는 관행을 만들어서는 아니 된다.

④ 국내 정책과 국제협력

OECD의 가이드라인을 적용하기 위하여 각국은 법적, 행정적 절차나 기구를 만들어 개인 정보와 관련하여 사생활과 개인의 자유를 보호하기 위한 조치를 취해야 한다. 이를 위해 우선 적절한 국내법을 채택하며 행동규약과 같은 형태 또는 이와 유사한 방식으로의 자율방안을 장려하고 지원해야 한다. 또한 개인이 자신의 권리를 행사할 수 있는 합리적인 방법을 제시하여야 하며 가이드라인에서 제시된 원칙에 의거하여 성립된 조치가 지켜지지 않을 경우 적절한 제재를 가하고 처방을 제시하여야 한다.

마지막으로 정보내용에 대한 불공정한 차별이 없도록 보장하여야 한다. 국제협력에 있어서는 다른 회원국의 요청이 있을 경우 가이드라인의 원칙을 준수하고 있다는 세밀한 내용을 알려야 한다. 또한 개인정보의 국경간 이동과 사생활 및 개인의 자유를 보장하기 위한 절차는 간편하여야 하며 가이드라인을 준수하는 다른 회원국과의 호환성이 보장되어야 한다. 또한 회원국들은 가이드라인과 관련된 정보의 교환을 위한 절차와 절차상 또는 조사상의 문제와 관련하여 상호 도움을 줄 수 있는 체제를 갖추어야 할 것이다. 마지막으로 회원국들은 개인정보의 국경간 이동에 적용될 수 있는 법의 제정을 위해 국내 및 국제적 원칙의 개발을 위해 함께 노력하여야 한다.

3) 지적재산권

1995년 WTO 체제가 출범할 당시 교역과 관련한 지적재산권에 관한 조약(TRIPS)[44]이 체결되어 지적재산권과 관련된 국제적 규범이 어느 정도 마련된 것으로 볼 수 있다. 또한 이와는 별도로 1996년 세계지적재산권기구(WIPO)에서 채택된 저작권 협정과 공연 및 음향협정[45]에서는 인터넷이나 그 밖의 통신망에서의 지적재산권 보호와 관련된 사항들에 대한 국제적인 장치가 추가적으로 확립되었다.

그밖에 네트워크상에서의 지적재산권과 관련하여 새로운 문제로 떠오르고 있는 사항으로는 상표권과 도메인명에 관한 문제가 있다. 이 문제에 대해서는 1997년 제네바에서 상위도메인네임체제양해서(gTDL-MoU)[46]가 채택되었으며 여기에서는 이를 비롯하여 TRIPS와 WIPO 조약의 내용과 추가적인 논의사항에 대해서 간단히 알아보도록 하겠다.

① TRIPS 조약

1995년 WTO조약의 부속조약(Annex 1C)으로 TRIPS 조약이 체결됨으로써 지적재산권 보호는 다자간 협력체제의 일부가 되었다. TRIPS 조약은 WTO의 회원국들이 베른협약에 관한 1971년의 파리법[47]을 따르도록 규정하고 있다. TRIPS 조약은 보다 효과적인 집행, 감시, 분쟁해결장치를 가지고 베른협약에서 인정하고 있는 재산권의 집행을 강화하고 있다. TRIPS 조약에서 다루는 주요사안들은 저작권, 상표, 지리적 표시, 산업디자인, 특허, 집적회로의 배치도안, 교역기밀과 검사결과 등을 비롯한 미공개 정보 등이다. 각각의 사안에 대해 TRIPS 조약은 국별로 최소한의 보호기준을 담고 있으며 보호대상에 대한 인정사항, 예외사항, 최소보호기간 등을 규정하고 있다.

---

44) Agreement on Trade-Related Aspects of Intellectual Property Rights.

45) WIPO Copyright Treaty와 WIPO Performances and Phonograms Treaty.

46) Memorandum of Understanding on the Generic Top-Level Domain Name Space of the Internet Domain Name System.

47) Paris Act of 1971 of the Berne Convention for the Protection of Literary and Artistic Works.

또한 TRIPS 조약에서는 지적재산권의 보호를 위한 집행절차와 위반시의 처벌 및 배상절차 등을 다루고 있는데 이에는 민사 및 행정절차와 보상절차, 잠정조치, 국경에서의 특별절차, 형사절차 등이 포함된다. 마지막으로 지적재산권과 관련한 분쟁해결절차는 WTO의 분쟁해결기구에 따른 절차를 따르기로 하고 있다. 그런데 TRIPS 조약이 기초하고 있는 베른협약은 1886년에 처음 제정되고 그 이후 계속적으로 개정되어왔으며 따라서 충분한 유연성을 가지고 있기 때문에 디지털경제의 확산에도 어느 정도 대처할 수 있을 것으로 보인다.

② WIPO 협정

현재 175개국이 가입하고 있는 세계지적재산권기구(WIPO)에서 1996년 채택된 저작권협정과 공연 및 음향협정은 각각 25개 조항으로 이루어져 있다. 이들은 각각 1886년의 베른협약과 1961년의 로마협약[48]에 기초하고 있으며 이들 기존협약의 내용에 필요한 변경을 가하고 있다. 이들 협정은 기존의 지적재산권을 인터넷 영역으로 확대하고 있다. 즉 창작물이 유선 또는 무선을 통해 일반에 유포되고 이용되는 것에 대해서까지 지적재산권자의 권리를 인정하고 있다.

또한 컴퓨터 프로그램이나 데이터 편집 및 그와 유사한 지적창조행위에 대해서도 보호범위를 확대하고 있다. 이들에 대한 권리의 인정은 최소한 50년으로 하며 공연물이 다른 매체에 기록된 경우에는 이의 발생시점으로부터 계산하여 최소 50년으로 한다. 그리고 이들 협정은 지적재산권자가 자신의 권리를 행사하기 위해 기술적 방법을 이용할 경우 이에 대해서도 적절한 보호를 제공하고 이 기술을 우회하는 경우에 대해서도 효과적인 법적 제재장치를 마련할 것을 요구하고 있다.

WIPO협정에서는 또한 전자적 권리에 대한 관리정보의 보호에 대해서도 언급하고 있는데 허가 없이 관리정보를 삭제 또는 변경하거나 이러한 사실을 알고도 창작물을 유포하는 행위에 대해서도 법적 제재를 취할 것을 요구하고 있다.

③ 도메인네임

도메인네임이란 인터넷의 사용자가 쉽게 인식할 수 있는 인터넷에서의 주소를 뜻한다. 그런데 사용자의 손쉬운 인식을 위해서 개발된 도메인네임은 사업자의 신원을 확인할 수 있는 방법이 되기도 하기 때문에 기존의 상표권자와 도메인네임의 등록자간에 분쟁을 유발시키고 있다. 따라서 세계지적재산권기구에서는 1998년부

48) International Convention for the Protection of Performers, Producers of Phonograms and Broadcasting Organizations, Rome, 1961.

터 17차례에 걸친 협의를 통해 인터넷 명과 주소의 관리에 관한 최종보고서[49]를 제출한 바 있다. 이 보고서에서는 인터넷 도메인네임을 관리하는 ICANN[50]에 대해 도메인네임과 기존의 지적재산권을 조화시키기 위한 권고사항을 담고 있으며 새로운 인터넷 도메인네임의 도입에 관한 내용을 다루고 있다.

이 보고서는 우선 개선된 도메인네임 상위분류체제(gTDL)[51]의 표준등록절차는 도메인 네임과 지적재산권 사이의 긴장을 완화시킬 것임을 천명하고 있다. 특히 도메인 네임의 소유자에 대한 정확하고 믿을 만한 접속정보와 소재파악이 지적재산권의 보호를 위한 핵심적인 방법이라고 밝히고 있다. 이와 같은 접속정보는 지적재산권의 소유자가 자신의 권리를 행사하는 기초적인 방법을 제공한다. 만약에 접속정보가 부정확하고 믿을 만하지 않다면 제3자는 이와 같은 사실을 등록기관에 통보할 권리가 있다. 또한 접속이 불가능하다는 사실이 확인될 경우 등록기관은 해당 도메인네임의 등록을 취소하여야 한다. WIPO의 보고서에서는 ICANN으로 하여금 도메인네임 상위분류체제와 관련하여 단일한 분쟁해결절차를 마련하도록 권고하고 있다.[52]

4) 조세

1998년 10월 열린 OECD의 오타와 각료회의에서는 전자상거래와 관련한 조세문제를 심층적으로 논의했으며 산하의 재정문제위원회(CFA)는 조세골격요건(Taxation Framework Condition)을 제시한 바 있다. 당시 제출된 보고서에 따르면 전자상거래와 관련된 기술이 조세서비스를 획기적으로 향상시킬 수 있음을 인식하는 한편 기본원칙의 적용에 있어 기업을 비롯한 조세납부 집단 및 비 OECD 회원국과의 협의를 강화해야 한다고 주장하고 있다. 아울러 오타와 각료회의에서는 조세와 관세를 구별해서 취급하는 것이 중요하다는 점을 확인했다. 다음은 오타와 각료회의에서 논의되었던 주요 내용에 대한 설명이다.

---

49) The Management of Internet Names and Addresses: Intellectual Property Issues-Final Report of the WIPO Internet Domain Name Process-, 1999.

50) Internet Corporation for Assigned Names and Numbers.

51) generic top-level domains.

52) 현재 ICANN에서는 모든 등록자들이 준수하도록 되어있는 단일도메인네임분쟁해결정책(Uniform Domain-Name Dispute-Resolution Policy)을 운영하고 있으며 특히, 사이버스쿼팅(Cybersquatting) 등 불순한 목적의 도메인네임 오용과 관련해서는 지역별 공인기관을 통한 해결절차를 우선 밟아야 한다.

① 조세의 기본원칙

OECD에서는 기존 조세의 기본원칙이 전자상거래에도 그대로 적용될 수 있다고 믿고 있다. 조세의 기본원칙은 중립성, 효율성, 명확 및 단순성, 유효성 및 공정성, 유연성의 다섯 가지이다.

전자상거래와 관련한 중립성은 전자상거래 여러 유형 사이 그리고 전자상거래와 기존거래 사이에 과세가 균등하게 적용되어야 한다는 것이다. 효율성이란 납세자의 비용과 행정비용이 최소화되어야 한다는 뜻이며 명확 및 단순성은 조세법 등이 명확하고 단순하여 납세자들이 이해하기 쉬워야 함을 의미한다. 유효성 및 공정성은 적절한 액수를 적당한 시점에 부과되게 함으로써 조세회피의 가능성을 줄이도록 하여야 한다는 것이다. 마지막으로 조세의 유연성은 조세체계가 기술이나 상업적 발전에 맞추어 변화할 수 있도록 되어 있어야 한다는 것이다. OECD에서는 전자상거래와 관련하여 전혀 새로운 조세체계를 만들기보다는 기존의 체계를 수정하여 이상의 다섯 가지 원칙을 충분히 적용할 수 있다고 보고 있다.

② 소비세

OECD의 소비세 자문그룹(TAG)은 국경을 넘어선 교역에 대한 소비세는 소비가 발생하는 지역에서 과세가 이루어져야 한다는 원칙을 제시하고 있다. 그런데 공급된 물품이 그 지역에서 소비되는지 여부에 대한 판단 기준에 대해서는 국제적인 공감대 형성이 필요하다. 특히, 소비세의 적용에 있어 디지털 제품의 공급은 일반상품 공급과 동일하게 취급되어서는 안 될 것으로 보고 있다. 역내 기업이나 다른 단체가 역외 공급자로부터 서비스나 무형의 자산을 획득할 경우 각국은 자신의 세원과 국내공급자의 경쟁력을 보호할 수 있는 역과세나 자율과세 또는 그 밖의 과세장치를 점검하여야 한다. 각국은 WCO[53]와 공동으로 운송 및 다른 관련 집단과의 협의를 거쳐 물리적 상품의 수입에 대한 적절한 과세체제를 갖추도록 하여야 하며 이러한 체제는 조세징수와 상품의 전달을 과도하게 방해하지 말아야 할 것이다.

③ 영구적 소재

한편 기업이윤 기술자문그룹(TAG)에서는 현행 조세조약이 전자상거래와 관련한 기업과세에 대해 적용될 수 있을 지를 검토하고 또한 대체입법을 위한 제안에 대해서 검토한 바 있다. 특히 관심이 가는 분야는 OECD의 모범조세협약[54] 제5조의

53) World Customs Organization.

54) OECD Model Tax Convention.

기업의 영구적 소재(Permanent Establishment)에 관한 것이다. 이 조항은 외국기업이 자국 내에 영구적 소재를 가지고 있을 경우에 한해서만 자국 내 영업이익에 대해서 과세할 수 있다고 규정하고 있다. 그러나 웹사이트 등에서의 기업존재가 그 기업의 실질적인 소재를 의미할 수 있는 지에 대해 논란이 되고 있다.

기업이윤 자문그룹(TAG)의 보고서에서는 전자상거래가 이루어지는 컴퓨터 장비의 위치가 영구적 소재의 조건을 충족시킬 수 있지만 컴퓨터장비와 이에 사용되는 데이터나 소프트웨어는 분명히 구분되어야 한다는 점을 지적하고 있다. 왜냐하면 웹사이트가 위치한 서버의 운영자와 그 웹사이트를 통해 사업을 벌이는 기업은 다른 경우가 많기 때문이다.[55] 자동장치의 운영은 원격으로 이루어질 수 있기 때문에 전자상거래가 이루어지는 장비를 관리하는 인력이 특정 국가에 거주한다는 사실은 영구적 소재를 결정하는데 도움이 되지 않는다. 또한 서버는 이동이 가능하기 때문에 컴퓨터장비의 위치가 영구적 소재를 결정하기 위해서는 그 장비가 어떤 위치에 충분한 기간 동안 고정되어 있어야 한다.

④ 디지털세(Digital Tax) 논란

앞서 설명한 영구적 소재에서의 과세원칙과 관련하여 글로벌 기업들이 의도적으로 세율이 낮은 국가에 소재지를 정함으로써 법인세를 회피하고 있다는 지적에 따라 2018년 EU 집행부는 인터넷 기업들을 대상으로 하는 디지털세(Digital Tax) 법안을 발표한 바 있다. 연간 기준으로 전체 7억5천만 유로 또는 유럽에서 5천만 유로 이상의 수익을 올리는 IT 기업의 매출액에 3%의 조세를 부과하는 방안에 대해 회원국 간에도 이견이 크다. 실제로 EU를 탈퇴한 영국은 2020년 4월부터 연매출이 5억 파운드 이상인 인터넷 서비스 기업에 대해 법인세와 별도로 2%의 디지털세를 부과하고 있다. 그러나 중복 과세라는 논란과 더불어 디지털세의 조세부담은 결국 소비자에게 전가될 것이며 정보통신 기술의 발전을 저해할 뿐이라는 비판도 상당하다. 이에 따라 OECD에서는 2020년 1월 시장소재지국의 관세권한을 인정한 통합접근법(Pillar 1)과 세원잠식 방지를 위한 글로벌 최저한 세율(Pillar 2)의 두 가지 원칙의 디지털세 기본합의안을 제시한 바 있다. 당초 그해 연말까지 합의안을 도출한다는 계획이 아직 실현되지 않는 이미 디지털세를 도입한 일부 국가에 대해 현재 미국이 보복관세 부과를 위협하는 등 논란이 점차 더 확대되는 양상이다.

---

55) 예를 들어, 웹사이트들은 대부분 인터넷서비스업체(ISP)에 의해 운영되며 전자상거래 업체들은 이 사이트를 이용하여 사업을 진행하고 있음.

5) 기타사항

이상에서는 현재까지 국제적으로 많은 논의와 진전이 이루어진 사안을 중심으로 소비자 보호, 사생활 보호, 지적재산권, 조세 등의 문제를 언급하였으나 이밖에도 통관절차, 정부조달, 표준화, 경쟁정책 등에 관한 사항들이 관심사로 부상하고 있다. 아직 이들 문제에 대한 국제적인 논의가 구체적으로 진전되고 있지는 않지만 지금까지 제기된 문제들을 간단하게 기술하면 다음과 같다.

① 통관절차

많은 국가들이 통관절차를 간소화하기 위하여 EDI 체계[56]를 도입하였으나 아직까지는 이에 대한 접속이 정부기관과 소수의 민간에게만 허용되고 있다. 따라서 인터넷을 이용한 개방적 시스템의 도입을 통해 모든 제조업자와 기업 그리고 일반 대중이 접속하고 필요한 정보를 얻을 수 있도록 해야 한다는 주장이 제기되어 왔다. 특히 이러한 개방시스템의 효과를 극대화하기 위하여 각국의 통관자료 양식을 UN/EDIFACT에 맞추어 통일하려는 노력이 UN과 WTO 등을 중심으로 이루어져 왔으며 2017년 새로 발효된 WTO 무역원활화 협정도 그러한 노력의 산물이다.

② 정부조달

2012년 개정되어 현재 48개국이 가입하고 있는 WTO의 정부조달협정(GPA)에서는 변화된 조달환경을 반영하여 전자조달의 이용을 장려하며 또한 호환가능한 IT 시스템 마련을 권고하고 있다. 그러나 기존 협정에 따라 새로운 정보기술이 도입될 때 문제가 되는 사항에 대해서 회원국간 협의를 거치도록 규정하고 있다. WTO 산하의 정부조달협의회에서는 전자조달의 방법 이외에 기존의 문서를 통한 조달절차를 유지해야 하는 지에 대한 문제가 논의되고 있다. 또한 전자정보전달기술로 인한 절차기간의 단축을 허용할 것인지에 대한 문제가 논의되고 있으며 그밖에 전자서명이나 전자영수증으로 하드카피를 대체할 수 있을 것인가에 대한 문제도 검토되고 있다.

③ 표준화

UN산하의 국제무역법 위원회(UNCITRAL)는 전자상거래에 관한 국제계약의 상업적 이용을 위한 모범안에 대한 작업을 마친 상태이다. 동 모범안에는 전자전송

---

56) Electronic Data Interchange System.

을 통한 계약을 인증하는 기본적인 규칙과 규범을 담고 있으며 전자계약의 양식과 계약의 이행을 관리하는 기본법칙을 정하고 있다. 모범안에서는 또한 원본과 전자문서의 유효성의 관계, 전자서명에 대한 법적, 상업적 수용성, 법정과 중재과정에서의 컴퓨터증거물 채택에 관한 규정 등을 담고 있다.

미국정부는 이와 같은 UNCITRAL의 모범안을 적극 지지하면서 몇 가지 원칙을 제시하고 있다. 즉 계약당사자들은 자신들이 적합하다고 생각하는 계약관계를 맺는데 있어 자유로워야 하며 규칙은 기술에 대해 중립적이어야 하며 앞으로의 기술발전을 포용할 수 있어야 한다. 또한 기존의 규칙을 수정하되 향상된 기술의 이용을 위해 반드시 필요하다고 생각되는 경우에 한해 새로운 규칙을 제정하여야 한다. 이러한 규칙의 개정이나 제정은 신기술 분야에 해당하는 산업뿐만 아니라 아직 On-Line으로 사업영역을 확대하지 않고 있는 기존산업에 대해서도 고려하여야 할 것이다.

기술적 표준의 채택에 대해서는 아직까지 국제적인 논의를 위한 뚜렷한 움직임이 없으나 미국정부는 이에 대한 협의를 국제표준기구(ISO), 국제전자기술위원회(IEC), 국제통신연합(ITU) 등과 개시할 계획을 갖고 있다. 그러나 미국정부는 기본적으로 기술적 표준의 채택은 정부가 관여할 사항이 아니라 민간의 주도로 이루어져야 한다고 밝히고 있다. 그럼에도 불구하고 미국은 인터넷의 상업적 성공을 돕고 경쟁을 촉진시키며 미래에 대한 불확실성을 줄이기 위해 기술적 표준의 채택이 매우 중요하다는 입장이다. 이에 비추어 볼 때 전자지불, 보완, 전자특허 관리, 화상 및 데이터 송수신, 초고속 네트워크 기술, 디지털 전송 등에 있어서는 기술적 표준의 채택에 대한 논의가 조만간 시작될 것이다.

④ 경쟁정책

전자상거래와 관련하여 경쟁정책을 언급한 경우는 아직까지 많지 않은 형편이다. 그러나 미국의 공정거래 당국에 의해 B2B 업체들에 의한 독점여부에 대한 문제가 제기되고 있으며 특히 자동차를 비롯한 대규모 업체들이 구축하려고 하는 공동구매 사이트에 의한 경쟁자 배제, 가격담합 등의 가능성에 이목이 집중되고 있다. 또한 최근 OECD의 경쟁정책에 관한 논의에서는 정보기술 시장에서의 선진국 기업들의 기술담합 문제가 제기된 바 있다. 그러나 경쟁정책에 대해서는 각국이 다른 기준을 적용하고 있으며 이에 대한 국제적인 논의가 아직은 활발하지 못한 상황이다. 따라서 전자상거래와 관련한 경쟁 정책의 논의는 아직 갈 길이 먼 형편이라 하겠다.

강승원 외, 「전자상거래의 이해」, 학현사, 2002.

강인수 외, 「국제통상론」, 박영사, 2000.

권영민, 「WTO체제출범 이후의 무역분쟁추이분석 및 사례연구」, 한국경제연구원, 1998.

______, 「전자상거래와 국제경제질서」, 『규제연구』 제11권 제1호, 2002, pp.205-239.

______, 「한국의 개방정책 진단과 향후 통상정책 방향」, 한국경제연구원, 2005.

김미아, 「경제통합의 이론과 정책」, 도서출판 두남, 2015.

김양귀 외, 「한국의 FTA 10년 평가와 향후 정책방향」, 대외경제정책연구원, 2014.

박진성 외, 「한국무역론」, 박영사, 2019.

손병해, 「경제통합의 이해」, 법문사, 2002.

______, 「국제경제통합론」, 시그마프레스, 2016.

손정식, 「국제무역론」, 문영사, 2004.

신현종, 「세계통상정책론」, 박영사, 2008.

이남구, 「국제통상정책」, 삼영사, 2000.

_____, 「관세무역정책」, 도서출판 두남, 2013.

이지석·권종욱, 「통상정책과 e-비즈니스」, 도서출판 두남, 2002.

정도영, 「국제경제」, 박영사, 2004.

Balassa, B., “Tariff Protection in Industrial Countries: An Evaluation”, Journal of Political Economy, December 1965, pp.573~597, reprinted in R. E. Caves and H. G. Johnson, Readings in International Economics (Homewood, Ill.: Irwin, 1968), pp.579~604.

__________, The Theory of Economic Integration(Homewood, Ill.: Irwin, 1961).

Bastable, C. F., The Theory of International Trade, 4th ed.(1887), pp.140~143.

Bhagwati, J. N., ed., The New International Economic Order: The North-South Debate(Cambridge, Mass.: MIT Press, 1977).

_____________, Protectionism(Cambridge, Mass.: MIT Press, 1988).

_____________, The World Trading System at Risk(Princeton, N. J.: Priceton University Press, 1991).

Bhagwati, J., “Immiserizing Growth: A Geometrical Note”, Review of Economic Studies, June 1958, pp.201~205, reprinted in R. E. Caves and H. G. Johnson, Readings in International Economics(1968), pp.300~305.

Brown, D. K. A., V. Deardorff, and R. M. Stern, “North American Integration”, Economic Journal, November 1992, pp.1507~1518.

Bruton, H., “A Reconsideration of Import Substitution”, Journal of Economic Perspectives, June 1998, pp.903~936.

Deardorff, A. V. and R. Stern, Measurement of Nontariff Trade Barriers(Ann Arbor, University of Michigan Press, 1998).

Feenstra, R. E., G. M. Grossman, and D. A. Irwin, The Political Economy of Trade Policy (Cambridge, Mass.: MIT Press, 1996).

Frankel, J., Regional Trading Blocks(Washington, D.C.: Institute for International Economics, 1997).

Grubel, H. G. and H. G. Johnson, Effective Tariff Protection(Geneva: United Nations, 1971).

Hamilton, A., Report on Manufactures(1791), reprinted in A Documentary History of American Economic Policy since 1789, edited by W. Letwin (1961).

Harberler, G., "Comparative Advantage, Agricultural Production and International Trade", The International Journal of Agrarian Affairs, May 1964, pp.130~149.

___________, International Trade & Economic Development(1988), International Center for Economic Growth.

Heckscher, E. "The Effect of Foreign Trade on the Distribution of Income", Econosmisk Tidskrift, 21 (1919) 497-512, retranslated in H. Flam and M. J. Flanders, eds.s Hescher- Ohlin Trade Theory, MIT Press (1999).

Hicks, J, R. "An Inaugural Lecture", Oxford Economic Papers, N. S. 2, no. 2, 1953, pp.117~135.

Hufbauer, G. H.. and J. J. Schott, North American Free Trade: Issues and Recommendations(Washington, D.C.: Institute for International Economics, 1992)

Johnson, H. G. "Economic Expansion and International Trade", Manchester School of Economic and Social Studies, 23, no. 2, 1955, pp.95~112.

Kemp, M. C., "The Mill-Bastable Infant-Industry Dogma", Journal of Political Economy, Vol. 68(1960), pp.65~67.

Kravis, I. B., "Trade as a Handmaiden of Growth: Similarities Between in the 19th and 20th Centuries", Economic Jorunal, December 1970, pp.850~870.

Lipsey, R. G. and K. Lancaster, "The General Theory of the Second Best", Review of Economic Studies, October 1956, pp.33~49.

Lipsey, R. G., "The Theory of Customs Unions: A General Servey", Economic Journal, September 1961, pp.498~513, reprinted in R. E. Caves and H. G. Johnson, Reading in International Economics(Homewood, Ill.: Irwin, 1968), pp.261~278.

List, F., Das National System Der Politischen Okonmie, Bd. I(1841)(Sammlung Sozialwissenschaftlich Meister von H. Wantig, 1928)

Macbean, A. I. Export Instability and Economic Development(Cambridge, Mass.: Harvard University Press, 1966)

Meade, J. The Theory of Customs Unions(Amsterdam: North-Holland, 1955).

Mill, J. S., Principles of Political Economy(New York: Appleton, 1902)

________, Principles of Political Economy, with Some of their Applications to Social Philosophy, 2 vols.(1848), W.J. Ashleyis edition(1909), pp.584~ 585.

Myrdal, G., Development and Underdevelopment(Cairo: National Bank of Egypt, 1959)

________, Economic Theory and Underdeveloped Regions(1957), p.168; An International Economy: Problem and Prospects(1956), p.381.

Nurkse, R., "Patterns of Trade and Development", In R. Nurkse, ed., Problems of Capital Formation in Underdeveloped Countries and Patterns of Trade and Development(New York: Oxford University Press, 1970), pp.163~226.

OECD, Indicators of Tariff and Non-Tariff Trade Barriers(Paris: OECD, 1996)

Ohlin, B. Interregional and International Trade, Harvard University Press(1933).

Prebisch, R., The Economic Development of Latin America and Its Principal Problems, Economic Bulletin for Latin America, No. 1, 1950.

__________, Towards a New Trade Policy for Development(New York: United Nations, 1964)

Ricardo, David, The Principles of Political Economy and Taxation(London: J. Murray. 1821)

Salvatore, D., ed., Protectionism and World Welfare(New York: Cambridge University Press, 1993).

___________, International Economics, 10th ed., Wiley, 2010.

Scitovsky, T., Economic Theory and Western European Economic Integration (Stanford University Press, 1958).

Singer, H., "The Distribution of Gains form Trade and Investment-Revisited", Journal of Development Studies, July 1975, pp.377~382.

Smith, A., An Inquiry into the Causes of the Wealth of Nations, The Modern Library, 1937, Book Ⅰ, Book Ⅱ.

Stopler, W. F. and P. A. Samuelson, "Protection and Real Wages", Review of Economic Studies, Vol. IX, Nov., 1941, reprinted in Readings in the Theory of International Trade(1949).

Viner, J., The Customs Union Issue(New York: The Carnegie Endowment for International Peace, 1950).

Whalley, J. and C. Hamilton, the Trading System After the Unguay Round(Washington, D. C.: Institute for International economics, 1996).

World Bank, A Symposium on Regionalism and Development(Washington, D.C.: The World Bank, May 1998).

World Trade Organization(WTO), Regionalism and the World Trading System(Geneva: WTO, 1995).

WTO, Electronic Commerce and the Role of the WTO, 1998.

ㄱ

S

공저자 약력

■ 박 희 종(朴熙宗)

- 서강대학교 경제학과 졸업(경제학사)
- 미국 Univ. of Oregon 대학원 경제학과 졸업 (경제학 석사, 박사)
- 〈전〉 명지대학교 경영대학 국제통상학과 교수
- 〈전〉 관동대학교 총장
- 〈현〉 명지대학교 경영대학 국제통상학과 명예교수

▸ 저서 및 논문

- 국제통상에 관한 논문 다수
- 히토쓰바시에서 배운다(시그마프레스, 2006)
- 지식경영 성과분석을 통한 한국 금융기관의 경쟁력 제고방안(명지대학교 금융지식연구소, 2006)
- 한국 금융기관의 지식경영효율화를 위한 인사조직 시스템 연구(명지대학교 금융지식연구소, 2006)

■ 권 영 민(權寧敏)

- 서강대학교 경제학과 졸업(경제학사)
- 미국 Michigan State Univ. 졸업 (경제학 석사, 박사)
- 〈전〉 한국경제연구원선임연구위원
- 〈현〉 명지대학교 경영대학 국제통상학과 교수

▸ 저서 및 논문

- 미국의 보호주의 통상제도에 대한 비판 (한국경제연구원, 2005)
- 미국혁신론(도서출판 두남, 2017)
- NAFTA 이후 북미자동차 산업의 생산전환에 대한 분석(국제통상연구, 2010)
- Struggles in the WTO's Dispute Settlement Procedures (Korea Trade Journal, 2016)
- WTO 체제에 대한 미국의 불만(국제통상연구, 2021) 외 다수

국제통상정책론 – 전정5판

초　판 1쇄 발행 —— 2004년 7월 5일
전 정 판 1쇄 발행 —— 2008년 8월 30일
전 정 2판 1쇄 발행 —— 2009년 7월 15일
전 정 3판 1쇄 발행 —— 2012년 7월 30일
전 정 4판 1쇄 발행 —— 2015년 8월 30일
전 정 4판 2쇄 발행 —— 2017년 8월 25일
전 정 4판 3쇄 발행 —— 2019년 8월 10일
전 정 5판 1쇄 발행 —— 2021년 8월 5일
지 은 이 —— 박 희 종 · 권 영 민
펴 낸 이 —— 전 두 표
펴 낸 곳 —— 도서출판 두남
서울시 강동구 성내로6길 34-16 두남빌딩
신 고 : 제25100-1988-9호
TEL : 02) 478-2065~7, 2311
FAX : 02) 478-2068
E-mail : dunam1@unitel.co.kr
http://www.dunam.co.kr

정가 27,000원

ISBN 978-89-6414-909-6 93320